《经济学原理:宏观经济学分册》学习手册

— 第 8 版 —

付达院 主编

北京大学出版社

图书在版编目(CIP)数据

《经济学原理(第8版):宏观经济学分册》学习手册/付达院主编. —北京:北京大学出版社,2021.1
ISBN 978-7-301-31783-9

Ⅰ.①经⋯ Ⅱ.①付⋯ Ⅲ.①经济学—高等学校—教学参考资料 ②宏观经济学—高等学校—教学参考资料 Ⅳ.①F0

中国版本图书馆 CIP 数据核字(2020)第 203181 号

书　　　　名	《经济学原理(第8版):宏观经济学分册》学习手册
	《JINGJIXUE YUANLI(DI-BA BAN):HONGGUAN JINGJIXUE FENCE》XUEXI SHOUCE
著作责任者	付达院　主编
责任编辑	张　燕
标准书号	ISBN 978-7-301-31783-9
出版发行	北京大学出版社
地　　　　址	北京市海淀区成府路 205 号　100871
网　　　　址	http://www.pup.cn
微信公众号	北京大学经管书苑(pupembook)
电子信箱	em@pup.cn
电　　　　话	邮购部 010-62752015　发行部 010-62750672　编辑部 010-62752926
印　刷　者	河北涿县鑫华书刊印刷厂
经　销　者	新华书店
	850 毫米×1168 毫米　16 开本　16.5 印张　416 千字
	2021 年 1 月第 1 版　2021 年 11 月第 2 次印刷
定　　　　价	45.00 元

未经许可,不得以任何方式复制或抄袭本书之部分或全部内容。
版权所有,侵权必究
举报电话:010-62752024　电子信箱:fd@pup.pku.edu.cn
图书如有印装质量问题,请与出版部联系,电话:010-62756370

编委会

主　编　付达院
副主编　张永学　徐　丽
编　委　陈　刚　付达院　陈寿雨
　　　　　金兴华　徐　丽　萨日娜
　　　　　张永学　柳　萍　徐　翌
　　　　　黄　瑶　陈　曦　黄　栋
　　　　　孙一得　李　瑞

前　言

本书是与 N. 格里高利·曼昆（N. Gregory Mankiw）的《经济学原理》（第 8 版）相配套的学习手册，本书编写的目的是真正提供一本来自世界而又适用于中国学生的经济学辅导教材。

本书特色

曼昆的《经济学原理》是当今世界上广为流行的经济学入门教材，其中译本自 1999 年出版以来也一直是国内广为选用、广受欢迎的初级经济学教材之一。这本教材的最大优点在于其"学生导向"，与其他同类教材相比，它更多地强调经济学原理的应用和政策分析，而不是正式的经济学模型。这表现在作者不仅在大部分章节中提供了"案例研究"，而且加入了大量的"新闻摘录"，此外，在第 8 版中还新增了"专家看法"栏目，有助于读者更全面地了解经济学家对现实问题的不同观点。但遗憾的是，这本翻译版教材不太可能做到对发生在中国学生身边的新闻和案例进行深入的分析和解读。为此，我们编写了这本学习手册。

本书最大的特色和亮点在于，不仅涵盖国内外通行教辅所包含的学习精要和课外习题及解答，还重点突出取材于中国的"新闻透视"和"案例研究"，其中"新闻透视"部分遵循"新闻热点 + 评析透彻"原则，"案例研究"部分遵循"案例经典 + 解析到位"原则，让学生懂得什么是本土化的经济学和生活中的经济学。

内容结构

本书的每一章都与曼昆的《经济学原理》的内容相对应。每一章又分为以下五个部分：

● **学习精要**：包括教学目标、内容提要、关键概念、拓展提示四个小部分。其中，"教学目标"从了解、领会、理解、熟悉、掌握等五个层次介绍本章的学习目的。"内容提要"展示本章在该篇或整本书中所处的位置及其与前后章之间的联系，并重点梳理和总结本章经济学原理的核心内容，可以起到提纲挈领的作用。"关键概念"提供本章所学的核心经济学词汇，以有利于学生复习并巩固关键术语和定义。"拓展提示"意在掌握教科书原理的基础上，进一步拓展学生的经济学视野，培养学生开放思考和主动反馈的能力。

● **新闻透视**：从与中国当前密切关联的经济社会、时事热点、大众传媒等领域择取具有较强时效性和现实意义的新闻素材，结合本章的核心原理，从经济学的视角还原新闻全貌和解读事件真相。每章"新闻透视"的数量为 2—3 个，每个"新闻透视"均包含新闻内容、关联理论、新闻评析等三部分内容。其中，新闻内容大多来自国内政府机关权威报道、重点报刊以及媒体网络,关联理论展示能够解释新闻事件的核心原理,而新闻评析将实现新闻内容与关联理论的紧密结合,以培养学生解决实际问题的能力以及对现实的敏锐洞察力。

- **案例研究**:从与日常生活密切关联的经济事件、公共话题、社会实践等领域择取具有一定典型性、新颖性和启发性的案例素材,结合本章的主要原理,挖掘经典案例背后隐含的经济学意蕴。每章"案例研究"的数量为2—3个,每个"案例研究"均包含案例内容、关联理论、案例解析等三部分内容。其中,案例内容大多摘自实践与创新及其相关领域,关联理论展示能够解释该案例的主要原理,而案例解析旨在实现案例内容与关联理论的有效融合,以培养学生的自主思考能力以及综合创新思维。
- **课外习题**:本部分精选名词术语、单项选择、判断正误、简答题、应用题、拓展思考题六大题型。名词术语、单项选择、判断正误和简答题侧重于基础知识的理解,应用题和拓展思考题则侧重于对理论应用能力的培养。
- **习题答案**:本部分对所有问题都给出解答,并特别就简答题、应用题、拓展思考题等习题给出考查要点和参考答案。

使用建议

对于如何使用本书,我们提出以下建议:尽管本书最大的特色和亮点在于其"新闻透视"和"案例研究",但并非让学生忽略其他部分。其原因在于,"学习精要"有助于学生巩固课本知识,并增进对经济学原理的进一步理解,"课外习题"有助于学生检验对课本内容和经济学原理的掌握程度。因此,建议学生在阅读"新闻透视"和"案例研究"之前,先仔细阅读并理解"学习精要"(这一点非常重要),而在学习完"新闻透视"和"案例研究"之后,花一定的时间完成"课外习题"的训练,进一步巩固本章所学,查缺补漏。

编写分工

本书是集体讨论和研究的成果。全书的参编人员及编写分工为:陈刚(第23章),付达院(第24、31章),陈寿雨(第25章),金兴华(第26章),徐丽(第27章),萨日娜、张永学(第28章),柳萍(第29章),徐翌(第30章),黄瑶(第32章),陈曦(第33章),黄栋(第34章),孙一得(第35章),李瑞(第36章)。全书由付达院担任主编,负责统稿、终审、定稿;由张永学、徐丽担任副主编,分别负责部分章节的初审。本书在编写过程中得到多位老师的大力支持,他们是浙江大学赵伟教授、顾国达教授、浙江财经大学王俊豪教授、卢新波教授、邱风教授、项后军教授,南开大学周冰教授、上海大学顾卫平教授、吴解生教授、浙江越秀外国语学院徐真华教授、叶兴国教授、单胜江教授,在此深表谢意。感谢本书"新闻透视"和"案例研究"参考的论著及报刊文章的作者,如有问题,请及时和我们联系。最后,还要感谢北京大学出版社王晶和张燕等编辑为本书所做的认真细致的工作,她们的辛勤劳动直接促成了本书的出版。

作为浙江省高等教育教学研究项目(编号:jg2015199)以及浙江省哲学社会科学规划课题(编号:15NDJC245YB)的重要研究成果之一,本书中的所有内容均已经过多位评审者的多轮精心核对和修撰。此外,得益于多轮教学实践和反馈,我们在新版中不仅更新了部分"新闻透视"和"案例研究",而且还修订了"学习精要"和部分"课外习题"。但受编者水平和编写时间所限,书中难免存在一些不足。如果您发现书中错误或不当之处,抑或您对未来版本有任何意见和建议,请随时与我们保持联系(E-mail:fudayuan6190@163.com)。

付达院

2020 年 6 月 1 日

目 录

第 23 章　一国收入的衡量 (1)
 一、学习精要 (1)
 二、新闻透视 (4)
 三、案例研究 (9)
 四、课外习题 (14)
 五、习题答案 (17)

第 24 章　生活费用的衡量 (21)
 一、学习精要 (21)
 二、新闻透视 (24)
 三、案例研究 (27)
 四、课外习题 (32)
 五、习题答案 (36)

第 25 章　生产与增长 (38)
 一、学习精要 (38)
 二、新闻透视 (40)
 三、案例研究 (45)
 四、课外习题 (50)
 五、习题答案 (53)

第 26 章　储蓄、投资和金融体系 (55)
 一、学习精要 (55)
 二、新闻透视 (58)
 三、案例研究 (65)
 四、课外习题 (70)
 五、习题答案 (73)

第 27 章　金融学的基本工具 (75)
 一、学习精要 (75)
 二、新闻透视 (78)
 三、案例研究 (83)
 四、课外习题 (87)
 五、习题答案 (90)

第28章　失业 ·· (92)
- 一、学习精要 ·· (92)
- 二、新闻透视 ·· (95)
- 三、案例研究 ·· (98)
- 四、课外习题 ·· (102)
- 五、习题答案 ·· (106)

第29章　货币制度 ·· (110)
- 一、学习精要 ·· (110)
- 二、新闻透视 ·· (114)
- 三、案例研究 ·· (119)
- 四、课外习题 ·· (123)
- 五、习题答案 ·· (126)

第30章　货币增长与通货膨胀 ·································· (129)
- 一、学习精要 ·· (129)
- 二、新闻透视 ·· (132)
- 三、案例研究 ·· (135)
- 四、课外习题 ·· (140)
- 五、习题答案 ·· (142)

第31章　开放经济的宏观经济学：基本概念 ······················ (145)
- 一、学习精要 ·· (145)
- 二、新闻透视 ·· (149)
- 三、案例研究 ·· (153)
- 四、课外习题 ·· (156)
- 五、习题答案 ·· (159)

第32章　开放经济的宏观经济理论 ······························ (161)
- 一、学习精要 ·· (161)
- 二、新闻透视 ·· (165)
- 三、案例研究 ·· (168)
- 四、课外习题 ·· (173)
- 五、习题答案 ·· (176)

第33章　总需求与总供给 ······································ (180)
- 一、学习精要 ·· (180)
- 二、新闻透视 ·· (185)
- 三、案例研究 ·· (188)
- 四、课外习题 ·· (194)
- 五、习题答案 ·· (197)

第34章　货币政策和财政政策对总需求的影响 ···················· (201)
- 一、学习精要 ·· (201)

二、新闻透视 ………………………………………………………（205）
　　三、案例研究 ………………………………………………………（209）
　　四、课外习题 ………………………………………………………（212）
　　五、习题答案 ………………………………………………………（215）
第35章　通货膨胀与失业之间的短期权衡取舍 …………………………（219）
　　一、学习精要 ………………………………………………………（219）
　　二、新闻透视 ………………………………………………………（223）
　　三、案例研究 ………………………………………………………（227）
　　四、课外习题 ………………………………………………………（230）
　　五、习题答案 ………………………………………………………（233）
第36章　宏观经济政策的六个争论问题 …………………………………（237）
　　一、学习精要 ………………………………………………………（237）
　　二、新闻透视 ………………………………………………………（239）
　　三、案例研究 ………………………………………………………（243）
　　四、课外习题 ………………………………………………………（247）
　　五、习题答案 ………………………………………………………（249）

第 23 章
一国收入的衡量

一、学习精要

(一) 教学目标

1. 领会为什么一个整体经济中的总收入等于其总支出。
2. 理解国内生产总值(GDP)的定义,掌握 GDP 按总支出角度划分的四个主要组成部分。
3. 掌握真实 GDP 与名义 GDP 的概念、计算方法及其区别。
4. 理解 GDP 平减指数的概念,学会计算 GDP 平减指数及通货膨胀率。
5. 学会对 GDP 这一经济福利的衡量指标进行公正评价。

(二) 内容提要

本章主要论述用来衡量宏观经济中的生产和收入的重要指标——GDP。主要分三步进行:第一,探讨经济的收入和支出及 GDP 的衡量;第二,探讨一国 GDP 的基本构成;第三,讨论真实 GDP 与名义 GDP 的差别以及 GDP 与经济福利的相关性。

1. 经济的收入与支出

(1) 当判断一国经济是富裕还是贫穷时,自然就会考察经济中所有人赚到的总收入,这正是 GDP 的作用。GDP 同时衡量两件事:经济中所有人的总收入以及用于经济中物品与服务产出的总支出。

(2) 对于一个整体经济而言,收入必定等于支出,其原因在于经济生活中每一次交易都有买方和卖方。我们可以用循环流量图来简化说明为什么一个宏观经济中收入和支出相等,尽管现实经济比这要复杂得多,但基本结论是相同的。

2. GDP 的衡量

GDP 是在某一既定时期一个国家内生产的所有最终物品与服务的市场价值。

(1) "市场价值":物品对 GDP 的贡献可以用其市场价值来评价。这便于所有物品都用相同的单位来衡量,那些没有市场价值的物品被排除在外,比如你为自己做的家务。

(2) "所有":GDP 力图衡量经济中在市场上合法销售的所有东西。为了力求全面,GDP 把估算的所有者自住房屋的租金价值作为住房服务的市场价值包含在内。但要注意的是,GDP 不包括非法生产与销售的东西。

(3) "最终":GDP 只包括出售给最终使用者的物品或服务,生产过程中使用的中间物品的价值已经包含在最终物品的价值中,因此不再重复计算。

(4)"物品与服务":GDP 既包括有形的物品,也包括无形的服务。

(5)"生产的":GDP 只包括当期生产的物品,不包括过去生产的物品(如二手车)。

(6)"一个国家内":GDP 衡量的生产价值局限于一个国家的地理范围之内,不管是由本国的国民还是住在本国的外国人生产。

(7)"在某一既定时期":通常是一年或一个季度(三个月)。

3. GDP 的组成部分

从总支出的角度,可以把所有最终物品或服务的价值相加来衡量 GDP。GDP 分为四个组成部分:消费(C)、投资(I)、政府购买(G)和净出口(NX)。若用 Y 代表 GDP,则可得国民收入恒等式:

$$Y = C + I + G + NX$$

(1)消费:家庭用于物品与服务(购买新住房除外)的支出。

(2)投资:企业用于资本设备、存货和建筑物的支出,也包括家庭用于购买新住房的支出。

(3)政府购买:地方、州和联邦政府用于物品与服务的支出,但不包括转移支付。

(4)净出口:等于国内生产并销售到国外的物品与服务的价值(出口)减国外生产并在国内销售的物品与服务的价值(进口)。

4. 真实 GDP 与名义 GDP

(1)名义 GDP 是用现期价格评价的经济中物品与服务的生产,它没有经过通货膨胀校正。真实 GDP 是用不变的基年价格来评价的经济中物品与服务的生产,它经过通货膨胀校正。由于真实 GDP 衡量经济中物品与服务的生产,因此它反映经济满足人们需要和欲望的能力。因此,真实 GDP 作为衡量经济福利的指标要优于名义 GDP。

(2)GDP 平减指数是衡量相对于基年物价水平的当年物价水平的物价指数,通常用名义 GDP 与真实 GDP 的比率乘以 100 计算的物价水平指标衡量。GDP 平减指数的得名是因为它可以用来从名义 GDP 中剔除通货膨胀因素。

$$\text{GDP 平减指数} = \frac{\text{名义 GDP}}{\text{真实 GDP}} \times 100$$

(3)GDP 平减指数是经济学家用来监测经济中平均物价水平,从而监测通货膨胀率的一个衡量指标。衡量经济中通货膨胀率的一种方法是计算从一年到下一年 GDP 平减指数增加的百分比。

$$\text{第二年的通货膨胀率} = \frac{\text{第二年的 GDP 平减指数} - \text{第一年的 GDP 平减指数}}{\text{第一年的 GDP 平减指数}} \times 100\%$$

5. GDP 是衡量经济福利的好指标吗

(1)GDP 是衡量经济福利的一个良好指标,因为人们对高收入的偏好大于对低收入的偏好。人均真实 GDP 高的国家往往有更好的教育体系、更好的医疗体系、更有文化的公民、更好的营养状况和更长的预期寿命。

(2)但 GDP 并不是衡量经济福利的一个完美指标,因为对美好生活做出贡献的很多东西并没有包括在 GDP 中,譬如 GDP 没有包括闲暇、环境质量以及在家中生产但不在市场上销售的物品与服务,当然 GDP 更不可能包括地下经济和影子经济。

(三) 关键概念

1. 微观经济学:研究家庭和企业如何做出决策,以及它们如何在市场上相互交易。

2. 宏观经济学：研究整体经济现象，包括通货膨胀、失业和经济增长。

3. 国内生产总值（GDP）：在某一既定时期一个国家内生产的所有最终物品与服务的市场价值。

4. 消费：家庭用于物品与服务的支出（购买新住房除外）。

5. 投资：用于资本设备、存货和建筑物的支出，包括家庭用于购买新住房的支出。

6. 政府购买：地方、州和联邦政府用于物品与服务的支出。

7. 净出口：外国对国内生产的物品的支出（出口）减国内对外国物品的支出（进口）。

8. 名义 GDP：按现期价格评价的物品与服务的生产。

9. 真实 GDP：按不变的基年价格评价的物品与服务的生产。

10. GDP 平减指数：用名义 GDP 与真实 GDP 的比率乘以 100 计算的物价水平衡量指标，即可用于衡量相对于基年物价水平的当年物价水平的物价指数。

（四）拓展提示

1. 在实际核算中，GDP 的三种形态表现为三种计算方法，即生产法、收入法和支出法，三种方法分别从不同的方面反映 GDP 及其构成。用生产法、收入法、支出法计算的结果分别称为生产法 GDP、收入法 GDP、支出法 GDP。因为按三种方法计算的 GDP 反映的是同一经济总体在同一时期的生产活动成果，所以从理论上讲，三种计算方法所得到的结果应该是一致的。但在实践中，由于受资料来源、口径范围、计算方法等因素的影响，这三种方法的计算结果往往存在差异。

（1）用生产法计算 GDP，是指按提供物品与服务的各个部门的产值来计算 GDP。生产法又叫部门法。这种计算方法反映了 GDP 的来源。在中国的统计实践中，用生产法计算的 GDP 分为以下四项：GDP = 劳动者报酬 + 生产税净额 + 固定资产折旧 + 营业盈余。

（2）用收入法计算 GDP，就是从收入的角度，把生产要素在生产中所得到的各种收入相加来计算 GDP，即把劳动所得到的工资、土地所有者得到的地租、资本所得到的利息以及企业家才能得到的利润相加来计算 GDP。这种方法又叫要素支付法、要素成本法。用收入法计算的 GDP 分为以下项目：GDP = 工资 + 利息 + 利润 + 租金 + 间接税和企业转移支付 + 折旧。

（3）用支出法计算 GDP，就是从产品的使用出发，把一年内购买的各项最终产品的支出加总而计算出的该年内生产的最终产品的市场价值。这种方法又称最终产品法、产品流动法。用支出法计算的 GDP 可分为以下四项：$GDP = C + I + G + NX$。

2. 名义 GDP 也称货币 GDP，是用生产物品与服务的当年价格计算的全部最终产品的市场价值。名义 GDP 的变动可以有两种原因：一种是实际产量的变动，另一种是价格的变动。也就是说，名义 GDP 的变动既反映了实际产量变动的情况，又反映了价格变动的情况。由于相同产品的价格在不同的年份会有所不同，因此，如果用名义 GDP 就无法对国民收入进行历史的比较。为了使一个国家或地区不同年份的 GDP 具有可比性，就需要以某一年的价格水平为基准，各年的 GDP 都按照这一价格水平来计算。这个特定的年份就是基年，基年的价格水平就是所谓的不变价格，按基年的不变价格计算出来的各年最终产品的价值就是真实 GDP。

3. GDP 作为一个最基本的总量指标，在衡量国家总体经济水平、科技水平和居民生活水平方面还存在一些缺陷或不足。首先，GDP 不能全面地反映一个国家的经济活动，因为存在不少非市场性的物品与服务活动，对于市场经济不发达的国家更是如此。其次，GDP 不能真实反映经济发展及其国民福利。最后,GDP 是一个"数量"概念,不能反映经济增长方式和经济增长的质量。因此,如果盲目地追求和崇拜 GDP,将可能导致社会层面、经济层面中真正需要关注的领域被忽视。

二、新闻透视

(一) 新闻透视 A

中国经济时评:地方为什么要淡化 GDP 增速目标

(2019 年)春节前,地方"两会"陆续召开,各省、自治区、直辖市今年的工作目标任务也陆续公布,其中一个很明显的趋势性变化是,不少地区主动下调了本辖区的 GDP 增速目标,有些省份将增速目标设定在了某个区间,甚至还有个别省份不再提出明确的 GDP 增长数字。

站在新时代的历史节点上,GDP 增长"快"与"好"之间的矛盾越来越显著,因为随着原有增长方式的边际效应递减,再加上中国已逐步进入工业化中后期,要素投入中的自然资源和人力资源也开始逼近供给上限,故而在此情况下,若要继续"硬性"实现 GDP 高增速的目标任务,唯一的办法就是进一步加大资本投入力度,但是这种往往由行政主导的投资冲动,很容易致使低水平重复建设大量出现,而企业利润率状况的恶化,则更不利于职工收入水平以及消费支出的增长。于是,这就成为下一轮更大的结构性失衡的起点,更难以内生出技术水平提升以及经济结构优化。

中国是一个大国,由于信息传导链条太长等客观因素,各级地方政府及官员在辖区经济社会发展中的作用非常突出。这种情况下,如果在自上而下的政绩考核体系中过度注重 GDP 增长的短期指标,那么地方政府间横向竞争逐渐衍生出的结果之一,就是地方政府通过实施或维持各种形式的行政性垄断,不恰当地庇护辖区内企业以增加本地 GDP 产出与财政收入。

这种看似局部的行为扭曲经过叠加放大,也会在宏观上影响到经济增长的质量维度。譬如说,市场分割破坏了市场自发的均衡机制,因为被选中或被保护的企业与产业,往往不需要充分考虑市场需求、结构及变化趋势的不确定性,甚至不需要为自身错误的决策承担风险与损失,因此,这些企业与产业很容易在集体错误预期的支配下,陷入产业同构、产能过剩、产品/技术不适用等背离比较优势的陷阱中去。

再如,近年来各界对生态环境质量的重视程度越来越高,但是如果不能使地方政府及官员走出"唯 GDP 增速论英雄"的老套路,就很难根除地方政府漠视(甚至纵容)辖区企业转嫁污染成本的内在倾向,无法应对环境保护方面客观面临的"公地悲剧"等深层次挑战。

监测数据表明,中国中东部地区的雾霾污染面积一度达到 143 万平方公里。被雾霾笼罩的广大地区也是中国经济的活跃地带。这就很自然地提出一个严肃的话题:经济发展与环境保护应该是怎样的关系?是先发展后治理,还是边发展边治理,抑或是只管发展而不予治理?

严重雾霾警醒"中国式"经济增长。在令人鼓舞的人均 GDP 增长数据面前,我们不应沾沾自喜,而是要多几分清醒,认清所面临的挑战。中国已经具备了跨越中等收入陷阱、冲击高收入国家门槛的基础,与此同时,我们对环境污染和生态破坏的代价亦不能视而不见。除大气污染外,水污染、土壤污染等均与百姓生活质量息息相关。如果罔顾污染造成的危害而片面追求经济增长,则这样的增长将是缺少质量的增长,其增长效益也必将大打折扣。

资料来源:葛丰.地方为什么要淡化GDP增速目标[J].中国经济周刊,2019(3):1.

【关联理论】

经济增长是一国或一个地区生产的物品与服务总量的不断增加,即用货币形式表示的GDP的不断增加。GDP是衡量经济福利的一个良好指标,人均真实GDP高的国家往往有更好的教育体系、更好的医疗体系、更有文化的公民、更好的营养状况和更长的预期寿命。但GDP并不是衡量物质福利的完美指标,因为对美好生活做出贡献的很多东西并没有包括在GDP中,例如环境质量。

【新闻评析】

一般说来,经济增长是指一个国家或一个地区生产物品与服务的能力的增长。如果考虑到人口增加和价格的变动情况,经济增长还应包括人均福利的增长。经济增长一般是一个"量"的概念,而经济发展则是一个比较复杂的"质"的概念。从广泛的意义上来说,经济发展不仅包括经济增长,而且还包括国民的生活质量,以及整个社会经济结构和制度结构的总体进步。总之,经济发展是反映一个经济社会总体发展水平的综合性概念。

GDP是衡量经济福利的一个良好指标,但绝不是完美指标。因为GDP仅仅记录和反映了以价格为条件的市场交易活动,也就是说,GDP只反映了经济增长的数量,但不能反映经济增长的质量和经济发展水平。在一个工业社会里,经济总量的增加往往伴随着环境污染、城市噪音、交通拥挤的产生。GDP作为一个经济增长的总量指标,由于没有考虑生产过程中造成的环境污染和资源耗费所带来的损失,忽略了经济增长所付出的沉重代价,因而存在重大缺陷。如果政府取消了所有环境管制,那么企业就可以不考虑它们引起的污染而生产物品与服务。最终导致的结果是,空气和水质量恶化所带来的福利损失要大于产量增加所带来的福利利益,尽管GDP增加了,但国民福利很可能会下降。适度淡化GDP增速目标,可以为高质量发展营造相对宽松和有利的环境。因为高质量发展是一个涵盖民生改善、社会进步、生态效益等丰富内涵的多元目标体系,在这个目标体系中,保持一定的GDP增速虽然也很重要,但是如果把这根"弦"绷得太紧,以至于脱离实际、过度求快,甚至把发展简单化为GDP增速决定一切,就可能影响到其他目标齐抓共举,甚至也会带来GDP增长本身能否持续的问题。

为了弥补GDP的这一缺陷,世界银行设计和推出"绿色GDP国民经济核算体系",即将一国经济产出中的能源耗费和二氧化碳的排放量等记录于"绿色账户",再将其从GDP中核减,从而形成"绿色GDP"。由于绿色GDP是在扣除了能源耗费、环境成本之后的国民财富,因而绿色GDP比较真实可靠。绿色GDP占GDP的比重越高,表明一国经济增长的正面效应越大,负面效应也就相应越小;绿色GDP占GDP的比重越低,表明一国经济增长的负面效应越大,正面效应也就相应越小。绿色GDP是对GDP指标的一种调整。从保护环境的角度来说,启用绿色GDP指标有利于防患于未然。虽然目前世界上还没有出现一套科学且可操作的绿色GDP统计模式,但绿色GDP指标弥补了传统GDP指标在统计中的一些不足,对于构建一个能充分反映经济产出过程中资源成本和环境成本的总量指标有积极的指导意义。适度淡化GDP增速目标不代表中国经济要走下坡路,而是为了给高质量发展营造更宽松适宜的有利环境,这是一种适应新时代特点与要求而主动采取的"有为"举措。

(二) 新闻透视 B

统计局:2019 年全国居民人均可支配收入超 3 万元

居民收入情况

2019 年,全国居民人均可支配收入 30 733 元,比上年名义增长 8.9%,扣除价格因素,实际增长 5.8%。其中,城镇居民人均可支配收入 42 359 元,增长(以下如无特别说明,均为同比名义增长)7.9%,扣除价格因素,实际增长 5.0%;农村居民人均可支配收入 16 021 元,增长 9.6%,扣除价格因素,实际增长 6.2%。

2019 年,全国居民人均可支配收入中位数 26 523 元,增长 9.0%,中位数是平均数的 86.3%。其中,城镇居民人均可支配收入中位数 39 244 元,增长 7.8%,是平均数的 92.6%;农村居民人均可支配收入中位数 14 389 元,增长 10.1%,是平均数的 89.8%。

按收入来源分,2019 年,全国居民人均工资性收入 17 186 元,增长 8.6%,占可支配收入的比重为 55.9%;人均经营净收入 5 247 元,增长 8.1%,占可支配收入的比重为 17.1%;人均财产净收入 2 619 元,增长 10.1%,占可支配收入的比重为 8.5%;人均转移净收入 5 680 元,增长 9.9%,占可支配收入的比重为 18.5%。

居民消费支出情况

2019 年,全国居民人均消费支出 21 559 元,比上年名义增长 8.6%,扣除价格因素,实际增长 5.5%。其中,城镇居民人均消费支出 28 063 元,增长 7.5%,扣除价格因素,实际增长 4.6%;农村居民人均消费支出 13 328 元,增长 9.9%,扣除价格因素,实际增长 6.5%。

2019 年,全国居民人均食品烟酒消费支出 6 084 元,增长 8.0%,占人均消费支出的比重为 28.2%;人均衣着消费支出 1 338 元,增长 3.8%,占人均消费支出的比重为 6.2%;人均居住消费支出 5 055 元,增长 8.8%,占人均消费支出的比重为 23.4%;人均生活用品及服务消费支出 1 281 元,增长 4.8%,占人均消费支出的比重为 5.9%;人均交通通信消费支出 2 862 元,增长 7.0%,占人均消费支出的比重为 13.3%;人均教育文化娱乐消费支出 2 513 元,增长 12.9%,占人均消费支出的比重为 11.7%;人均医疗保健消费支出 1 902 元,增长 12.9%,占人均消费支出的比重为 8.8%;人均其他用品及服务消费支出 524 元,增长 9.7%,占人均消费支出的比重为 2.4%。

资料来源:国家统计局.2019 年全国居民人均可支配收入超 3 万元[EB/OL].(2020-01-17)[2020-12-27].http://www.xinhuanet.com/2020-01/17/c_1125473273.htm.

【关联理论】

如果要判断一国经济是富裕还是贫穷,或者判断一国国民生活水平的高低,自然就应当考察经济中所有人赚到的总收入,这正是 GDP 的作用。而个人可支配收入表示一国所有个人在一年内实际得到的可用于消费和储蓄的收入总和,它是从个人收入派生出来的一项指标。从长期来看,人均可支配收入与 GDP 同向变动。此外还要记住,GDP 同时衡量两件事:经济中所有人的总收入以及用于经济中物品与服务产出的总支出。

【新闻评析】

国民生产总值(GNP)指某国国民拥有的全部生产要素所生产的最终产品的市场价值,GNP =(GDP - 外国居民在本国的要素收入)+ 本国国民在国外的要素收入 = GDP + 国外净收入。而国民生产净值(NNP)指一个国家的全部国民在一定时期内,国民经济各部门生产的最终物品与服务价值的净值,NNP = GNP − 资本折旧。而国民收入(NI)是一国生产要素(包括土地、劳动、资本、企业家才能等)的所有者在一定时期内提供生产要素所得的报酬,即工资、利息、租金和利润等的总和。个人收入(PI)指个人在一年内从各种来源所得到的收入总和,包括劳动收入、业主收入、租金收入、利息和股息收入、政府的转移支付等,它是从国民收入派生出来的一项指标。个人可支配收入(PDI)表示一国所有个人在一年内实际得到的可用于消费和储蓄的收入总和,它是从个人收入派生出来的一项指标,可以写成:PDI = PI − 各种个人税 = 个人消费 + 个人储蓄。人均可支配收入是指个人可支配收入的平均值。个人可支配收入指个人收入扣除向政府缴纳的各种直接税以及非商业性费用等后的余额。个人可支配收入被认为是消费开支最重要的决定性因素,因而常被用来衡量一个国家居民生活水平的变化情况。

一国 GDP 对该国居民的收入有显著的影响。创造 GDP 好比是做蛋糕,GDP 多了,蛋糕就大了,全体居民就可能多分配到一些。参与分配的主体主要包括三个:一是政府,以税收的形式参与分配;二是企业,以利润的形式参与分配;三是居民,以工资、奖金、福利等形式参与分配。如果这三大主体的分配比例变化不大,则当 GDP 增加时,政府、企业、居民的收入都会相应增加——政府的税收会增加,企业的利润会增加,居民的收入会增加。近年来,中国的 GDP 增长一直很快,相应地,居民收入增长也很快,就是这个道理。居民收入增长的快慢与 GDP 增长的快慢在趋势上是一致的。随着近年来居民收入增幅,特别是城镇居民收入增幅的提高,居民收入基数也在增大。在居民收入基数增大的情况下,从绝对值来看,居民收入较小的增长率也能带来可支配收入的大幅度增长,对于改善居民生活有重要意义。且从 2019 年居民消费支出构成来看,交通通信、教育文化、医疗保健占据了较大比重,较上一年度都有所提升,表明居民消费需求开始从衣食住行的基本需求转向更高层次的精神需求。马斯洛需求层次理论将人类需求从低到高分为五个层次,分别是生理需求、安全需求、社交需求、尊重需求和自我实现需求。从 2019 年的消费支出趋势也可以看到,国民的需求开始从基础的温饱、安全,转向社交、尊重和自我实现,这是社会进步的表现之一,也得益于收入的增加。

(三) 新闻透视 C

数据告诉你:中国居民的收入差距有多大

在衡量居民收入差距时,一个国际通用的指标是基尼系数。具体来说,基尼系数的数值介于 0 和 1 之间。如果基尼系数为 0,说明居民之间的收入分配为绝对平均,即人与人之间收入完全平等;如果基尼系数为 1,则说明居民之间的收入分配为绝对不公平,100% 的收入被一个单位的人完全占有了。换言之,基尼系数越小,表示收入分配越平均;而基尼系数越大,表示收入分配越不平均。国际上通常把 0.4 作为贫富差距的警戒线,倘若基尼系数大于这一数值,便有出现社会问题的潜在风险。相关数据显示,我国居民收入的基尼系数自 2000 年首次超过警戒线 0.4 以来,总体呈现出先攀升后稳定的态势。但值得注意的是,2003—2017 年,我国的基尼系数从未低于 0.46,而 2015—2017 年,更是逐年增大,由 2015 年的 0.462 升至 2017 年的 0.467。

不同行业的工资收入差距较大

从工作所属行业来看,不同行业人群的收入差距较为悬殊。自改革开放以来,人均工资最高的行业包括电力煤气、采掘、金融与信息计算机软件业,而近些年又以金融业以及信息计算机软件业为主。这些行业大体呈现出两个特征:一是属于知识与资本密集领域,二是带有垄断性和资源性。相比之下,农林牧渔业的平均工资几乎始终为所有行业中的最低,这可能与农产品的低附加值和劳动密集型特点有关。

从工资差距看,1978年人均工资最高的电力煤气业与人均工资最低的社会服务业的工资差距仅为458元。然而,随着时间的推移,人均工资水平最高与最低行业之间的工资差距越拉越大。到了2017年,人均工资水平最高的信息计算机软件业,比人均工资水平最低的农林牧渔业多出96 646元,这意味着一个拿着平均薪资的金融从业者,一年可以比一个农民多赚近10万元,而且这种差距还有继续加大的趋势。

不过从比值来看,自2005年开始,我国平均工资水平最高行业与最低行业的相对差距有逐渐缩小的趋势,2017年为3.65,不过这一数值仍比2000年以前高出不少,反映出我国行业间的工资收入水平总体上仍在拉大。

城乡人均可支配收入差距渐增

居民收入差距还体现在城乡居民之间。改革开放至今,我国无论是城镇居民还是农村居民,收入水平都有了较大幅度的提高,然而不容忽视的一点是,城乡居民的收入差距正在与日俱增。1978年,我国城镇居民和农村居民的人均可支配收入分别为343.4元和133.6元;到了2017年,城镇居民和农村居民的人均可支配收入各自上涨至36 396元和13 432元,分别是1978年的106倍和100.5倍。从城乡居民历年可支配收入的差距来看,1978年为209.8元,到2017年已经攀升至22 964元。

不过,从城乡居民收入比来看,在经历了长期的攀升后,近些年开始有下降的趋势,2017年为2.71,这比2010年的3.23低了不少。这说明城乡居民收入的绝对差距虽然在增大,但相对差距却有所缓和。总体上看,我国城乡发展仍旧不平衡,二元经济结构问题依然严峻,农村生产力水平长期低于城镇,且户籍制度对农村人口向城镇流动造成了制约;同时,受限于农业本身的特点,农产品附加值要低于工业与服务业产品附加值,致使农民增收相对缓慢。

不同地区的居民收入差距明显

从空间维度考虑,不同省、市、自治区由于经济发展状况存在差异,居民收入也不尽相同。国家统计局数据显示,2017年全国各地区居民人均可支配收入最高的前5个省(市、自治区)分别为上海、北京、浙江、天津和江苏,而最低的5个省(市、自治区)分别为西藏、甘肃、贵州、云南和青海。其中,人均可支配收入最高的上海为58 987.96元,最低的西藏仅为15 457.9元,仅比上海的四分之一略高,收入差距之大可见一斑。

从东部、中部、西部及东北地区的城乡居民收入水平比较来看,东部地区的居民收入水平大幅度高于中部、西部和东北地区。2016年的数据显示,从城镇居民人均可支配收入层面看,东部地区是西部地区的1.39倍;从农村居民人均可支配收入层面看,东部地区是西部地区的1.56倍。倘若对比东部城镇居民与西部农村居民的人均可支配收入,那么差距无疑会更大:前者是后者的将近4倍。

资料来源:苏宁金融研究院. 数据告诉你:中国人的收入差距有多大?[EB/OL]. (2018-07-30) [2019-04-25]. http://www.myzaker.com/article/5b5e67fa5d8b5469952ce787/.

【关联理论】

GDP 是衡量经济福利的一个良好指标,因为人们对高收入的偏好大于低收入。人均真实 GDP 高的国家往往有更好的教育体系、更好的医疗体系、更有文化的公民、更好的营养状况和更长的预期寿命。但 GDP 绝不是一个完美的指标,因为它没有考虑到收入分配问题。人均 GDP 也只是告诉我们人们平均生活水平的高低,但平均量的背后可能隐藏着不均。对于发展中国家而言,其贫富差距带来的经济影响和社会问题更不应该被忽视。

【新闻评析】

GDP 反映了一国经济发展水平和综合国力,衡量人们生活质量的许多指标与 GDP 成正比。但能否用 GDP 来衡量一国的生活质量却有待商榷。一个由 100 个年收入为 10 万元的人组成的社会的 GDP 是 1 000 万元,一个由 10 个年收入为 100 万元的人和另外 40 个没有任何收入的人组成的社会的 GDP 也是 1 000 万元,而人们不会认为这两者是相同的。反映一个国家实际发展水平最准确的指标还是人均收入水平。2019 年中国人均 GDP 首次超过 1 万美元,达到 10 276 美元,约为美国人均 GDP 的 1/6。中国的城乡区域发展差距和居民收入分配差距依然较大,收入分配秩序不规范,隐性收入、非法收入问题比较突出,部分农村地区人民群众生活仍然比较困难。习近平同志在十九大报告中强调,中国特色社会主义进入新时代,我国社会主要矛盾已经转化为人民日益增长的美好生活需要和不平衡不充分的发展之间的矛盾。这一表述对于中国经济社会发展未来的准确认识和定位具有重大意义。

国际经验表明,墨西哥、阿根廷、智利等拉丁美洲国家经历高增长后,在人均 GDP 达到中等收入水平时,贫富悬殊往往是造成这些国家经济增长缺乏动力,进而落入"中等收入陷阱"的重要原因。中国目前的 GDP 总量已位居世界第二位,2019 年人均 GDP 排在世界第 72 位,大致相当于世界平均水平的 90%。因此,中国有必要对当前贫富差距的新特点给予更多的关注,以避免落入"中等收入陷阱",更快、更好地完成向高收入国家迈进的目标。比如初次分配要注重效率,创造机会公平的竞争环境,维护劳动收入的主体地位;再分配要更加注重公平,提高公共资源配置效率,缩小收入差距;通过建立行之有效的收入分配制度、适当提高最低工资标准,保证广大劳动者的合法权益。同时,完善政府再分配机制,建立切实可行的收入监测制度,从根本上消除逃税、漏税,提高普通工薪阶层个人所得税免征额。通过上述措施的实行,中国有望进一步缩小在人均 GDP 上与发达国家的差距,使人民群众共享中国改革开放和经济持续增长的成果。

三、案例研究

(一)案例研究 A

中国 GDP 为何被低估?

GDP 是决定中国宏观经济政策的重要指标,对 GDP 的衡量和评估直接影响中国宏观经济政策走向。随着中国改革开放的不断深化,中国 GDP 呈现出快速增长的趋势,从 1995 年的 60 793.7 亿元人民币增长到 2011 年的 471 564 亿元人民币。至此,中国超越日本,成为全球第二大经济体。相关学者通过选取两个指标对中国 GDP 进行定量分析,发现中国 GDP 不是被高估了,而是被低估了。GDP 的低估导致宏观经济信息失真,给宏观经济决策带来了一定的困难和误导。

电力消费弹性系数显示 GDP 被低估

由于在一个国家的经济发展过程中,国民经济从能源消费大的第二产业向能源消费小的第三产业不断升级,以及劳动生产率提高带来能源利用效率的提升,世界各国在发展过程中普遍呈现出单位生产总值的能源消费在下降,而电力消费在增加的趋势,也就是说,电力消费的速度总是超过国民经济发展的速度。按照发达国家的经验,一国的电力消费弹性系数应该维持在 1.0 左右。电力消费弹性系数是反映一个国家或地区电力消费增长速度与国民经济增长速度之间比例关系的指标。电力消费弹性系数的计算公式为:电力消费弹性系数=电力消费量年平均增长速度/国民经济年平均增长速度。公式分子中的数据由电力消费量计算而来,后者由电力部门单独统计,统计的难度较低,因此数据的可信度较高。公式分母中的数据则由 GDP 计算而来,由此可见,中国电力消费弹性系数被高估的原因是国民经济年平均增长速度被低估了,也就是 GDP 被低估了。

股票总市值与 GDP 之比显示 GDP 被低估

股票总市值与 GDP 之比反映的是一个国家国民经济的证券化程度。一国股票总市值与 GDP 的比值越高,说明其国民经济的证券化程度越高,资本市场越完善。研究以上数据可以发现,2006 年股权分置改革以来,中国股票市场总市值与 GDP 的比值基本上一直保持在其他新兴经济体之上,甚至与美国、日本等发达经济体不相上下。巴西与中国相比,股票市场建立得较早,国民经济证券化程度相对更高,但是其股票总市值与 GDP 的比值在 2006 年之后一直低于中国。中国股票总市值与 GDP 的比值之所以高于巴西等证券化程度较高的国家,一方面是由于分子被高估,即由于中国 2006 年股权分置改革引发的股票市场繁荣,另一方面则是由于分母被低估,即中国 GDP 被低估了。

中国 GDP 为何被低估?

中国建立社会主义市场经济体制的时间不长,相关制度还不够完善,一些产品和劳动的商品化程度还不高。以家庭劳动为例,在美国等西方国家,家政服务业很发达,多数家庭选择从专业机构聘请家政服务人员。发达国家高昂的劳动力价格使得这部分服务产生了可观的 GDP。相应地,中国家政服务业的发达程度远不及西方国家,绝大多数家庭习惯于自己料理家务。这部分劳动是客观存在的,但是因为不存在交易,这部分劳动没有被商品化,因此不计入 GDP。据相关研究预测,未来几年,中国家政服务业增长速度将超过 20%,达到中等发达国家水平,其产值可达 GDP 的 10% 以上。这部分增长中相当一部分一直未能计入中国 GDP。另据 2004 年第一次全国经济普查结果,国家统计局将 2004 年中国 GDP 上调为 15.99 万亿元,比调整前公布的数据增加了 2.3 万亿元,增加了 16.8%。这是一个惊人的数字。依照国家统计局负责人的解释,这一调整的主要原因是对服务业的统计出现明显缺漏,上述增加额的 93% 来自对服务业统计数据的修正,服务业产值一直在中国 GDP 统计中处于严重低估状态。

又如,中国绝大部分农村地区市场不发达,经济自给化程度很高,因此隐藏了大量未被计入 GDP 的产值。这里可以从中国农村留守儿童的角度进行简要分析。根据全国妇联儿童工作部的统计,2009 年中国农村留守儿童数量约为 5 800 万人,由于农村的青壮年多外出务工,只剩下老人在家照顾留守儿童。假设一个老人照顾一个留守儿童的劳动价值为 1 000 元,则这部分产值大约为 580 亿元,未计入 GDP。不仅如此,留守儿童的很多消费也由老人自给自足,加上这一因素,保守估计,这一数据应放大 4 倍,大约为 2 300 亿元。再考虑现阶段中国农村消费的大部分产品和服务实际上不是通过交易而是通过自给进行的,例如农民普遍食用自家产的粮食,农民建造房屋也通常是自己动手而不是聘请专业的建造公司,这些产值都没有计入GDP。中国农村基于自给自足的生产方式产生的大量产值由于非商品化而未被计入GDP,据此可以判断中国GDP被严重低估了。

资料来源:姚宇惠.中国GDP为何被低估?[J].国企,2012(8):78—81.

【关联理论】

GDP指的是在某一既定时期一个国家内生产的所有最终物品与服务的市场价值。由于GDP用市场价格来评价物品与服务,因此它几乎没有包括所有在市场之外进行的活动的价值,尤其是它漏掉了在家庭中生产的物品与服务的价值,以及义务工作人员劳动的价值,这是导致市场不发达国家的GDP被低估的主要原因。

【案例解析】

中国GDP持续多年保持着增长,特别是20世纪90年代中后期之后,在国际经济不景气的背景下,中国GDP仍然保持着高速增长。伴随着中国GDP持续高速增长,近年来不少学者开始质疑中国GDP统计数据的真实性。关于对中国GDP统计数据的看法,主要有高估和低估两种观点:

第一种观点认为中国GDP被高估,甚至中国GDP被高估的论调逐渐在学界和媒体中成为主流。这一观点主要基于以下三个原因:其一,企业跨地区发展造成的重复统计。其二,在核算GDP的过程中,各地区使用的基础资料不完全一致,许多行业的统一调查制度还没有建立起来。其三,由于地方政府的政绩考核很大程度上直接与GDP挂钩,造成地方统计部门虚报现象严重,GDP被夸大。该观点认为,中国的GDP统计存在一些问题,譬如GDP统计理论体系不健全,统计范围存在缺口;GDP统计存在人为干扰因素;地方和国家统计数据不衔接;GDP统计管理体制的监管仍不完善等。

第二种观点认为中国GDP被低估。其中一个非常重要的原因是,一个国家的GDP被低估的程度与该国的经济发展水平和市场化程度有密切的相关性。经济越发达的国家,市场化程度越高,物品与服务通过市场进行生产和销售的比例越高,GDP被低估的程度也就越低;反之,经济越不发达的国家,市场化程度越低,物品与服务通过市场进行生产和销售的比例越低,GDP被低估的程度也就越高。中国虽然是一个经济快速发展的大国,但是经济活动的市场化程度依然与其发展中国家的身份相一致,大量的生产和服务活动没有进入官方的GDP统计中,如家庭生产的自用产品和家务劳动、通过现金交易并不需要开具发票的偷漏税交易、非法的走私活动等,这些经济活动产生的物品与服务的价值一般都不会进入官方的GDP统计中,因此中国GDP被低估也是在所难免的。以家政服务为例,发达国家的家政服务人员都经严格登记并由公司统一管理,每一次交易的价值都被计入GDP。而在中国,大部分家政服务人员都没有登记,很多服务人员并不属于家政服务公司,而是采取打零工的形式。雇主与服务人员之间的交易大多私下进行,因此没有被计入GDP。此外,中国存在规模庞大的"灰色经济"。与发达国家相比,中国的市场不够规范,税费较高,经济参与者逃避税收及行政管理负担的激励更大,因此中国的"灰色经济"的规模可能比发达国家更大。

实际上,尽管中国主要采用生产法和收入法来核算GDP,但目前中国GDP核算在理论上和实践上与国际通行做法还是存在差异,因而部分数据出现高估或低估现象也就不难理解了,但不能由此就下结论说中国GDP的官方数据就是高估或低估,因为每个国家的经济情况都不一样,而且任何统计都存在误差,有些误差不可避免。将这些误差与整体的数据相对比,我们会发现有些误差会使中国GDP总量被低估,而有些误差则会带来GDP总量的高估,但这些误差并没有对总体数据造成实质性影响。

近年来,许多经济发达国家和地区采用新的国民经济核算方式,以进一步推动知识经济或创意经济的发展。新的核算方式是联合国、欧盟委员会、经济合作与发展组织、国际货币基金组织和世界银行于2008年联合发布的《国民经济核算体系(2008)》(SNA2008),这个版本涉及诸多核算方法和数据来源上的变化,其中将技术、知识、智慧、创新能力等无形资产资本化,是其最大特色。2013年7月13日,美国正式采用SNA2008核算方式,按新方法核算的美国2012年GDP为16.2万亿美元,而按老方法核算的2012年GDP为15.7万亿美元,按新方法修订的GDP的增幅达3.6%,其中无形资产投资的变化贡献了90%。新的核算方法更好地反映了技术和知识创新在国民经济中的作用,有利于推动国家的创新发展。中国GDP的核算方法亦需要进一步改进,要学习和借鉴发达国家成熟、成功的核算方法和经验,建立具有中国特色的核算体系。

(二)案例研究B

中国落后日本40年:GDP是日本的2倍,人均GDP不及日本的1/5

据日本贸易振兴会(Jetro)发布的数据,2014年上半年,日本对华出口同比增长2.5%,至780亿美元。尽管日本对华出口规模仍没有超越2012年上半年的水平,但这却是2012—2014年来首度正增长。

中日关系似乎又要回到以往"政冷经热"的局面。

但是,这一次和以往不同。日本著名华人经济学家、野村证券高级研究员关志雄撰文称,"中国的崛起改变了中日关系""中国从援助对象变成对等伙伴,而且不仅作为工厂,作为市场的重要性也越发显著"。

中日关系的大变:中国GDP是日本的2倍

关志雄指出,"中国的崛起改变了中日关系"主要体现在两个方面:

第一,中国已经成为仅次于美国的世界第二大经济体,与日本的差距也在逐渐扩大。2010年,中国GDP首次超越日本,跃居世界第二。而在30年前的1980年,中国GDP还仅仅只是日本的27.9%。如今,中国GDP已经是日本的1.87倍(2013年数据),2014年达到日本2倍的水平,几乎不成问题。随着中国经济的飞速发展,中国在世界贸易中所占的份额迅速上升,而日本的份额则在急剧下降,两国的相关曲线几乎形成了一个十字交叉。与此同时,随着中国外贸规模的扩大,无论是出口还是进口方面,日本对中国的依存度均大幅上升,而中国对日本的依存度则大幅下降。"中国的崛起改变了中日关系"在另一方面的体现,则是中国从日本的援助对象变成了对等伙伴。关志雄指出,"对日本来说,中国从初级产品供给国转变为出口产品生产基地,进而转变为市场"。据日本官方调查,从2001年度到2013年度,日企在华生产总额从251亿美元增至2 265亿美元,在华销售额则从87亿美元急剧提高至1 446亿美元,在华销售比例则从34.6%升至63.8%。

第二,中日间的资金流动也从单向的"日本流向中国"变为双向流动。关志雄指出,日本流入中国的资金,最初以政府开发援助(ODA)为主,而日元贷款占绝大部分。从1979年到2007年,日元贷款累计达33 164亿日元。到20世纪90年代后,日企对华直接投资不断增加,截至2013年年底,投资余额达10.3万亿日元(约合6 100亿元人民币)。中国对日投资近几年来也在不断增加,如"联想集团收购了NEC(日本电气公司)的个人电脑部门,海尔集团收购了三洋电器的白色家电部门等"。另外,截至2013年年底,中国持有的日本债券余额达14.3万亿日元,中国也已成为日本国债的最大持有国。

中日关系的不变:依然互补,依然可以双赢

尽管如此,关志雄同时指出,中日两国"具有的互补关系大于竞争关系,具有充分的合作余地""但由于领土问题和历史认识问题等政治面的对立,两国间的互补性没有得到充分发挥"。

关志雄认为,"虽然GDP规模超过了日本,但中国的人口是日本的10倍,2013年的人均GDP还不到7 000美元,远不及日本(近40 000美元)"。

"另外从平均寿命、婴儿死亡率、第一产业占GDP的比重、城市地区的恩格尔系数、人均电力消费量等显示经济发展的指标来看,中国最近的数字大致相当于日本20世纪70年代前半期的水平,中日间的发展阶段相差40年左右。"

换句话说,虽然GDP规模几乎是日本的2倍,但中国仍然落后日本40年,而"这意味着两国具有的互补关系大于竞争关系,具有充分的合作余地"。

资料来源:中国落后日本40年:GDP是日2倍 人均不及1/5[EB/OL].(2014-08-22)[2019-04-25].https://m.sohu.com/n/556320194/.

【关联理论】

GDP既衡量经济的总收入,又衡量经济用于物品与服务的总支出。而人均GDP能够告诉我们经济中每个人的平均收入与支出,因此与GDP相比,人均GDP自然成为平均经济福利的衡量指标。但所有关于GDP的指标其实都不完美,GDP没有衡量健康、医疗、环境、闲暇状况,而人均GDP也没有涉及对收入分配状况的评价。因此,需要更加全面地看待国与国之间GDP或者人均GDP的差距。

【案例解析】

近年来,中国经济总量在世界上的排名迅速上升。2005年,中国GDP增长16.8%,超过意大利,成为世界第六大经济体。2006年,中国经济规模超过英国,成为仅次于美国、日本和德国的世界第四大经济体。2007年,中国GDP增速为13%,超过德国,成为世界第三大经济体。仅仅3年之后(2010年),中国便超越日本,成为世界第二大经济体。而到了2014年,中国GDP已经达到日本2倍的水平。中国GDP在1978—2010年的30余年间增长了20余倍,平均增速接近10%,开创了中国经济发展史上前所未有的"高速"时代。

但是从客观上来讲,比GDP总量更重要的是人均GDP。中国有13亿到14亿人口,日本仅有1.27亿到1.28亿人口,即便2014年中国GDP总量达到日本的2倍,人均GDP也不及日本的1/5。从对外影响力看,中国GDP赶超日本,并不意味着中国对外影响力会同步上升。事实上,除了人均GDP指标在世界排名靠后,中国在医疗、教育、环境、文化等较多领域仍比较落后。因此,必须清醒地认识到,中国GDP增长离高质量的增长尚有距离,中国实现从"粗放型"到"集约型"的增长模式转变,并实现可持续发展,仍然任重而道远。

针对这一新闻,还需要补充的是,尽管中日两国之间一直在进行着"GDP竞赛",但中日经济关系在双边关系中具有重要地位和意义,过去即使在两国政治关系陷入低谷之际,由于经济相互依赖,两国之间的经济往来并未受到很大影响。这是因为中日两国已经是经济上互有需要、利益共享的重要合作伙伴。中国市场对日本经济的拉动作用不可小视,同时日本对华投资对双方的经济发展均有利,中日经贸关系的长足发展符合中日双方的利益,也为亚洲和世界的和平与繁荣做出了有益的贡献。

四、课外习题

(一) 术语解释

1. 国内生产总值(GDP)
2. 投资
3. 净出口
4. 真实 GDP
5. GDP 平减指数

(二) 单项选择

1. 下列经济活动中,能够对 GDP 中的投资产生影响的是(　　)。
   A. 一对新人购买了一套新房子
   B. 家庭购买了一辆电动车
   C. 买卖股票
   D. 在自家的院子里用废旧材料修建了一座凉亭
2. 真实 GDP 使用(　　)价格衡量,而名义 GDP 使用(　　)价格衡量。
   A. 现期　基期　　　　　　　　　　B. 基期　现期
   C. 中间物品　最终物品　　　　　　D. 最终物品　中间物品
3. 某家庭主妇提供自助性家庭服务,那么她(　　)。
   A. 不创造新价值　　　　　　　　　B. 创造新价值,但不创造 GDP
   C. 创造 GDP,但不创造新价值　　　D. 既不创造 GDP,也不创造新价值
4. 在下述供应链中:农民生产了 100 公斤小麦,以 3 元/公斤的价格出售给面粉厂;面粉厂将面粉加工成 90 公斤面粉,以 4 元/公斤的价格出售给馒头铺;馒头铺用这些面粉制作了价值 600 元的馒头。上述经济活动创造的 GDP 值为(　　)。
   A. 600 元　　　B. 1 260 元　　　C. 300 元　　　D. 360 元
5. 某家庭某月支出如下:购买 100 元大米、200 元牛肉,支付 1 000 元旅游费用,支付 1 000 元房租。该家庭这个月对 GDP 中的消费的贡献为(　　)。
   A. 2 300 元　　B. 1 300 元　　　C. 300 元　　　D. 2 000 元
6. 某摩托车生产企业某年:(1) 购买了价值 100 万元的新设备;(2) 新建了一座价值 500 万元的厂房;(3) 生产了价值 2 000 万元的产品,其中 1 500 万元产品已经销售,年底尚有 500 万元的产品库存。该企业当年创造的 GDP 值中的投资等于(　　)。
   A. 600 万元　　B. 2 600 万元　　C. 1 100 万元　　D. 2 000 万元
7. 某年,X 国国际贸易平衡,出口值为 20 亿美元;GDP 总值为 1 000 亿美元,其中消费为 700 亿美元,投资为 110 亿美元。该国的净出口为(　　)。
   A. 无法求解　　B. 0　　　　　　C. 20 亿美元　　D. 190 亿美元

8. (　　)是一国居民的总收入减折旧。
   A. 国民生产净值　　B. 国民生产总值　　C. 国民收入　　D. 国民储蓄
9. 2018年全球GDP最高的国家是(　　),全球人均GDP最高的国家是(　　)
   A. 美国　卢森堡　　B. 中国　卢森堡　　C. 俄罗斯　瑞士　　D. 美国　日本
10. GDP平减指数是衡量相对于基年物价水平的当年物价水平的物价指数,通常用(　　)与(　　)的比率乘以100计算的物价水平指标衡量。
    A. 名义GDP　真实GDP　　　　　　B. 真实GDP　名义GDP
    C. 人均名义GDP　人均真实GDP　　D. 人均真实GDP　人均名义GDP
11. 假设某个小国仅生产和消费牛肉,下表是相关数据:

年份	牛肉产量(公斤)	牛肉价格(元/公斤)
2017年	10 000	80
2018年	12 000	100

以2017年为基年,该国2018年的GDP平减指数为(　　)。
A. 96　　　　B. 100　　　　C. 125　　　　D. 80

12. 关于真实GDP说法正确的是(　　)。
    A. 它是用当期价格计算出的全部物品与服务的市场价值
    B. 它是用基期价格计算出的全部物品与服务的市场价值
    C. 它是用当期价格计算出的全部物品与服务的价值
    D. 它是用基期价格计算出的全部物品与服务的价值
13. 下列选项中,不属于GDP中的政府购买的是(　　)。
    A. 购置公车　　　　　　　　　　B. 购置军火
    C. 支付事业单位工作人员的工资　　D. 支付退休公务员的退休金
14. GDP没有伦理学上的意义,毒贩所创造的价值、黑市创造的价值也包含在GDP的统计中。该观点(　　)。
    A. 正确　　　　　　　　　　　　B. 错误
    C. 从国家的角度说正确　　　　　D. 从自由的角度说正确
15. 某中国网球明星在2013—2014赛季,在温布尔登网球公开赛等四大国际公开赛中,累计获得奖金、出场费3 000万欧元,扣除所得税后,净收入2 000万欧元,其中她向中国政府缴纳了50万欧元的所得税。该明星创造的上述价值中,包含在中国GDP中的是(　　)欧元。
    A. 3 000万　　B. 2 000万　　C. 0万　　D. 50万

(三) 判断正误

1. 对整个经济而言,支出和收入总是相同的。(　　)
2. GDP衡量的生产价值局限于一个国家的地理范围之内。(　　)
3. GNP与GDP的不同之处在于:GNP包括本国公民在国外赚到的收入,而不包括外国人在本国赚到的收入。(　　)
4. 个人可支配收入是雇员通过各种方式获得的可以自由使用的收入。(　　)

5. 家庭用于教育的支出也包括在投资中。（   ）
6. 美国 GDP 历史数据最明显的特点是真实 GDP 一直以年均 1% 左右的速度在增长。（   ）
7. 名义 GDP 的上升有时会被称为"衰退"的真实 GDP 减少时期打断。（   ）
8. 按广义的定义，地下经济、灰色经济、非正式经济或影子经济包括合法但没有报告或记录的交易。（   ）
9. 减少劳动引起的福利损失抵消了人们从生产并消费更多的物品与服务中所获得的福利利益。（   ）
10. 如果更多的 GDP 能够带来更高的生活水平，那么我们就应该认为 GDP 与生活质量的多种衡量指标是密切相关的。（   ）

（四）简答题

1. 为什么 GDP 不是衡量福利的完美指标？
2. 人均 GDP 低的国家生活水平低的表现有哪些？
3. 列举 GDP 的四个组成部分，并各举一个例子。
4. 为什么经济学家在判断经济福利时用真实 GDP，而不用名义 GDP？
5. 生产一台手提电脑和生产一辆普通自行车，哪一个对 GDP 的贡献更大？解释原因。

（五）应用题

1. 2017 年，某个经济生产 100 艘轮船，每艘以 2 万美元的价格售出。2018 年，这个经济生产 200 艘轮船，每艘以 3 万美元的价格售出。计算每年的名义 GDP、实际 GDP 和 GDP 平减指数。从 2017 年到 2018 年，这三个统计数字的变化百分比分别为多少？（以 2017 年为基年）

2. 某一天 Johnson 的清洁公司获得 800 美元清洁收入。在这一天，公司的设备折旧价值为 100 美元。在其余的 700 美元中，公司用 60 美元向政府缴纳了销售税，留出 200 美元用于在未来增加公司设备，Johnson 以工资的形式拿回家 440 美元。在 Johnson 拿回家的 440 美元中，他用 140 美元缴纳了所得税。根据这些信息，计算 Johnson 对国内生产总值、国民生产净值、国民收入、个人收入、个人可支配收入等收入衡量指标的贡献。

3. 过去几十年以来，发达国家妇女的劳动力参工率大幅度增加。
    （1）你认为这种增加会如何影响这些国家的 GDP？
    （2）现在设想一种包括用于家务劳动时间和闲暇时间的福利衡量指标。应该如何比较这种福利衡量指标的变动和 GDP 的变动？
    （3）你认为与妇女劳动力参工率增加相关的其他福利有哪些？构建一个包括这些内容的福利衡量指标现实吗？

4. 请搜集相关材料阐述中国从改革开放到 2018 年 GDP 总量和人均 GDP 的变化历程及其国际比较。

（六）拓展思考题

1. 2018 年中国 GDP 超过 90 万亿元，比上年同比增长 6.6%。按平均汇率折算，中国 GDP 达 13.6 万亿美元，约为美国的 2/3，占全球 GDP 总量的 1/6 左右。改革开放 40 年来，中国取得了举世瞩目的经济成就。但自 2015 年以来,中国 GDP 增速一直在 6.4%～7.0% 的区间内窄幅波动。2015—2018 年,我国连续 16 个季度 GDP 增速的变化曲线大致呈现为一条水平的直线。有人质疑数据的真实性,甚至认为是统计部门"做平"了增速步伐。你怎么看这个问题?

2. 一般而言,一国每隔几年都会调整 GDP 的核算方法,以更好地反映该国产业结构和经济变化情况。但是,近年来,欧美国家在经济持续低迷、产业空洞化、债务持续增长的大背景下,为了"创造"GDP 增长,降低政府开支和债务占 GDP 的比率,不仅将一些中间活动纳入 GDP 核算,而且将毒品、色情、走私等非法活动也纳入 GDP 核算,使得 GDP 成为越来越虚化的数字游戏。2013 年 7 月,美国改变核算方法,将科研投入(归类为资本投资而不是生产成本)、影视作品版税、原创艺术作品投资(视为固定资产投资)、退休养老金(视为工资)、房产交易费(视为投资)等纳入 GDP 核算。2014 年 5 月,意大利统计局宣布把毒品、色情、走私交易纳入 GDP 核算,一时舆论哗然。随后,英国国家统计局也宣布效仿意大利,将毒品与色情交易纳入 GDP 核算。此前,荷兰等国已将走私和毒品交易纳入 GDP 核算。试结合所学相关理论分析上述西方国家调整其 GDP 的核算方法和范围的原因。

五、习题答案

(一) 术语解释

1. 国内生产总值(GDP):在某一既定时期一个国家内生产的所有最终物品与服务的市场价值。
2. 投资:用于资本设备、存货和建筑物的支出,包括家庭用于购买新住房的支出。
3. 净出口:外国对国内生产的物品的支出(出口)减国内对外国生产的物品的支出(进口)。
4. 真实 GDP:按不变的基年价格评价的物品与服务的生产。
5. GDP 平减指数:用名义 GDP 与真实 GDP 的比率乘以 100 计算的物价水平衡量指标,即可用于衡量相对于基年物价水平的当年物价水平的物价指数。

(二) 单项选择

1. A 2. B 3. B 4. A 5. A 6. C 7. B 8. A 9. A 10. A 11. C 12. B 13. D 14. B 15. C

(三) 判断正误

1. √ 2. √ 3. √ 4. × 5. × 6. × 7. × 8. √ 9. × 10. √

(四) 简答题

1.【考查要点】 对 GDP 指标的评价。

【参考答案】 虽然就大多数情况而言,GDP 是衡量经济福利的一个好指标,但 GDP 不是衡量福利的完美指标,对美好生活做出贡献的某些东西并没有包括在 GDP 中,例如休闲、环境质量等。GDP 没有包括所有在市场之外进行的活动的价值,也没有涉及收入分配。

2.【考查要点】 GDP 与生活质量。

【参考答案】 人均GDP低的国家生活水平低的表现包括:婴儿死亡率高,儿童营养不良率高,学龄儿童入学率低,家庭电视、电话和电器拥有率低,铺设的道路少等。

3.【考查要点】 GDP的组成。

【参考答案】 GDP包括消费(如购买衣服)、投资(如购买厂房)、政府采购(如购买国防军用飞机)和净出口(如中国向泰国销售高铁)四个组成部分。

4.【考查要点】 名义GDP与真实GDP的区别。

【参考答案】 名义GDP是用当年价格来评价经济中物品与服务生产的价值。真实GDP是用不变的基年价格来评价经济中物品与服务生产的价值。由于真实GDP不受价格变动的影响,因此对经济学家来说,真实GDP作为衡量福利的指标要优于名义GDP。

5.【考查要点】 GDP数量大小的计算。

【参考答案】 生产一台电脑比生产一辆普通自行车对GDP的贡献更大,因为电脑的平均市场售价远高于普通自行车的平均市场售价。

(五)应用题

1.【考查要点】 名义GDP、实际GDP与GDP平减指数

【参考答案】 2017年的名义GDP = 100×2万 = 200万(美元)

2017年的实际GDP = 100×2万 = 200万(美元)

2017年的GDP平减指数 = (200万/200万)×100 = 100

2018年的名义GDP = 200×3万 = 600万(美元)

2018年的实际GDP = 200×2万 = 400万(美元)

2018年的GDP平减指数 = (600万/400万)×100 = 150

名义GDP的变化百分比:(600万 - 200万)/200万×100 = 200%

实际GDP的变化百分比:(400万 - 200万)/200万×100 = 100%

GDP平减指数的变化百分比:(150 - 100)/100×100 = 50%

2.【考查要点】 国内生产总值、国民生产净值、国民收入、个人收入、个人可支配收入。

【参考答案】 国内生产总值(GDP)等于Johnson获得的全部收入,即800美元。国民生产净值(NNP) = GDP - 折旧 = 800美元 - 100美元 = 700美元。国民收入(NI) = NNP - 销售税 = 700美元 - 60美元 = 640美元。个人收入(PI) = NI - 留存收益 = 640美元 - 200美元 = 440美元。个人可支配收入(PDI) = PI - 个人所得税 = 440美元 - 140美元 = 300美元。

3.【考查要点】 GDP指标的含义及其评价。

【参考答案】 (1)妇女劳动力参工率的增加会增加这些发达国家的GDP,因为这意味着更多的人在工作,产出会增加。

(2)如果我们的福利衡量指标包括家务劳动时间和闲暇时间,那么它就不会随着GDP的增加而增加,因为妇女劳动力参工率的增加减少了家务劳动时间和闲暇时间。

(3)与妇女劳动力参工率增加相关的其他福利包括提高妇女的自尊及其在劳动力中的地位,但是对于母亲来说,与孩子相处的时间变得更少。这些方面很难被衡量,因此构建这样一个指标不太现实。

4.【考查要点】 对GDP含义的实践考查。

【参考答案】 (1)**中国GDP的发展历程。GDP总量按本币计算**:从1978年的3 650亿元增长到2018年的900 309亿元。中国经济发展的主要指标——GDP——大致经历了几个阶

段:1956年突破1 000亿元;1982年突破5 000亿元;1986年突破1万亿元,达到10 309亿元;1995年突破5万亿元,达到61 130亿元;2001年突破10万亿元,达到110 270亿元;2012年突破50万亿元,达到534 123亿元;2014年突破60万亿元,达到636 463亿元;2018年突破90万亿元,达到900 309亿元。**GDP总量按美元折算**:1972年突破1 000亿美元,1993年突破5 000亿美元;1998年突破1万亿美元,达到10 253亿美元;2009年突破5万亿美元,达到50 597亿美元;2010年达到5.75万亿美元,超过日本跃居世界第二位;2014年突破10万亿美元,达到103 611亿美元;2018年达到13.6万亿美元,约为美国的2/3,占据全球GDP总量的1/6。

(2) **中国人均GDP的发展历程。人均GDP按本币计算**:1982年首次突破500元,达到529元(从1952年人均119元到1982年人均突破500元总共花了30年时间);1987年突破1 000元,达到1 116元;1995年突破5 000元,达到5 074元(从1987到1995年,年均实际增长8.6%);2003年突破1万元,达到10 600元(从1995年到2003年,年均实际增长7.9%);2013年为30 015元,2014年达到46 652元,2018年约为64 520.7元。**人均GDP按美元计算**:1993年首次突破500美元,达到523美元;2001年突破1 000美元,达到1 047美元;2011年突破5 000美元,达到5 577美元;2014年达到7 595美元,但仍然落后于很多国家,位于世界第90位左右;2018年为9 630美元,即将达到1万美元,位居全球第70位。依据世界银行发布的标准,中国已经开始跨入中等偏上收入国家行列。但值得注意的是,2018年中国人均GDP约为美国的1/6,仍未达到全球人均1.137万美元的水平。

(六) 拓展思考题

1.【考查要点】 GDP的基本组成。

【参考答案】 2015—2018年,中国GDP增速连续16个季度在6.4%~7.0%的区间内窄幅波动。这样的窄幅波动确实不容易。但这不是统计部门控制的结果,而是中国经济运行的稳定性和韧性不断增强的实际表现。从理论上讲,经过8年左右的增速换挡,中国经济成功地由原来的高速挡切换到现阶段的中高速挡,增长速度向这个阶段的潜在增长率收敛,在服务业和消费分别成为供求两侧的主动力的情况下,经济运行的稳定性和可持续性显著提高,这是结构调整和转型升级的必然结果。从同期相关指标看,中国的经济增长是有支撑的。从1979年至2017年,中国GDP年均实际增长9.5%,财政收入年均名义增长13.8%,工业企业利润总额年均名义增长13.2%,全国居民人均可支配收入年均实际增长8.5%,住户存款余额年均名义增长22.8%。如果没有GDP年均9.5%的增长速度,不可能有这么多的社会财富积累。2018年中国GDP同比增长6.6%,全社会用电量同比增长8.2%,铁路货运量同比增长9.1%,新增就业1 361万人。这些都可以说明,GDP指标与当期其他指标总体上是协调匹配的,因而数据是可靠的。此外,中国一直高度重视统计数据的质量。国家统计局从工作层面上也把统计数据的质量作为全过程、全员、各方面的中心任务,采取了一系列行之有效的措施,努力确保数据真实可靠。目前,中国GDP的核算范围、核算原则和核算方法与国际标准是接轨的;在统计调查中,建立了以周期性普查为基础,以经常性抽样调查为主体,综合运用全面调查、重点调查,并充分运用行政记录、大数据等资料的统计调查体系,为中国GDP核算提供了有力的制度保障。此外,中国还不断强化依法治统,严肃查处统计违法行为,构建了警示和惩戒统计弄虚作假的机制。因此,中国的经济数据总体上是真实的。

2.【考查要点】 GDP指标的评价及统计方法和范围。

【参考答案】 GDP是衡量经济福利的一个良好指标,但并不是衡量经济福利的一个完美指标,这不仅是因为对美好生活做出贡献的很多东西没有包括在GDP中,更是因为如毒品、卖淫等给人们生活带来负面效应的交易可能会被计入其中,上述案例正好反映了这个问题。一方面,欧洲部分国家关于是否将毒品、卖淫等交易计入其经济数据,多年来一直存在争议,因为在有些国家(如荷兰)上述交易行为被认为是合法的,而在其他一些国家则被认为不是"被自由允许的商业交易"。另一方面,西方国家每次GDP核算新方法的采用,几乎都带来了本国GDP的调高。这在一定程度上可以粉饰GDP数据,降低政府支出和债务占GDP的比重,从而提升境内外投资者对本国市场的信心。但从本质上看,其产业空洞化、贫富两极分化、经济增长乏力的困境并没有因此而得到根本改变。

第 24 章
生活费用的衡量

一、学习精要

(一) 教学目标

1. 理解消费物价指数(CPI)的基本含义。
2. 了解 CPI 的作用,掌握 CPI 及其相关计算的步骤。
3. 领会为什么 CPI 指标并不完美,理解用 CPI 衡量生活费用变动存在的三个问题。
4. 掌握 CPI 与 GDP 平减指数之间的两个重要差别。
5. 会根据通货膨胀的影响来校正经济变量,包括不同时期货币量的比较,以及真实利率与名义利率之间的关系等。

(二) 内容提要

本章论述经济学家如何衡量宏观经济中的物价总水平,主要包括两个重点内容:其一是说明如何编制 CPI 以及理解 CPI 的缺陷;其二是如何运用 CPI 来校正通货膨胀对经济变量的影响,比如,如何运用 CPI 比较不同时点的美元数字,并根据通货膨胀调整利率。

1. 消费物价指数

(1) CPI 是普通消费者所购买的物品与服务的总费用的衡量指标。CPI 具有四个重要作用:衡量普通消费者的生活成本;监测生活费用随着时间的推移而发生的变动;在许多合同与社会保障中作为生活费用调整的依据;通常作为观察通货膨胀水平的重要指标。

(2) CPI 及其相关计算可以分以下五个步骤:第一步是固定篮子,即确定哪些物价对普通消费者是最重要的;第二步是找出价格,即找出每个时点上篮子中每种物品与服务的价格;第三步是计算一篮子的费用,即用价格数据计算不同时期这一篮子物品与服务的费用;第四步是选择基年并计算指数,即选择一年作为其他各年可以比较的标准(基年),可根据以下公式计算:

$$CPI = \frac{当年一篮子物品与服务的价格}{基年一篮子物品与服务的价格} \times 100$$

第五步是计算通货膨胀率,即连续两年 CPI 变动的百分比:

$$第二年的通货膨胀率 = \frac{第二年的 CPI - 第一年的 CPI}{第一年的 CPI} \times 100\%$$

(3) CPI 的作用体现在衡量生活费用的变动,或者说确定为维持不变的生活水平必须增加的收入量上。但 CPI 并不是生活费用的完美衡量指标,用 CPI 衡量生活费用的变动存在三个问题:

第一个问题是替代偏向。随着时间的推移,不同物品与服务价格上升的幅度不同,消费者会用那些变得不太昂贵的物品与服务来替代价格上涨相对较快的物品与服务。由于 CPI 没有考虑这种替代,始终使用一篮子固定不变的物品与服务,因此其高估了生活费用的增加。

第二个问题是新物品的引进。新物品的引进增加了物品的种类,允许消费者选择那些更加满足他们需求的产品,从而使每一美元都变得更有价值。由于 CPI 使用的是一篮子固定的物品,它没有考虑到这种影响,因此其高估了生活费用的增加。

第三个问题是无法衡量的质量变动。即使部分物品与服务的价格没有变化,但如果篮子中物品与服务的质量逐年提高,对于消费者来说每一美元的价值也会上升,这实际上等同于物价的下降。由于物价统计部门并没有考虑或者说很难考虑质量提高的程度,因此 CPI 高估了生活费用的增加。

经济学家认为,尽管已经进行了一些技术调整,替代偏向、新物品的引进以及无法衡量的质量变动三个问题仍会引起美国 CPI 每年高估通货膨胀 0.5% 左右。这很重要,因为社会保障补助以及许多合同都会根据 CPI 进行通货膨胀调整。

(4) GDP 平减指数也是衡量相对于基年物价水平的当年物价水平的物价指数,通常用名义 GDP(按当期物价计算)与真实 GDP(按基期物价计算)的比率乘以 100 来计算。经济学家和决策者为了判断物价上升的快慢,既要关注 GDP 平减指数,又要关注 CPI。通常这两个统计数字说明了相似的情况,但存在两个重要的差别使这两个数字不一致。

第一个差别是"一篮子物品不同":GDP 平减指数反映国内生产的所有物品与服务的价格,而 CPI 反映消费者购买的所有物品与服务的价格。这里的差别主要体现在:进口消费品包含在 CPI 内,但不包含在 GDP 平减指数内;资本商品不包含在 CPI 内,但包含在 GDP 平减指数内(如果是在国内生产)。

第二个差别是"篮子固定与否不同":CPI 用固定的篮子,这一篮子物品的构成只有在物价统计部门重新选择时才会变动;而 GDP 平减指数是使用现期生产的物品与服务量,因此"篮子"自动地随着时间的推移而变动。尽管 CPI 和 GDP 平减指数密切相关,但 CPI 由于固有的替代偏向及与新物品引进相关的偏差,可能上升得略快。

2. 根据通货膨胀的影响校正经济变量

(1) 经济学家利用 CPI 根据通货膨胀的影响校正美元变量,如为了比较过去与现在的收入,需要剔除通货膨胀的影响。比较 S、T 两个不同年份的美元值可以采用以下公式:

$$S \text{ 年美元的价值} = T \text{ 年美元的价值} \times \frac{S \text{ 年的 CPI}}{T \text{ 年的 CPI}}$$

(2) 当比较不同时期的美元数字时,要用物价指数来校正通货膨胀的影响,在经济的许多地方都反映出这种校正。当某一美元量根据法律或合同自动地按物价水平的变动而校正时,这种美元量被称为通货膨胀的指数化。企业和工会之间的许多长期合同里都有工资根据 CPI 部分或全部指数化的条款,这种条款被称为生活费用补贴(COLA)。

(3) 考察利率数据时,校正通货膨胀的影响尤其重要,因为如果在贷款期间物价上升了,用于偿还的美元就买不到当初借款时的美元能买到的那么多物品了。已对通货膨胀的影响进行校正的利率是名义利率,未对通货膨胀的影响进行校正的利率是真实利率。真实利率与名义利率之间的关系是:真实利率 = 名义利率 – 通货膨胀率,这也可以看成根据通货膨胀率校正名义利率的公式。

（三）关键概念

1. 消费物价指数（CPI）：普通消费者所购买的物品与服务的总费用的衡量指标。
2. 通货膨胀率：从前一个时期以来物价指数变动的百分比。
3. 生产物价指数（PPI）：企业所购买的一篮子物品与服务的费用的衡量指标。
4. 指数化：根据法律或合同按照通货膨胀的影响对货币数量的自动调整。
5. 替代偏向：当一些物品与服务的价格上升较快时，消费者倾向于用相对便宜的物品与服务作为替代品。
6. 名义利率：通常公布的、未对通货膨胀的影响进行校正的利率。
7. 真实利率：已对通货膨胀的影响进行校正的利率。

（四）拓展提示

1. CPI 篮子中物品与服务的项目和权重会随着经济的发展而变化。因此，针对不同经济发展阶段的国家，CPI 篮子中的主要项目及其所占比重会存在一定差异。在美国，CPI 篮子中的主要项目及其所占比重分别是住房（41%）、交通（17%）、食物和饮料（15%）、医疗（7%）、休闲活动（6%）、教育和通信（7%）、服装（4%）以及其他物品与服务（3%）。而在中国，为了与国民经济社会发展和人民生活水平提升适应，CPI 篮子每隔五年进行一次调整。2011 年开始，中国 CPI 篮子中的主要项目及其所占比重分别是食品（31.79%）、烟酒及用品（3.49%）、衣着（8.51%）、家庭设备用品及维修服务（5.64%）、医疗保健及个人用品（9.64%）、交通和通信（9.95%）、娱乐教育文化用品及服务（13.75%）、居住（含建房和装修材料费用、租房房租、房屋贷款、物业费、水电燃料等，17.22%）。

2. PPI 与 CPI 不同，它的主要目的是衡量企业购买的一篮子物品与服务的总费用。PPI 是衡量工业企业产品出厂价格变动趋势和变动程度的指数，是反映某一时期生产领域价格变动情况的重要经济指标，也是制定有关经济政策和进行国民经济核算的重要依据。由于企业最终要把它们的费用以更高的消费价格的形式转移给消费者，因此通常认为 PPI 的变动对预测 CPI 的变动有重要价值。

3. 中国从 1953 年就开始编制价格指数，在编制价格指数方面积累了丰富的经验，其中 CPI 的编制工作始于 1984 年。经过对 CPI 统计调查方案、计算方法的数次改革，目前我国 CPI 的调查方法、计算公式、权数的获取等均已比较成熟，CPI 编制水平在世界各国中处于前列。我国 CPI 的编制方法与国际货币基金组织等国际组织和一些外国专家进行过广泛的讨论及交流，并按照国际货币基金组织数据公布通用系统的要求公布在国际货币基金组织网站上。目前，我国 CPI 的调查内容分为食品、烟酒及用品、衣着、家庭设备用品及维修服务、医疗保健及个人用品、交通和通信、娱乐教育文化用品及服务、居住八大类，共 263 个基本分类（国际分类标准），约 700 种商品和服务项目；主要是根据我国城乡居民消费模式、消费习惯，参照抽样调查原则选中的近 12 万户城乡居民家庭（其中，城市近 5 万户，农村近 7 万户）的消费支出数据，并结合其他相关资料确定。

二、新闻透视

（一）新闻透视 A

国家统计局:2018 年全国物价总体稳定

2018 年,我国各地区、各部门认真贯彻落实中央做出的一系列重大决策部署,坚持稳中求进工作总基调,CPI 延续了温和上涨走势,涨幅低于年初提出的调控目标,PPI 涨幅回落,物价总体稳定。

CPI 月度同比虽有波动,但总体温和上涨。2018 年,CPI 比上年上涨 2.1%,涨幅比上年扩大 0.5 个百分点,延续了 2012 年以来的温和上涨态势。分月来看,同比涨幅在 1.5% 和 2.9% 之间波动。1 月份受春节"错月"影响,对比基数较高,CPI 同比上涨 1.5%,涨幅为年内最低;2 月份受春节和大范围降温、雨雪天气影响,鲜菜价格大幅度上涨,推动 CPI 环比上涨 1.2%,同比上涨 2.9%,涨幅为全年最高;3 月份后随着天气转暖,食品价格持续下降,CPI 同比涨幅有所回落,4 月和 5 月均为 1.8%,为年内次低;之后,受食品和能源价格上涨推动,CPI 涨幅逐月扩大,在 9 月、10 月达到年内次高点 2.5%;年末随着能源价格下降,CPI 涨幅有所回落。全年各月 CPI 同比涨幅呈不对称的"M"形走势。

部分生鲜食品价格由降转涨。食品价格由上年的下降 1.4% 转为上涨 1.8%,对 CPI 的影响从下拉 0.29 个百分点转为上拉 0.35 个百分点,是 CPI 涨幅扩大的主要原因。受年初雨雪及年中洪涝灾害影响,鲜菜价格由上年的下降 8.1% 转为上涨 7.1%。鸡蛋价格前期较低,2018 年月度环比虽涨跌起伏,但全年同比由上年的下降 4.5% 转为上涨 13.0%。鸡肉价格由上年的下降 1.4% 转为上涨 5.8%。以上三项合计影响 CPI 上涨约 0.27 个百分点,而上年合计影响 CPI 下降约 0.25 个百分点。猪肉市场供应总体充足,受猪瘟疫情影响,全年价格下降 8.1%,降幅比上年收窄 0.7 个百分点。其他食品价格涨跌互现。

能源价格快速上涨。受国际市场价格波动影响,汽油和柴油价格波动较大,全年分别上涨 12.9% 和 14.3%,涨幅比上年均有所扩大,合计影响 CPI 上涨约 0.25 个百分点。居民用煤价格上涨 7.8%,液化石油气价格上涨 7.6%。

核心 CPI 涨幅回落。扣除食品和能源价格的核心 CPI 上涨 1.9%,涨幅比上年回落 0.3 个百分点。受居民消费结构升级和劳动力成本上升等因素影响,全年服务价格上涨 2.5%,但涨幅比上年回落 0.5 个百分点,是核心 CPI 涨幅回落的主要原因。其中,家庭服务、养老服务和医疗服务价格分别上涨 5.6%、4.6% 和 4.3%,美容美发洗浴、旅游服务和教育服务价格分别上涨 4.0%、3.3% 和 2.9%。

资料来源:赵茂宏.2018 年全国物价总体稳定[EB/OL].(2019-01-22)[2019-04-25].http://www.ce.cn/xwzx/gnsz/gdxw/201901/22/t20190122_31330453.shtml.

【关联理论】

CPI 是普通消费者所购买的物品与服务的总费用的衡量指标,在中国也被称为消费价格总水平。CPI 可以用来检测生活费用如何随着时间的推移而发生变动。当 CPI 上升时,一般家庭必须支付更多的货币才能维持同样的生活水平。通货膨胀率是上一个时期以来物价水平变动的百分比,由于 CPI 更好地反映了消费者购买的物品与服务,因而其在很多时候被作为观察通货膨胀水平的重要指标。无论是通货膨胀还是通货紧缩都不好,价格稳定才好。

【新闻评析】

CPI是反映居民家庭一般所购买的物品与服务价格水平变动情况的宏观经济指标。CPI统计调查的是社会物品与服务项目的最终价格,一方面同人民群众的生活密切相关,另一方面在整个国民经济价格体系中具有重要的地位。它是进行经济分析和决策、价格总水平监测以及调控及国民经济核算的重要指标。其变动率在一定程度上反映了通货膨胀或通货紧缩的程度。一般来讲,物价全面、持续地上涨被视为通货膨胀。

国家保持着低通货膨胀率是经济健康的表现。根据诺贝尔经济学奖得主萨缪尔森对通货紧缩的解释,新闻中的CPI增速情况还只属于通货膨胀放缓阶段。因为与各地平均工资状况相比,中国的物价的确有过高之嫌,在这种情况下通货膨胀放缓对于短期民生消费的稳定有直接益处,不过长期对企业并不利好。通货膨胀与通货紧缩通常是以通货膨胀率的正负来划分的,而对于如何界定一个国家是否进入通货紧缩状态,仍然没有一个精准的方法,经济学家通常以CPI增长率为负并且持续一个季度作为通货紧缩的警报。但是,上述CPI数据同比、环比仍然处于上涨趋势,因此可以判定中国至少2015年之后的几年内出现通货紧缩的可能性不大,同时也不会出现物价涨幅过大的情形。这是因为:首先,中国经济增速稳中趋缓,需求对物价的推升力度有限;其次,在"新常态"下,稳健的货币政策将保持松紧适度,不会产生推升物价水平的货币条件;最后,从食品价格走势来看,受经济增速放缓影响,猪肉等农产品的周期明显拉长,周期涨幅也明显收敛,预示着未来食品价格大幅上升推高物价的可能性较小。

从理论上来说,通货紧缩应该是CPI零增长,但CPI零增长不具有可操作性。而且各国都认为价格存在系统性的低估。所以,一般把CPI增长1%以内定义为通货紧缩。从数据上看,中国显然还没有到通货紧缩的程度。实际上,无论是通货膨胀还是通货紧缩都不好,价格稳定才好。经济学上有一个CPI合意增长空间的概念,发达国家的CPI合意增长空间是0～2%,新兴市场国家是1%～3%。中国是新兴国家和转轨国家,CPI合意增长空间是2%～4%,高于4%要注意反通货膨胀,低于2%要注意反通货紧缩。目前中国的CPI增长已经到了合意增长空间的下限,但是还没有到真正的通货紧缩,要防止进一步下行。因此总体上来说,中国的财政政策应该更加积极、有力度,货币政策应该坚持稳健基调,同时朝着偏松的方向适当调整。

(二) 新闻透视 B

只看 CPI 数据会低估通货膨胀压力吗?

2018年4月11日国家统计局发布的数据显示,我国3月份CPI同比上涨2.1%,较上月涨幅回落0.8个百分点;PPI同比上涨3.1%,自2017年10月以来逐月下降。这些都显示我国物价形势总体稳定。

从近年情况看,3月份CPI对全年CPI具有指示性的意义。春节总是在1月或2月,这使得这两个月的CPI涨幅波动非常大,春节所在月的CPI涨幅很高,而另一个月的涨幅会低很多。3月份CPI基本消除了春节因素的影响,人们可以从中观察全年CPI的基本走势。2014年、2016年的3月份CPI涨幅都超过2%,全年CPI涨幅均为2%;2015年、2017年的3月份CPI涨幅都低于1.5%,全年CPI涨幅分别为1.4%和1.6%。2018年3月份CPI涨幅又超过

2%,预示全年CPI涨幅有较大可能超过2%。

近年CPI涨幅呈现"高—低—高—低"的走势,基数因素是主要原因,上年CPI涨幅高、基数大,下年涨幅就会低;而上年涨幅低、基数小,下年涨幅就会高。2017年基数较低,因而2018年CPI涨幅可能会比较高。基数因素能有如此大的影响,也反映出近年CPI走势"波澜不惊",整体比较稳定,没有受到特别因素的影响。这种整体稳定也体现在涨幅中,所谓"高"也就是2%,距离2018年政府工作报告中3%的预期目标还有较大距离。也正因如此,现在人们对CPI波动的关注度有所下降。

人们关注CPI的主要原因是观察通货膨胀形势及货币政策:通货膨胀压力是小还是大,货币政策会放松还是收紧。其中一个判断依据是"负利率"。当前的一年期存款基准利率是1.5%,根据一般的理解,如果CPI涨幅大于2%,就是出现了"负利率",有收紧货币、加息的必要。从这个意义上来说,2%可以算作"高"。当然,由于CPI涨幅的预期目标是3%,2%的涨幅并不足以改变货币政策的操作。

需要注意的是,如果只看CPI数据,可能会低估通货膨胀压力。虽然CPI多年来保持基本稳定,但其背后的通货膨胀压力可能并不小。因此,应该从多个领域、多项指标来考察当前的通货膨胀形势,及时、准确地调整货币政策,使之保持稳健中性。

近些年CPI"波澜不惊"的一个重要原因是猪肉价格稳中有降。以往CPI走势受"猪周期"的影响极大,猪肉价格在某些时期出现百分之几十的涨幅。CPI出现超过3%甚至5%的情况时,基本上都伴有猪肉价格大涨。但近年来"猪周期"基本消失了,即使猪肉产量、生猪存栏低增长甚至负增长,猪肉价格都难以大涨。这是由于我国猪肉的平均消费量已达峰值,即使发生通货膨胀,猪肉需求也不会有显著增长。也就是说,就算人们手头的钱多了,也不会花更多的钱去买猪肉。其他食品也是类似的情况。2017年我国的恩格尔系数降到29.3%,达到富裕国家的水平,食品支出占比下降,其数额的增长也会是有限的。通货膨胀的影响不会再以猪肉和食品价格作为主要渠道表现出来。

在整体生活水平达到小康水平、相当一部分人成为中产阶级之后,就会发生消费升级以及支出结构转型,当通货膨胀使人们手头的钱增多时,人们就会增加新型消费(主要是各种类型的服务)以及投资方面的支出。人们外出就餐的次数增加了,对子女教育的投入更大了,外出旅游更频繁了,对房产的需求也会上升。另外,由于老龄化,社会对医疗服务的需求也上升了。现在通货膨胀的影响主要通过这些渠道表现出来。人们可以在生活中感受到各种服务价格的上涨,但这没有完全体现在CPI中,或者由于权重的关系,它们价格上涨的一部分影响被食品价格抵消了。

我们可以通过分类别价格数据发现通货膨胀压力存在于这些渠道中。2017年我国消费品价格涨幅仅为0.7%,而服务价格涨幅达3.0%;2018年第一季度,服务价格涨幅为2.9%,消费品价格涨幅则为1.7%。如果看CPI的整体涨幅,通货膨胀压力一直都比较小;如果看服务价格的涨幅,则可能发现通货膨胀压力的存在;如果看房价,又可能得出另外的结论。总之,通货膨胀的表现形式更加复杂了。

资料来源:只看CPI数据会低估通货膨胀压力 需要有更全面的考量[EB/OL]. (2018-04-12) [2019-04-25]. http://finance.sina.com.cn/china/gncj/2018-04-12/doc-ifyuwqez9504184.shtml.

【关联理论】

CPI的作用体现在衡量生活费用的变动上,但它并不是生活费用的完美衡量指标,用CPI

衡量生活费用的变动存在三个问题：第一个问题是替代偏向。随着时间的推移，不同物品与服务价格上升的幅度不同，消费者用那些变得不太昂贵的物品与服务来替代价格上涨相对较快的物品与服务。第二个问题是新物品的引进。新物品的引进增加了物品的种类，允许消费者选择那些更满足他们需求的物品，从而每一单位货币变得更有价值。第三个问题是无法衡量的质量变动。即使部分物品与服务的价格没有变化，但篮子中物品与服务的质量逐年提高，会增加消费者每一单位货币的价值，这实际上等同于物价的下降。经济学家认为，替代偏向、新产品的引进以及无法衡量的质量变动等三个问题会导致CPI高估生活费用的增加。但在实际中，也可能存在诸如数据选取、权重设置、样本偏差等因素，导致CPI被低估。因此，在分析通货膨胀形势以及判断货币政策时，需要有更全面的考量。

【新闻评析】

根据国家统计局《居民消费价格指数调查方案》，CPI权重是根据居民家庭用于各种商品或服务的开支在所有消费商品或服务总开支中所占的比重来计算的。目前，统计部门调查全国近12万户居民家庭住户，根据其消费支出调查材料中消费额较大的项目及居民消费习惯，确定CPI中的八大类内容，共263个基本分类。这八大类调查内容包括食品、烟酒及用品、衣着、家庭设备用品及维修服务、医疗保健及个人用品、交通和通信、娱乐教育文化用品及服务、居住。首先，权重设置是否合理，取决于住户调查收集的数据，不能主观确定。其次，住户调查由于可能存在样本偏差，全国近12万户样本覆盖面足够，但国家统计局发放的问卷中，存在相当一部分拒访者，调查分析表明拒访的大多为高收入者，从而消费支出结构可能偏向低收入群体，即会导致CPI中食品权重偏高。再次，在数据采集过程中，有些因素也可能影响到CPI的准确度。譬如技术进步较快，实际上使得电脑这类商品的价格下降。美国通常采用特征价格法剔除商品中技术进步带来的变化。但是，中国统计部门采用何种方法进行调整，并未明确公布。最后，还有观点认为，尽管CPI中已经考虑到居住类消费，包括租房和自有住房的消费，自有住房的消费包含房屋贷款利率、物业管理费用、维修管理费用和其他费用，但由于不是所有拥有自有住房的人都贷款买房，因此自有住房消费支出没有很好地体现在CPI中。

三、案例研究

（一）案例研究A

通货紧缩致实际利率上升，进一步降息仍可期

华泰证券发布宏观研究报告称，2015年春节黄金周全国零售和餐饮企业实现销售额约6780亿元，增长11%，比2014年回落2.3个百分点，回落幅度比2014年有所扩大，经济依然低迷。PPI虽有企稳迹象，但通货紧缩压力不减。2015年基建仍然有望保持20%左右的高速增长，仍然是稳经济的重要力量。通货紧缩导致实际利率上升，进一步降息仍有可能。近几个月以来，外汇占款增速显著下降或者负增长，为了补充基础货币和释放流动性，降准仍有非常大的可能。

华泰证券表示，央行对称降息，最重要的理论支撑就是强通货紧缩之下实际利率的上升。通货紧缩在2014年第三季度加剧，在2014年第四季度极度加剧，导致央行在2014年11月降

息的效果大打折扣。降息能够降低企业融资成本,但强通货紧缩导致企业营收、利润下滑,债务滚动压力激增。再次降息是央行在当前经济环境下的最优决策。主要的商业银行总行没有将存款利率上浮至上限,在经济低迷、市场利率下行的环境中,管制利率和市场利率的差距在收窄。

央行表达通过降息等"中性适度"的操作来为改革转型提供较为合宜的环境的意思,展望2015年余下的三个多季度,经济虽有企稳迹象但趋势仍是下行,各项改革往往短期内难以改善盈利,需要低成本资金,因此货币政策继续宽松是央行的最优策略,当然在表态上央行当会内敛。外部环境方面,虽有美联储加息的日益临近,但从日本、欧元区央行的宽松政策来看,内部问题还是重于外部问题,利率问题还是重于汇率问题。

资料来源:华泰证券.通货紧缩致实际利率上升 进一步降息仍可期[EB/OL].(2015-03-03)[2019-04-25].https://3g.163.com/money/article/AJP7OSCE00254TFQ.html.

【关联理论】

考察利率数据时,对通货膨胀的校正更加重要。没有对通货膨胀的影响进行校正的利率是名义利率,对通货膨胀的影响进行校正后的利率是真实利率。真实利率与名义利率之间的关系是:真实利率 = 名义利率 – 通货膨胀率,这也可以看作根据通货膨胀率校正名义利率的公式。

【案例解析】

名义利率是央行或其他提供资金借贷的机构所公布的未对通货膨胀的影响进行校正的利率,即利息(报酬)的货币额与本金的货币额的比率。例如,张某在银行存入100元的一年期存款,一年后到期时获得5元利息,利率则为5%,这个利率就是名义利率。名义利率并不是投资者能够获得的真实收益,还与货币的购买力有关。如果发生通货膨胀,则投资者所得的货币购买力会贬值,因此投资者所获得的真实收益必须剔除通货膨胀的影响。而真实利率是对通货膨胀的影响进行校正的利率,也是物价水平不变从而货币购买力不变条件下的利率。名义利率虽然是资金提供者或使用者现实收取或支付的利率,但人们应当将通货膨胀因素考虑进去。因此,可以把名义利率看作包括补偿通货膨胀(包括通货紧缩)风险的利率。

在以上案例中,华泰证券表示,央行对称降息,最重要的理论支撑就是强通货紧缩之下实际利率的上升。实际上,这里依据的就是真实利率与名义利率之间一对一的校正关系:真实利率 = 名义利率 – 通货膨胀率。当名义利率不变时,真实利率会随着通货膨胀率的降低而上升。进一步降息仍可期,实际上,降息的主要目的在于抵抗通货紧缩风险和实际利率上行。2014年第四季度降息之后,名义贷款加权平均利率出现一定程度的下行,但通货紧缩状况在2014年第四季度出现了超预期恶化,2015年1月份物价数据暗示经济通货紧缩风险进一步增大,名义利率的小幅下降和物价的大幅下滑使得实际利率显著上升,加剧企业资金链的风险,对于融资成本较高的中小企业来说更是如此。实际上,按照加权价格指数测算,2014年10月中国就开始靠近通货紧缩区间。1月份随着大宗商品的价格下滑,通货紧缩加剧。中国人民银行决定,自2015年3月起下调金融机构人民币贷款和存款基准利率,金融机构1年期贷款基准利率下调0.25个百分点至5.35%,1年期存款基准利率下调0.25个百分点至2.5%;同时,结合推进利率市场化改革,将金融机构存款利率浮动区间的上限由存款基准利率的1.2倍调整为1.3倍;其他各档次存贷款基准利率及个人住房公积金存贷款利率相应调整。央行此次降息力度温和,随着经济的下行,后续还有通过降准、降息等释放流动性的必要。

（二）案例研究 B

居民物价上涨感受可能超过 CPI 数据

多年以来，物价上涨催生了"蒜你狠""苹什么""糖高宗""棉里针""油你去""煤超疯"等网络热词，也引发了居民"海囤"、上网"晒恩格尔系数"、交流"菜奴省钱攻略"等行为。有记者在京、沪、浙等地走访发现，不管是居民还是企业都感受到了物价上涨的压力，而物价"现实之痛"与统计部门公布的 CPI 数据之间的较大落差，也使各界高度关注 CPI 数据构成如何更客观地反映我国居民消费的现实状况。

根据国家统计局公布的 2017 年的物价指数，CPI 比上年上涨 1.6%。从 CPI 构成的最大权重食品价格来看，我国猪肉价格一直存在极强的周期性，几年暴涨然后几年暴跌是这个行业的常态。最近这一轮下跌的"猪周期"始于 2016 年，当年上半年猪肉价格大幅上涨，创历史新高，下半年开始快速下跌，随后的 2017 年几乎也是全年处于下跌之中。从时间周期来看，这一轮下跌已经持续了一年半左右，有可能迎来反弹。

和猪肉价格相比，更值得关注的是上游生产资料价格的大幅反弹。在过去几年"去产能"和"去库存"的推动下，我国很多产能过剩的产业都遭遇了产能和库存的快速下降，加之最近几年环保风暴对于很多污染行业的整顿，涨价成为 2017 年很多上游行业的常态，造纸、水泥、煤炭、玻璃、钢铁以及黑色金属等传统上游行业几乎都是"涨声一片"。2017 年全年，我国的 PPI 由上年的下降 1.4% 转为上涨 6.3%，结束了自 2012 年以来连续 5 年的下降态势。按照国家统计局的数据，2017 年生产资料价格上涨 8.3%，影响 PPI 上涨约 6.13 个百分点，其中，涨幅较大的行业有石油和天然气开采业、煤炭开采和洗选业、黑色金属冶炼和压延加工业，分别上涨 29.0%、28.2% 和 27.9%。尤为值得关注的是，进入 2018 年以来，国际原油价格出现了快速上涨的势头，仅仅前 10 天就已经上涨了将近 4%，而 2017 年全年的涨幅也只有 14% 左右。本轮国际油价上涨来自多方面的刺激，OPEC（石油输出国组织）的抱团减产、美国原油库存的迅速下降、伊朗局势的动荡等多种因素导致国际油价创出了 3 年来的新高。

在北京等一线城市，住房租赁市场还存在较大缺口，仅仅依靠业主散租和政府建房难以满足市场的需求，需要更多的社会资本介入才可能弥补缺口。但是如果租金回报率过低，显然难以对社会资本产生足够的吸引力。"租售并举"被上升为房地产市场的长效调控举措后，我国住房租赁市场资本化的特征越来越明显，大量金融机构和社会资本纷纷涉足，使得租房市场逐渐从散户时代向资本时代过渡，大资本的进入一方面使得租房市场更加规范化，另一方面也对利润回报率提出了更高的要求，在这样的背景之下，房租价格上涨将是大概率事件。以目前 2% 左右的租金回报率来看，如果和回报率为 4% 的银行理财看齐，意味着当前的租金水平还有 1 倍的上涨空间。在中国的 CPI 构成体系中，住房价格并没有被计算在内，所以无论过去房价如何疯狂上涨，最终也没有体现在 CPI 指数之中，这也是我国 CPI 屡屡被人诟病之处。不过，房租价格的上涨可能会改变这样的局面，因为住房价格虽然不在 CPI 统计之列，但是房租价格却是 CPI 的组成部分，按照我国 CPI 的构成，居住类支出占比约为 20%，其中包括"建房及装修材料、住房租金、自有住房、水电燃料"等。

通货膨胀归根结底是一种货币现象，因此货币政策如何变化，也会在相当程度上决定物价走势。按照中央经济工作会议的定调，"稳健的货币政策要保持中性，管住货币供给总闸门，保持货币信贷和社会融资规模合理增长"。和 2017 年的货币政策相比，稳健中性的总基调没变,而"保持货币信贷和社会融资规模合理增长"则是 2018 年的新表述。因此,至少从统计数据来看,2018 年 CPI 应该还是会控制在预定目标之内,但是从实际感受来看,预计民众对 2018 年物价上涨的感受将会大大强于 2017 年。

资料来源:改编自谢九. 2018 年物价会大幅上涨吗?[J/OL]. 三联生活周刊,2018,4:80—81[2019-04-25]. http://www.fx361.com/page/2018/0124/2756244.shtml

【关联理论】

CPI 是普通消费者所购买的物品与服务的总费用的衡量指标。之所以会出现一些人的感受与所公布的 CPI 变动情况不一致,主要是因为在少数商品或服务项目价格与"一篮子"商品或服务项目的综合平均价格之间、地区之间以及地区与全国平均水平之间、对比基期、个人承受力等四个方面存在差异。

【案例解析】

从整体上来看,由于今后几年我国经济增速还会在低位运行,在相对较低的经济增速之下,出现大幅通货膨胀的概率也不会太大,加之我国的 CPI 构成因素,很多商品的价格上涨也未必能够体现在 CPI 之中。因此,居民和企业对物价感受的"现实之痛",可能会高于 CPI 的"数据增长",从而导致社会各界对于 CPI 构成是否科学的讨论不断升温。当官方公布的统计数据与主观感受不一致时,社会就会产生 CPI 被人为调低的质疑。CPI 数据如果有偏差,而中国人民银行又依据 CPI 决定是否加息,可能会导致决策偏差。长期的低利率容易造成资产泡沫,如果等到 CPI 数据显示出"通货膨胀"时再加息,可能起不到应有的效果。对 CPI 数据的普遍猜疑,将放大社会对通货膨胀的恐慌,反而强化了通货膨胀预期,从而加大管理通货膨胀预期的难度。

CPI 的作用体现在衡量生活费用的变动上。为何会出现一些人的感受与所公布的 CPI 变动情况不一致的问题?主要有以下四个原因:

其一是少数物品与服务项目价格与"一篮子"物品与服务项目的综合平均价格之间的差异。一般说来,消费者往往喜欢用较小范围的物品或服务项目的价格来与统计局公布的价格指数比较,这样很可能出现差异。

其二是地区之间以及地区与全国平均水平之间的差异。全国价格指数是反映全国各地区价格总水平的综合平均变化情况,而对于一般消费者来说,对其居住的市、县,特别是居住地附近的商场、农贸市场的商品价格变动情况了解多一些,感受也深一些。

其三是对比基期的差异。目前国家统计局公布的价格指数有环比指数和同比指数,它们对比的基期是上月和上年同月。一般来说,消费者比较的价格往往是近期的价格,因而会出现消费者的感受与官方公布数据不一致的情况。

其四是个人承受力的差异。一般来说,收入和消费水平越高,消费面越宽,对价格上涨的承受力就越大;反之,收入和消费水平越低,消费面越窄,对价格上涨的承受力就越小。因此,针对不同收入群体,个体感受与所公布的 CPI 变动情况也可能会不一致。

(三) 案例研究 C

CPI 和 PPI"剪刀差"为何扩大

2019 年下半年以来,CPI 同比涨幅扩大,PPI 总体上处于下跌通道,二者"剪刀差"持续扩大。这两个衡量物价水平的重要指标发生明显背离,物价到底是涨了还是跌了?"剪刀差"背后蕴藏着哪些重要信息？二者背离将从哪些方面影响经济运行？针对这些问题记者采访了相关专家。

2019年前两个月，我国CPI同比涨幅逐月收窄，进入3月份以来涨幅持续扩大，2020年以来则进入"5区间"。PPI自2018年下半年以来同比涨幅持续回落，尽管个别月份略有反弹，但总体上处于下跌通道。

CPI和PPI呈现不同走势，二者"剪刀差"也在持续扩大。2018年12月份，CPI同比涨幅比PPI高出1个百分点。此后，二者涨幅差距持续扩大，2019年10月份以来扩大至5个百分点以上。

"CPI和PPI同比涨幅出现'剪刀差'，主要由于影响二者走势的因素不同。"中国政策科学研究会经济政策委员会副主任徐洪才说，在全球经济复苏乏力、国内经济下行压力加大的情况下，国内实体经济发展面临需求不足的挑战，导致PPI同比处于跌势。从CPI看，其同比涨幅居高不下，主要是猪肉等个别食品供需出现阶段性紧张所致。

"如果传导渠道顺畅，CPI和PPI走势应该趋同或者有较强相关性，但事实并非如此。"交通银行金融研究中心首席研究员唐建伟分析，最近一段时间以来，驱动CPI同比涨幅扩大的主要因素是供给侧扰动，特别是受非洲猪瘟疫情等因素影响，猪肉价格上涨推高CPI同比涨幅。如果扣除食品和能源价格，核心CPI总体上处于较低水平，远远谈不上通货膨胀。PPI同比涨幅下跌，则主要受经济下行压力和国际大宗商品价格跌势影响。

"今年2月份，受疫情防控影响，工业企业停工停产，PPI同比由上涨转为下跌。广大群众选择少出门，但由于对肉、蛋、菜等食品的刚性需求，采购更集中，采购量加大，加之食品受物流等因素影响，供给趋于紧张，推动了CPI同比涨幅处于高位。"唐建伟说。

唐建伟还表示，在构成CPI的商品和服务中，上下游市场化程度高，上游环节成本变化容易向下游甚至是消费者传导。在工业品领域，下游产能规模大，竞争充分，但上游原材料市场化程度有待进一步提高，这也容易带来CPI和PPI的"剪刀差"。

"物价'剪刀差'主要受猪肉价格走高、大宗商品价格走低及我国上下游价格传导不通畅影响。"光大银行金融市场部分析师周茂华分析，2019年以来，受猪肉供需缺口扩大的影响，猪肉价格飙升，带动消费者物价大幅上升；果蔬等食品及服务价格增长整体温和。从PPI看，其走势虽然与内需偏弱有关，但更主要的是受全球需求疲弱的影响。全球需求增长疲弱，拖累国际大宗商品价格，也影响了国内PPI走势。

资料来源：CPI和PPI"剪刀差"为何扩大[EB/OL]．（2020-03-23）[2020-12-27]．https://www.chinanews.com/cj/2020/03-23/9134319.shtml．

【关联理论】

CPI是普通消费者所购买的物品与服务的总费用的衡量指标，而PPI与CPI不同，主要目的是衡量企业购买的一篮子物品与服务的总费用。由于企业最终要把它们的费用以更高的消费价格的形式转移给消费者，因此，通常认为PPI的变动对预测CPI的变动有重要价值。一般而言，由于PPI反映生产环节的价格水平，CPI反映消费环节的价格水平，因此，根据价格传导规律，PPI与CPI会同向变化。PPI与CPI之间出现"剪刀差"是多种因素综合作用的结果。

【案例解析】

作为分别反映生产环节价格水平和消费环节价格水平的PPI和CPI，两者之间存在着密切的联系。根据价格传导规律，整个价格水平的波动一般首先出现在生产领域，然后通过产业链向下游产业扩散，最后波及消费品。正常来讲，PPI往往被看作CPI的先行指标，制造厂商的成本压力会很快传递到产业链的终端,导致物品与服务价格上升,从而推动 CPI 的上涨。但是从 2012 年 5 月起,我国 PPI 和 CPI 之间却出现了"剪刀差"现象。从调查看,PPI 和 CPI 之间应该是"水涨船高"的关系,但在中国,PPI 和 CPI 的这种传导效应却好像被明显削弱了。如果将 CPI 和 PPI 的涨幅同时标在一个时间轴上,你会发现两条趋势线刚好形成一个"剪刀"的形状。为什么 CPI 和 PPI 涨幅出现了这种"倒挂"现象?

CPI 和 PPI 之间出现"剪刀差"的原因,主要在于 CPI 和 PPI 二者的构成不同。CPI 的构成以消费品为主,而消费品又以食品为主;而 PPI 的构成以资本品为主,其成本包括原材料成本、工资、利息、地租等。原材料、能源、人力成本等因素的上涨成为推动 PPI 持续走高的主动力,特别是国内能源动力型工业原材料和劳动力价格的增长,以石油、钢材、煤炭为首,导致工业产品成本上升,从而推动 PPI 指数快速增长。而与此同时,由于国内工业原材料市场与国际市场没有直接挂钩,国内由于价格控制的关系,原材料价格并没有跟着国际市场浮动。归根结底,PPI 涨幅上升而 CPI 涨幅下降的"剪刀差"现象,应该说是国内市场还不完全自由、价格传导不通畅的一种体现。当然,也可能部分由于前期的过快扩张,有些行业产能出现过剩,再加上出口受阻,产品销路出现问题,从而导致 CPI 涨幅不升反降。

CPI 和 PPI 的"倒挂",预示着未来企业利润率还会进一步下降。这一方面不利于企业生产积极性的调动,有可能会导致产品供应短缺;另一方面也不利于促使企业实现产业结构的转型,不利于消费者节约能源,对中国经济的可持续发展也会造成不利影响。这样的"倒挂"局面不可能长期持续,PPI 涨幅的上升迟早要传导到 CPI,到时候很有可能会造成报复性反弹。从这个角度来看,政府调控政策应该及时做出调整。CPI 和 PPI 都只是数字而已,数字只是一种参照,本身并没有多大的意义。中国经济不可能依靠数字发展,需要的是实实在在的举措。在 PPI 不断压缩中小企业利润的时候,政府部门必须改善中小企业的生存环境,提供更多政策扶持,让大部分企业在 PPI 的高压下能够正常运转,同时对国际经济形势做出正确判断。只有适时调整价格体制,中国经济才能从容面对 CPI 和 PPI"剪刀差"带来的压力。

四、课外习题

(一) 术语解释

1. 消费物价指数(CPI)
2. 通货膨胀率
3. 生产物价指数(PPI)
4. 指数化
5. 真实利率

(二) 单项选择

1. CPI 是普通(　　)所购买的物品与服务的(　　)的衡量指标。
   A. 生产者　总费用　B. 生产者　总价格　C. 消费者　总费用　D. 消费者　总数量
2. 以下关于 CPI 的作用的说法,正确的是(　　)。
   A. 衡量普通消费者的生活成本
   B. 监测生活费用随着时间的推移而发生的变动
   C. 在许多合同与社会保障中作为生活费用调整的依据

D. 以上都正确
3. 一旦选择了某年作为基年,则该年的 CPI 为( )。
    A. 100   B. 200   C. 1   D. 不确定
4. GDP 平减指数用来衡量( )。
    A. 一段时间内,收入在贫富之间分配的程度
    B. 相对于基年物价水平的当年物价水平的物价指数
    C. 由于更高的物价导致消费模式随时间而改变的程度
    D. 消费品价格相对于工资上涨的程度
5. 在中国,( )价格上升 5% 对 CPI 的影响最大。
    A. 住房   B. 交通通信
    C. 医疗   D. 家庭设备及维修服务
6. 2017 年,CPI 是 125,2018 年是 130,那么 2014 年的通货膨胀率是( )。
    A. 4%   B. 5%   C. 6%   D. 8%

下表给出某国牛奶和蛋糕的消费价格及数量,假定 2016 年是基年,且 2016 年购买的牛奶和蛋糕的数量作为典型的 CPI 篮子,请回答第 7—11 题。

年份	牛奶		蛋糕	
	价格(元)	数量(包)	价格(元)	数量(个)
2016	2.00	1 000	1.00	1 000
2017	2.50	900	0.90	1 200
2018	2.75	1 050	1.00	1 300

7. 2016 年(基年)这一篮子物品与服务的费用是( )。
    A. 3 330 美元   B. 3 000 美元   C. 4 592.5 美元   D. 以上都不对
8. 表中 2016、2017、2018 三年的 CPI 值依次是( )。
    A. 100 109.2 139.6   B. 100 113.3 125
    C. 83.5 94.2 125   D. 以上都不对
9. 2017 年的通货膨胀率是( )。
    A. 0   B. 11%   C. 13.3%   D. 9.2%
10. 2018 年的通货膨胀率是( )。
    A. 0   B. 11%   C. 10.3%   D. 13.3%
11. 该表说明 2017 年的通货膨胀率被高估,原因是( )。
    A. 替代偏差   B. 由于无法衡量的质量变动引起的偏差
    C. 由于新物品引进所引起的偏差   D. 以上都不对
12. 由于 VCR 的大量引进,人们去电影院购票看电影的数量大大减少,那么 CPI 将受到什么不利影响?( )
    A. 替代偏差
    B. 由于新物品引进所引起的偏差
    C. 由于无法衡量的质量变动所引起的偏差
    D. 基年偏差

13. 以下关于GDP平减指数和CPI的说法中,错误的是(   )。
   A. GDP平减指数用名义GDP与真实GDP的比率乘以100来计算,而CPI用当年一篮子物品与服务和基年一篮子物品与服务价格的比率乘以100来计算
   B. GDP平减指数反映国内生产的所有物品与服务的价格,而CPI反映消费者购买的所有物品与服务的价格
   C. CPI用固定的篮子,这一篮子只有在物价统计部门重新选择时才会变动;而GDP平减指数是使用现期生产的物品与服务量,因此"一篮子"自动地随着时间的推移而变动
   D. 尽管CPI和GDP平减指数密切相关,但CPI由于固有的替代偏向及新物品引进相关的偏差,可能下降得略快

14. 如果工人和企业根据对通货膨胀的预期就工资增长达成一致,结果现实中通货膨胀高于预期,那么(   )。
   A. 企业获益   B. 工人获益   C. 双方都不获益   D. 双方都获益

15. 如果名义利率为10%,通货膨胀率为3%,那么真实利率为(   );如果通货膨胀率为10%,真实利率为5%,那么名义利率为(   )。
   A. 13%　5%   B. -7%　15%   C. 13%　-5%   D. 7%　15%

(三) 判断正误

1. CPI是衡量生活费用的一个完美指标。(   )
2. GDP平减指数是名义GDP与真实GDP的比率。(   )
3. 真实利率等于名义利率加通货膨胀率。(   )
4. GDP平减指数包括进口彩电价格上升,但CPI不包括。(   )
5. 由于香蕉价格上升、苹果价格下跌引起消费者更多地购买苹果,因此CPI往往高估了生活费用。(   )
6. PPI是为了衡量企业所购买的一篮子物品与服务的费用,该指数的变动有助于预测CPI的变动。(   )
7. 资本商品不包含在CPI内,但包含在GDP平减指数内(如果是在国内生产)。(   )
8. 存在两个重要的差别使GDP平减指数和CPI两个数字不一致,分别是一篮子物品不同和篮子固定与否不同。(   )
9. 如果名义利率是10%,真实利率是5%,那么通货膨胀率是15%。(   )
10. 如果你的工资从5 000元上升到5 500元,而CPI从110上升到160,那么你会感到你的生活水平下降了。(   )

(四) 简答题

1. 假设1990年一支雪糕的价格是0.5元,2019年一支雪糕的价格涨到2元,部分消费者觉得雪糕的价格涨得太多了,无法接受现在的支出是过去的4倍。
   (1) 假设1990年的CPI是30,2019年的CPI是150,这些消费者的说法错在哪里?
   (2) 用2019年的价格衡量,1990年一支雪糕的价格是多少?用1990年的价格衡量,2019年一支雪糕的价格是多少?
2. 当一个人决定把收入的一部分用于退休储蓄时,他应当考虑真实利率还是名义利率?

为什么?

3. 在长期中,鸡肉的价格从 10 元上升到 30 元。在同一时期,CPI 从 150 上升到 300,根据整体通货膨胀进行校正后,鸡肉的价格变动了多少?

4. GDP 平减指数与 CPI 的两个重要差别是什么?

5. 为什么 CPI 不是生活费用的完美衡量指标?请描述用 CPI 衡量生活费用变动时存在的三个问题。

(五) 应用题

1. 假如某国居民将其全部收入用于购买香蕉、苹果和梨。2018 年,他们用 200 元买了 100 斤香蕉,用 75 元买了 50 斤苹果,用 50 元买了 500 斤梨。2019 年,他们用 225 元买了 75 斤香蕉,用 120 元买了 80 斤苹果,用 100 元买了 500 斤梨。

(1) 计算每年每种水果的价格。

(2) 把 2018 年作为基年,计算每年的 CPI。

(3) 2019 年的通货膨胀率是多少?

2. 假设王某以 9% 的名义利率借给张某 100 元一年。达成贷款协议时,双方预期该年通货膨胀率是 5%。请回答以下三个问题:

(1) 在年底时,张某应支付王某多少利息?双方预期这笔贷款的真实利率是多少?

(2) 假定年底时,该年的实际通货膨胀率是 8%,则这笔贷款的真实利率发生了什么变动?在以上描述的情况下,实际通货膨胀率高于预期,王某与张某谁有未预期到的利益与损失?

(3) 若该年的实际通货膨胀率是 11%,则真实利率是多少?请给出真实利率低于零的含义的解释。

3. 物价统计部门选用 A、B、C 三种商品来计算 CPI,所获数据如下表所示:

品种	数量(个)	基期价格(元)	现期价格(元)
A	2 000	1.00	1.50
B	1 000	3.00	4.00
C	3 000	2.00	4.00

请计算 CPI 和通货膨胀率各为多少。

(六) 拓展思考题

1. 当伊利提高了早餐奶的价格时,对 CPI 和 GDP 平减指数有什么影响?当中国东方红一拖集团有限公司提高了它生产的工业拖拉机的价格时,对 CPI 和 GDP 平减指数的影响又是怎样的?

2. 假设贷款人和银行一致同意按名义利率支付贷款,结果通货膨胀率高于他们双方的预期。

(1) 这笔贷款的真实利率与预期的利率水平之间是怎样的关系?

(2) 银行从这种高通货膨胀中是获益还是亏损?贷款人是获益还是亏损?

(3) 如果 20 世纪 90 年代的通货膨胀率比这十年开始时大多数人预期的要高得多,这将如何影响那些在 80 年代按固定利率进行住房抵押贷款的房主?又将如何影响发放此贷款的银行?

五、习题答案

(一) 术语解释

1. 消费物价指数(CPI):普通消费者所购买的物品与服务的总费用的衡量指标。
2. 通货膨胀率:从前一个时期以来物价指数变动的百分比。
3. 生产物价指数(PPI):企业所购买的一篮子物品与服务的费用的衡量指标。
4. 指数化:根据法律或合同按照通货膨胀的影响对货币数量的自动调整。
5. 真实利率:已对通货膨胀的影响进行校正的利率。

(二) 单项选择

1. C 2. D 3. A 4. B 5. A 6. A 7. B 8. B 9. C 10. C 11. A 12. B
13. D 14. A 15. D

(三) 判断正误

1. × 2. × 3. × 4. × 5. √ 6. √ 7. √ 8. √ 9. × 10. √

(四) 简答题

1. 【考查要点】 通货膨胀与根据通货膨胀校正经济变量。

【参考答案】 (1) 这些消费者的说法错在他们没有考虑通货膨胀的影响,一旦对通货膨胀的影响进行校正之后,真实的费用并没有看上去上涨得那么多,甚至有可能是下降的。

(2) $0.5 \times (150/30) = 2.5$ 元,用2019年的价格衡量,1990年一支雪糕的价格是2.5元;$2 \times (30/150) = 0.4$ 元,用1990年的价格衡量,2019年一支雪糕的价格是0.4元。这说明,尽管表面上看现在的支出是过去的4倍,但在对通货膨胀的影响进行校正之后,雪糕的价格实际上下降了。

2. 【考查要点】 真实利率与名义利率。

【参考答案】 应当考虑真实利率,因为只有真实利率才衡量了银行存款实际购买力的变动情况。

3. 【考查要点】 根据通货膨胀校正经济变量。

【参考答案】 根据整体通货膨胀进行校正后,鸡肉的价格变动了10元。

4. 【考查要点】 GDP平减指数与CPI的两个重要差别。

【参考答案】 (1) 第一个差别是"一篮子物品不同":GDP平减指数反映国内生产的所有物品与服务的价格,而CPI反映消费者购买的所有物品与服务的价格。

(2) 第二个差别是"篮子固定与否不同":CPI用固定的篮子,其"篮子"只有在物价统计部门重新选择时才会变动;而GDP平减指数是使用现期生产的物品与服务量,因此其"篮子"自动地随着时间的推移而变动。

5. 【考查要点】 CPI不完美的三个原因。

【参考答案】 有三个原因使得CPI并不是生活费用的完美衡量指标:第一,它没有考虑到消费者的替代偏向。第二,它没有考虑到新物品的引进使每单位货币都变得更有价值。第三,它无法衡量质量的变动。

（五）应用题

1. 【考查要点】 CPI 和通货膨胀率的计算。

【参考答案】 （1）每年每种蔬菜的价格如下表所示：

年份	香蕉（元/斤）	苹果（元/斤）	梨（元/斤）
2018	2	1.5	0.1
2019	3	1.5	0.2

（2）把 2018 年作为基年，用来计算 CPI 的一篮子物品包括 100 斤香蕉、50 斤苹果、500 斤梨。各年这一篮子物品的费用如下：

2018 年：$100 \times 2 + 50 \times 1.5 + 500 \times 0.1 = 325$（美元）

2019 年：$100 \times 3 + 50 \times 1.5 + 500 \times 0.2 = 475$（美元）

以 2018 年作为基年，则每年的 CPI 如下：

2018 年：$CPI = 325/325 \times 100 = 100$

2019 年：$CPI = 475/325 \times 100 = 146$

（3）2019 年通货膨胀率 $= (146 - 100)/100 \times 100\% = 46\%$

2. 【考查要点】 名义利率与真实利率。

【参考答案】 （1）张某应支付给王某的利息为：$100 \times 9\% = 9$（元）；预期该笔借款的真实利率为 $9\% - 5\% = 4\%$。

（2）该笔借款的真实利率为 $9\% - 8\% = 1\%$；此时，张某获益，王某受损，因为张某偿还的钱的价值（即实际购买力）比预期小。

（3）真实利率为 $9\% - 11\% = -2\%$；真实利率低于零表明：由于通货膨胀，债务人支付的利息不足以使债权人收支相抵，即与借款的时候相比，债权人收回的本息金额的实际购买力下降了。

3. 【考查要点】 CPI 与通货膨胀率。

【参考答案】 CPI 的计算公式：$CPI = \dfrac{当年一篮子物品与服务的价格}{基年一篮子物品与服务的价格} \times 100$

所以，$CPI = (1.50 \times 2 + 4.00 \times 1 + 4.00 \times 3)/(1.00 \times 2 + 3.00 \times 1 + 2.00 \times 3) \times 100 = 173$

通货膨胀率 $= (173 - 100)/100 = 73\%$

（六）拓展思考题

1. 【考查要点】 CPI 与 GDP 平减指数之间的两个重要差别。

【参考答案】 （1）当伊利提高了早餐奶的价格时，CPI 和 GDP 平减指数均上升。

（2）当中国东方红一拖集团有限公司提高了它生产的工业拖拉机的价格时，GDP 平减指数上升，但 CPI 不变。

2. 【考查要点】 真实利率与名义利率。

【参考答案】 （1）这笔贷款的真实利率低于预期的水平。

（2）银行从这种未预期到的高通货膨胀中受损，贷款人从这种未预期到的高通货膨胀中获益。

（3）因为 20 世纪 90 年代的通货膨胀率比这十年开始时大多数人预期的要高得多，那些在 80 年代按固定利率贷款的房主的实际偿还金额下降了，所以他们从高通货膨胀中获益，而发放这种贷款的银行则因收回贷款的本息金额的实际购买力下降而受损。

第 25 章
生产与增长

一、学习精要

(一)教学目标

1. 了解世界各国经济增长的差异。
2. 理解生产率的作用,并掌握一国生产率的四个决定因素。
3. 领会政府政策对生产率和生活水平的影响。
4. 掌握资本的收益递减现象和贫穷国家的追赶效应。
5. 理解人口增长对经济增长的多种影响。

(二)内容提要

本章介绍了世界各国的生活水平(用人均真实 GDP 来衡量)差别很大,生活水平提高的速度(用人均真实 GDP 的增长率来衡量)也各不相同,并指出一个国家的生活水平取决于该国生产物品与服务的能力,即生产率。同时,本章进一步分析了一个国家生产率的四个决定因素,包括工人所得到的物质资本、人力资本、自然资源和技术知识等。在此基础之上,本章研究政府政策对生产率和生活水平的影响,所涉及的政策包括鼓励储蓄和投资、鼓励来自国外的投资、发展教育、改善健康与营养状况、维护产权与政治稳定、允许自由贸易以及促进新技术的研究和开发等。本章最后还讨论了人口增长对经济增长的多种影响。

1. 世界各国的经济增长

(1) 从世界各国的经济增长水平来看,人均真实 GDP 的数据差异表明国家之间生活水平差别很大。人均真实 GDP 相对较高的国家,居民的生活水平也相对较高。

(2) 从世界各国的经济增长历程来看,每个国家的人均真实 GDP 的增长率也各不相同,增长率相对较高的国家,居民的生活水平提高速度也相对较快。

2. 生产率:作用及决定因素

(1) 一国生活水平的高低是由生产率决定的,一国生活水平提高的快慢是由生产率的增长速度决定的。生产率就是一国生产物品与服务的能力,即每单位劳动投入所生产的物品与服务数量。

(2) 决定一国生产率高低的因素包括人均物质资本、人均人力资本、人均自然资源和技术知识等。工人所拥有的物质资本、人力资本、自然资源和技术知识等相对较多的国家,该国的生产率也相对较高。

(3) 物质资本是指用于生产物品与服务的设备和建筑物存量;人力资本是工人通过教

育、培训和经验而获得的知识和技能;自然资源是由自然界提供的用于生产物品与服务的投入;技术知识是社会关于生产物品与服务的最好方法的知识。

3. 经济增长和公共政策

(1) 从生产率的四个决定因素出发,政府可以制定相应的政策来提高生产率,从而提高居民的生活水平。

(2) 政府可以通过鼓励储蓄,增加投资,提高一国的人均物质资本,从而促进经济增长和在长期中提高生活水平。由于受资本收益递减的制约,开始时贫穷的国家倾向于比开始时富裕的国家增长得更快,这种现象叫作追赶效应。

(3) 除此之外,鼓励来自国外的投资、发展教育、改善健康与营养状况、维护产权和政治稳定、允许自由贸易、激励研究与开发等政策也能提高生产率,促进经济增长和生活水平的提高。

(4) 人口增长会导致自然资源紧张、稀释资本存量,但也促进了技术进步。

4. 结论:长期增长的重要性

本章解释了经济学十大原理之一:一国的生活水平取决于它生产物品与服务的能力。生产物品与服务的能力(或生产率)是由人均物质资本、人均人力资本、人均自然资源和技术知识所决定的。因此,政府可以通过相关政策来提高生产率,促进一国的经济增长并在长期中提高居民的生活水平。

(三) 关键概念

1. 生产率:每单位劳动投入所生产的物品与服务的数量。
2. 物质资本:用于生产物品与服务的设备和建筑物存量。
3. 人力资本:工人通过教育、培训和经验而获得的知识与技能。
4. 自然资源:由自然界提供的用于生产物品与服务的投入品。
5. 技术知识:社会关于生产物品与服务的最好方法的知识。
6. 收益递减:随着投入量的增加,每一单位额外投入得到的收益减少的特性。
7. 追赶效应:开始时贫穷的国家倾向于比开始时富裕的国家增长得更快的特征。

(四) 拓展提示

1. 技术知识和人力资本不同。技术知识是社会对世界如何运行的理解,人力资本是指把这种知识传递给劳动力的资源消耗。一个人需要投入时间、精力、金钱等资源,才能获得一定的技术知识。一般来说,一个人的人力资本越高,即花费越多的资源用于获取技术知识,这个人拥有的技术知识就越多。现有技术知识存量及其先进性水平以及人力资本的多少都会影响生产率。

2. 一个人付出相应的时间、精力和金钱去接受高等教育就是增加个人的人力资本,目的是掌握相关专业的技术知识,从而在以后的工作中具有更高的生产率。而生产率高的人由于产出较多,收入、生活水平也将较高。从这个意义上说,通过接受高等教育来增加人力资本是非常有价值的。

3. 人口增长对经济增长的影响虽然具有两面性,但对不同类型国家的影响是不一样的。对于部分发达国家来说,由于老龄化问题较为严重或者人口自然增长率太低甚至负增长,适当加快人口增长是有利的;而对一些发展中国家尤其是人口大国来说,降低人口自然增长率、控制人口增长变得更加重要。

4. 经济增长通常是指在一个较长的时间跨度上,一个国家人均产出(或人均收入)水平的持续增加。经济增长率的高低体现了一个国家或地区在一定时期内经济总量的增长速度,也是衡量一个国家或地区总体经济实力和增长速度的标志。而经济增长方式是指一个国家或地区经济增长的实现模式,它可分为两种形式:粗放型和集约型。如果要素投入量增加引起的经济增长比重更大,则为粗放型增长方式;如果要素生产率提高引起的经济增长比重更大,则为集约型增长方式。

二、新闻透视

(一) 新闻透视 A

财政性教育经费占 GDP 比重连续 5 年超 4%,一半以上用于义务教育

2017 年 12 月 23 日,受国务院委托,财政部部长肖捷在十二届全国人大常委会第三十一次会议上作《国务院关于国家财政教育资金分配和使用情况的报告》。报告显示,2012—2016 年,全国教育经费总投入(包括财政性教育经费和非财政性教育经费)累计接近 17 万亿元,其中 2016 年达到 38 888 亿元,是 2012 年的 1.36 倍,年均增长 7.9%。

财政性教育经费占全国教育经费总投入的超 8 成

近年来,我国不断加大财政教育投入,财政性教育经费居主导地位。值得注意的是,财政性教育经费一半以上用于义务教育,体现了义务教育重中之重的地位。数据显示,2016 年全国财政性教育经费中,用于义务教育的达 16 583 亿元,占 52.8%。肖捷表示,全国一般公共预算安排的教育支出达 28 073 亿元,是财政性教育经费的主渠道,是一般公共预算的第一大支出,占比达到 15%。此外,非财政性教育经费成为重要补充。2016 年,全国非财政性教育经费 7 492 亿元,占全国教育经费总投入的 19.3%。

从教育经费结构来看,财政性教育经费向义务教育、中西部地区等倾斜。例如,肖捷指出,财政性教育经费一半以上用于中西部地区,并向农村倾斜。从区域看,中央财政教育转移支付资金重点支持中西部地区以及革命老区、民族地区、边疆地区和贫困地区。数据显示,2016 年,中央财政教育转移支付资金的 84% 左右用于支持中西部地区。地方财政性教育经费中,东、中、西部地区分别为 11 718 亿元、8 813 亿元和 8 329 亿元,中西部地区财政性教育经费占全国(不含中央本级)的比重约为 60%。此外,财政性教育经费一半以上用于教师工资福利和学生资助。

九年义务教育巩固率达到 93.4%

通过财政教育资金、税收等政策的支持和引导,教育事业优先发展取得显著成效。肖捷表示,我国教育总体发展水平进入世界中上行列,教育服务党和国家战略全局的能力显著增强;教育公平和质量明显提升;农村地区和中西部地区的孩子有了更好的就学条件和更多接受高质量教育的机会。

其中,在教育发展水平上,报告显示,我国各级各类教育入学(园)率均超过中高收入国家平均水平。数据显示,2016 年,我国学前教育毛入园率达到 77.4%,比 2012 年提高 12.9 个百分点。小学净入学率达到 99.9%,初中阶段毛入学率达到 104%。值得注意的是,九年义务

教育巩固率达到93.4%，比2012年提高1.6个百分点。高中阶段教育毛入学率达到87.5%，比2012年提高2.5个百分点。高等教育毛入学率达到42.7%，比2012年提高12.7个百分点。

社会力量兴办教育潜力可挖

取得成效的同时，肖捷还指出，财政教育工作中还存在一些问题和不足，也面临不少挑战，主要是：教育发展存在不平衡不充分的问题，城乡区域之间教育差距仍然较大，农村教育有待进一步加强，教师队伍建设尚需强化，需要优化支出结构、加大投入和支持力度。一些深层次的教育体制机制问题需要系统破解，教育领域中央与地方财政事权和支出责任划分以及转移支付制度也尚需改革完善。

报告还指出，以政府投入为主、多渠道筹集教育经费的体制还不够健全，财政教育投入机制有待按照标准科学等要求进一步完善，并逐步实现规范化和法治化，社会力量兴办教育事业的潜力尚未充分发挥；财政管理仍需加强，有的地方和学校重投入、轻管理、轻绩效，存在损失浪费、违法违纪等问题。

对此，在下一步的工作部署上，肖捷表示，坚持优先发展，继续把教育作为财政投入的重点领域予以保障，着力完善教育投入稳定增长的长效机制。坚持突出重点，优化财政教育支出结构，着力打赢教育脱贫攻坚战。坚持深化改革，加大财政支持力度，着力破除制约教育科学发展的体制机制障碍。坚持依法理财，加强资金管理，着力提高资金使用绩效。

其中，关于社会力量兴办教育事业方面，肖捷指出，要积极吸引社会力量投入。正确处理政府与市场、政府与社会的关系，落实新修订的《民办教育促进法》和《国务院关于鼓励社会力量兴办教育促进民办教育健康发展的若干意见》，实施好各项财税政策措施，拓宽教育投入渠道，支持和规范社会力量兴办教育。完善非义务教育成本分担机制，调动各方积极性。

资料来源：周程程.财政性教育经费占GDP比例连续5年超4% 一半以上用于义务教育[EB/OL].(2017-12-23)[2019-04-25].http://www.nbd.com.cn/articles/2017-12-23/1174989.html.

【关联理论】

人力资本指工人通过教育、培训和经验而获得的知识和技能，它是一种生产出来的生产要素。人均人力资本是生产率的一个决定因素。发展教育可以提高人均人力资本，对一个国家的长期经济繁荣和居民生活水平提高具有非常重要的影响。

【新闻评析】

教育事业是一个国家最根本的事业。人类历史发展表明，国家的强弱、综合国力的竞争，取决于国民素质的高低。国民素质高低的关键在于教育的普及程度和质量水平。义务教育是国民素质提高的起点、人力资源强国的基点、中国教育跨越式发展的着力点、国家富强和民族振兴的基石，是实现中华民族伟大复兴的奠基工程。没有义务教育的强大，就不可能有国家的真正强大。因此，在整个国家教育体系和教育战略布局中，必须始终把义务教育作为发展的"重中之重"。义务教育，是根据《中华人民共和国宪法》的规定，适龄儿童和青少年都必须接受，国家、社会、家庭必须予以保证的国民教育。义务教育具有强制性、公益性、普及性的基本特点。《中华人民共和国义务教育法》规定的义务教育年限为九年（小学六年，初中三年），这一规定是符合我国的基本国情的。

目前我国小学、初中和高中阶段的入学率都明显提高，国民素质得到全面提升。国家和地方财政对义务教育阶段投入大量经费，促进基础教育的发展，从长远来看是非常有必要的。

随着时代的变革和社会的进步,十二年制义务教育改革可能也只是时间问题。我国人口数量众多,但人口质素还不高,如果不改变这种现状,将会成为制约经济增长的一个因素。从当前来看,在广大农村地区,尤其是中西部的农村地区,由于经济条件较差、基础教育薄弱,许多孩子没有受到很好的教育。国家和地方政府对农村地区的中小学教育投入更多的财政资金,减免学杂费、教科书费,给予困难学生生活费补助等政策措施,可以有效地提高适龄儿童的入学率,使更多的孩子能顺利完成九年制义务教育。该政策提高了我国总体人口素质和人均人力资本,从长期看必将促进我国经济增长和人民生活水平的提高。

(二) 新闻透视 B

发改委:近年中国吸引外资规模始终保持全球前三

2017年9月15日上午,发改委召开新闻发布会。新闻发言人孟玮在回应"外商投资有下降趋势"时表示,近些年我国吸引外资规模始终保持全球前三,基本面总体稳定。

孟玮称,一方面,国际跨国投资仍在曲折复苏阶段,出现波动成为常态。据联合国贸易和发展会议统计,2016年全球跨国投资规模下降了2%。据美国经济分析局统计,2016年美国吸引外资下降1.9%,2017年第一季度下降44.2%。在这样的大背景下,我国吸引外资也受到一定影响。另一方面,我国吸引外资正处于转型升级阶段,增速、结构、动能正在转换调整。今年上半年,我国批发零售业、房地产业外资流入有所减少,但高技术制造业、高技术服务业外资流入实现了较快增长。可以看出,外资结构变化与我国经济结构调整是紧密相关的。

孟玮指出,在吸引外资转型升级阶段,我国投资环境不断完善,对外商保持较强的吸引力。一方面,我国政治社会稳定,基础设施完备,产业配套齐全,人力资源丰富,而且市场快速增长,成为世界上最大的消费市场之一,这些都为企业投资和发展提供了有利条件。另一方面,我国正在推进新一轮高水平对外开放,不断提高开放水平,通过简政放权和备案制改革,大幅提高外商投资便利化程度。2017年6月联合国贸易和发展会议发布的《2017年世界投资报告》显示,我国在全球最具吸引力的投资东道国中排名第二。据中国美国商会、中国欧盟商会调查,2017年69%的美国企业将扩大在华投资,约三分之一的欧盟企业将我国作为前三大研发投资目的地。近一段时期10亿美元以上的外资大项目明显增多。这些情况表明,我国投资环境受到外商的广泛认可。

孟玮表示,利用外资是我国对外开放基本国策的重要组成部分,是我国互利共赢开放战略的成功实践。为进一步优化外商投资环境,2017年以来我们开展了以下工作:

一是出台综合性政策措施。国务院先后出台了《关于扩大对外开放积极利用外资若干措施的通知》《关于促进外资增长若干措施的通知》,明确了新形势下积极吸引外资的政策导向,提出了四十多条具体措施,受到国内外广泛好评。目前,各地区、各部门正在积极贯彻落实。

二是进一步放宽外资准入。2017年7月实施的新版《外商投资产业指导目录》将限制措施减少近三分之一,提出了全国范围实施的外商投资准入负面清单,负面清单之外的领域原则上实行备案管理,不得限制外资准入。在此基础上,自贸试验区进一步扩大了开放试点。今年下半年,还将在金融、新能源汽车等领域进一步放宽外资准入。

三是促进内外资企业公平竞争。对外商投资企业同等适用产业支持政策和创新支持政策,按照统一标准审核业务牌照和资质申请,给予内外资企业公平机会参与标准化工作,促进其公平参与政府采购招投标,支持外商投资企业在中国境内上市、发债。

四是优化利用外资结构。为外商投资先进制造、高新技术、节能环保、现代服务业等领域提供各类支持政策。2017年2月发布的新版《中西部地区外商投资优势产业目录》,扩大了中西部地区鼓励外商投资的范围。

孟玮称,下一步,发改委将会同各地区、各部门深入落实这些政策,继续推进放宽外资准入,简化外商投资管理程序,支持北京、上海、广州、深圳等特大城市率先加大营商环境改革力度,构建更加开放、公平、便利的投资环境。

资料来源:发改委:近年中国吸引外资规模始终保持全球前三[EB/OL].(2017-09-15)[2019-04-25].http://www.chinanews.com/cj/2017/09-15/8331696.shtml.

【关联理论】

人均物质资本是影响生产率的一个决定因素。投资可以提高一国的物质资本存量,从而增加人均物质资本。更多的人均物质资本可以提高工人的劳动生产率,从长期来看有利于促进一国经济增长和人民生活水平的提高。当国内用于投资的资金不足时,可以吸引外国的投资进行补充,这对于缺乏资金的发展中国家来说尤为重要。

【新闻评析】

提高一国储蓄率的政策可以增加投资,进而提高长期的经济增长率。但国内居民的储蓄并不是一国投资于新资本的唯一方法,另一种方法是来自国外的投资。即使来自国外的投资的一部分收益会流回外国所有者手中,但这种投资也增加了一国的资本存量,导致该国更高的生产率和更高的工资。除此之外,来自国外的投资也是穷国学习富国开发并利用先进技术的一种方式。

在中国,利用外资一般指各级政府、部门、企业和其他经济组织通过对外借款、吸收外商直接投资以及用其他方式筹措的境外现汇、设备、技术等。世界近代史证明,当今世界上没有哪一个国家能够拥有发展本国经济所需的全部资金、技术和资源。任何国家为了加速本国经济的发展,都必须与他国互通有无,利用国外资金和技术,社会主义国家也不例外。在不断提高经济效益的前提下,合理、有效地利用外资,一般可以发挥以下作用:其一是补充国内建设资金的不足,加速国民经济的发展;其二是引进国外先进的技术装备、生产技术、管理知识和经验,培养国内科技人才,提高生产技术水平和经营管理水平;其三是加速能源、交通、原材料等基础工业的建设和落后地区、部门的开发,克服国民经济的薄弱环节;其四是促进新兴工业部门的建立与发展和产业结构的改善;其五是促进进出口商品结构的变化和出口贸易的增长;其六是扩大劳动就业,增加国民收入。

改革开放以来,我国各级政府一直重视利用外来资金发展经济,制定了许多吸引外资的优惠政策,培育了一大批"三资"企业,对我国的经济增长和居民生活水平的提高起到了积极作用。吸引国外投资不仅可以弥补我国经济建设所需资金不足的问题,同时国外投资者还会带来先进的技术、设备和现代管理经验,可以促进我国企业技术水平和管理水平的提高。由于外资对于促进国内经济增长的重要性,吸引外资的数量变化受到多方关注,吸引外资的数量下降更会引起政府部门和经济学家们的注意。

(三) 新闻透视 C

新常态的实质是经济增长质量的提高

增长趋势放缓将是我国经济的新常态。增长动力机制发生改变,将引发经济结构的调整和经济发展方式的转变。如何看待以速度下滑为外在特征的新常态?如何转换思路,在新常态下寻求新动力?

以速度下滑为主要外在特征的新常态是合乎规律的。在 2014 年 11 月 26 日举办的"《财经》年会 2015:预测与战略"上,中国社会科学院副院长李扬如此表示。

他认为,经济速度下滑带动其他宏观指标进入一个新的状态,是实体经济的变化使然。资源配置效率在下降,创新能力不足,环境约束在增强,使得我国进入了一个以较低增长率为主要特征的新常态。

新常态通常被等同于经济下滑,甚至"硬着陆"。但李扬认为,新常态意味着经济增长进入了一个新阶段,有些外在指标的变化蕴含着内在质量的提高。

从一些指标的变化来看,李扬把这几年经济增长速度的下滑主要归因于投资增长速度的下滑。"过去连续 34 年,我们的投资增长率是平均 24.6%,前年降到了 20%,去年为 18%,今年为 16%,大家都普遍预计到'十三五'的时候,平均(增长率)可能在 10%。"

由于投资增长速度下降,解决经济结构中一个非常大的问题——产能过剩,就有了一个入手处。"因为过剩产能归根溯源是投资造成的。"他说。

李扬以生态环境改善举例:传统的经济不可持续,生态环境遭破坏,因为大家追求速度、加大投资。怎么解决生态环境问题?"这次 APEC 会议期间,我们看到了久违的蓝天,但以周围六个省的污染企业关门为前提。所以,环境改善蕴含着投资增长速度的下降,蕴含着经济增长速度的下降。"

李扬认为,在新常态下,在速度适当的情况下,才有可能从容地解决经济发展中存在的收入分配不公等潜在问题。"新常态意味着经济增长质量的提高、国民经济的新飞跃,是从粗放经济走向更加精致的现代经济的一个必不可少的阶段。"他说。

发改委副秘书长王一鸣也表示,以前总是要谈调结构、转方式,但离预期目标总是很远,就是因为原来速度快、盈利空间大、要素成本低,改革的压力远远不如今天大。

他认为,现在这个阶段已经到来了,结构正在发生深刻的变化,增长动力也在重塑,过去高速增长时期积累的矛盾正在进行消化,包括压产能、去杠杆、挤泡沫。

"在这个阶段,我们对速度不要预期过高,可以把速度的底线适度地下调,给结构调整和改革更大的空间。经过三到五年,中国经济的质量一定会有根本的改变,以前一直期盼的转方式也会有实质性的进展。"王一鸣如是说。

资料来源:单文苑. 新常态的实质是经济增长质量的提高[EB/OL]. (2014-11-28) [2019-04-25]. http://www.cet.com.cn/plpd/sbsp/1385564.shtml.

【关联理论】

投资增加人均物质资本,从而提高劳动生产率,对一国经济增长有重要影响,是拉动经济增长的"三驾马车"之一。同时,资本要受到收益递减规律的影响。随着投资带来的资本存量的增加,资本的边际收益将越来越小。

【新闻评析】

新常态:"新"就是"有异于旧质","常态"就是时常发生的状态。新常态就是不同以往的、相对稳定的状态。这是一种趋势性、不可逆的发展状态,意味着中国经济已进入一个与过去30多年高速增长期不同的新阶段。从2012年起,中国GDP增速开始跌破8%,2012—2014年经济增长率分别为7.86%、7.76%、7.3%。从2015年开始,中国GDP增速开始跌破7%,2015—2018年经济增长率分别为6.9%、6.7%、6.9%、6.6%。中国已经告别过去30多年平均10%左右的高速增长。

一方面,固定资产投资规模和增长对我国经济增长起到非常重要的作用,尤其是当出口受挫、国内消费低迷的时候,投资对经济增长起到了关键作用。如果投资下降,经济增长速度也将放缓。始于2008年的全球"金融海啸",造成我国出口额明显下降。为了保增长,中央政府推出了4万亿元人民币的财政刺激政策,使各类固定资产投资额迅速增加,有效地抵御了经济下滑的风险。虽然有些经济学家认为这项政策在未来很可能会造成许多负面影响,但是从通过增加投资来拉动经济增长的角度来看,这项政策是成功的。

另一方面,我国过去几十年的大规模投资形成了庞大的固定资产存量,现在许多行业出现了产能过剩,通过投资扩大生产规模的方式来拉动经济增长的效果将越来越弱。当前我国经济增长方式亟须从粗放型向集约型转变,建设资源节约型、环境友好型社会,实现可持续发展。

三、案例研究

(一) 案例研究 A

财经观察:内外交困令意大利经济陷入"技术性衰退"

2013年1月10日,《北京商报》以"意大利经济迫近发展中国家水平"为标题报道,拥有丰富文化遗产的意大利是当今世界第七大经济体,但该国2013年年初公布的经济数据却显示出其更接近于发展中国家的水平,从妇女权利到年轻人就业等各项"成绩",意大利在几乎所有的评估指标中都"不及格"。2012年11月,意大利青年失业率高达37.1%,达到自1992年有相关记录以来的最高水平。2015年马塔雷拉总统上台后进行了一系列改革,意大利经济发展有了一定的起色。

但在连续维持十几个季度的低增长后,从2018年下半年开始,意大利经济开始出现明显萎缩,至今尚无好转迹象。经济学家认为,意大利经济增长乏力既有自身结构性的原因,也受到国内政治形势及外部环境的影响。2018年第三和第四季度,意大利经济环比分别下降0.1%和0.2%,连续两个季度经济萎缩意味着意大利经济已陷入"技术性衰退"。尽管2019年第一季度的经济数据尚未全部公布,但分析人士普遍预计2019年第一季度意大利经济可能继续衰退。

罗马国际社会科学自由大学经济学家彼得罗·赖希林(Pietro Reichlin)对新华社记者说,意大利近期经济前景不容乐观,原因包括主要贸易伙伴经济形势不佳令意大利出口受挫、内需不振、多个经济部门开工不足、改革停滞等。另外,自2018年大选后,意大利相对稳定的政治局面正在改变。由于本届政府由五星运动党和联盟党联合执政，两党之间的分歧令经济政策的出台变得十分困难。

此外，债务问题也给意大利经济前景蒙上阴影。2018年年底，意大利政府根据与欧盟达成的协议，将2019年预算草案中财政赤字占GDP的比例降至2.04%，这在一定程度上缓解了市场担忧。但意大利政府近日又将这一比例调高到最初设定的2.4%，并做出不提高增值税等承诺。这意味着政府债务问题可能进一步恶化。目前，意大利公共债务占GDP的比重已高达131%。

鉴于上述不利因素，市场分析普遍认为，2019年意大利经济将在低位运行，全年增速将显著低于先前预期。2019年4月初，意大利政府将2019年经济增长预期从先前的1%下调至0.2%；国际货币基金组织则预计意大利经济2019年将增长0.1%。此前，欧盟预测2019年意大利经济将增长0.2%。

尽管如此，专家表示，意大利经济仍有韧性，同时也存在机会扭转颓势。一些专家认为，将于5月下旬举行的欧洲议会选举不仅会影响欧盟委员会的优先议题，而且很可能会促使意大利政府内部平衡发生改变，从而对意大利经济前景产生重要影响。

意大利经济学家洛伦佐·科多尼奥（Lorenzo Codogno）认为，目前意大利经济正处在2019年最糟糕的时期，下半年有望出现小幅增长。赖希林也认为，2019年下半年意大利经济形势可能会比上半年要好。

国际货币基金组织意大利机构负责人里希·戈亚尔（Rishi Goyal）指出，意大利如果想重启经济增长并确保金融稳定，就需要进行综合性改革，同时实施温和、平衡的财政措施。

戈亚尔建议，意大利政府应实施更灵活的公司薪酬制度，开放产品、服务市场并改善营商环境。同时，削减政府开支，对社会保障体系进行现代化改革，增加公共投资，扩大税基并降低劳工税负，以确保债务水平稳步下降。此外，金融系统应继续减少坏账，增强盈利能力，建立缓冲机制，改善管理效率。

资料来源：陈占杰.财经观察：内外交困令意大利经济陷入"技术性衰退"[EB/OL].（2019-04-18）[2019-04-25].http://www.xinhuanet.com/world/2019/04/18/c_1124383766.htm.

【关联理论】

一国生活水平的高低取决于该国生产物品与服务的能力，即生产率。人均物质资本、人均人力资本、人均自然资源和技术知识是影响生产率高低的决定性因素。政府可以制定相关政策来提高生产率，从而促进经济增长和人们长期生活水平的提高。

【案例解析】

自2010年至今，意大利的经济增速比欧洲其他国家低了将近1个百分点。多年来意大利经济增长面临一系列顽疾：工会势力强大，劳动力市场僵化，劳动生产率低，青年失业问题严重；税收负担重，能源价格高，企业不堪重负；法律体系冗繁复杂，司法及政府机构效率低，专业服务市场缺乏竞争，影响企业投资信心。意大利的基础设施落后，表明该国物质资本投资严重不足；政府更替及普遍的腐败问题也阻碍了社会投资的增长，同时也不利于吸引外国的投资；社会不稳定、高失业率和大学生高辍学率等问题也制约了经济的增长。所有这些问题造成了意大利的低经济增长。

2019年最新数据显示，意大利经济在2018年后两个季度陷入明显萎缩，目前已经出现"技术性衰退"的迹象。针对意大利经济增长的现状，政府当局需要出台促进经济增长的政策措施以扭转经济下滑和居民生活水平出现恶化的趋势。根据本章的理论知识,政府可以采取的政策包括:努力维护政府稳定、严厉惩治腐败;鼓励社会投资,对企业增加的投资给予税收减免激励;制定吸引外来投资的优惠政策,扩大利用外资的规模,以缓解国内投资不足的问题;鼓励居民储蓄,严格控制政府行政开支,把更多资金用于基础设施建设;出台相关奖学金、助学金制度,降低大学生的辍学率;注重科技研发,促进国际贸易发展等。

(二) 案例研究 B

第二次世界大战之后阿根廷经济发展历程

20世纪初,阿根廷经济发展水平曾处于世界前列,居第八位,现在也是南美第三大经济体。但是第二次世界大战之后,阿根廷接连不断地发生政治和经济危机,其间虽然经历了20世纪90年代的繁荣,但从整个世界经济的角度来看,阿根廷经济相对"衰落"了。

20世纪80年代之前的阿根廷经济

从第二次世界大战到20世纪80年代初,阿根廷政府一直处于"文人政府"与"军政府"的交替执政之中。在这一时期,和其他拉美国家一样,阿根廷采取了以保护国内市场、积极扶持幼稚工业、建立国有企业、完善基础设施、利用外国资本和开展区域经济一体化等为主要内容的进口替代策略。

为了保护国内市场,除实行大量的非关税壁垒以外,阿根廷对进口产品征收高额关税,有的高达90%。针对国内储蓄不足、国内资金匮乏的局面,阿根廷先后出台了吸引外资的投资法规和政策,如弗朗迪西时期的《14780号外国投资法》、庇隆政府的《外资投资法》。而且,阿根廷大力实施国有化,将央行、铁路、电信等收归国有。

进口替代工业化发展模式是阿根廷改变过去完全依赖初级产品出口状况、争取民族独立、发展民族经济的必然选择,该模式也使阿根廷的经济在战后至20世纪80年代初的三十多年间取得了令人瞩目的成就。据统计,阿根廷1945—1980年的GDP年均增长率达到3.1%。

但是,这种发展模式也有许多不可克服的弊病。一是劳动生产率低。在20世纪50年代中期至60年代中期,阿根廷的劳动生产率几乎没有增长。二是限制了国内市场的扩大。之所以如此,是过度保护造成的,阿根廷对电器行业的有效保护率为195%。三是没有规模效益。1965年,阿根廷全国共有13家汽车生产厂,最大的一家年产量也不足6万辆,因此,生产成本很高。四是国际收支状况没有得到改善,进口替代并没有减少对进口的依赖程度。例如,阿根廷在整个进口替代时期进口占GDP的比重是不断提高的,1958年为6%,1988年为17%。

"失去的十年"

进口替代策略并没有使阿根廷的民族经济真正建立起来,相反,这种模式给阿根廷带来了许多严重问题。尤其是阿根廷的赤字财政政策,使财政赤字占GDP的比重不断提高。如1975年,阿根廷财政赤字占GDP的比重超过12%。在当时国际市场利率低下、国内外汇收入减少的情形下,阿根廷的外债负担也越来越重。这样,阿根廷几乎整个20世纪80年代都处于一种危机之中。据有关资料,20世纪80年代,阿根廷的GDP年均增长率仅为 -1.5%。

在此期间,虽然阿根廷政府实行了各种经济调整政策,如削减公共开支、减少货币发行量、调高关税、加快国有企业转为私有的过程、遏制通货膨胀和减少财政赤字等,但是这些措施并没有产生预期的效果。20世纪80年代末,通货膨胀率更上升到每年200%,商店里的商品价格一天内要变好几次。

梅内姆实行大胆经济改革

20世纪80年代的这次自30年代以来最长的经济萧条就好像在盼望着"能人"的出现。于是,1989年7月8日,阿方辛提前交权,梅内姆总统继任,阿根廷一个新的时期到来了。而随着卡瓦洛担任经济部长,阿根廷实行了大幅的经济改革。

首先就是实行兑换计划以及美元与比索1:1的固定汇率制。该计划规定,中央银行以其100%的黄金和外汇储备支持基本货币,并只有在为了购进美元时才能增发货币。这就杜绝了过去政府通过增发钞票弥补赤字的做法,从而使通货膨胀这一顽疾得以根治。1991年以来,阿根廷通货膨胀水平一直呈下降趋势,1999年甚至为负值。

另一项重大改革措施就是私有化,包括出售股权、债务资本化等多种方式。而且阿根廷允许所有部门私有化。当时有人形象地比喻说,"阿根廷整个国家都在出售"。私有化为国家带来了大笔的收入。1999年,阿根廷的私有化收入高达25.8亿美元。

此外,阿根廷还实行贸易自由化,降低关税和非关税壁垒,放宽外资限制,进行税法改革等。

这些改革措施有力地促进了经济的发展。20世纪90年代,阿根廷的财政收支基本保持平衡,吸引外资数量不断增长。1998年,阿根廷共吸引外资188亿美元,为90年代的最高水平。其国际收支状况得到大幅改善。

资料来源:作者根据网络公开资料整理。

【关联理论】

经济增长理论等相关理论告诉我们,经济增长和居民生活水平的提高与劳动生产率有关,而影响劳动生产率高低的关键因素分别是人均物质资本、人均人力资本、人均自然资源和技术知识等。政府可以制定和实施提高本国生产率的政策来促进经济增长和居民生活水平的提高。

【案例解析】

20世纪初,阿根廷是世界上最富有的国家之一,它有着得天独厚的自然资源和受教育水平较高的民众,而如今阿根廷却变成了经济失策和政治危机的代名词。从本案例我们可以发现,经济增长速度的快慢决定了一国在全球经济排名中的相对位置。阿根廷的经济发展历程——从曾经的居世界前列到现在的相对"衰落"——是经济增长相对较慢造成的。

从本案例中我们还可以发现造成阿根廷经济增长缓慢的一些原因。第一,"文人政府"与"军政府"的交替执政,影响了政策的持续性和稳定性,不利于本国企业发展和吸引外来投资,从而影响了固定资产投资的规模,使得人均物质资本增长较慢;第二,保护国内市场、积极扶持幼稚工业、实行大量的关税和非关税壁垒等政策抑制了自由竞争和自由贸易,在一定程度上制约了生产率的提高;第三,大力实施国有化,容易造成国有资本产权不明晰等问题,从而造成一些企业生产经营效率低下。

针对经济增长中的问题,阿根廷在20世纪80年代末进行了经济改革,包括维持对美元的汇率稳定、私有化、贸易自由化、降低关税和非关税壁垒、放宽外资限制、进行税法改革等。事实证明,这些改革措施有力地促进了经济增长。

(三) 案例研究 C

影响第二次世界大战后日本经济发展的因素

在第二次世界大战后的不同时期，日本经济发展有着不同的业绩和表现，但从总体上看，其发展速度一直遥遥领先于其他发达资本主义国家，宏观及微观经济效益也令其他发达资本主义国家望尘莫及。日本能够从战败的废墟上迅速站立起来，随后又实现了经济的长期高速发展，既有历史方面的原因，也得益于战后政治、技术等多方面有助于经济发展的条件，还受益于战后相对有利的国际环境。

历史赋予战后日本的条件是双重的：既有不利的一面，也有有利的一面。而日本政府和社会各界却在充分认识客观条件的基础之上，有效地利用了其有利的一面，最大限度地改变了其不利的一面，从而实现了经济的长期迅速发展。

对经济发展有利的条件包括：第一，尚有相当的物质技术基础；第二，重化工业发展有较长的历史，也较为先进，尽管已转化成了军工产业，但恢复民用并不难；第三，劳动力质量高，这是自明治维新以来重视教育的结果；第四，国民长期接受岛国意识熏陶，受儒家思想影响，又吸收了西方的市场经济观念，危机感和竞争意识强，工作勤奋，集体意识强，能够联合对外；第五，拥有大量高级技术管理人才，随着战后对日官僚财阀的整肃，这些人才脱颖而出，走上社会经济、政治主导岗位；第六，国家干预经济有经验，效果突出；第七，有美国的保护，军费支出少；第八，国际上资本主义国家之间贸易自由化进展显著；第九，世界科学技术迅猛发展，尤其是第二次世界大战中的军工技术大量转向和平经济，新的科学技术在和平环境中发展更快；第十，作为东亚经济强国，日本在东亚乃至整个世界均有着广泛的经贸关系，有利于拓展市场。

鉴于上述情况，日本采取了一整套扬长避短、促进经济发展的政策措施，主要包括：第一，在恢复市场经济的过程中，确立了政府、金融机构、社会经济团体、企业以及从业人员、消费者等相互协调的经济体制，利用协调的力量充分发挥社会各方面的经济优势，克服社会竞争不足和竞争过度两方面的不利影响；第二，用联合的力量对外，吸收海外的技术、资源、管理，同时，为防御海外资本的侵入，组成各种贸易组合等；第三，建设加工贸易型经济，一方面进口海外廉价资源，引进海外先进技术，另一方面将加工的产品出口到海外；第四，加强质量管理，创造出一整套全面质量管理体系，以优质、低价、服务周到的产品占领海外市场；第五，建立强有力的金融组织体系和相应的金融制度，解决企业资金不足等问题。

1973年石油危机前后，日本认识到自身在资源、能源供应方面极度依赖国外这一问题的严重性，决定实施"科学技术立国"新战略。出于这种认识，日本大力开发自动化产品，建立新的资源开发和供应相结合的体制，倡导开展全民节约资源、能源活动，调整产业结构，拓展国内市场。由此，日本很快就克服了石油危机的影响，并把资源、能源供应紧张的国际环境作为其经济技术再次赶超欧美国家的绝好时机加以利用。

总的来看，日本在经济发展的各个重要时期都能较深刻、较实际、较长远地认识自身及国际上的条件，进而采取卓有成效的对策，做到变不利因素为有利因素，促进经济的高速增长。

资料来源：赵东明.日本战后经济迅速发展的原因[EB/OL].(2014-09-22)[2019-04-25].http://wenku.baidu.com/view/c79810dee53a580216fcfee0.html.

【关联理论】

影响生产率的决定性因素包括人均物质资本、人均人力资本、人均自然资源和技术知识等。虽然自然资源很重要，但是它们并不是一个经济在生产物品与服务方面具有高生产率的必要条件，其中日本就是一个典型的例子。政府可以通过制定科学合理的政策提高生产率，从而促进经济增长。

【案例解析】

第二次世界大战后日本经济的快速增长，一方面是由于发展的内外部环境较好，另一方面是由于日本政府的政策起到了重要的推动作用。战后初期日本实行的民主改革，推动其社会经济结构发生较大的变化，也对社会生产关系做了局部调整，建立起有利于运用现代化管理手段的企业组织形式和管理体制，从而将国民中蕴藏的劳动智慧和创造力激发出来，成为推动社会经济高速发展的基础动力。

从本案例中可以发现，日本良好的内外部环境包括物质资本存量较大、人力资本较高；技术较为先进；贸易自由化发展并与他国存在广泛的经贸关系。这些内外部环境为日本战后经济的迅速崛起创造了有利的条件。此外，国民具有危机感和竞争意识、世界科学技术迅猛发展、军费支出少等也为日本的经济增长提供了有利条件。

在充分发挥上述有利条件之外，日本政府还制定了相应的政策来促进经济增长，相关政策包括政府协调经济发展，调动各方力量；引进海外的技术、资源和先进管理经验；建设加工贸易型经济；加强质量管理；建立金融体系和制度，解决企业资金不足问题。毫无疑问，这些政策使日本提高了生产率，从而实现了经济的快速增长和居民生活水平的提高。

四、课外习题

（一）术语解释

1. 生产率
2. 物质资本
3. 人力资本
4. 技术知识
5. 追赶效应

（二）单项选择

1. 衡量一国居民生活水平高低的经济指标是（　　）。
   A. 真实 GDP　　　　　　　　B. 真实 GDP 的增长速度
   C. 人均真实 GDP　　　　　　D. 人均真实 GDP 的增长速度
2. 衡量一国经济增长速度的经济指标是（　　）。
   A. 真实 GDP　　　　　　　　B. 名义 GDP
   C. 人均真实 GDP　　　　　　D. 真实 GDP 的增长速度
3. 不同国家生活水平存在巨大差别，这种现象可以用（　　）来解释。
   A. 物质资本　　B. 人力资本　　C. 技术知识　　D. 人均真实 GDP

4. 国与国之间的经济增长率差别很大,这种现象可以用( )来解释。
   A. 生产率的增长   B. 物质资源   C. 人口数量   D. 自然资源
5. 以下最能体现生产率的决定因素的是( )。
   A. 一国的物质资本总量   B. 一国的人力资本总量
   C. 一国的自然资源总量   D. 一国的技术知识总量
6. 个人通过接受高等教育,获得知识和技能,是属于( )。
   A. 物质资本   B. 人力资本   C. 技术进步   D. 技术知识
7. ( )并不是一个经济在生产物品与服务方面具有高生产率的必要条件。
   A. 物质资本   B. 人力资本   C. 自然资源   D. 技术知识
8. 一国生产物品与服务的能力可以用( )来衡量。
   A. 生产率   B. 真实 GDP   C. 真实 GDP 的增长   D. 生产工具
9. 随着资本存量的增加,由增加的一单位资本生产的额外产量减少,称为( )。
   A. 追赶效应   B. 收益递减   C. 边际收益   D. 规模效益
10. 从 1960 年到 1990 年,美国和韩国用于投资的 GDP 份额相似,但在此期间美国只有 2%左右的适度增长,而韩国却以超过 6%的惊人速度增长,这一现象可以用( )来解释。
    A. 追赶效应   B. 收益递减   C. 边际收益   D. 规模效益
11. 一国在吸引国外投资的过程中,由外国实体拥有并经营的资本投资称为( )。
    A. 外国有价证券投资   B. 无形资产投资
    C. 外国直接投资   D. 合资
12. 一些穷国面临的一个问题是( ),即许多受过高等教育的居民移民到富国,他们在富国可以享有更高的生活水平。
    A. 健康与营养   B. 人力资本   C. 外部性   D. 人才外流
13. 今天大多数经济学家相信,穷国实施( )的政策会使其状况变好。
    A. 内向型   B. 外向型   C. 限制贸易   D. 进口替代
14. 不属于人口增长导致的问题是( )。
    A. 自然资源紧张   B. 人口素质提高
    C. 资本存量被稀释   D. 技术进步
15. ( )政策不能促进经济增长。
    A. 鼓励国内企业的投资   B. 促进自由贸易
    C. 限制来自国外的投资   D. 减少人才流失

(三) 判断正误

1. 一国经历了每年 7%的经济增长,按这个速度,经济总量每 15 年就能翻一番。( )
2. 不同国家真实 GDP 总量的巨大差异可以用来说明各国生活水平差别很大。( )
3. 过去一百年里,日本经济的人均年增长率高于阿根廷,导致日本生活水平提高的速度快于阿根廷。( )
4. 生产率可以用来解释不同国家收入的差别。( )
5. 资本的重要特点是,它是一种生产出来的生产要素。( )
6. 自然资源很重要,它们是一个经济具有高生产率的必要条件。( )

7. 人力资本是指社会对世界如何运行的理解。（　　）

8. 发达国家一般人均资本存量较大，由此可以带来比人均资本存量较少的发展中国家更快的增长速度。（　　）

9. 在其他条件相同的情况下，如果一国开始时较穷，它就更易实现经济的高增长。（　　）

10. 价格机制发生作用的一个重要前提是经济中广泛尊重产权。（　　）

（四）简答题

1. 什么是生产率？它是如何决定的？
2. 技术知识与人力资本有哪些区别和联系？
3. 用收益递减现象来解释贫穷国家的追赶效应。
4. 哪些政府政策可以提高生产率，从而促进经济增长和生活水平的提高？
5. 分析人口增长对经济增长的影响。

（五）应用题

1. 阅读下表中的信息，回答以下问题：

国家	当期人均真实GDP（美元）	当期增长率（%）
A	15 468	1.98
B	13 690	2.03
C	6 343	3.12
D	1 098	0.61

（1）哪个国家最富有？你是怎么知道的？
（2）哪个国家的经济增长最快？
（3）哪个国家的资本投资增加有最大收益？为什么？这个国家能从资本投资增加中持续得到同样的利益吗？
（4）哪个国家的经济增长潜力最大？

2. 穷国必定永远相对贫穷，而富国必定永远相对富裕吗？为什么？

3. 一些经济学家支持延长专利保护期限，而另一些经济学家支持缩短专利保护期限。你认为不同经济学家持有不同观点的理由分别是什么？

（六）拓展思考题

1. 自第二次世界大战以来，日本经济的高增长被称为"日本奇迹"。你知道"日本奇迹"背后的原因是什么吗？

2. 在20世纪下半叶，亚洲的韩国、新加坡、中国台湾、中国香港等地由于经济迅速崛起而被称为"亚洲四小龙"。这些亚洲经济体的高增长都是有代价的吗？

五、习题答案

(一) 术语解释

1. 生产率:每单位劳动投入所生产的物品与服务的数量。
2. 物质资本:用于生产物品与服务的设备和建筑物存量。
3. 人力资本:工人通过教育、培训和经验而获得的知识与技能。
4. 技术知识:社会关于生产物品与服务的最好方法的知识。
5. 追赶效应:开始时贫穷的国家倾向于比开始时富裕的国家增长得更快的特征。

(二) 单项选择

1. C 2. D 3. D 4. A 5. D 6. B 7. C 8. A 9. B 10. A 11. C 12. D 13. B 14. B 15. C

(三) 判断正误

1. × 2. × 3. √ 4. √ 5. √ 6. × 7. × 8. × 9. √ 10. √

(四) 简答题

1.【考查要点】 生产率的概念与生产率的决定因素。

【参考答案】 (1) 生产率是指每单位劳动投入所生产的物品与服务的数量。

(2) 人均物质资本、人均人力资本、人均自然资源和技术知识是生产率的决定因素。

2.【考查要点】 技术知识与人力资本的概念。

【参考答案】 (1) 技术知识是指社会关于生产物品与服务的最好方法的知识。人力资本是指把这种知识传递给劳动力的资源消耗。

(2) 用一个相关的比喻来说,知识是社会"教科书"的质量,而人力资本是人们用于阅读这本"教科书"的时间量。工人的生产率既取决于人们可以得到的"教科书"的质量,又取决于他们用来阅读"教科书"的时间。

3.【考查要点】 收益递减和追赶效应。

【参考答案】 (1) 收益递减是指随着投入量的增加,每一单位额外投入得到的收益减少的特征。追赶效应是指开始时贫穷的国家倾向于比开始时富裕的国家增长得更快的特征。

(2) 在贫穷国家中,工人甚至缺乏最原始的工具,因此生产率极低。少量的资本投资会大大提高这些工人的生产率。与此相反,富国的工人用大量资本工作,这部分解释了他们的高生产率。但由于人均资本量已经如此之高,因此增加的资本投资对生产率只有较小的影响。

4.【考查要点】 政府政策与经济增长的关系。

【参考答案】 (1) 政府可以制定和实施相应的政策来提高劳动生产率,从而促进经济增长和生活水平的提高。

(2) 政府可以通过鼓励储蓄,增加投资,提高一国的人均物质资本,从而促进经济增长和在长期中提高生活水平。

(3) 除此之外,鼓励来自国外的投资、发展教育、改善健康与营养状况、维护产权和政治稳定、允许自由贸易、激励研究与开发等政策也能提高生产率,促进经济增长和生活水平的提高。

5.【考查要点】 人口增长与经济增长的关系。

【参考答案】 (1) 人口增长导致自然资源的紧张,减少了人均自然资源,因此不利于经济增长。

(2) 人口增长稀释了资本存量,减少了人均物质资本,影响了生产率的提高,因此不利于经济增长。

(3) 人口增长促进了技术进步,因为如果有更多的人,那么就会有更多对技术进步做出贡献的科学家、发明家和工程师,每个人都将因此而受益,从而将提高生产率,促进经济增长。

(五) 应用题

1.【考查要点】 经济增长水平和经济增长速度的衡量;收益递减和追赶效应。

【参考答案】 (1) A 国,因为其人均真实 GDP 最高。(2) C 国。(3) D 国,因为其人均真实 GDP 最低,可能也是资本最少的,由于资本收益递减,当资本较为缺乏时,它的生产率是最高的。不能,因为资本收益递减,随着资本的增加,增加的资本所引起的经济增长率下降。(4) D 国。

2.【考查要点】 经济增长水平、经济增长速度与生活水平。

【参考答案】 不一定。由于各国增长率差别很大,富国如果经济增长率一直较低,那么长期来看就会变得相对贫穷,而穷国如果经济持续保持高增长,那么在将来也可以变得相对富裕。

3.【考查要点】 专利制度对研究与开发的激励;专利制度不利于新技术的传播和使用。

【参考答案】 支持延长专利保护期限的经济学家的理由是,专利赋予想法以产权,使人们愿意投资于研究和开发,因为较长的产权使得进行研发活动更有利;支持缩短专利保护期限的经济学家的理由是,通过缩短专利保护期限可以使信息扩散,使更多人受益。

(六) 拓展思考题

1.【考查要点】 投资与生产率、经济增长的关系。

【参考答案】 "日本奇迹"背后是有规律可循的。所有高增长的亚洲国家与地区的投资在 GDP 中所占的比重都极高。日本国内的高储蓄率为国内投资带来了大量低息的资金,从而促进了固定资产的投资和研发活动。当物质资本迅速增加和技术水平迅速提高时,生产率也会迅速提高。

2.【考查要点】 机会成本;储蓄与投资;当期消费与未来消费。

【参考答案】 亚洲这些经济体的高增长主要是由投资推动的,而投资的机会成本是人们为了储蓄和投资必须放弃的当期消费。

第 26 章
储蓄、投资和金融体系

一、学习精要

(一) 教学目标

1. 了解经济中组成金融体系的各种机构。
2. 领会国民收入账户中一些关键宏观经济变量之间的关系,尤其是储蓄与投资的关系。
3. 掌握可贷资金市场供求模型,理解可贷资金市场的运行过程。
4. 运用可贷资金市场供求模型分析和评估各种政府政策对储蓄与投资的影响,特别是要把握储蓄激励、投资激励、政府预算赤字和盈余对资源配置的影响。

(二) 内容提要

认识金融体系是理解整个经济发展的关键,本章从总体上考察了金融体系的运行问题。金融体系由各种金融机构所组成,这些机构的作用是协调储蓄与投资的关系。政府可通过各种政策影响利率,促进储蓄与投资关系的协调。

1. 美国经济中的金融机构

金融机构可分为金融市场和金融中介机构两种类型。其中,金融市场是储蓄者可以借以直接向借款者提供资金的金融机构,金融中介机构是储蓄者可以借以间接向借款者提供资金的金融机构。

(1) 金融市场有两种主要类型:一是债券市场,二是股票市场。在债券市场,交易的是债券。债券是规定借款人对债券持有人负有债务责任的证明,它规定了贷款偿还的时间,以及在贷款到期之前定期支付的利息的比率。各种债券的差别主要体现在三个方面:第一,债券的期限,即债券到期之前的时间长度;第二,债券的信用风险,即借款人不能支付某些利息或本金的可能性;第三,债券的税收待遇,即税法对待债券所赚到的利息的方式。在股票市场,交易的是股票。股票代表企业的所有权,也代表对企业所获得利润的索取权。股票的交易价格是由股票的供求状况所决定的,其中,股票的需求(及其价格)反映了人们对公司未来盈利性的预期。股票市场整体的价格水平可用股票指数来衡量,股票指数是指计算出来的一组股票价格的平均数。通过出售股票来筹资称为权益融资,通过出售债券筹资称为债务融资。一个公司既可以采用权益融资,也可以采用债务融资。股票的所有者是公司的(部分)所有者,债券的所有者是公司的债权人。股票持有者能分享公司的利润,债券持有者只能得到债券的利息;如果公司陷入财务困境,在对股票持有者进行补偿之前,先要支付债券持有者应得的部分。因此,与债券相比,股票给持有者既提供了高风险,也提供了潜在的高收益。

（2）金融中介机构也有两种主要类型：一是银行，二是共同基金。银行的一个重要作用是从想储蓄的人那里吸收存款，并用这些存款向想借款的人发放贷款。银行对存款人的存款支付利息，并对借款人的贷款收取略高一点的利息，这两种利率的差额弥补了银行的成本，并给银行所有者带来一些利润。银行的另外一个重要作用是通过允许人们根据自己的存款开支票以及使用借记卡使物品与服务的购买变得便利。也就是说，银行帮助创造出一种人们可借以作为交换媒介的特殊资产。共同基金是向公众出售股份，并用收入来购买股票与债券资产组合的机构。共同基金有两个优点：一是可以使钱并不多的人进行多元化投资，从而降低风险；二是使普通人获得专业资金管理者的技能。对于共同基金的第二个优点，金融经济学家往往持怀疑态度，原因是一家公司的股票通常很好地反映了该公司的真实价值，想通过购买好股票并出售坏股票来做到"跑赢市场"是很困难的；另外，指数基金由于很少买卖并且不向专业资金管理者支付报酬而使成本低廉，其业绩平均而言要好于共同基金。

2. 国民收入账户中的储蓄与投资

国民收入账户记录了收入、储蓄、消费、投资、税收、支出等变量。国民收入账户的规则包括几个重要的恒等式，这些恒等式表明了不同变量之间的关系。

（1）几个重要的恒等式。我们用 Y 表示 GDP，C 表示消费，S 表示储蓄，I 表示投资，G 表示政府购买，T 表示税收，NX 表示净出口。

恒等式1：$Y = C + I + G + NX$。恒等式1表明 GDP 既是一个经济的总收入，也是用于经济中物品与服务产出的总支出，具体表现为消费、投资、政府购买和净出口四个方面。

恒等式2：$Y = C + I + G$。在一个封闭经济中，由于其不与其他经济相互交易，因此不存在净出口，这样 GDP 具体表现为消费、投资、政府购买三个方面。

恒等式3：$Y - C - G = I$。对恒等式2进行恒等变换可得此式。

恒等式4：$S = I$。恒等式3左边是一个经济中用于消费和政府购买后剩下的总收入，这个量称为国民储蓄，简称储蓄，根据恒等式3可得此式。恒等式4说明，储蓄等于投资。

注意：由于恒等式3左边也可以表示为 $(Y - C - T) + (T - G)$，即 $S = (Y - C - T) + (T - G)$，其中，$(Y - C - T)$ 为私人储蓄，是家庭在支付了税收和消费之后剩下来的收入；$(T - G)$ 为公共储蓄，是政府在支付其支出后剩下的税收收入。因此，储蓄可分为私人储蓄和公共储蓄两个部分。就公共储蓄而言，如果政府由于得到的收入大于支出而有预算盈余，那么公共储蓄为正；如果政府由于得到的收入小于支出而有预算赤字，那么公共储蓄为负。

（2）储蓄与投资的含义。国民收入账户中的储蓄是指国民收入减去消费和政府购买后的余额，投资是指设备或建筑物这类新资本的购买。一个人把未支出的收入存在银行，或用于购买股票或债券，对个人来说是"投资"，但在宏观经济学家看来，这并不是投资。

3. 可贷资金市场

可贷资金市场是想储蓄的人借以提供资金、想借钱投资的人借以借贷资金的市场。研究可贷资金市场的供求规律，有助于我们理解金融市场是如何协调储蓄与投资的，也有助于我们分析政府的各种政策工具如何影响储蓄与投资，实现对资源配置的安排。

（1）可贷资金的供给和需求。可贷资金是指人们选择储蓄并贷出而不是用于自己消费的所有收入，以及投资者选择为新投资项目筹集资金要借入的数量。可贷资金的供给来自那些有额外收入并想储蓄和贷出的人，储蓄是可贷资金供给的来源。可贷资金的需求来自希望借款进行投资的家庭和企业，投资是可贷资金需求的来源。

在可贷资金市场上，存在一种利率，这个利率是指真实利率，它既是储蓄的收益，又是借款的成本。随着利率的上升,储蓄变得更有吸引力,可贷资金供给量增加;与此同时,借款变得更为昂贵,可贷资金需求量减少。利率调整使可贷资金供给与需求达到均衡水平。当利率调整使可贷资金市场供求平衡时,它就协调了想储蓄的人(可贷资金供给者)的行为与想投资的人(可贷资金需求者)的行为。

(2) 影响储蓄与投资的政府政策。分析可贷资金市场上政府政策的影响,可分为三个步骤:第一,确定政策是使供给曲线移动,还是使需求曲线移动;第二,确定曲线移动的方向;第三,用供求图说明均衡如何变动。

政策1:储蓄激励。储蓄利息税收减免政策,在既定利率下,将激励家庭储蓄,使可贷资金供给曲线向右移动,均衡利率会下降,储蓄与投资的可贷资金均衡数量会增加。

政策2:投资激励。投资税收减免政策,在既定利率下,将激励企业投资,使可贷资金需求曲线向右移动,均衡利率会上升,储蓄与投资的可贷资金均衡数量会增加。

政策3:政府预算赤字与盈余。政府预算赤字减少了国民储蓄,使可贷资金供给曲线左移,均衡利率上升,储蓄与投资的可贷资金均衡数量会减少。政府预算赤字意味着政府借款,这样就会"挤出"那些想为投资筹资的私人借款者,因此,所谓"挤出",是指政府借款所引起的投资减少。预算盈余的影响与预算赤字的影响相反:预算盈余增加了可贷资金的供给,降低了利率,并刺激了投资。

4. 结论

金融体系有助于协调所有借款与贷款活动。在许多方面,金融市场和经济中的其他市场一样,可贷资金的价格——利率——由供求力量所决定。当金融市场使可贷资金的供求平衡时,就会使经济中的稀缺资源得到最有效的配置。

(三) 关键概念

1. 金融体系:经济中促使一个人的储蓄与另一个人的投资相匹配的一组机构。
2. 金融市场:储蓄者可以借以直接向借款者提供资金的金融机构。
3. 债券:规定借款人对债券持有人负有债务责任的证明。
4. 股票:企业部分所有权的索取权。
5. 金融中介机构:储蓄者可以借以间接地向借款者提供资金的金融机构。
6. 共同基金:向公众出售股份,并用收入来购买股票与债券资产组合的机构。
7. 国民储蓄(储蓄):在用于消费和政府购买后剩下的一个经济中的总收入。
8. 私人储蓄:家庭在支付了税收和消费之后剩下的收入。
9. 公共储蓄:政府在支付其支出后剩下的税收收入。
10. 预算盈余:税收收入大于政府支出的余额。
11. 预算赤字:政府支出引起的税收收入短缺。
12. 可贷资金市场:想储蓄的人借以提供资金、想借钱投资的人借以借贷资金的市场。
13. 挤出:政府借款所引起的投资减少。

(四) 拓展提示

1. 区分金融市场和金融中介机构的关键是看可贷资金的供需双方是否直接交易。如果可贷资金的供需双方是直接交易的,那么相应的金融机构就属于金融市场;如果可贷资金的供需双方是经过中介交易的,那么相应的金融机构就属于金融中介机构。

2. 可贷资金的需求来自投资，这种投资是指私人投资，因此，出现财政赤字不能理解为可贷资金需求的增加，只能理解为政府需要为赤字筹款，从而减少国民储蓄，并挤出那些想为投资筹资的私人借款者。

3. 在可贷资金市场上，投资是指设备或建筑物这类新资本的购买。一个人把未支出的收入存在银行，或用于购买股票或债券，是不能理解为可贷资金市场上的投资的。

4. 在国民收入账户中，储蓄一定等于投资。但在实际宏观经济运行过程中，储蓄并不一定等于投资，也就是说，在某个时刻，金融机构可能并未把可贷资金市场上的储蓄全部转化为投资。可贷资金市场供需双方力量的此消彼长，以及政府政策的有效配合，可以使金融机构中的储蓄全部转化为投资。

二、新闻透视

（一）新闻透视 A

一文读懂"中国式影子银行"

影子银行又称为影子金融体系或者影子银行系统（Shadow Banking System），是指银行贷款被加工成有价证券，在资本市场上交易，属于银行的证券化活动。

影子银行系统的概念由美国太平洋投资管理公司执行董事麦卡利首次提出并被广泛采用，又称为平行银行系统（The Parallel Banking System），它包括投资银行、对冲基金、货币市场基金、债券保险公司、结构性投资工具（SIVs）等非银行金融机构。这些机构通常从事放款，也接受抵押，是通过杠杆操作持有大量证券、债券和复杂金融工具的金融机构。在带来金融市场繁荣的同时，影子银行的快速发展和高杠杆操作给整个金融体系带来了巨大的脆弱性，并成为全球金融危机的主要推手。

目前，影子银行系统正在去杠杆化的过程中持续萎缩，然而，作为金融市场上的重要一环，影子银行系统并不会就此消亡，而是逐步走出监管的真空地带，在新的、更加严格的监管环境下发展。未来，对影子银行系统的信息披露和适度的资本要求将是金融监管改进的重要内容。

中国影子银行的起源与发展

2008 年美国金融危机是打开影子银行"魔盒"的钥匙。改革开放以来，特别是自 20 世纪 90 年代市场化改革以来，中国与世界的关系更加紧密。2001 年加入 WTO（世界贸易组织）使中国正式加入全球产业链，国内和国外两个市场成就了中国的"世界工厂"地位，GDP 增速领先全球。但 2008 年金融危机打击了"三驾马车"中的出口，提振内需成为当务之急。2008 年 12 月，国务院制定了 4 万亿元的财政刺激计划，重点支持基础设施建设、支柱型产业建设等。

货币是内生的，货币创造是资金需求驱动的，但为什么是影子银行充当资金媒介？答案在于金融抑制以及监管政策的不对称性。金融抑制主要体现为利率决定的非市场化。在资金供求和监管约束长期不对称的情况下，利润动机驱使下的金融创新就是必然的了。商业银行通过"储备节约型"融资工具和"监管规避型"投资渠道，如银行理财、同业存单、银信合作等，"另起炉灶"，其结果就是"中国式影子银行"。

粗略来说，中国影子银行从无到有、从小到大经历了两个周期。第一个周期为 2009—

2014年,周期的顶点为2010年。经过2009年和2010年两年的"财政货币化",2010年开始出现经济过热的迹象,7月CPI同比增幅超过3%,11月达到5.1%,其中食品CPI同比增幅达11.7%。为此,央行2010年开始收缩信贷,金融监管政策也密集出台。在第一个周期中,中国影子银行从无到有,发展速度较快,但由于基数较小,总体规模适度。

第二个周期为2015年至今,周期顶点为2016年年中。影子银行规模继续膨胀,但发展模式有所变化。针对终端用户的传统理财产品继续发展,银行间同业理财从无到有,2015年年初仅为5600亿元,但年底就达到3万亿元,到2016年,银行间同业理财占理财产品余额的比重也超过15%;同时,2013年年底开始发行的同业存单与同业理财一道,成为中小商业银行主动负债管理的新手段。

影子银行规模扩大带来的风险

如果对影子银行缺乏有效监管,将带来较大的风险。

一是降低宏观调控和金融监管的有效性。一些影子银行将资金投向地方政府融资平台、房地产业、"两高一剩"(高污染、高能耗、产能过剩)等行业和领域,干扰了宏观调控,一定程度上影响了经济结构调整的步伐。影子银行采取刚性兑付政策掩盖债务问题,可能引发道德风险和逆向选择。

二是影子银行的资金来源和业务与正规金融体系盘根错节,一旦缺乏有效的"防火墙",会导致风险跨行业、跨市场传递。

三是冲击正规金融机构的经营。一些影子银行收益率不合理地高企,误导客户并加剧了不正当竞争,造成金融机构业务流失。

四是一些小额贷款公司、典当行、融资性担保公司等具有融资功能的非金融机构盲目扩张,不重视风险管理,加之有关部门没有对其日常运营进行有效监督,容易出现超范围经营等问题。

影子银行规模缩水,社会融资结构日趋优化

积极化解影子银行风险是防范和化解金融风险的重要一环。2018年以来,随着一系列监管制度落地,表外融资逐步由表内融资替代,影子银行业务大幅下降;同时,国家限制行业的融资渠道被封堵,社会融资结构得以优化。

与美国不同,我国形成上述风险特征的制度性根源主要不在于金融机构和金融市场的二元监管结构,而更多地在于长期以来的金融抑制策略、路径偏好及思维定式。就法律政策选择而言,一方面确有必要强化银行的信用中介专营权及相应规则,抑制监管套利,防范系统性风险;另一方面要考虑对现有监管制度进行盘整,使影子银行活动更加有效地与银行信贷业务形成互补,实现"服务实体经济、防控金融风险、深化金融改革"三项任务。

资料来源:一文读懂"中国式影子银行"[EB/OL].(2018-08-03)[2019-04-25].https://zixun.focus.cn/d92428c2ad75fc48.html.

【关联理论】

金融中介机构是金融体系中的一种重要的组织类型,主要在储蓄者和投资者之间发挥中介作用。它通过吸收储蓄者的存款,然后向投资者发放贷款,来协调可贷资金供求关系,并从中获取利润。我国经济中存在众多的金融中介机构,除银行和共同基金外,影子银行也是其中之一。不同的金融中介机构对宏观经济的作用是有差别的。

【新闻评析】

影子银行是我国市场经济发展过程中逐渐形成和扩张的一种金融中介组织,可能并不具有独立的机构实体,但提供着和传统商业银行类似的金融服务,它实际上是一种业务操作方式。传统的商业银行业务要受到中央银行、银保监会等机构的监督,但如果存贷款业务以影子银行的方式运作,那么就可规避监管。或许,影子银行是金融创新的一个出发点。但在实质上,与美国类似,我国影子银行的发展很大程度上也源自规避监管的动机。由于缺乏监管,影子银行可能会使整个金融体系的风险不断积聚,形成对宏观经济的不良冲击。

相比其他国家,我国对商业银行的监管更加严格。居高不下的存款准备金率、严格的贷款额度控制都让银行配置资金的效率下降、成本上升。因此,资金有动机避开银行,出现所谓的"金融脱媒"现象。而银行本身也有动力将贷款包装为理财品、银信合作等受监管程度更弱的形式,变成影子银行的一部分。目前,我国的影子银行主要集中在商业银行的表外资产(理财产品和委托贷款)、非银行类金融机构(如信托公司)等领域。影子银行存在的主要风险在于:第一,影子银行给政府带来转嫁风险。影子银行所起的核心作用与正规银行类似,但同时又缺乏央行的直接流动性支持以及存款保险机制,容易受到挤兑冲击。因此,影子银行整体风险最终会转嫁到政府,如果发生危机,必然需要政府来买单。第二,影子银行给市场带来错误定价风险。在实际中,一些影子银行将资金投向地方政府融资平台、房地产业、"两高一剩"(高污染、高能耗、产能过剩)等在正规银行难以获得贷款的行业和领域,干扰了宏观调控,一定程度上影响了经济结构调整的步伐。第三,影子银行本身存在操作风险和流动性风险。相对正规银行已经相当成熟的审贷流程来说,影子银行的资金运用并没有完整而严格的制度可循,不排除在操作过程中由人为原因而引入更多的风险,甚至出现违法的情况。

由于影子银行之间互相持有资产和负债,彼此之间的资产负债表是紧密相关的,所以如此循环恶化,就会将风险从局部扩展到整个影子银行系统。又由于其他金融机构经常持有影子银行的结构性金融产品,所以危机最终可能波及其他金融机构的资产负债表,最终使整个金融市场陷入危机。但从整体而言,我国的影子银行风险仍然在可控范围内。其原因在于:一是我国影子银行的资金流向实体经济的较多,起到了帮助企业,尤其是中小微企业融资的作用,对经济增长具有某种正面的意义。二是我国对影子银行的监管在加强,使得影子银行无论是在业务种类还是在融资规模上都受到较为严格的制约。三是我国经济在国家、企业和个人三个层面的独特表现,增强了抵御影子银行风险的能力。

但是,对影子银行风险的管控还是要引起高度重视。要抓住我国经济转型的有利时机,进一步加强制度建设,尽可能消除影子银行的套利行为,控制影子银行对经济的风险传导,密切关注影子银行的发展动向,特别是要高度重视互联网金融等新型业态,提前采取措施,及时预警,切实避免影子银行对中国经济发展的负面影响。具体措施包括以下三个方面:第一,加强对影子银行的公司治理和风险内控。建立商业银行和影子银行的风险"防火墙",降低影子银行风险的外溢效应,禁止银行拥有或投资私募股权基金和对冲基金,并要求银行将自营交易和类似的投资活动从加入存款保险体系的银行机构中分离出来。严防商业银行表内资金流向私募基金等影子银行机构,限制小额贷款公司向银行融资。明确对冲基金等影子银行机构的资本金和流动性要求。第二,提高影子银行体系的信息披露程度。应加强场外交易监管,确保任何金融交易和金融机构都在监管范围之内,尤其是非标准化的场外交易,尽量降低银行和投资者之间的信息不对称。加大信息共享力度,尽快实现各监管机构、交易所和各行业协会统计标准的统一,定期汇总、分析并发布市场数据,以简洁易懂的形式让投资者充分了解相关信息,以防范衍生品市场风险。第三,加强对影子银行体系的宏观审慎监管。强化对影子银行的预防性监管和动态监管;建立宏观审慎视角的风险监测机制,加强对影子银行的宏观审慎性监测评估,严格限制杠杆比率;建立严格的注册登记制度,引导经审查登记的影子银行办理商业保险,将风险较高的影子银行机构纳入审慎监管范围。

(二)新闻透视 B

居民储蓄仍占资产的六成,理财投资仍太"胆小"

中国人民银行重庆营业管理部近日发布了一份调查报告,对重庆居民的投资、理财、消费进行了"摸底"。调查结果显示,2014年第四季度,重庆居民认为的最合算的投资中,基金、理财产品居首位,约占45%;其次是人寿保险、实业投资、股票、债券、房地产等,约占7%~15%。不过在实际的金融资产分布中,情况则大相径庭,银行储蓄牢牢占据了"头把交椅",占比达64.75%,而银行理财产品的占比则为30%多。

对此,嘉丰瑞德理财师分析认为,该报告有一定的代表性,但同时也反映出一些问题。首先,重庆是国内比较"接地气"的城市,其消费偏好其实也在某种程度上反映了国内居民的很多真实想法和做法。其次,国内居民的投资理财观念仍需进一步改变和提升。

银行储蓄其实只是一种稳定但收益最低的投资方式。目前,银行活期存款利率仅为0.35%,一年期定期存款利率为2.75%,两年期定期存款利率为3.35%,三年期定期存款利率为4%。大部分家庭应该都是选择活期存款或者一年期定期存款。因此,每年的利息收益其实是非常少的。

而对于沿海城市的居民来说,理财的理念无疑更为多元化和开放。如在嘉丰瑞德所在地的上海,居民中炒股的比例极高,其他金融产品的配置比例也很高。当然,炒股不一定就好,但至少也是一种具体的投资"动作",而不仅仅是放在银行"吃利息",那样,利息的涨幅终究赶不上物价的涨幅,资产迟早会相对"缩水"。

从上述数据可以看出,居民"认为"的投资方式与具体的行动之间还存在较大的差距,原因恐怕是多方面的,其中理财的理念问题、害怕投资失败、投资习惯可能是占比较大的因素。

有没有一些投资较为稳定、收益也较高的方式?的确是有的。最简单的比如余额宝,每年可享受4%左右的年化收益率,至少比银行活期存款利率要高出几倍。这实际上对居民来说就是最简单的投资方式之一了。

当然也有一些更高收益的投资方式,比如股票、ETF(交易型开放式指数基金)、固定收益类的理财产品等。其中,股票风险比较大,可谨慎选择;ETF风险稍小,但对资金量有一定的要求;固定收益类的理财产品则可能是对工薪阶层、中产家庭来说比较适合的产品。

综合来看,嘉丰瑞德理财师认为,对于任何投资理财来说,假如不去行动,实际上等于让财富"坐以待毙"。另外这还有一个机会成本的问题,即不去投资,等于损失了做投资本应获得的那部分收益。从这个角度来看,国内居民实际储蓄率过高的理财投资方式仍需更多地加以改变才行。

资料来源:居民储蓄仍占资产6成 理财投资仍太"胆小"[EB/OL].(2015-02-04)[2019-04-25]. http://business.sohu.com/20150204/n408511837.shtml.

【关联理论】

私人储蓄是家庭在支付了税收和消费之后剩下来的收入量,当这个收入量用来购买设备或建筑物这类新资本的时候,就转化为投资。如果这个收入量存在银行,或购买某种股票、债券,则在宏观经济学理论中,仍属于储蓄,并未转化为投资。

【新闻评析】

上述新闻中所说的储蓄与投资并不等同于宏观经济学理论中的储蓄和投资。在上述新闻中,储蓄是指把钱存入银行;投资是指购买基金、理财产品、人寿保险、股票、债券等,还包括实业投资、购买房地产。新闻中储蓄与投资的概念是从个人或家庭的角度来定义的,并未从国民经济账户的角度来定义。事实上,新闻中购买基金、理财产品、人寿保险、股票、债券等所谓的投资仅仅是一种个人理财,并不属于宏观经济学中所说的投资,仍然停留在储蓄的状态。

银行存款、基金、理财产品、人寿保险、股票、债券都是宏观经济学中所说的储蓄的形式,储蓄形式的多样化反映了金融体系协调储蓄与投资关系的能力较强,是促进投资的表现之一。改革开放以来,我国金融行业不断发展,居民理财品种日益丰富,金融对实体经济的影响力越来越强,这是好的方面;但另一方面,正如新闻中提到的,基于理财的理念问题、害怕投资失败、投资习惯等原因,我国居民的理财产品运用水平还有待提高,大多数居民仍然把存入银行作为首选,这制约了储蓄向投资转化的进程,也说明我国金融业在协调储蓄与投资方面还有很多工作要做。

应该说,上述新闻中提到的居民实业投资和房地产投资与宏观经济学中的投资是相一致的,其他投资实际上就是宏观经济学中的储蓄。这种新闻语言和经济学术语之间的差别,我们在学习经济理论的过程中要注意分辨。

(三) 新闻透视 C

利率市场化:"最后一公里"怎么走?

近段时间,央行有关会议、报告、相关部门负责人表态对利率市场化屡有涉及,如2018年第四季度的《中国货币政策执行报告》提到,下一阶段将稳妥推进利率"两轨合一轨",完善市场化的利率形成、调控和传导机制。专家认为,利率并轨2019年可能取得实质性突破。但在利率市场化存在机遇的另一面,挑战与困难或仍重重。

市场化如离弦之箭

"2018年4月以来,央行有关负责人多次表示,要稳健推进利率'两轨合一轨',即改变当前存贷款方面基准利率、货币市场利率完全由市场决定这种两轨并存的局面。这种局面对市场化的利率调控和传导形成一定阻碍。"东方金诚首席宏观分析师王青对《上海金融报》记者表示。而在2019年央行工作会议提出的九大工作任务中,"稳妥推进利率'两轨并一轨',完善市场化的利率形成、调控和传导机制"排在第一位。因此,利率并轨有可能在2019年取得实质性突破,进度或超出市场普遍预期。

"目前,我国利率体系仍存在'双轨',使得央行利率传导机制受到影响。"华泰证券研究员李超、官飞也指出,"我们认为,莫低估了央行利率市场化的决心,央行大概率会继续推进培育市场化形成的利率,扩大利率自律定价范围,提升金融机构贷款定价能力,最终有望取消存贷款基准利率。"

郑州高新区管委会政研中心研究员王勇对《上海金融报》记者表示,加快利率市场化改革的步伐势在必行。"一方面,这是经济和金融业加速对外开放的新形势要求;另一方面,为了让市场利率在金融资源更合理的配置中起到决定性作用,既包括让金融市场更好地发展,也包括更好地支持小微企业融资,同时,还为了国内金融机构和企业等各自深化改革,利率市场化都是'箭在弦上,不得不发'。"

王勇表示,国内金融市场近几年在体制机制、监管政策等基础性制度建设方面做了大量补短板的工作,但价格双轨制仍是短板。只有实现了利率"两轨并一轨",金融市场的定价、交易才会更加顺畅、高效。

"我们认为,央行推动利率并轨,近期而言是强化货币政策对信贷市场的传导效率,改变货币市场利率(DR007)明显走低,而信贷利率依然坚挺,特别是银行对民营企业、小微企业信贷利率依然偏高的局面;在根本上则是推动央行货币政策调控框架从数量型调控为主向价格型调控为主转变。"王青指出,"随着我国基础货币发行机制的改变——2014年以来我国国际收支更趋平衡,人民银行主要通过公开市场操作、中期借贷便利(MLF)、抵押补充贷款(PSL)等工具,向市场投放基础货币——货币政策工具向价格型转变的时机已经逐步成熟。"

央行在2018年第四季度的《中国货币政策执行报告》中表示:"强化央行政策利率体系的引导功能,完善利率走廊机制,增强利率调控能力,重点是进一步疏通央行政策利率向市场利率和信贷利率的传导,提升金融机构贷款定价能力,适度增强市场竞争,更好地服务实体经济。继续培育市场基准利率和完善国债收益率曲线,健全市场化的利率形成机制。加强对金融机构非理性定价行为的监督管理,发挥好市场利率定价自律机制的引导作用,采取有效方式激励约束利率定价行为,强化行业自律和风险防范,维护公平定价秩序。"

利率市场化任重道远

中泰证券研究员张继强、张亮指出,"存款荒"是市场利率向信贷利率传导不畅的重要原因之一,而这又源于监管指标对一般存款给予过高权重。

王青表示,相比已基本实现市场化定价的贷款利率,当前存款利率依然受市场利率定价自律机制的"隐性"约束,即目前存款利率上浮程度不能超过基准存款利率的50%。存款利率市场化不彻底,构成了当前利率市场化的"最后一公里"障碍。

但王青同时指出,鉴于当前的主要问题是受贷款基准利率影响,信贷市场利率对货币政策反应钝化,因此,取消贷款基准利率或更具紧迫性。"考虑到取消存款基准利率,甚至放松存款利率定价自律机制对商业银行的冲击会比较大,银行负债端成本的大幅上升也不利于当前降低实体经济融资成本的要求,预期取消存款基准利率可能会有所延后。"

"未来央行实施利率并轨,强化政策利率向信贷利率传导,有可能通过弱化,甚至逐步取消基准利率的方式实现。在这方面,央行有关部门负责人已透露,未来有可能通过优化贷款基础利率(LPR),将其与政策利率进一步紧密联系起来,为信贷市场提供更好的参考指标。"王青表示,"我们判断,未来LPR有可能逐步取代现存的贷款基准利率,并与央行政策性的TMLF(定向中期借贷便利)或MLF利率实现挂钩,主要源于两者的久期比较匹配。"

兴业银行首席经济学家鲁政委则对《上海金融报》记者表示,"两率并轨"还有非常多的工作要做。其中,缺少利率定价之"锚",是当前阶段利率市场化迫切需要解决的问题。"现在所有具有基准特征的利率都各有其缺陷,都不能独立地承载起利率市场化的重任。"鲁政委称,"Shibor(上海银行间同业拆借利率)与Libor(伦敦银行间同业拆借利率)一样隐含着信用风险;DR(存款类机构质押式回购)期限集中在短端;NCD(同业存单)受到监管的影响(被纳入同业负债,同业负债占比不得超过总负债的三分之一);我国国债免税,且短期国债发行得偏少;LPR对市场利率变动不敏感。"

王勇则指出,中小银行对于利率"两轨并一轨"是否做好了充分的准备,仍是一个问号。具体而言,其面临的考验包括风控系统建设、利率定价(包括内部转移资金定价)能力、机构设置、人才储备等。

资料来源：周轩千. 利率市场化："最后一公里"怎么走？[EB/OL].（2019-03-04）[2019-04-25]. https://www.financialnews.com.cn/shanghai/201903/t20190304_155665.html.

【关联理论】

可贷资金市场与其他市场一样，是由可贷资金的供给和需求支配的。在可贷资金市场上，利率是一个十分重要的价格类参数，它既是储蓄的收益，又是借款的成本。如果储蓄是由银行中介转化为投资的，那么还存在存贷款的利率之差，以此作为银行的利润。在自由的可贷资金市场上，利率是由市场本身的力量决定的。可贷资金市场的利率由市场供求本身的力量所决定，并以此利率来进一步调节市场供求状况，最终实现市场均衡。利率市场化是市场化改革在金融领域的表现之一。

【新闻评析】

我国在很长一段时间内，利率这一可贷资金市场的价格参数是由中央银行管制的，这意味着我国可贷资金市场并非一个自由市场，这影响了市场均衡的形成。由于利率的外生性，利率调节可贷资金市场供求的能力减弱，从而造成储蓄转化为投资的困难。由于我国的金融体系中银行占据主体地位，储蓄中的很大一部分是通过银行转化为投资，因此利率的市场化在此种情况下就表现为存贷款利率的市场化。存贷款利率的市场化在影响储蓄转化为投资的有效性同时，也影响银行的存贷款利差，从而影响银行的利润。利率市场化的核心是建立健全与市场相适应的利率形成和调控机制，提高央行调控市场利率的有效性。早期我国实行利率管制是为了通过金融约束政策支持实体经济发展，迅速推进金融深化，但随着金融市场的发展，利率管制的效果下降了。为了实现更高效的资金融通，同时支持货币政策价格型转型，我国亟须逐步打通利率传导机制，建设市场化利率形成机制。

利率市场化就是让市场对资金要素配置起决定性作用。自1996年以来，我国二十多年的利率市场化改革可以分为以下几个阶段：其一是稳步推进阶段（1993—2010）。这一阶段从确立利率市场化改革的基本设想开始，逐步开放银行间拆借利率、银行间债券回购利率、贴现与转贴现利率，初步尝试存款利率改革、放开外币贷款利率与300万元以上的大额外币存款利率，最终统一中、外资金融机构外币利率管理政策，完全放开金融机构人民币贷款利率上限并扩大商业性个人住房贷款利率浮动范围。其二是加速阶段（2011—2014）。2012年存款利率浮动区间的上限调整为基准利率的1.1倍，2013年取消金融机构贷款利率0.7倍的下限，2014年存款利率浮动区间的上限调整为基准利率的1.2倍。其三是完全市场化阶段（2015年至今）。2015年央行五次降准降息，进一步推进利率市场化改革。当前利率市场化改革的推进走到最后阶段，即存款利率市场化的放开。利率市场化将极大地激发微观市场主体的活力，储蓄转化为投资的灵活性和便捷性将会显著提升，当然，对可贷资金市场的监管要求也将进一步提高，有效监管也变得越来越重要。

目前货币政策向货币市场和债券市场的传导比较顺畅。但由于信贷利率主要与基准贷款利率挂钩，在近几年基准贷款利率未做调整的背景下，2018年以来"宽货币"政策向民营企业、小微企业等实体经济"宽信用"的传导效果不够明显。在经济下行压力加大的背景下，央行降低实体经济融资成本的政策意图未能充分实现。加强政策利率对金融市场和信贷利率的传导，是未来央行货币政策调控框架从数量型调控为主向价格型调控为主转变之后的主要关注点。在推动利率并轨的过程中，需要考虑当前央行货币政策要实现的结构性目标——重点解决民营企业、小微企业融资难、融资贵的问题,推动金融资源重点向实体经济流动;兼顾结构性去杠杆和防风险目标,即控制国有企业、地方平台加杠杆,防范房地产领域泡沫膨胀和金融风险的累积。而在将来实施利率并轨、引导信贷利率下行的过程中,需要考虑是否会引发房贷利率同步明显走低,以及国有企业、地方平台利用低成本资金大幅加杠杆,挤占民营企业、小微企业信贷资源等问题。总体而言,目前的重点仍是协调好利率并轨与结构性货币政策目标之间的关系。

三、案例研究

(一) 案例研究 A

中国金融体系将发生深刻变化

金融与实体经济的关系,在金融危机之前是一个问题;在金融危机之后这一问题似乎更大了。一方面,"金融必须服务实体经济"是金融危机之后中国一再强调的金融业发展原则。另一方面,我们又深刻意识到"金融是现代经济的核心"。十八届三中全会最终确定了"使市场在资源配置中起决定性作用"的主导思想。

对于现代金融,国人有较深的偏见。这或许源于传统的商业不创造价值(重农抑商)的观点。国人普遍的认知是,金融市场只是交易甚或投机的场所,它本身并不创造价值与财富。事实上,现代金融市场不仅是现代经济的核心,而且是经济的中枢。它表现在金融市场不仅配置资源、创造价值,还主导社会财富的分配上。华尔街就是全球经济的中枢并在全球配置金融资源,最核心的是它主导了全球财富的分配。

金融市场在现代经济中承担着经济金融化的重任。中国前期的经济货币化已经超额完成,接下来,将进入经济金融化的阶段。

或许需要普及的一个金融常识是,金融市场还是一个将实体经济的风险分散化的市场。特别要强调的是,金融市场就是一个风险市场,即它是实体经济风险的"防火墙"。更准确地说,它是一个用交易风险来交换未来收益的市场。在总结和反思1997年亚洲金融危机的过程中,一个基本共识是亚洲各经济体存在结构性缺陷:第一,企业融资仍然高度依赖银行。第二,亚洲地区金融业(尤其是银行业)存在货币和期限的多重错配。先审视一下中国的金融结构:2013年年末,GDP 56.8万亿元,银行业资产151万亿元,银行总贷款71.9万亿元,A股总市值23万亿元,债券市场总市值27万亿元。银行资产是GDP的2.7倍、A股总市值的6.6倍、债券市场总市值的5.6倍。

中国金融体系以银行业为主。这至少存在三大风险隐患:

第一,风险过度集中于银行。经济中潜藏的大多数风险主要由银行承担,因为经济中的资金供应主要由银行信贷承担。对中国经济风险的描述,国内多强调房地产风险,而国外更多地认为面临一场信贷危机。两者的差异是,后者涵盖前者,前者仅是后者之一。

第二,企业融资渠道与方式相对单一。过去经济增长的资金供应几乎全部由银行承担。近几年来,这一比例已降至70%上下。银行信贷的特征是以抵押为主的融资模式。它不能支持包括创业、科技创新以及崛起中的互联网经济在内的新经济并为其提供融资。

第三,银行业是顺周期的行业。当经济处于增长周期时,银行信贷会放大经济增长;当经济下行时,银行信贷也会放大收缩态势。在房市下行的趋势下,这会使经济中的主要抵押品(房地产)大幅缩水,迫使银行紧缩信用。这恰恰是以银行为主导的金融体系的国家经济的"硬伤"。

总结和反思东南亚金融危机后的另一个基本共识是,亚洲的金融市场不发达。这表明亚洲经济体在全球金融市场的变化中是脆弱的,且其充足的储蓄以及外汇储备都不能有效发挥作用。

国际货币基金组织的两位经济学家统计了2007年之前的50年间,全球17个经济体、84次经济金融危机后经济复苏的情况。结果发现,资本市场主导的4个国家(美国、加拿大、英国、澳大利亚)在危机后经济反弹的速度最快;而银行主导的南欧6个国家(西班牙、奥地利、葡萄牙、比利时、德国、意大利)经济复苏的速度最慢。

至少可从三个方面认定中国将从以银行为主导的金融体系转向以金融市场为主导的金融体系:

首先,政策面主导推动。2014年已被视为中国金融改革"元年"。已启动的利率与汇率市场化奠定了基础。而根据新"国九条"的出台及即将出台的存款保险制度等,完全可以确定金融体系将会发生显著的历史性变化。

其次,市场面倒逼。最重要的变化在于房地产市场的拐点出现,如前所述,这将使银行信贷坏账更多地暴露出来。这虽不会引发系统性危机,因为中国银行业有超高坏账拨备与外汇储备的"双重保险",但银行业必然会遭受有史以来最严重的冲击。而这显然是金融体系与金融结构之弊,也是间接融资模式之弊。

最后,未来经济增长的资金供应问题,即当银行不能更多地提供未来经济增长的资金供应时,金融市场将顺理成章地承担这个责任。实践表明,金融体系以金融市场为主导的直接融资模式将逐渐取代以银行信贷为主导的间接融资模式。

金融市场不仅可以化解中国经济的两个"堰塞湖"问题——储蓄过剩与IPO(首次公开募股)通道不畅,还将承担中国经济转型的重任。

资料来源:曲子.中国金融体系将发生深刻变化[EB/OL].(2014-06-03)[2019-04-25].http://www.nbd.com.cn/articles/2014-06-03/838501.html.

【关联理论】

金融体系由促使一个人的储蓄与另一个人的投资相匹配的机构组成,它主要可分为金融市场和金融中介机构两种类型。金融市场使储蓄与投资直接接触,通过金融市场,储蓄者可以直接向投资者提供资金;金融中介机构把储蓄与投资连接起来,从储蓄者那里获得可贷资金,并把它提供给投资者。各国在不同经济发展阶段,金融体系的内部类型结构是不同的。

【案例解析】

金融体系具有连接现在和未来、协调借款和贷款活动的作用,有着配置资源的功能。金融体系中不同类型的金融机构,它们的作用和功能发挥与其所处的经济环境和条件紧密相关。一个国家在经济发展过程中,随着经济环境和条件的改变,金融体系中不同类型的金融机构的发展规模和地位是有差别的。

我国的金融体系以银行业为主,银行作为一种金融中介机构,一端连接储蓄,另一端连接投资,有利于对储蓄活动和投资活动的监控,从一定意义上说,有利于风险监控;但从另外的角度看,正如案例材料中所说的,我国以银行业为主的金融体系存在其他的风险隐患,表现为风险过于集中、融资渠道单一、存在顺周期风险等。

发展金融市场有助于分散我国金融体系的风险。随着我国经济规模的不断扩大,分散金融体系的内在风险显得越来越重要,因此,发展金融市场也就日益迫切。从各国的经验教训看,我国需要改变以银行业为主的金融体系结构。目前,政策面的推动、市场的倒逼、未来资金供求问题的有效解决,都指向我国金融市场发展的良好前景。可以预见,中国的股票市场、债券市场等金融市场会得到进一步的发展,以金融市场为主导的直接融资模式将逐渐取代以银行信贷为主导的间接融资模式。随着我国金融市场的进一步发展,我国的金融体系也将更加健全,金融对经济的积极作用将得到充分发挥。

(二) 案例研究 B

拿什么来稳增长?投资!改革!

不能忽视经济增长和投资

2010年以来,中国经济除了出台4万亿元政策后出现短暂的快速回升,经济整体呈现向下趋势。经济增长速度从2010年的10.4%一路下行,降至现在逼近7%的保底"红线"。目前,经济走势整体仍呈较大的下行压力。中国经济增长从高速回落至中高速,这一过程中应该避免经济出现过快下滑,所以要保证经济平稳换挡,2015年的经济增速不应该低于7%。

关于中国过去30年的高增长主要依托于高投资,中国经济学界有这样一种认识:依托高投资的增长是不可持续的,主张扩大消费驱动增长;同时,这种高增长带来了高污染,主张速度慢下来,保护好环境。这些看法目前已在很大程度上影响到中国的经济政策和经济发展。

影响经济增长的因素有很多,主要因素有劳动力、资本、技术、制度,其中最核心的因素就是资本即投资。要重视稳投资的重要性,充分认识到投资在"稳增长"中的关键作用。没有稳定的投资就无法保证经济平稳运行。目前有一种观点认为,高储蓄、高投资以及由此产生的高增长是中国面临的一个问题。其实,我们应该看到,高储蓄、高投资、高增长是经济和社会发展过程中难得的优势。

当然,我们也要看到"三高优势"正在逐渐减弱:一是高储蓄优势正在减弱。随着经济社会的发展和人口结构的变化,中国的国民储蓄率在2008年见顶(53.02%),此后逐渐下降。二是投资率下降,从2010年的24.5%降到2013年的19.6%,2014年前三季度更进一步降至16.1%。三是经济增速不断下滑。

但中国经济增长的优势并未消失,中国经济仍有较快增长的潜力:一是体制红利仍有潜力可挖,二是人口红利仍有从总量转向结构和质量的空间,三是中国经济的市场潜力巨大,四是目前还有相当一部分的储蓄资源处于闲置或低效使用的状态。

把高储蓄转化为有效投资

直到20世纪90年代之前,中国经济总体上还处于消费率太高、储蓄不足、储蓄满足不了投资需要的状态。改革开放之后,伴随国民收入的快速增长和居民消费的大幅提高,储蓄率也呈现出上升趋势。

具体来看,有两个主要因素:第一个是改革开放释放的巨大制度红利。十一届三中全会确立以经济建设为中心,实行改革开放。随着家庭联产承包责任制、国有企业改革、金融体制改革、财税体制改革、加入WTO等制度红利不断释放,制约生产力发展的瓶颈被一个个打破,居民储蓄率随着收入的增加和边际消费率的下降呈上升趋势,企业和政府储蓄也快速增长。

第二个是中国独有的人口红利。改革开放刚好遇上了中国人口红利的集中释放期和计划生育改革实施后人口抚养比的快速下降期。根据生命周期理论,人的一生可以分为净消费期和净储蓄期。在劳动年龄阶段为净储蓄期,在幼年和老年时期一般为净消费期。因此,随着一国人口结构中劳动年龄人口比重的上升,往往会出现储蓄率上升、消费率下降的现象。

中国的高投资源于中国高储蓄的有力支撑,它既是中国经济加快发展的有利条件,也是实现宏观经济平衡的内在要求和客观需要。但储蓄率与投资率的缺口扩大是近几年来中国宏观经济面临的一个主要问题。

2001年中国的投资率为36.5%,储蓄率为38.6%,投资率与储蓄率的缺口为2.1%。但到了2007年,投资率达到41.2%,储蓄率上升至51%,投资率与储蓄率的缺口扩大至9.8%。正是由于国内投资率与储蓄率缺口的扩大,中国经济走上了外贸依赖型道路,导致外贸顺差过大和外汇储备过多。外部失衡进一步导致内部失衡,流动性过剩和通货膨胀等问题都因此而来。要使这些问题得到有效解决,就必须将社会的储蓄资源充分有效地转化为国内的投资,从而达到宏观经济的内部和外部平衡。

把高储蓄资源充分有效地用于国内投资是十分必要的。近年来,随着住房公积金制度以及医疗、失业、养老等各项社会保障制度的建立,以各种基金、保险形态存在和累积起来的储蓄资源非常丰富。这些丰富的储蓄是人口红利的表现,如果不能将其充分有效地转化为投资,形成资本存量,对未来形成有效的物质保障,经济和社会将会面临人口老龄化的诸多问题和跨代失衡。

中国还存在一个从人口红利与人口负债平衡的角度看待扩大投资重要性的问题。中国目前的高储蓄优势源自人口红利,这种红利相对于人口老龄化的未来,是一种负债。实现这种人口红利与负债的平衡,一般来说有三种方式:第一种是养儿防老的传统平衡方式;第二种是把人口红利储蓄借给外国,形成外汇储备和国外投资;第三种是将国内储蓄转化为国内投资,最大限度地促进储蓄充分有效地向投资转化,即通过投资形成资本存量,增加未来的供给,为人口老龄化做准备。从中国的情况来看,第三种方式是最符合国情的,是实现我国人口红利与负债平衡的最好方式。

资料来源:杜涛,徐诺金.拿什么来稳增长:投资、改革![N].经济观察报,2014-12-15.

【关联理论】

金融关乎现在与未来。那些提供可贷资金的人之所以储蓄,是想把一些现期收入转变为未来的购买力;那些需要可贷资金的人之所以投资,是想通过现在的投资,获得未来生产物品与服务的额外资本。因此,现在的储蓄表现为未来物品与服务的需求,现在的投资表现为未来物品与服务的供给。由此可见,加强金融行业建设,促进储蓄与投资的协调至关重要。

【案例解析】

经济增长表现为物品与服务生产能力的提高。投资作为提高物品与服务生产能力的一种方式,是促进经济增长的主要因素之一。显然,投资规模越大,经济增长就越强劲。投资规模的大小与储蓄规模的大小是相匹配的,高投资必然有高储蓄相配套,相应地带来较高的经济增长。

我国改革开放初期,资金短缺,对投资构成制约。之后,随着制度红利和人口红利得到极大的释放,居民储蓄不断增加,为投资的扩大提供了充足的资金供给,有力地促进了经济的高速增长。进入21世纪以来,我国储蓄率与投资率缺口扩大,表现为储蓄率高于投资率,储蓄资源不能有效地转化为投资,对经济增长的制约作用加大,经济增长速度的下降压力增大。

要稳定经济增长,一方面应通过扩大现有消费,减轻储蓄资源转化为投资的压力;另一方面要提高储蓄资源转化为投资的能力。从我国的实际情况看,后一方面显得尤为迫切。随着住房公积金制度和各项社会保障制度的建立,以各种形态存在和累积起来的储蓄资源相当丰富,这部分储蓄资源要求未来有相应的物品与服务的供给;与此同时,随着我国人口老龄化的出现,需要有相应的投资,以应对未来对物品与服务的需求。这样,把储蓄资源有效地转化为投资,并形成资本存量,对稳定经济增长和未来形成有效的物质保障就显得尤为重要了。

(三) 案例研究 C

"融资难"根源在利率双轨制

中小民营企业融资难是一个世界性的难题,因为资本是一种稀缺资源。融资过程中的最大困难是信息不对称,中小企业信息不对称的问题则尤其突出,因为这些企业通常历史比较短,资料不完整,而且还往往缺少可抵押的资产。但中国融资难的问题这么严重,比较难理解的地方是起码看起来钱并不少。改革开放以来,中国货币供给量和信贷总规模增长一直很快。全球金融危机以来,伴随着4万亿元刺激政策的实施,流动性再度大幅增加。比如,广义货币(M2)与GDP之比已经从2008年的151%上升到2014年的193%,同期企业债务与GDP之比也从88%上升到135%。钱不少,融资却很难,这是为什么呢?

造成融资难问题的根源在于信贷市场的利率双轨制:"第一轨"是受央行管制的商业银行的存贷款利率,"第二轨"是几乎完全由供求决定的地下钱庄和民间借贷等利率。商业银行的利率和信贷配给受到监管当局的控制或影响,有限的信贷资源主要满足了大企业的融资需求。与此同时,由于中小民营企业很难从商业银行获得贷款,地下钱庄等非正规信贷市场便因此应运而生。

值得说明的是,过去三十几年来人民银行一直在努力提高商业银行存贷款利率的灵活性。2013年,人民银行进一步取消了贷款利率的下限。从理论上讲,自此以后,银行贷款利率已经完全实现了市场化,商业银行可以自主定价。但从银行的数据看,实际贷款利率偏离基准利率的程度一直很小,这也许说明虽然直接的浮动区间取消了,但监管当局对贷款利率的隐性管制并未真正消失。

正规市场与非正规市场之间的利率水平差距非常大,比如2013—2014年间,人民银行制定的商业银行一年期的基准贷款利率为6%,而温州民间借贷的平均利率水平则在20%左右。

但是正规市场和非正规市场之间的差距如此之大,根源还在于利率双轨制本身。如果看大数,商业银行信贷余额大约相当于GDP的150%,民间借贷加上影子银行业务则相当于GDP的80%。利率双轨制的起点是央行的利率管制政策人为地压低了商业银行的基准利率,这样就造成了对银行信贷的过度需求,因此央行不得不再实施信贷配给。也就是说,在实施了利率管制之后,数量管制或者信贷配给就成为必不可少的手段。而信贷配给势必会将大量的过剩需求逼到非正规市场,从而进一步推高非正规市场的利率。换句话说,非正规市场融资贵和融资难,恰恰就是因为正规市场融资太便宜。

资料来源:黄益平.融资难根在利率双轨制[EB/OL].(2015-02-02)[2019-04-25]. http://opinion.caixin.com/2015-02-02/100780709.html.

【关联理论】

在可贷资金市场上,利率的高低由市场可贷资金的供给和需求状况决定:如果可贷资金的供给大于需求,则利率下降;反之,如果可贷资金的供给小于需求,则利率上升。而利率也会调整可贷资金的供求状况:若利率上升,则可贷资金的供给会增加,需求会减少;反之,若利率下降,则可贷资金的供给会减少,需求会增加。

【案例解析】

利率的市场化改革不是一朝一夕就能完成的。在利率市场化的过程中,利率双轨制在所难免,从某种意义上说,利率双轨制是实现利率市场化的一个必经阶段。我国在市场化改革过程中,出现利率双轨制既有历史的原因,又有客观的必然性,但同时也应看到,利率双轨制有着严重的弊端,制约了可贷资金的有效配置。

在正规市场,利率受到管制,因此利率对资金供求的调节功能受到限制,由于管制利率较低,因此存在资金短缺。在非正规市场,利率水平由资金供给状况决定,由于正规市场存在大量未满足的需求,这些未满足的需求会转移到非正规市场寻求满足,因此会造成非正规市场需求增加,从而利率上升。

利率的双轨制直接影响了企业的融资。对于大企业来说,其融资在正规市场,相应地,利率较低,融资成本不高;对于中小企业来说,其融资在非正规市场,相应地,利率较高,融资成本就高。由于融资成本不同,大企业和中小企业所受到的生产经营激励不同,大企业会多用资金,而中小企业则会少用资金,从而生产规模不能有效扩大,影响了社会的生产效率。

因此,要改变我国现阶段储蓄率高于投资率,而中小企业的融资需求又得不到满足的状况,出路是要推进利率市场化进程,适时放开利率管制,加快改变利率双轨制局面,使利率真正反映市场供求状况,并针对市场供求状况做出有效的调整。

四、课外习题

(一)术语解释

1. 金融体系
2. 共同基金
3. 公共储蓄
4. 可贷资金市场
5. 挤出

(二)单项选择

1. 以下哪一个属于金融中介机构?(　　)
   A. 债券市场　　　B. 股票市场　　　C. 共同基金　　　D. 证券公司
2. 对企业所获得利润有剩余索取权的是(　　)。
   A. 债券　　　　　B. 股票　　　　　C. 银行存单　　　D. 销售发票
3. 以下哪项表述是不正确的?(　　)
   A. 出售股票来筹资称为权益融资
   B. 出售债券来筹资称为债务融资

C. 若公司陷入财务困境,债券持有者要先于股票持有者得到补偿
D. 与债券相比,股票具有更高的风险,因此股票的潜在收益也低

4. 小微企业最有可能通过( )来为自己扩大经营筹资。
   A. 银行贷款　　　　B. 共同基金　　　　C. 发行股票　　　　D. 发行债券

5. 公共储蓄是( )。
   A. 投资与消费支出之和　　　　　　B. 投资与消费支出之差
   C. 国民储蓄与私人储蓄之和　　　　D. 国民储蓄与私人储蓄之差

6. 以下哪项属于国民收入账户中的投资?( )
   A. 把未支出的收入存在银行　　　　B. 购买股票
   C. 购买债券　　　　　　　　　　　D. 购买设备和建筑物

7. 税收收入大于政府支出的余额,称为( )。
   A. 预算盈余　　　　B. 预算赤字　　　　C. 储蓄盈余　　　　D. 储蓄赤字

8. ( )是可贷资金供给的来源。
   A. 储蓄　　　　　　B. 投资　　　　　　C. 股市　　　　　　D. 政府

9. ( )是可贷资金需求的来源。
   A. 储蓄　　　　　　B. 投资　　　　　　C. 股市　　　　　　D. 政府

10. 如果存款利息税下降10%,那么可贷资金市场上( )。
    A. 供给曲线会右移　　　　　　　　B. 供给曲线会左移
    C. 需求曲线会右移　　　　　　　　D. 需求曲线会左移

11. 政府增加投资税收,会使可贷资金市场上( )。
    A. 均衡利率和均衡数量上升　　　　B. 均衡利率和均衡数量下降
    C. 均衡利率上升,均衡数量下降　　D. 均衡利率下降,均衡数量上升

12. 预算盈余使可贷资金市场上( )。
    A. 利率提高　　　　B. 投资减少　　　　C. 储蓄减少　　　　D. 供给增加

13. 预算赤字使可贷资金市场上( )。
    A. 供给曲线右移　　　　　　　　　B. 供给曲线左移
    C. 需求曲线右移　　　　　　　　　D. 需求曲线左移

14. 以下哪项会引起可贷资金市场需求曲线右移?( )
    A. 政府减少存款利息税收　　　　　B. 政府减少投资税收
    C. 政府预算盈余　　　　　　　　　D. 政府预算赤字

15. 可贷资金市场上的挤出源于( )。
    A. 公共储蓄增加　　　　　　　　　B. 国民储蓄增加
    C. 政府预算盈余　　　　　　　　　D. 政府预算赤字

(三)判断正误

1. 股票的需求反映了人们对公司未来盈利性的预期。( )
2. 共同基金的主要优点是使钱并不多的人可以进行多元化投资。( )
3. 恒等式 $S = I$ 表示对每个家庭和企业而言,储蓄与投资相等。( )
4. 如果 NX = 0,那么经济处于封闭状态。( )
5. 可贷资金的供求取决于名义利率。( )

6. 恒等式 S = I 背后的机制是金融体系。（   ）
7. 利率调整使可贷资金供给与需求达到均衡水平。（   ）
8. 如果税法改革抑制了投资，则利率上升且储蓄增加。（   ）
9. 预算赤字使可贷资金市场需求曲线右移。（   ）
10. 预算盈余增加了可贷资金的供给，降低了利率，并刺激了投资。（   ）

（四）简答题

1. 各种债券的差别主要体现在哪些方面？
2. 共同基金的主要优点是什么？
3. 什么机制使得经济中的储蓄等于投资？
4. 利率调整如何使可贷资金供给与需求达到均衡水平？
5. 为什么预算赤字影响可贷资金供给而不影响可贷资金需求？

（五）应用题

1. 在宏观经济学家看来，下列哪些属于储蓄？哪些属于投资？请做出解释。
   (1) 葛小天花 80 万元购买了一套 90 平方米的新房。
   (2) 葛小天用 3 万元购买了上海股票交易市场的古越龙山股票。
   (3) 葛小天把 2 000 元工资收入存入中国银行。
   (4) 葛小天购买了 5 万元国债。

2. 假设以下数据来自一个封闭经济的国民收入账户（单位:10 万元）。$Y = 20\,000$；$C = 15\,000$；$T = 3\,000$；$G = 4\,000$。同时假定投资函数为：$I = 1\,020 - 400r$。其中，Y 为 GDP，C 为消费，T 为税收，G 为政府购买，I 为投资，r 为利率。
   问：(1) 这个经济的储蓄和投资是多少？
   (2) 私人储蓄是多少？
   (3) 公共储蓄是多少？
   (4) 均衡利率是多少？

3. 假如政府今年预算平衡，明年财政预算收入为 16 亿元，财政预算支出为 15.6 亿元。
   问：(1) 今年的预算政策会影响可贷资金市场供求模型中的哪条曲线？
   (2) 该曲线会向哪个方向移动？
   (3) 均衡利率和均衡数量会怎样变动？

（六）拓展思考题

1. 有位人大代表指出，要促进经济增长，必须加大政府支出，因为 GDP 的一个组成部分是政府购买，政府支出越多，意味着政府购买越多，这样，GDP 也就越多。对此，你有何看法？

2. 在国民收入账户中，储蓄必定等于投资。在可贷资金市场模型中，可贷资金供给的来源是储蓄，可贷资金需求的来源是投资，可贷资金供求可能均衡，也可能不一致。如果可贷资金供求不一致，也就意味着，储蓄和投资并不相等。对于国民收入账户和可贷资金市场模型中储蓄与投资之间关系的差别，你认为应如何解释？

五、习题答案

(一) 术语解释

1. 金融体系:经济中促使一个人的储蓄与另一个人的投资相匹配的一组机构。
2. 共同基金:向公众出售股份,并用收入来购买股票与债券资产组合的机构。
3. 公共储蓄:政府在支付其支出后剩下的税收收入。
4. 可贷资金市场:想储蓄的人借以提供资金、想借钱投资的人借以借贷资金的市场。
5. 挤出:政府借款所引起的投资减少。

(二) 单项选择

1. C 2. B 3. D 4. A 5. D 6. D 7. A 8. A 9. B 10. A 11. B 12. C
13. B 14. B 15. D

(三) 判断正误

1. √ 2. √ 3. × 4. × 5. × 6. √ 7. √ 8. × 9. × 10. √

(四) 简答题

1.【考查要点】 债券的特点。

【参考答案】 各种债券的差别主要体现在三个方面:第一,债券的期限;第二,债券的信用风险;第三,债券的税收待遇。

2.【考查要点】 共同基金的优点。

【参考答案】 共同基金有两个优点:一是可以使钱并不多的人进行多元化投资,从而降低风险;二是使普通人获得专业资金管理者的技能。

3.【考查要点】 恒等式 $S = I$ 背后的机制。

【参考答案】 金融体系在储蓄者与投资者之间进行协调。在 $S = I$ 这个等式两边,即储蓄与投资之间的是债券市场、股票市场、银行、共同基金,以及其他金融市场和金融中介机构,它们吸收国民储蓄,并将之用于一国的投资,使得储蓄与投资相等。

4.【考查要点】 可贷资金市场上的利率调整。

【参考答案】 如果利率低于均衡水平,则可贷资金的供给量小于需求量,可贷资金的短缺将鼓励贷款者提高他们所收取的利率。高利率将鼓励储蓄,从而增加可贷资金供给量,同时,高利率将抑制为投资而进行的借款,从而减少可贷资金需求量。这样,最终使可贷资金供求达到均衡。相反,如果利率高于均衡水平,那么可贷资金的剩余将迫使贷款者降低他们所收取的利率,利率趋向于使可贷资金供求达到均衡。

5.【考查要点】 可贷资金需求的含义。

【参考答案】 可贷资金需求可定义为私人用于购买设备和建筑物而借款的需求。预算赤字使政府首先要通过出售债券来筹资,从而向私人部门借款,减少了国民储蓄,从而减少了可贷资金供给。

(五) 应用题

1. 【考查要点】 储蓄与投资的含义。

【参考答案】 (1) 属于投资,因为投资是指设备或建筑物这类新资本的购买,购买新房是家庭投资支出,而不是消费支出的一种形式。(2)、(3)、(4) 属于储蓄,因为对整个经济而言,它们不是消费,也不是投资,而是储蓄的不同形式。

2. 【考查要点】 国民经济账户恒等式。

【参考答案】 (1) $I=S=Y-C-G=20\,000-15\,000-4\,000=1\,000$,因此这个经济的储蓄和投资为 $1\,000$。(2) $Y-C-T=20\,000-15\,000-3\,000=2\,000$,因此私人储蓄为 $2\,000$。(3) $T-G=3\,000-4\,000=-1\,000$,因此公共储蓄为 $-1\,000$。(4) 将 $I=1\,000$ 代入 $I=1\,020-400r$,可得 $r=5\%$,因此均衡利率为 5%。

3. 【考查要点】 可贷资金市场供求模型。

【参考答案】 (1) 今年的预算政策会影响可贷资金市场供求模型中的供给曲线。(2) 该曲线会右移。(3) 均衡利率下降,储蓄与投资的均衡数量会增加。

(六) 拓展思考题

1. 【考查要点】 挤出效应。

【参考答案】 加大政府支出,反映了 GDP 的构成中,会使政府支出的比重增加。政府支出增加,会造成财政赤字,从而需向私人借款,挤出私人投资,而私人投资的减少不利于经济增长。

2. 【考查要点】 储蓄与投资关系恒等式及协调。

【参考答案】 国民收入账户中,储蓄必定等于投资,这反映了储蓄转化为投资的重要性,因为投资是 GDP 的一个构成部分,而投资是由等量储蓄转化而来的。在可贷资金市场模型中,储蓄可能等于投资,也可能不等于投资,这反映了在实际经济运行中,协调储蓄与投资关系的重要性:协调得好,储蓄等于投资;协调得不好,储蓄就不等于投资。在可贷资金市场上,金融体系越完善,利率调整越有效,储蓄与投资的关系就会协调得越好。

第 27 章
金融学的基本工具

一、学习精要

(一) 教学目标

1. 理解并能比较不同时点的货币量,掌握现值与终值之间的联系。
2. 掌握储蓄的内涵,理解复利的影响过程以及复合增长的概念。
3. 熟悉保险、多元化等风险管理渠道,理解在投资组合中面临的风险与收益之间的权衡。
4. 掌握资产价格的决定因素,如股票、基金等,理解基本面分析的内涵。
5. 理解有效市场假说和市场非理性两种截然相反的观点。

(二) 内容提要

本章主要介绍人们在参与金融市场时所运用的基本工具,如储蓄、保险、股票、基金等,并告诉我们如何比较不同时点上的不同货币量,如何管理风险,以及如何把这些概念结合起来以帮助决定诸如股票这类金融资产的价值。

1. 现值:衡量货币的时间价值

(1) 任何未来一定量货币的现值是在现行利率下产生这一未来货币量所需要的现在货币量。而任何现在一定量货币的终值是在现行利率为既定时现在的货币量将带来的未来货币量。确定未来货币量的现值的过程叫贴现。假设 PV 是现值,FV 是终值,r 是利率,n 是到期的年数,并假设以复利即利滚利的方式支付利息,则有以下换算公式:

$$PV(1+r)^n = FV$$
$$FV/(1+r)^n = PV$$

(2) 一般来说,人们对现在得到一定量货币的偏好大于对未来得到同样货币量的偏好,利率越高,这一结论越明显。而为了在现在的某一货币量与未来某个时期的更大货币量之间做出选择,就要对未来这一更大的货币量进行贴现,并将其与现在的某一货币量进行比较,或者计算出现在某一货币量的终值,并与未来某个时期的更大货币量进行比较。

(3) 在考虑投资决策时,如果一个项目的未来收益的现值大于成本,企业就可以投资该项目。利率越高,则该项目带来未来收益的现值就越小,因此进行项目投资的可能性也就越小。这就有助于解释为什么投资水平会随着利率的上升而下降。

(4) "70 规则"说明,如果某个变量每年以 $x\%$ 的比率增长,它的值大约 $70/x$ 年后会翻一番。因此,增长率的微小差别在许多年后会引起一国收入的巨大差别。这个结论不仅适用于国家经济增长和个人收入增长等领域,对复利方式的储蓄额增长也是适用的。

2. 风险管理

(1) 由于财富的边际效用递减,相对于收益而言,大多数人更加厌恶损失,这可以归结于人倾向于具有风险厌恶的特质,因此,人们会通过购买保险或者多样化等方法来降低风险。

(2) 保险可以更有效地分散风险,能使风险厌恶的人的状况变得更好。但保险市场上存在两个问题,即逆向选择和道德风险。逆向选择的发生是因为高风险的人比低风险的人更愿意购买保险;道德风险的发生是因为人们在购买保险之后,谨慎行事的激励变小。

(3) 通过用大量无关的小风险代替某一种风险,即"不把所有鸡蛋放在同一个篮子里",多元化可以降低人们所面临的风险。由于多元化可以消除企业特有风险(与某个公司相关的不确定性),但不能消除市场风险(与整个经济相关的不确定性),因此尽管有价证券组合的风险随着股票数量的增加而大大降低,但通过多元化来消除所有风险是不可能的。

(4) 可以用收益的标准差来衡量股票投资组合的风险;资产收益的标准差越大,该资产的风险越大。人们在投资组合中始终会面临风险和收益之间的权衡取舍,高收益以高风险为代价。

3. 资产评估

(1) 当你考虑是否要购买某家公司的股票时,你要比较所购买的企业股份的价值与股份出售时的价格:如果价格大于价值,则股票被高估;如果价格小于价值,则股票被低估;如果价格等于价值,则股票被公正地估价。

(2) 因为股票的价值取决于未来红利流量和最终销售价格的现值,而红利和最终销售价格取决于公司未来的盈利状况,因而股票的价值是不确定的。因此需要进行基本面分析,即为确定一家公司的价值而对其会计报表和未来前景进行的详细研究。

$$股票的价值 = 股票所有未来红利的现值 + 未来出售股票的价格的现值$$

(3) 有效市场假说(EMH)认为资产价格反映了关于某种资产价值的所有公开的、可获得的信息。根据这种理论,股票的价格是由供求决定的,所有股票总是被公正地估价。股票市场是信息有效的,股票价格应该遵循随机游走,即无法根据所获得的信息预测其发展趋势。因而系统性地跑赢市场是不可能的,不会出现购买某种股票比其他任何一种股票都好的情况,最好的方式是购买一个多元化的组合。

(4) 市场非理性的观点正好与有效市场假说相反。有效市场假说假设,买卖股票的人总是理性地处理他们拥有的关于股票的基本价值的信息。而市场非理性的观点认为,股票价格波动部分是由心理倾向驱动的。当投机者以高估的价格购买资产,并预期它的价格不断上升时,投机泡沫就会出现。当然,经济学家对于股票价格背离理性定价的频繁性和重要性仍存在许多争论。

4. 结论

现值可以帮助我们比较不同时点的货币量,为决策提供依据;风险管理告诉我们,风险厌恶者可以用保险、多元化等多种方法管理他们所面临的风险;资产评估反映了企业未来的盈利性。虽然大多数金融学工具已经创建完善,但人们对于有效市场假说的正确性及实践中股票价格是不是公司真正价值的理性估算仍存在争论。

(三) 关键概念

1. 现值:用现行利率产生一定量未来货币所需要的现在货币量。

2. **终值**：在现行利率既定时，现在货币量将带来的未来货币量。

3. **复利**：货币量积累的一种方式，将以前得到的利息留在账户上以赚取未来更多的利息。

4. **风险厌恶**：一个人在承受风险情况下其偏好的特征，显示出对不确定性的厌恶。

5. **多元化**：通过用大量不相关的小风险代替单一风险来降低风险。

6. **企业特有风险**：只影响一家公司的风险。

7. **市场风险**：影响股市上所有公司的风险。

8. **基本面分析**：为确定一家公司的价值而对其会计报表和未来前景进行的详细研究。

9. **有效市场假说**：认为资产价格反映了有关这种资产价值的所有公开的、可获得的信息的理论。

10. **信息有效**：对于资产价格以理性方式反映所有可获得的信息的描述。

11. **随机游走**：一种不可预期的变量变动的路径。

（四）拓展提示

1. 一个被称为"70 规则"的古老经验规则有助于我们理解增长率和复利计算的结果。根据"70 规则"，如果某个变量每年按 $x\%$ 增长，那么大约在 $70/x$ 年以后，该变量会翻一番。根据"70 规则"，一个按照 2% 的速度增长的经济，其规模将在 35 年后翻一番；而一个按照 7% 的速度增长的经济，其规模将在 10 年后翻一番。"70 规则"不仅适用于增长的经济，而且适用于增长的储蓄账户。

2. 经济学家用效用的概念建立风险厌恶模型。由于财富的边际效用递减，随着财富的增加，效用函数变得越来越平坦。一个人拥有的财富越多，从额外一单位财富的增加中得到的边际效用就会越少。以风险厌恶为出发点考虑，风险管理的途径有保险、多元化以及风险-收益权衡取舍等。

3. 从整个经济的角度来看，保险允许风险分摊，能使风险厌恶的人的状况更好。但保险市场受到制约其分摊风险能力的两类问题的困扰：其一是逆向选择，即高风险的人比低风险的人更可能申请保险，因为高风险的人从保险的保护中获益更大；其二是道德风险，即人们在购买保险之后，他们谨慎行事以避免风险的激励小了，因为保险公司将会补偿大部分损失。这样就会导致两个后果：一方面，保险公司无法充分保护自己免受损失，因此它们会倾向于收取较高的保费；另一方面，低风险的人有时不会购买保险，从而失去了风险分摊的利益。

4. 基本面分析是以证券的内在价值为依据，着重于对影响证券价格及其走势的各项因素的分析，以此决定购买何种证券及何时购买。在宏观层面上，研究一个国家的财政政策、货币政策，通过科学的分析方法找出市场的内在价值，并与市场实际价值作比较，从而挑选出最具投资价值的股票；在微观层面上，研究上市公司经济行为和相应的经济变量，为买卖股票提供参考依据。一般来说，基本面分析包括宏观经济环境分析、行业景气度分析、公司基本面分析三部分内容。

5. 有效市场假说是一种关于金融市场如何运行的理论。这一理论也许并不完全正确，因为总有理由怀疑股东总是理性的以及股票价格在每一个时点都是信息有效的。但是，有效市场假说作为对世界的一种描述，比你认为的要好得多。有许多证据表明，即使股票价格不完全是随机游走的，也非常接近于随机游走。支持有效市场假说的最有力证据来自指数基金的业绩，在这一点上，积极管理的共同基金在实践中并不占优势。

二、新闻透视

(一) 新闻透视 A

新闻片段 1：丝路基金实质是外储投资多元化

"两会"开幕前夕，全国政协委员、国务院发展研究中心对外经济研究部研究员张小济接受了《证券时报》记者的采访。他表示，外汇储备如何管理与投资，一直以来都是市场关注和争议的话题。丝路基金等举措的推出，表明我国巨大的外汇储备已开始转向多元化途径，将资金以信贷的形式借给企业的丝路基金就是一个例子。

张小济建议，可以将我国 3.8 万亿美元外汇储备中的十分之一，逐步转变为为企业创新发展提供更直接的资金支持。这些资金的投放，与此前的 4 万亿元截然不同。

2014 年 11 月 8 日，国家主席习近平宣布成立丝路基金，支持"一带一路"建设。据介绍，该基金的发起人来源于国家外汇管理局、财政部和中国进出口银行等相关机构，主要由中国的政策性银行负责管理。中国出资 400 亿美元，其中外汇储备的占比在 65% 以上。

按照张小济的建议，类似于丝路基金的基金总量未来应达到 4 000 亿美元左右。这既有利于外汇储备投资的多元化，又可以为国内相关企业提供更多的发展机会。

作为国务院发展研究中心对外经济研究部的研究员，张小济曾多次前往亚非拉等地区实地调研。他对记者说，他在实地考察的过程中发现，这些国家和地区在基础建设、资源能源开发等领域，都非常"渴求"中国的资金、人员、技术及管理支持。这与我国改革开放初期对"外面世界"的向往非常相似。外汇储备管理与投资的多元化，将有利于反哺我国国内经济的发展。

张小济强调，对于新常态下中国经济未来的发展，我们要依赖中央各项改革举措的大力推进。落实到具体层面，还应该重点解决行业产能过剩、国企效率低下等问题。

资料来源：张小济. 丝路基金实质是外储投资多元化[EB/OL].（2015-03-02）[2019-04-25]. http://epaper.stcn.com/paper/zqsb/html/2015/03/02/content_660771.htm.

新闻片段 2：丝路基金已起步运作，可看作投资期更长的 PE

中国人民银行行长周小川表示，丝路基金近日已正式开张运作，其是以外汇为主的对外投资基金，比一般 PE（私募基金）的投资期限更长，项目中长期要体现合理回报。未来可基于行业和地域设立子基金，国内外投资者可通过市场化方式加入。

他在专访中称，丝路基金不谋求成为多边开发机构，也不是中国版的"马歇尔计划"，区别于主权财富基金，类似于私募基金，目前搭建综合团队需要各方面的人才，其将与中国投资有限责任公司、中国进出口银行、国家开发银行形成协同关系。

周小川指出，2014 年 12 月 29 日丝路基金正式注册，2015 年 1 月 6 日召开了第一次董事会会议，这样就已开张运作。他称，中国可以做些中长期的、以股权为主的基金。期限可以再长一些，瞄准一些有战略意义的中长期项目。同时，股权投资基金也可以和别的融资模式相配合，需要将一些可以做出中长期承诺的资金用于"一带一路"有关的项目和能力建设，包括相关产业、行业的发展，也包括通信、道路等基础设施建设。

周小川认为,丝路基金的发展将是动态的。如果供求双方有好项目,又有资金来源,就可以持续做下去。丝路基金的特点是投资期限比较长,是需要有回报的,其做的项目也要有效益。只不过是从中长期的角度来看效益和回报,它目前不含有外援性或捐赠性的资金来源。

丝路基金回报期限比较长,从回报率来讲,要求不一定高,但是由于期限长,可以拿到长期的回报。一般而言,一些期限比较长的项目,初期可能拿不到回报,最初几年是宽限期,但到了后期,回报可能会比较稳定。

并且周小川认为,"一带一路"跨境基础设施建设的需求较大,产业合作和发展的空间很大,也有创造就业的大量需求。丝路基金在外还是应大致上看作PE,是回收期限更长的PE,可能会更注重合作项目。

未来丝路基金管理层在选择项目的时候,显然也会建立在互利共赢的理念之上。"一带一路"已逐步在若干国家领导层面上形成战略共识,而对丝路基金来讲,这是投融资的机会。战略是在更高层面上制定并推行的,丝路基金则是抓住机会,提供金融支持和服务。对于丝路基金运用外储走出去,以及未来有没有一些机制和安排可以让人民币与外储结合走出去的问题,周小川谈到,人民币国际化势头开始显现,这中间会有一部分人民币对外汇的替代,但目前的总体趋势还是从储蓄偏多到国际收支顺差,然后到外汇积累(包括民间和官方),再然后是外汇走出去投资的扩大。

资料来源:周小川:丝路基金已起步运作 可看作是投资期更长的PE[EB/OL]. (2015-02-16)[2019-04-25]. http://finance.ifeng.com/a/20150216/13506898_0.shtml.

【关联理论】

投资多元化,通过用大量彼此无关的选择来代替一种单一选择,从而用大量无关的小风险代替一种风险,可以减少人们所面临的风险。正如"不要把所有的鸡蛋放在同一个篮子里",多元化可以消除特有风险,即与某个个体相关的不确定性,对于身处风云变幻的世界市场的国家来说一样如此。

【新闻评析】

我国外汇储备规模庞大,但是投资单一,保值压力大。中国的外贸多以美元结算,因此外汇储备也自然同美元密不可分。汇率问题上,西方常常给人民币施压,力推人民币升值,这就意味着美元贬值,其带来的负面作用除导致中国出口受阻、企业倒闭、工人失业外,最直接的恶果是使得我国购买的美国债券贬值。根据中国国家外汇管理局的统计数据,我国2014年的外汇储备规模为38 430.18亿美元。我国的外汇储备多元化投资已经走过了较长的路程,外汇储备投资已经分散到30多种货币、70多个国家和地区,主要以购买其他国家的国债为主要投资形式。国务院总理李克强在2014年12月24日的国务院常务会议上表示:"我们的外汇储备量太大,如果光买其他国家的国债,年底只能赚少许利息,还不如配合运用,支持中国装备'走出去',推动产业转型升级,更好改善民生。"可见,原有的外汇储备管理方式并不能兼具盈利性、流动性和安全性等外汇储备管理的需要。

丝路基金是外汇储备多元化的一个大胆尝试。丝路基金的资金主要源于外汇储备,主要投资于多个造福民生的产业,如交通、通信等,有别于以往的国债,不再只盯着他国国债,进而希望进一步降低外汇储备的风险。说到底,建立丝路基金的目的之一是把中国巨额的外汇储备通过亚投行投资到其他国家去。400亿美元的中国出资款项中,外汇储备的占比在65%以上。丝路基金主要用于"一带一路"倡议,它贯穿欧亚大陆,与沿线国家的经济发展、民生改善等共同利益息息相关。丝路基金将是外汇储备多元化投资的试验。周小川认为,丝路基金可以看成长期的 PE,因为它将基金用于交通、通信等多个领域,并且这些领域多造福于民生。如此一来,丝路基金投资的多元化,既是外汇储备多元化的选择之一,其带来的货币、资产、工具、策略等的分散化,也可以在一定的风险承受度下带来更高的收益,或者在一定的收益期望值下把风险降到最低。

(二) 新闻透视 B

中国存款保险"破题",政府不再隐性担保

历经 21 年,我国的存款保险制度终于"破题"。

2014 年 11 月 31 日,《存款保险条例(征求意见稿)》(以下简称"征求意见稿")正式向社会公开征求意见。这一制度将为后续的包括金融机构退出机制、存款利率上限放开在内的改革措施铺平道路,推动金融改革走向纵深。而从更高层面来看,这一制度将与央行最后贷款人职能、审慎监管一道,构成我国金融安全网的三大支柱。

构建中国金融安全网

"表面上看,我国存款保险制度是从无到有,但实质上却是从隐性到显性,是从人民银行最后贷款人式的隐性保险走向显性保险。"央行行长周小川曾如此表示。

长期以来,我国一直实行"隐性的存款保险制度",无论是剥离商业银行不良贷款还是向银行注资,金融机构出了风险,最终都由政府来买单,中央政府和地方政府承担退出机构的债务清偿。例如,1998 年关闭海南发展银行时,对于自然人的存款采取全额兑付的解决方案。存款保险制度的建立将改变这种局面。根据征求意见稿,存款保险制度将覆盖所有存款类金融机构,包括在我国境内依法设立的具有法人资格的商业银行(含外资法人银行)、农村合作银行、农村信用社等,符合条件的所有存款类金融机构都应参加存款保险。存款保险覆盖存款类金融机构吸收的人民币和外币存款。

征求意见稿规定,存款保险实行限额偿付,最高偿付限额为人民币 50 万元。央行还特别强调,即使个别小存款银行发生了被接管、被撤销或者破产的情况,一般也是先动用存款保险基金,支持其他合格的金融机构对出现问题的存款银行进行"接盘",收购或者承担其业务、资产、负债。

事实上,存款保险是市场经济条件下各国普遍实施的、基础性的金融制度,其与央行最后贷款人职能、审慎监管一起,构成金融安全网的三大支柱。现今,该项制度的落地,将使得中国金融安全网的三大支柱得以完全确立。

利率市场化空间打开

不仅如此,存款保险制度的推出也为利率市场化进一步夯实了制度基础。

世界上第一个存款保险制度诞生于 1933 年的美国,鉴于其在增加金融体系信心与稳定性等方面功不可没,越来越多的国家在利率市场化前后建立存款保险制度。目前,世界上已有 113 个国家建立了存款保险制度。

目前,我国利率市场化推进步伐正逐步加快。11 月 21 日晚间,央行宣布存款利率上限扩大至基准利率的 1.2 倍,这是自 2012 年 6 月存款利率上限扩大到基准利率的 1.1 倍后,我国存款利率市场化改革的又一重要举措。

央行也明确,下一步将密切监测、跟踪评估各项利率市场化改革措施的实施效果,并综合

考虑国内外经济金融发展形势和改革所需基础条件的成熟程度,适时通过推进面向企业和个人发行大额存单等方式为利率市场化铺路。

民营银行设立将提速

存款保险制度推出的另一个深远影响在于将使民营银行设立加速。

从各国经验来看,建立存款保险制度是发展民营银行、中小银行的重要前提和条件。美国社区银行的健康发展,在很大程度上得益于美国存款保险制度的建立和完善,使小银行具备与大银行平等竞争的制度基础,维持了整个金融体系的多样性,改善和加强了对小企业、社区和农民的金融服务。

近期召开的国务院常务会议也明确提出要加快发展民营银行等中小金融机构,支持银行通过社区、小微支行和手机银行等提供多层次金融服务,鼓励互联网金融等更好地向小微、"三农"提供规范服务。

"我国的存款保险制度建立后,民营银行的设立会提速,有利于建立多层次的银行体系,提高中小和小微企业、'三农'、社区等金融服务的满足率。"民生银行首席研究员温彬认为。目前,我国已有五家由民间资本发起设立的民营银行获得了监管部门的批准。

保费水平远低于国际标准

根据征求意见稿,存款保险制度推出后,存款人不需要交保费,资金来源主要是金融机构按规定缴纳的保费,且覆盖境内所有存款类金融机构。

截至10月末,金融机构人民币存款余额112.47万亿元,其中个人储蓄存款接近50万亿元,潜在保单巨大。该制度一旦落地,将导致银行的经营成本有所增加,不过目前各方普遍认为增加的成本有限。

目前征求意见稿仍未明确具体费率,仅明确了采取基准费率和风险差别费率相结合的原则。温彬认为,鉴于大型银行和中小银行在经营管理状况和风险状况等方面存在差异,差别费率有利于促进公平竞争,形成正向激励,促使银行审慎经营和健康发展,预计总费率不会太高。而央行在相关说明中也提到,存款保险制度建立后,只是小比例地向金融机构收取保费,费率水平远低于绝大多数国家存款保险制度起步时的水平和现行水平,对金融机构的财务影响很小。

资料来源:高翔,周鹏峰,卢晓平.历经21年存款保险破题 中国金融安全防线联网 民营银行设立将提速[EB/OL].(2014-12-01)[2019-04-25].http://news.cnstock.com/news/sns_yw/201412/3260782.htm.

【关联理论】

由于财富的边际效用递减,因此大多数人是厌恶风险的,作为金融工具之一的保险并不能消除风险,但人们可以通过购买保险来有效地与他人分摊风险。保险是由多数人来分摊少数人面临风险损失的有效途径。存款保险是由各家存款性金融机构缴纳保费,一旦投保机构(银行)面临破产,由保险机构向存款人支付一定限额存款的制度。

【新闻评析】

存款是金融投资的方式之一。在很长的时间里,中国国内都维持着较高的存款利率水平,且鲜有银行破产的案例,这在国际上是非常罕见的。在国外,银行也像普通企业一样面临着市场竞争,经营不善也很可能倒闭,所以即便是存款也是有风险的。随着中国金融市场化的进一步深入,中国的商业银行同样存在着金融风险,广大储户是面临风险的。存款保险制度的出台,正是存款风险管理的较好途径之一,它将有利于存款的风险厌恶者(特别是民营银行的客户)降低存款的风险,也有利于金融业适度竞争,从而推进我国金融改革的进程。

进一步来看存款保险制度的作用,主要有两个方面:

一方面,在中国,几乎没有储户挤兑导致银行倒闭的事件发生(1998年曾发生过海南发展银行的挤兑事件),政府的隐性担保是关键原因。但政府"兜底"行为会向银行传递错误信号,导致银行风险管理意识淡薄,造成市场的扭曲和风险的向上集聚。改变当前银行体系由国家信用"背书"的局面迫在眉睫,区分金融个体风险与系统性风险亦显得十分重要。

另一方面,存款保险制度的建立有助于提高民营银行的抗风险能力,加速民间资本进入银行业的步伐。在原有模式下,银行主动提升风险定价能力的意愿不强,不重视资金的优化配置和资金使用效率的提高。要解决这一"惰性"问题,就必须引入竞争。但是民营银行的抗风险能力比较薄弱,而建立存款保险制度后,存款赔付责任将由存款保险机构承担。存款保险制度可以帮助银行提升信用等级,提高市场竞争力,为大、中、小银行创造一个公平竞争的环境,从而有利于提高民间资本投资银行业的积极性,为加快发展民营银行等中小金融机构创造更好的条件,推动各类银行业金融机构同等竞争和均衡发展。随着民营银行的进入,我国银行体系将进一步丰富,能更好地满足多层次的市场需求。但根据国际经验,我们在制定相应政策时,要考虑道德风险和逆向选择,防止引发行业内危机。

(三) 新闻透视 C

从诺贝尔经济学奖到量化交易

2017年度诺贝尔经济学奖授予了理查德·塞勒(Richard Thaler)。相关资料显示,塞勒是美国著名的行为经济学和行为金融学家,曾先后执教于罗切斯特大学和康奈尔大学。塞勒对于金融学领域的主要贡献在于挑战了有效市场理论,他认为由于市场存在行为偏差,所以人们能够利用已知的信息对未来的价格进行预判。塞勒本人也管理着近60亿美元的基金。

利用投资者行为或者认知上的偏差进行投资是量化投资领域的一个重要方法。量化投资在国外已经发展成熟,在国内也风生水起。目前量化投资市场以智能投顾作为主要入口,俨然已经从"蓝海"逐步演变为"红海",各路资本纷至沓来,而量化投资交易额也水涨船高。

2013年,量化交易占到美股总交易量的14%;到2017年,这一比重已提高到27%。运用量化策略的对冲基金在2017年第一季度的资产管理规模达到9320亿美元,占整个行业的比例接近三分之一。而从2016年开始,随着国内量化投资普惠化,以及智能投资顾问的发展驶入快车道,很多传统金融机构(如广发证券、齐鲁证券等券商,招商银行、兴业银行等银行)开始提供智能投资顾问服务,金融科技公司也纷纷试水。相关咨询机构认为,人工智能金融的应用在全球范围内已被提升至新高度,到2020年,预计中国人工智能理财规模将达到5.22万亿元。

值得注意的是,2017年以来金融强监管成为股市新常态,市场上很多套利空间都正在缩小或者消失,如何利用公开数据进行交易并赚取利润成为所有投资者关心的问题。在云计算、大数据等前沿科技的支撑下,量化投资获取信息量更大、处理效率更高、反应速度更快的优势将进一步显现。

作为互联网金融最发达的国度,借助最新的互联网技术,中国的量化投资不仅关注高净值客户,还设计了大量产品去吸引"长尾"客户,量化投资的普惠化有望从此实现。

资料来源:从诺贝尔经济学奖到量化交易[EB/OL].(2017-10-17)[2019-04-25]. https://www.donews.com/news/detail/3/2970435.html.

【关联理论】

企业价值的评估通常需要基本面分析,即对其会计报表和未来前景进行研究。这类分析通常依赖公开可获得的信息,比较依赖历史数据。信息有效指出资产价格以理性方式反映所有可获得的信息。随着时间的推移,资产评估方式也在不断地完善和创新,结合了信息技术、互联网和大数据,是多种方式的融合。

【新闻评析】

量化投资可以迅速地捕捉和分析历史数据,评估资产价值。它将传统交易理念模型化,利用计算机技术从庞大的历史数据中海选出多种"大概率"节点,进而制定新型投资策略,形成一整套操作系统,在实盘中由电脑自动执行。量化交易区别于主观交易的最大特征是模型的应用,可以战胜非理性。更简单来讲,量化投资就是用统计和数学的方法科学分析历史数据,排除人的非理性因素,以风险–预期收益平衡为主导,通过构建组合分散风险,获取中长期稳健收益。模型判断出该买,基金就买;模型判断出该卖,基金就卖。随着计算机编程在金融投资中越来越广泛的应用,量化交易也得到大家越来越多的关注。

具体来看,量化投资可以更全面地解读历史数据。多因子选股模型是量化选股时常用的策略。传统的选股一般是考虑基本面和技术面,量化投资中则有一种多因子选股模型,它将全面梳理影响股票的众多因子,并构建模型来进行股票的价值评估和未来走势预测。比如基本面因子有公司债务因子、成长因子、价值因子;技术面因子有均价、交易量、波动率等;研究类因子,有研究报告、目标价格、预测盈利、评级等。为了全面考虑各个因素,可以将这些因子放在一起,构建一个模型,用以评估历史数据和预测未来走势。

量化投资可以有效捕捉大概率获胜机会,并且分散风险。利用计算机大数据技术,不断地从历史数据中挖掘有望在未来重复的规律并且加以利用,在历史回测方面可以比传统证券分析师做得更好,在选择好股票的同时规避风险。此外,量化投资可以迅速应对资本市场重大事件。计算机能够处理大量的公告和新闻,实时跟踪市场变化,使投资者能在第一时间把握机会买入或者卖出。因此,目前量化投资在超短线交易中使用得较多,在股票、期货、外汇等市场被广泛使用。

三、案例研究

(一) 案例研究 A

时间"沙漏"下的复利"魔力"

"一叶落而知天下秋。"大自然用自己的语言讲述四季更替的故事,人们也从冷暖交替中体悟到时间的前行。相传在古老的黄帝时期,聪明的人类就已发明了沙漏来记录时间,使时间的流逝得以具象化。

数千年后的今天,人们对时间的认识更加深刻,时间被赋予了更多含义,最常见的就是"时间"和"金钱"之间被画上等号,也就是人们通常所说的"复利"。那么,这个被爱因斯坦称为"世界第八大奇迹"的复利究竟是什么?通俗而言,复利就是连本带利的利滚利,也就是说,如果每年都能保持一定水平的收益率,若干年后就能获得非常可观的财富增长。以下两个案例能进一步帮助我们理解时间是一种财富。

案例一:A 每年投资 1 000 元,坚持 10 年,假设年化收益率为 5%,10 年后连本带息可获得 13 206.79 元。若不考虑复利因素,则仅有 12 750 元,两者的差额 456.79 元就是复利带来的额外收益。

案例二:B 每年投资 500 元,坚持 20 年,假设年化收益率仍是 5%,20 年后连本带息可获得 17 359.63 元。

A 在 10 年里和 B 在 20 年里投入的本金总和都是 10 000 元,最大的差异是投资期限不同,A 投资 10 年,而 B 投资 20 年,最后结果是 B 远远胜出,收益比 A 多 4 152.84 元。这就是时间的威力。

然而,复利也藏有"陷阱"。上述两个案例看上去很好,实际上基于的前提是每年都有一定的正收益,这样"雪球"才能越滚越大。但现实中,长期投资每年都能保证获得稳定的正收益,是不太切合实际的幻想,即便是存银行、买国债这种看似无风险的投资,如果将通货膨胀因素考虑在内,也有可能是负收益,更不用说投资基金、股票等风险资产了。所以,更普遍的情况是,很多时候我们不得不面对投资收益的归零,甚至是投资本金的损失。再来看两个案例,它们能进一步帮助我们理解这种复利的"陷阱"。

案例三:C 投入本金 10 000 元,投资 10 年,每年稳定获取 10% 的收益,10 年后连本带利可获得 25 937.42 元。

案例四:D 投入本金 10 000 元,同样投资 10 年,前 9 年每年获取 15% 的收益,但最后一年因投资失误损失 30%,10 年后连本带利共获得 24 625.13 元。

我们看到,尽管 D 在前 9 年里,每年都比 C 多获取 5% 的收益,但最后一年的损失却使其最终的收益比 C 少 1 312.29 元。由此可见,投资损失对于复利的影响是巨大的,稍有不慎就有可能"辛辛苦苦数十年,一夜回到解放前"。

所以,复利具有魔力,如果忽视它,它就会如同沙漏中的沙子一般缓缓流逝。但复利的魔力必须基于良好的风险把控,也许时间可以如同沙漏一般恒定地流逝,但"恒定"两个字绝对不属于投资市场,当你期待获得如同过山车般上升的收益时,也要做好承受价格骤降所带来的损失的准备,一旦这种情况发生,复利的魔力也将荡然无存。

资料来源:赵志敏.时间沙漏下的复利魔力[EB/OL].(2011-03-18)[2019-04-25]. http://www.shfinancialnews.com/xww/2009jrb/node5019/node5051/node5065/userobject1ai73939.html.

【关联理论】

如果今天把 1 元钱存入账户,N 年后这 1 元钱价值多少?如果我们用 r 来表示利率,每年会产生利息,并且利息仍然能继续生息,这种所谓"钱生钱"的过程,即为复利。利息从其形态上看,是货币所有者因为借出货币资金而从借款者手中获得的报酬。复利通常指的是投资收益为正时,以利息赚取收益的积累;当投资收益为负时,它对复利的影响通常也是巨大的。

【案例解析】

以上案例提醒我们:时间会产生货币价值,使货币量增加;若不控制风险,也可能会有负面的严重影响,造成较大损失。具体来看:

通过对案例一和案例二的对比,可见时间会产生巨大的价值。比较案例一和案例二,投入本金相同,收益率相同,唯一不同的是投资期限,案例一是 10 年,案例二是 20 年。投资结果显示,案例二中的投资者获得更多的报酬,这就是时间的价值。时间会让钱生出钱来。巴菲特曾说过,复利有点像从山上滚雪球,最开始时雪球很小,但是如果往下滚的时间足够长,而且黏得适当紧,最后就会很大很大。巴菲特投资最大的特点就是利用"时间复利"。1989年,巴菲特认为可口可乐公司的股票价格被低估,因此他将自己旗下的伯克希尔公司25%的资金投入可口可乐股票中并从那时起一直持有至今,该项投资的价值从最初的10亿美元已经飙升到现今的80亿美元。1965—2006年的42年间,伯克希尔公司的年均增长率为21.4%,累计增长361 156%;同期标准普尔500指数成分股公司的年均增长率仅为10.4%,累计增幅为6 479%。

通过对案例三和案例四的对比,可见投资损失对复利结果的影响有多大。比较案例三和案例四,两者的投资本金相同,投资期限相同,案例四中的收益率(15%)高于案例三中的收益率(10%),但案例三具有恒定正收益,而案例四在第十年损失30%,使得投资者的最后收益不如案例三。所以,案例三和案例四表明,收益率可能是正数,也可能是负数,投资损失对于复利结果的影响较大。

(二) 案例研究 B

最小金融监管背后的有效市场假说

美国证券监管制度的设计思想直到尤金·法玛(Eugene Fama)系统地阐述有效市场假说之后,才和经济学家密切联系起来。当然,在此之前,早有经济学家给出了某种理论上的证明;而乔治·斯蒂格勒(George Stigler)等人也一度怀疑证券监管存在的必要性。无论如何,有无监管在芝加哥大学的经济学家中成为一个重大问题,以至于法玛做了一个聪明且非常实用的处理,从早期理论中拎出有效市场的内核,然后使之向现实的市场妥协,从而形成了一个看似坚不可摧的有效市场假说,奠定了整个金融市场理论的新古典基石。

如果你不相信,翻看任意一本流行的金融学教科书就可以发现,有效市场假说是必备的理论基础之一。有效市场假说是法玛获得诺贝尔经济学奖的重要依据之一。但法玛其实并不是从理论上建构这个理论的,而是从现实的市场出发,构造了一条可以对市场有效性进行证伪的可行路径。

法玛的思路是这样的:首先,把公司的存续划分为三个时期,即过去、现在和未来,每一时期都有相应的信息需要披露;其次,针对每个时期的信息披露程度来推断市场的有效性。假如一个市场能够披露有关公司的过去、现在和未来的全部信息,那么这个市场就是强有效的;假如一个市场能够披露有关公司的过去和现在的全部信息,但无法披露未来的信息,那么这个市场是半强有效的;假如一个市场能够披露有关公司过去的信息,但无法披露现在和未来的信息,那么这个市场就是弱有效的。

注意,这个地方所讲的信息披露正是《证券法》中所要求的信息披露,《证券法》要求公司完整、准确和及时地披露所有相关信息,这些信息应该有助于投资者做出公平和准确的证券估价。从这个角度看,法玛显然是服从于已有的《证券法》框架的。

那么,如何理解法律上的设计和法玛的有效市场假说之间的内在关联性?

先看弱式有效市场。在这个市场上,证券价格对于公司现在和未来的反映可以不准确,但必须准确地反映过去。假如一个市场连弱式有效也达不到,就意味着上市公司连自己的历史都没交代清楚,这意味着什么呢?轻者为信息虚假或不实陈述,重者为欺诈上市。

再看半强式有效市场。在这个市场上,证券价格对于公司未来的反映可以不准确,但必须准确地反映公司的过去和现在。给定公司已经完整、准确、及时地披露了历史,但没有完整、准确和及时地披露现在,就意味着其可能违背半强式有效假说。此时,对投资者来说,可能对公司现在的信息获取和价值判断是不对等的,有些人获取得多点,有些人获取得少些,从而导致证券交易中的不公平,严重时就会出现内幕交易。

因此,对有效市场来说,从《证券法》的视角看,就是抓住两个关键环节:一是发行环节的信息披露完整、准确和及时,也就是不能出现欺诈上市;二是交易环节的信息披露完整、准确和及时,即不能出现内幕交易。而这两个恰恰是美国《证券法》的核心理念。

当然,如果一个市场上偶尔出现某个欺诈上市的公司,或者偶发性的内幕交易,不能由此断言市场无效。只有当一个市场上存在普遍性的欺诈上市和内幕交易时,才可断言该市场无效。

因此,我们不能从个案来推断总体。从这个角度看,我国A股市场过去在审批制下缺乏效率;而采取核准制后,市场效率的确在慢慢提升。不过,满足法玛有效市场假说的现实市场是不是仅仅需要最小监管?这还真未必。

可别小看信息披露这一条,如果以为简单地呈现相关的信息就可以了,那么监管的确成了非常简单的程序性事务。问题在于,如何才能判定信息披露做到了完整、及时和准确?这里面的学问可大着呢!

资料来源:周业安.最小金融监管背后的有效市场假说[EB/OL].(2014-04-12)[2019-04-25]. http://www.cb.com.cn/opinion/2014_0412/1053761_2.html.

【关联理论】

有效市场假说有三种形式:强式有效市场假说,认为市场价格已充分反映出所有可获得的证券价格信息;半强式有效市场假说,认为市场价格已充分反映出所有已公开的证券价格信息;弱式有效市场假说,认为市场价格已充分反映出所有过去的证券价格信息。

【案例解析】

证券市场的监管与信息披露有极大的关联,有效市场假说的三种形式恰恰给市场监管提供了一个最低的参考标准,披露的信息有助于投资者做出公正准确的证券估价,因此有效市场假说对证券市场监管十分有意义。

强式有效市场,披露有关公司过去、现在和未来的全部信息;半强式有效市场,披露有关公司过去、现在的全部信息;弱式有效市场,披露有关公司过去的全部信息。对于信息披露者而言,如果无法满足信息弱式有效,则表明相关公司信息虚假或不实陈述,重者则为欺诈上市;如果无法满足信息半强式有效,披露了历史,但未能完整、准确、及时地披露现在,则会导致交易不公平,严重时就会出现内幕交易。对于证券而言,发行环节不能欺诈上市,交易环节不能有内幕交易,两者是美国《证券法》的核心。

2015年,中国资本市场改革的头等大事,便是推行股票发行注册制改革。与现行的核准审核制不同,注册制的核心在于信息披露,在于公开透明。经过几年来的改革,目前发行审核的流程已经全部公开,信息披露制度环境已基本能适应注册制的到来。注册制是指证券发行申请人依法将与证券发行有关的一切信息和资料公开,制成法律文件,送交主管机构审查,主管机构只负责审查发行申请人提供的信息和资料是否履行了信息披露义务的一种制度。实行注册制之后,注册审查是以信息披露为中心。如果申报文件的披露信息存在虚假陈述,则相关当事人应当承担欺诈发行的法律责任。简单地说,证监会的原则非常明确,就是监管部门和所有投资者知道的东西一样多。

四、课外习题

（一）术语解释

1. 现值
2. 终值
3. 风险厌恶
4. 多元化
5. 有效市场假说

（二）单项选择

1. 在利息不断资本化的条件下，资金时间价值的计算基础应采用（   ）。
   A. 单利　　　　　　B. 复利　　　　　　C. 年金　　　　　　D. 普通年金
2. 6年分期付款购物，每年年初付200元，假设银行利率为10%，该项分期付款相当于一次现金支付的购价是（   ）。
   A. 958.20元　　　　B. 758.20元　　　　C. 1 200元　　　　D. 354.32元
3. 某人希望在5年后取得本利和1 000元，用于支付一笔款项。若按单利计算，利率为5%，那么，他现在应存入（   ）元。
   A. 800　　　　　　B. 900　　　　　　C. 950　　　　　　D. 780
4. 在利息率和现值相同的情况下，若计息期为一期，则复利终值和单利终值（   ）。
   A. 前者大于后者　　　　　　　　　　B. 不相等
   C. 后者大于前者　　　　　　　　　　D. 相等
5. 以下哪项无法降低投资组合风险？（   ）
   A. 在投资组合中，把股票的数量从1增加到10
   B. 在投资组合中，把股票的数量从10增加到20
   C. 在投资组合中，把股票的数量从10减少到1
   D. 以上都不是
6. （   ）指通过大量不相关的低风险来代替一种风险而实现风险降低。
   A. 多元化　　　　　B. 基本面分析　　　C. 分散化　　　　　D. 以上都不是
7. （   ）显示出对不确定性的厌恶。
   A. 风险厌恶者　　　B. 风险爱好者　　　C. 风险中性者　　　D. 以上都不是
8. 如果有效市场假说是正确的，那么以下哪项是恰当的？（   ）
   A. 股票通常被高估
   B. 股票市场是信息有效的，因此，股票价格将遵循随机游走
   C. 基本面分析对增加一种股票的收益来说是一种有价值的工具
   D. 指数基金是一种非常好的投资
9. 通过风险管理来降低风险的方法有（   ）。
   A. 购买保险　　　　　　　　　　　　B. 多元化
   C. 投资低收益率产品　　　　　　　　D. 以上都是

10. 以下哪种情况属于道德风险?(　　)
    A. 心脏病患者购买大病保险
    B. 抽雪茄的人购买火灾保险
    C. 赛车手购买车辆保险后,参加极速竞赛
    D. 以上都是
11. 现行利率下调(　　)。
    A. 减少了投资者未来收益的现值,并且减少了投资
    B. 减少了投资者未来收益的现值,并且增加了投资
    C. 增加了投资者未来收益的现值,并且减少了投资
    D. 增加了投资者未来收益的现值,并且增加了投资
12. 运用"70规则",如果你的收入每年增长20%,则你的收入翻一番的时间是(　　)。
    A. 35年　　　　B. 3.5年　　　　C. 7年　　　　D. 70年
13. 在股票市场上,若信息是有效的,则意味着股市价格反映了所有以(　　)的方式获得的信息。
    A. 非理性　　　B. 理性　　　　C. 随机　　　　D. 非随机
14. 在以下什么情况下股票市场上会发生投机性泡沫?(　　)
    A. 股票被公正地估价时
    B. 只有当人们无理性时
    C. 人们认为现在购入股票以后能高价卖给别人时
    D. 有许多股票被低估时
15. 基本面分析的主要目的是(　　)。
    A. 选择被低估的股票　　　　　　B. 选择被高估的股票
    C. 选择可以买卖的股票　　　　　D. 以上都不是

(三) 判断正误

1. 资金时间价值,根源于其在再生产过程中的运动,是资金在周转使用中产生的。(　　)
2. 根据风险与收益对等的原理,高风险的投资项目必然会获得高收益。(　　)
3. 从财务角度来讲,风险主要是指达到预期报酬的可能性。(　　)
4. 一般来说,当未来市场利率趋于下降时,应选择发行期限较长的债券。(　　)
5. 我国的公司债券是指公司依照法定程序发行、约定在3年以上期限内还本付息的有价证券。(　　)
6. 如果某个人的效用函数表现为边际递减,那么这个人是风险厌恶者。(　　)
7. 当信息反映完整的过去、现在和未来时,我们通常称之为强式有效信息。(　　)
8. 同时影响所有公司风险的是企业特有风险。(　　)
9. 股票价格不取决于供求。(　　)
10. 有效市场假说认为,资产价格反映了有关这种资产价值的所有公开的、可获得的信息。(　　)

(四) 简答题

1. 假设年利率是 5%，你喜欢现在的 100 元，还是一年后的 105 元？
2. 人们在投资时，通常会面临哪两种风险？其中哪一种风险可以通过多元化方式来降低？
3. 根据投资者对风险厌恶的程度，可以对投资者做怎样的划分？
4. 根据信息披露的完整程度，可将有效市场分为哪几类？它们又分别反映怎样的信息？
5. 为什么风险厌恶者的边际效用递减？请解释。

(五) 应用题

1. 甲公司 2013 年至 2016 年每年年初对乙设备的投资均为 60 000 元，该项目 2017 年年初完工投产；2017 年年末至 2030 年年末预期每年收益为 50 000 元。甲公司将于 2030 年对该设备进行处理，收入预计为 5 000 元。假定银行存款复利利率为 8%。要求：以 2017 年年初为计算点，判定该项目是否可行。

2. 某公司 2018 年 1 月 1 日存入银行 100 万元，假定年利率为 8%。
   (1) 如果每年复利一次，到 2021 年 1 月 1 日，该公司可以提取多少现金？
   (2) 如果每半年复利一次，到 2021 年 1 月 1 日，该公司可以提取多少现金？其实际年利率是多少？

3. 李雷吃饭挑食，有一天他独自一人去吃自助餐，请分析如下情况：
   (1) 李雷吃他喜欢的食物得到的快乐和吃他不喜欢的食物失去的快乐一样多吗？为什么？
   (2) 吃自助餐可帮助李雷降低他的风险，为什么？

(六) 拓展思考题

1. 澳大利亚贸易委员会(简称"澳洲贸委会")与中国贸易促进委员会(简称"中国贸促会")深圳分会于 2014 年 11 月 6 日在深圳举行中澳贸易投资信息交流会，中国企业对澳大利亚矿产资源和能源行业的投资非常感兴趣，然而，中国投资者的目光已不仅仅局限于资源行业，而是更加多元化，开始进入金融、农业经营、旅游基础设施和服务等其他众多领域。上述案例显示出风险管理的哪个策略？除此之外还有哪几种风险管理手段？请挑选其一，举例说明。

2. 作为首批沿海开放城市之一，远离长三角核心区的温州，经济发展速度在浙江省乃至全国都备受瞩目。然而近年来温州经济发展速度明显放缓，尤其是 2011 年始发的民间金融风波重创温州，温州主要经济增长指标从浙江第一方阵跌落至第三方阵。另一方面，虽然身为三线城市，但温州的房价曾一度追赶北京、上海、广州、深圳等一线城市，伴随而来的是其制造业利润空间的压缩和创新动力的明显下滑。尽管 2013 年后温州加快了经济转型升级步伐，但与浙江全省相比，其发展仍显滞后。请谈谈 2013 年之前的温州楼市是否属于非理性繁荣，以及楼市价格泡沫对经济的影响。

五、习题答案

(一) 术语解释

1. 现值:用现行利率产生一定量未来货币所需要的现在货币量。
2. 终值:在现行利率既定时,现在货币量将带来的未来货币量。
3. 风险厌恶:一个人在承受风险情况下其偏好的特征,显示出对不确定性的厌恶。
4. 多元化:通过用大量不相关的小风险代替一种风险来降低风险。
5. 有效市场假说:认为资产价格反映有关这种资产价值的所有公开的、可获得的信息的理论。

(二) 单项选择

1. B 2. A 3. A 4. D 5. C 6. A 7. A 8. B 9. D 10. C 11. D 12. B 13. B 14. C 15. A

(三) 判断正误

1. √ 2. × 3. × 4. × 5. × 6. √ 7. √ 8. × 9. × 10. √

(四) 简答题

1. 【考查要点】 复利的公式。
   【参考答案】 都一样,因为现在的 100 元一年后即为 $100 \times (1+5\%) = 105$(元)。

2. 【考查要点】 风险管理中的两种风险。
   【参考答案】 企业特有风险和市场风险;企业特有风险可以通过多元化降低。

3. 【考查要点】 根据风险喜好程度对投资者的分类。
   【参考答案】 风险厌恶者、风险爱好者、风险中性者。

4. 【考查要点】 信息有效。
   【参考答案】 强式有效市场(反映历史、现在和未来的信息)、半强式有效市场(反映历史和现在的信息)、弱式有效市场(反映历史或过去的信息)。

5. 【考查要点】 风险厌恶与效用函数。
   【参考答案】 效用是一个人对福利或满足的主观衡量,经济学家用效用的概念建立了风险厌恶模型。对于风险厌恶者而言,失去 1 000 美元损失的效用大于赢得 1 000 美元获得的效用。随着财富的增加,效用函数变得平坦,这反映了边际效用递减的性质,即一个人拥有的财富越多,他从增加的 1 美元中得到的效用越少。

(五) 应用题

1. 【考查要点】 现值、终值(未来值)的计算。
   【参考答案】 各年年初投资在 2017 年年初的终值为:
   $60\,000 \times (1+8\%)^4 + 60\,000 \times (1+8\%)^3 + 60\,000 \times (1+8\%)^2 + 60\,000 \times (1+8\%)$
   $= 291\,996$(元)

各年年末预期收益在 2017 年年初的现值为：

$$\frac{50\,000}{(1+8\%)}+\frac{50\,000}{(1+8\%)^2}+\frac{50\,000}{(1+8\%)^3}+\cdots+\frac{50\,000}{(1+8\%)^{13}}+\frac{5\,000}{(1+8\%)^{14}}=413\,914(元)$$

由于 413 914 元大于 291 996 元，所以该项目可行。

2. 【考查要点】 复利、现值、终值的计算。
【参考答案】 （1）$100\times(1+8\%)^3=100\times1.2597=125.97(万元)$
（2）$100\times(1+4\%)^6=100\times1.2653=126.53(万元)$
实际年利率 $=(1+8\%/2)^3-1=8.16\%$

3. 【考查要点】 效用函数和风险厌恶。
【参考答案】 （1）不一样多，因为效用递减，所以吃他不喜欢的食物失去的快乐比吃他喜欢的食物得到的快乐要多；
（2）吃自助餐有了选择的权利，李雷可以尽量不选那些他不喜欢的食物，而选择那些使他感到愉悦的食物。

（六）拓展思考题

1. 【考查要点】 风险管理手段。
【参考答案】 中国投资者不仅投资于资源行业，而且开始进入金融、农业经营、旅游基础设施和服务等其他众多领域，体现了多元化投资的战略，它是风险管理、资产管理的手段之一。除此之外的风险管理手段还有购买保险，以及购买投资收益较低的产品进行风险-收益权衡等。例如购买保险，利率市场化以后，银行也有可能在竞争中被淘汰而出现破产等状况，将资产存入银行已不再是万无一失的，储户很可能将面临无法取现的风险。金融机构购买存款保险，可以使发生此类风险事件的损失大大降低，从而使风险得到有效控制。

2. 【考查要点】 非理性繁荣。
【参考答案】 2013 年之前的温州楼市属于非理性繁荣。只要资产的价格高于其基本价值，我们就说它存在泡沫，非理性繁荣是偏离理性、带着泡沫而发展的一种现象，显然温州楼市有明显非理性繁荣的印记。其他部分城市楼市的非理性繁荣，实际上是扭曲了经济运行的内在机制。在纷繁复杂的经济活动中，财务预算是经济行为的最主要约束，也是市场经济规律发挥重要作用的基础。而社会经济活动持续不断地开展，主要是经济行为人在自身的财务约束下自主行为选择的结果。可见，财务预算约束是市场经济运行的内在基础。楼市也同样面临财务预算的约束。事实上，楼市的非理性繁荣是对社会购买能力的过度透支，违背了财务预算约束的铁律。

而房价过快上涨引发的财富转移，进一步加重了中等以下收入人群的经济负担，并导致社会消费扩张乏力，对服务业扩张形成较大抑制。楼市对国民经济的"绑架"，使得经济转型的成本非常高昂。如果任由房价非理性上涨，还会积聚更大的经济金融风险，而这必然是国民经济所不能承受的。因此，在未来楼市的调整中，不能因为房价出现下跌就盲目救市，正如不能因为房价出现些许上涨就进行打压一样。

第28章
失 业

一、学习精要

(一) 教学目标

1. 领会就业者、失业者、劳动力以及非劳动力的概念,学会劳动力参工率、失业率等衡量失业情况数据的计算。
2. 理解失业率指标本身存在的问题,以及短期失业带来的社会问题比长期失业小的原因。
3. 掌握自然失业率与周期性失业率之间的联系,理解实际劳动市场背离充分就业理想状态的两大原因,即摩擦性失业和结构性失业。
4. 理解摩擦性失业为什么不可避免,掌握减缓摩擦性失业的政府政策。
5. 理解结构性失业的内涵,掌握最低工资法、工会和集体谈判、效率工资三个导致结构性失业的原因。

(二) 内容提要

决定一国生活水平和经济增长的因素包括储蓄与投资等,除此之外,一国生活水平更明显的决定因素为失业量。失业量在不同国家及不同时期中是不同的。衡量失业量是分析劳动市场的关键。本章重点介绍劳动市场,说明如何用失业统计数字衡量劳动市场,并论述失业的类型、根源及政府减少失业的政策。

1. 失业的确认

(1) 衡量经济中的失业时,根据美国劳工统计局(BLS)的调查数据,可将成年人(16岁及16岁以上)划分为就业者、失业者及非劳动力,并在此基础上计算劳动力、失业率及劳动力参工率。

$$成年人口 = 劳动力 + 非劳动力 = (就业者 + 失业者) + 非劳动力$$

$$劳动力 = 就业者人数 + 失业者人数$$

$$失业率 = \frac{失业者人数}{劳动力} \times 100\%$$

$$劳动力参工率 = \frac{劳动力}{成年人口} \times 100\%$$

(2) 失业率并不是衡量失业或劳动力市场健康状况的完美指标,因为它将丧失信心的工人排除在外,且没有区分全职工作者和兼职工作者,并且一些人可能不会如实报告自己的工作状况。但失业率仍然是劳动市场和宏观经济的一个非常有用的"晴雨表"。

（3）大多数失业的持续时间很短，然而任何一个既定时间段所观察到的大多数失业却是长期的。知道这个微妙的事实能帮助政策制定者制定能更好地帮助失业者的政策。

（4）即使在经济运行良好的情况下，失业率也绝不会下降到零。实际劳动市场背离充分就业理想状态的两个原因分别是摩擦性失业和结构性失业。摩擦性失业是使工人与工作相匹配的过程所引起的失业，一般持续时间较短；结构性失业是指劳动市场上可提供的工作岗位数量不能满足所有失业者的需求，而产生的工资却高于供求均衡水平所引起的失业，一般持续时间较长。工资水平高于均衡工资的原因，又可以归结于最低工资法、集体谈判和效率工资。

2. 寻找工作

（1）寻找工作是使工人与适当工作相匹配的过程。这是因为工人有不同的爱好与技能，不同的工作有不同的要求，而且等候工作者和职位空缺的信息在经济的许多企业和家庭中扩散得很缓慢。

（2）由于经济一直在变动，因此摩擦性失业是不可避免的。摩擦性失业是不同企业间劳动需求变动的结果。同样，由于一国的不同地区生产不同的物品，因此当一个地区的就业增加时，另一个地区的就业就可能减少。各行业或各地区之间的需求构成变动称为部门转移，由于工人在新部门找到工作需要时间，因此部门转移会引起暂时的摩擦性失业。

（3）公共政策和寻找工作。虽然在变动的经济中摩擦性失业是不可避免的，但是可采用各种方法减少摩擦性失业，如使用互联网帮助寻找工作。此外，政府也可以通过政府管理的就业机构发布有关职位空缺的信息，加快工人与工作的匹配，以及实施公共培训计划使处于衰落行业的工人学到转移到增长行业所需的技能。批评者认为私人市场可以比政府更有效地匹配工人与工作。实际上我们经济中的大部分寻找工作的活动都是在没有政府干预的情况下进行的。

（4）失业保险。失业保险是当工人失业时为他们提供部分收入保障。虽然失业保险减轻了失业的痛苦，但是增加了摩擦性失业。因为人们会对激励做出反应，当工人找到一份新工作时失业补助才停止发放，所以失业者不会努力地找工作，而更可能拒绝缺乏吸引力的工作。不过，失业保险虽然降低了失业者找工作的努力程度，但同时也降低了工人面临的收入不确定性，并提高了一个经济使每个工人与其适合的工作相匹配的能力，进而提高了生产率。

3. 最低工资法

（1）产生结构性失业的第一个原因是最低工资法。最低工资法迫使工资高于供求均衡水平，从而增加了劳动供给量并减少了劳动需求量，导致存在过剩劳动。由于愿意工作的工人数量多于工作岗位的数量，因此一些工人成为失业者。

（2）对低技能或缺乏经验的工人而言，最低工资超过均衡工资，这会导致结构性失业。但这部分工人只是劳动力的一小部分，最低工资法并不影响每一个人，大多数工人的工资远远高于法定最低工资。因此最低工资不能解释大部分的失业。

4. 工会和集体谈判

（1）产生结构性失业的第二个原因是工会和集体谈判。工会是就工资、津贴和工作条件与雇主进行集体谈判的工人协会，可以把工会看成一种卡特尔。与任何卡特尔一样，工会是卖者共同行动以希望发挥其共同市场势力的一个群体。大多数卡特尔都是违法的，但工会不受反托拉斯法（禁止垄断的法律）的限制。因此，工会可以用其市场势力来为工人争取更高的工资和福利。

（2）当工会把工资提高到均衡水平以上时，就增加了劳动供给量而减少了劳动需求量，从而引起结构性失业。那些在较高工资时仍然就业的"局内人"的状况变好了，而那些以前有工作而现在失业的"局外人"的状况变差了，并且这些"局外人"会去没有工会的劳动市场，这将增加那些市场的劳动供给，并降低其均衡工资。

（3）经济学家关于工会对经济是好还是坏的看法并不一致。批评者认为：工会是一种卡特尔，它们把工资提高到均衡水平以上，引起失业并降低了其他没有工会的劳动市场的工资，是既无效率又不公平的。而支持者认为：工会与大企业的市场势力相抗衡，并使企业对工人的要求更积极地做出回应，是有效率的。

5. 效率工资理论

（1）产生结构性失业的第三个原因是效率工资。效率工资是企业为了提高工人的生产率而自愿支付给工人高于均衡水平的工资。因此效率工资类似于最低工资法和工会，也会导致结构性失业。

（2）企业自愿地支付给工人高于均衡水平的工资，其原因主要在于工人的健康会由于支付高工资而得到改善，工人的流动率会由于支付高工资而降低，工人的素质会由于支付高工资而提高，工人的努力程度会由于支付高工资而提高。

6. 结论

即使经济运行良好，失业也会一直存在，自然失业率可以用摩擦性失业和结构性失业来解释。要注意的是，自然失业率是长期存在的，但并不是不变的，许多事件和政策都会改变经济正常运行时所存在的自然失业率。

（三）关键概念

1. 劳动力：既包括就业者又包括失业者的工人总数。
2. 失业率：劳动力中失业者所占的百分比。
3. 劳动力参工率：劳动力占成年人口的百分比。
4. 自然失业率：失业率围绕它而上下波动的正常失业率。
5. 周期性失业：失业率对自然失业率的背离。
6. 摩擦性失业：因工人寻找最适合自己爱好和技能的工作需要时间而引起的失业。
7. 结构性失业：因某些劳动市场上可提供的工作岗位数量不足以为每个想工作的人提供工作而引起的失业。
8. 寻找工作：在工人的爱好与技能既定时工人寻找适当工作的过程。
9. 工会：与雇主就工资、津贴和工作条件进行谈判的工人协会。
10. 效率工资：企业为了提高工人的生产率而支付的高于均衡水平的工资。

（四）拓展提示

1. 衡量和解释失业是比较难的，原因在于人们频繁地进入和退出劳动力队伍。例如在固定的时间内，有新进入劳动力队伍的年轻人、重新返回工作岗位的人以及失业退出劳动力队伍的人等。此外还有两种失业者：一是为了得到政府的经济补助而自己不去找工作的人和为了避税暗中得到了报酬的非劳动力也被视为失业者，使失业统计数字偏高；二是非劳动力中的人有的想工作，有的因找不到工作而放弃努力找工作（即丧失信心的工人），这些人在失业统计数字中没有体现，使失业统计数字偏低。

2. 即使工资定在均衡工资时,也会出现失业,这种失业为摩擦性失业,其原因在于:不论工资水平如何,寻找工作者与用人单位之间的匹配必定需要一定的时间。例如,人们搬到一个新城市后需要寻找工作;一个人由于某种职业不够理想而想寻找其他职业所引起的暂时性失业;大学毕业生寻找一个工作时需要花费一段时间,从而导致暂时性失业;妇女产后可能需要重新寻找工作;等等。这些在劳动力流动过程中造成的失业,以及有意向新加入劳动力队伍或重新加入劳动力队伍过程中的失业均属于摩擦性失业。因此,可以认为,由于工资高于均衡工资而引起的结构性失业是在摩擦性失业之上增加的失业。

3. 为了给这些低技能工人提供基本的生活保障,政府可能会制定最低工资法,以高于均衡工资的工资水平来确保其收入的稳定。另外,在职的工人可能会通过工会力求高于均衡工资的工资,从而获取高收入。还有的用人单位为了提高效率,以高于均衡工资的形式,将工资与效率挂钩,以实现生产经营的高效率。这些工资高于均衡工资的现象会引起劳动供给过剩从而导致结构性失业现象出现。

4. 由于经济社会一直在发展,政府政策、制度和行为也一直在发生变动,因此自然失业率不可能一成不变。随着经济的变动和部门的转移,随着信息革命引起的寻找工作过程的变动,随着最低工资法的调整,随着工会组织及其相关成员的变动,以及随着企业改变对效率工资的依赖,自然失业率也会发生变化。

二、新闻透视

(一) 新闻透视 A

2018 年全国最低工资排行出炉:31 省(自治区、直辖市)最低工资是多少

人社部 10 日公布全国各地区月最低工资标准情况(截至 2018 年 9 月),其中,上海的月最低工资标准达到 2 420 元,为全国最高。上海、广东、北京、天津、江苏、浙江这 6 个省市的月最低工资标准超过 2 000 元大关。你的家乡排第几?

月最低工资:上海最高,为 2 420 元。根据《最低工资规定》,最低工资标准一般采取月最低工资标准和小时最低工资标准的形式。月最低工资标准适用于全日制就业劳动者,小时最低工资标准适用于非全日制就业劳动者。在 31 个省(自治区、直辖市)中,上海的月最低工资标准达到 2 420 元,排名全国第一。目前,上海、广东、北京、天津、江苏、浙江这 6 个省市的月最低工资标准已超过 2 000 元大关。

小时最低工资:北京最高,为 24 元。在小时最低工资标准方面,北京、上海、天津、广东的小时最低工资标准超过 20 元大关。其中,北京的小时最低工资标准全国最高,为 24 元。上海次之,为 21 元;天津位居第三,为 20.8 元;广东位居第四,为 20.3 元。

为什么会有不同档次的最低工资? 细心的网友发现,在同一个省(自治区、直辖市),却有着不同档次的最低工资标准,这是为什么呢?原来,根据《最低工资规定》,省(自治区、直辖市)范围内的不同行政区域可以有不同的最低工资标准。

最低工资包含"五险一金"吗? 每当最低工资标准发布后,很多网友都会问,最低工资里是否包括个人缴纳的"五险一金"? 事实上,对于最低工资标准是否包含个人缴纳的"五险一金",各地的规定不尽一致,所以各地的最低工资的"含金量"也有高有低。多数地方明确包

含在内,例如四川明确规定,最低工资标准包含个人应缴纳的社会保险费和住房公积金。有的地方明确不包含,例如北京、上海明确规定,劳动者个人应缴纳的各项社会保险费和住房公积金,不作为最低工资标准的组成部分,用人单位应按规定另行支付。中国劳动学会副会长苏海南说,不包含"五险一金"的最低工资标准,其"含金量"更高。因为用人单位需要另行支付"五险一金",对于劳动者来说,拿到手的工资也就更多。

工资低于最低工资标准怎么办? 根据《最低工资规定》,在劳动者提供正常劳动的情况下,用人单位应支付给劳动者的工资在剔除下列各项以后,不得低于当地最低工资标准:(一)延长工作时间工资;(二)中班、夜班、高温、低温、井下、有毒有害等特殊工作环境、条件下的津贴;(三)法律、法规和国家规定的劳动者福利待遇等。也就是说,你的工资在剔除上述各项后,不能低于当地最低工资。如果你发现自己的工资低于当地最低工资标准,可拨打"12333"人力资源和社会保障热线或向当地劳动保障监察机构投诉,也可向当地劳动争议仲裁机构申请仲裁,维护自己的合法权益。

资料来源:李金磊.2018年全国最低工资排行出炉:31省最低工资是多少[EB/OL].(2019-01-10)[2019-04-25]. http://www.chinanews.com/cj/2019/01-10/8725200.shtml.

【关联理论】

最低工资法迫使工资高于供求平衡的水平,从而增加了劳动供给量而减少了劳动需求量,因而会产生劳动力过剩,即产生结构性失业问题。效率工资是指企业为了提高工人的生产率而自愿支付的高于均衡水平的工资。与最低工资法相似,这会引起工资高于使劳动供给量与劳动需求量相等的水平,因而也会引起结构性失业。

【新闻评析】

针对最低工资标准,一些反对者认为:工资水平应该由市场决定;政府确定最低工资标准,是对劳动市场的粗暴干预。因为政府定的标准线高于市场均衡水平,要求企业强制执行,这会增加企业的劳动力成本。企业将被迫裁减员工,或将投资转向低工资地区,结果造成社会失业水平提高。而这部分失去工作的人,原本又是社会最底层的弱势人群。因此,在他们看来,制定并提高最低工资标准线,既会降低经济效率,又会损害社会公平。但反观斯蒂格利茨的"效率工资理论",企业给予工人高出市场均衡水平的工资,不仅能有效提高生产企业的微观效率,也会提高经济整体的宏观效率。在微观层面,由于企业支付给劳动者的工资水平一般高于市场决定的水平,因而劳动力市场始终存在失业者。这部分失业者一方面充当了蓄水池作用,另一方面对在岗劳动者形成了一种心理压力——好好工作,否则门外等着找工作的就是你。这样,企业微观效率自然会提高。在宏观层面,企业给予劳动者更高的工资,会提高全社会的购买力水平。随着社会总消费的增加,区域经济会更加繁荣,企业总产量也会随之增加,从而雇用更多劳动力,整个社会的就业水平就会上升。

一些反对者认为,就整个社会而言,从公平角度来看,劳动力中最不熟练的工人和经验最少的工人也是需要政府考虑的一个群体。并且由于大多数工人的工资都远远高于法定最低工资,因而尽管最低工资标准是引起中国经济中存在失业的原因之一,但绝不是主要原因。从斯蒂格利茨的"效率工资理论"来说,政府提高最低工资标准,只不过是政府强制企业做了一件企业所不愿意做的事而已,与企业自愿提高工资相比,其对微观经济和宏观经济的影响其实并无二致。但需要注意的是,针对企业主体来说,强迫和自愿终究还是有所差别的,因为效率工资体现了企业管理在效率实现考虑上所达到的一种高度,而政府实行最低工资并强制企业执行,可能会引起雇主对低技能工人的人性化管理及非工资福利方面的非良性变化。

(二) 新闻透视 B

新闻片段 1:全国总工会签订集体合同企业达 644.1 万家,覆盖职工近 3 亿人

记者日前从中华全国总工会获悉,全国总工会开展的集体协商制度取得成效,签订集体合同的企业达到 644.1 万家,覆盖职工近 3 亿人。

党的十八大以来,全国工会积极贯彻落实中央就加强企业协商民主、构建和谐劳动关系的要求,大力推进集体协商工作深入开展。集体协商内容日渐丰富完善,既协商工资增幅、最低工资、工种指导价等基本内容,又涵盖劳动条件、用工管理、后勤福利等拓展内容。

截至 2017 年 9 月底,全国共签订集体合同 246 万份,覆盖企业 644.1 万家,覆盖职工 2.8 亿人,职工权益得到保障。全国总工会有关人士介绍,在开展集体协商过程中,2017 年工会提供就业服务 1 200 万人次,全国总工会指导地方工会办结职工法律援助案件 2 468 件,为职工挽回经济损失 1.37 亿元。

今后,工会组织还将定期开展劳动关系发展分析,探索建立劳资纠纷源头治理机制,完善劳动人事调节、仲裁多元处理机制等,帮助职工解决难题,加强集体协商制度的建设。

资料来源:全国总工会:签订集体合同企业达 644.1 万家 覆盖职工近 3 亿[EB/OL].(2018-01-14) [2019-04-25]. http://news.sina.com.cn/o/2018-01-14/doc-ifyqptqv9149123.shtml.

新闻片段 2:温州市总工会与工资专项集体合同

温州市饭店与餐饮行业的 13 家饭店企业在市总工会集体签订了工资专项集体合同,集体约定该行业的职工工资待遇。这是我市诞生的首份市级行业工资专项集体合同。在签订仪式上,市区 13 家饭店餐饮企业的职工代表审议并通过了本行业工资专项集体合同。这份合同明确了行业内职工的工资分配制度、工资支付办法、最低工资标准、加班工资、工资调整幅度、职工保险、工作时间和休息休假、职工福利等重点内容,对温州市中心城区(鹿城区、瓯海区、龙湾区、经济技术开发区)的饭店与餐饮行业的企业和从业职工都具有法律约束力。

合同约定,温州市中心城区(鹿城区、瓯海区、龙湾区、经济技术开发区)的饭店餐饮行业内的最低工资标准为 1 660 元/月,并明确了不同岗位的工资标准,其中工资最高的为厨师长岗位,最低工资标准为 6 000 元/月;其次为餐厅部经理、客服部经理;工资最低的为客房服务员,最低标准为 1 660 元/月。此外,合同约定 2015 年度职工工资增长幅度不低于 5%,加班报酬不低于工资的 150%~300%,每月扣除的部分不得超过劳动者当月工资的 20%。同时,合同还明确了对于女职工的特殊保护,以及其他职工福利和保险。

据温州市总工会相关负责人介绍,工资专项集体合同不仅能为化解企业的劳资矛盾提供制度化的平台,也有利于进一步规范行业的用工秩序,对我市各行业具有示范导向作用和借鉴意义。

资料来源:项琦宜.温州 13 家饭店签订集体工资合同 最低不少于 1 660 元[EB/OL].(2014-11-12) [2019-04-25]. http://news.66wz.com/system/2014/11/12/104270575.shtml.

【关联理论】

工会是就工资、津贴和工作条件与雇主进行集体谈判的工人协会,可以用其市场势力来为工人争取更高的工资和福利。但当工会把工资提高到均衡水平以上时,就增加了劳动供给量而减少了劳动需求量,从而引起结构性失业。在较高工资时仍然就业的"局内人"状况变好,是以此前有工作而现在失业的"局外人"状况变差为代价的。经济学家关于工会对整个经济是好还是坏的看法并不一致。

【新闻评析】

通过新闻片段 1 可以发现,全国总工会通过集体协商制度,在治理劳资纠纷、完善劳动人事调节以及构建和谐劳动关系等方面起到了重要作用。维护职工合法权益是工会的基本职责。工会的维权包括在个别劳动关系中指导和帮助职工签订劳动合同,维护劳动者的个别劳动权利,也包括代表职工与用人单位签订集体合同来维护劳动者的集体劳动权利。《劳动合同法》第六条规定:"工会应当帮助、指导劳动者与用人单位依法订立和履行劳动合同,并与用人单位建立集体协商机制,维护劳动者的合法权益。"第五十一条规定:"集体合同由工会代表企业职工一方与用人单位订立;尚未建立工会的用人单位,由上级工会指导劳动者推举的代表与用人单位订立。"这些规定是工会维护劳动者权益,代表职工与用人单位进行集体协商,签订集体合同的法律依据。

在新闻片段 2 中,温州市饭店与餐饮行业的 13 家饭店企业集体签订工资专项集体合同,集体约定该行业的职工工资待遇,体现出温州市总工会在维护饭店与餐饮行业从业人员待遇和权益方面所发挥的重要作用。饭店与餐饮行业是第三产业中传统服务业的重要组成部分,由于该行业市场化程度高、用工量大、用工方式灵活,又是劳资关系矛盾多发的行业,工资专项集体合同不仅有利于调动职工的劳动积极性,也有利于促进企业的持续发展。但我们也必须注意到,工资专项集体合同中包含最低工资标准等核心内容。如果工会把工资提高到均衡水平以上,就增加了劳动供给量而减少了劳动需求量,从而可能引起结构性失业。即使工会在使工资高于均衡水平和引起失业上有不利影响,它们在帮助企业保有一支乐观而富有生产效率的劳动力队伍方面确实有积极作用。

三、案例研究

(一) 案例研究 A

失业保险制度中的道德风险

道德风险最早是保险学中的一个概念,指投保人投保后,对其保险标的的注意程度会降低,从而增加了保险标的的风险。经济学家将这个概念一般化后,主要指委托人和代理人之间信息不对称导致代理人为追求自身利益最大化,损害委托人的利益而不必为其承担责任的行为。道德风险包括事前道德风险(即逆向选择)和事后道德风险,前者被称为隐藏信息的道德风险,后者被称为隐藏行动的道德风险。

失业保险产生道德风险问题,最初是由 20 世纪 70 年代的劳动经济学家们提出的。他们从微观经济学的视角来研究失业保险制度对劳动力供给行为的影响,特别是工作搜寻理论的出现,为经济学研究失业者的理性行为提供了重要的分析工具。具体来说,失业保险中的道德风险主要是指在失业保险制度下,保险方(失业保险机构)和被保险方(参保人、失业者)当事人之间存在信息强弱不对等的关系,保险双方的其中一方(失业保险机构)不能观测到另外一方(参保人)失业的真正原因、失业期间有无求职要求、是否积极努力地寻找工作等情况,因此处于信息的相对劣势方,而参保人在失业后成为受益方,其对自身失业原因、生活状况、工作环境以及工作搜寻努力程度等都有全面的把握,因此处于信息的相对优势方。这样,典型的道德风险问题便在失业保险领域产生了。

在失业保险领域,道德风险的表现形式有以下几个方面:

(1) 自愿失业问题。失业保险道德风险中的自愿失业是指参保人因主观原因而导致失业,其目的在于获得一定数额的失业保险金。在失业保险制度中,失业保险机构在认定参保人的失业事实时,很难准确把握失业人员是否因主观原因而导致失业的发生。部分参保人利用自身的信息优势,主动自愿失业,冒充失业人员领取失业保险金。虽然失业保险金的数额有限,不可能完全满足失业人员的现实需要,但失业保险金是在参保人不参加任何工作的情况下发放的,因此失业保险金对于自愿失业者来说还是具有一定的吸引力的。

(2) 隐性就业问题。隐性就业是指已在下岗再就业服务中心或失业保险主管部门登记为下岗或失业人员,并按期领取失业保险待遇或最低生活保障金,但在实现再就业后未向行政主管部门及时申报就业状况及劳动收入的情况。隐性就业的大量存在不仅会造成巨额失业保险基金的流失,同时也会造成失业保险制度的低效运行。

(3) 延缓就业问题。延缓就业是指失业人员在失业后由于可以领取失业保险待遇,很可能会为了享受闲暇,而降低自己搜寻工作的努力程度,使自己处于失业状态,直到失业保险金领取到期。延缓就业问题在西方高福利国家表现得尤为突出,因为在这些国家,政府支付给失业人员的失业保险金数额是较高的,一般按照失业人员失业前工资的40%~75%来支付,有的国家甚至按照工资标准等额支付。按照这个标准,失业人员所领取的失业保险金完全可以维持其在失业期间的基本生活。这使得西方高福利国家的失业人员为了享受闲暇并领取失业保险金而不去寻找工作,由此造成了延缓就业问题。即使在低失业保险金的发展中国家,由于失业保险金的获得并不需要失业人员付出劳动,失业人员仍然可以依靠失业保险金维持基本生活,因而较低的失业保险金也会促使失业人员故意延缓就业。在中国失业保险领域,主要的道德风险是由自愿失业和隐性就业导致的,而延缓就业是高福利国家失业保险领域道德风险的主要表现。

资料来源:任伟.失业保险中的道德风险及其规避研究[D].保定:河北大学,2013.

【关联理论】

失业保险是当工人失业时为他们提供部分收入保障。虽然失业保险减轻了失业的痛苦,但是增加了摩擦性失业量。因为人们会对激励做出反应,当工人找到一份新工作时失业补助才停止发放,所以失业者不会努力地找工作,而更可能拒绝缺乏吸引力的工作。在失业保险领域存在的道德风险即为以上观点的有力支撑。尽管失业保险降低了失业者找工作的努力程度,但是也降低了工人面临的收入不确定性,并提高了一个经济使每个工人与其适合的工作相匹配的能力,进而提高了生产率。

【案例解析】

失业保险作为中国社会保障体系的重要组成部分,在保障失业者基本生活、促进劳动者就业和维护社会稳定等方面发挥着重要作用。但是必须正视的是,失业保险也增加了摩擦性失业人数,因为这一制度设计影响了失业者寻找工作的努力程度。随着中国失业保险制度的不断发展,自愿失业、延缓就业和隐性就业等道德风险问题在失业保险领域愈发突出,一定程度上阻碍了中国失业保险制度的有效运行,为今后失业保险的健康发展埋下了隐患。因此,如何有效规避失业保险中的道德风险就成了政府不得不关注的一个问题。中国是一个发展中国家,其经济发展水平远远落后于发达国家,再加上政府把经济建设放在首要的战略地位,因此,在中国失业保险制度的实施过程中,也暴露出诸多问题。

首先,失业保险替代率过低,平滑消费功能不足,隐性就业问题严重。失业保险替代率的高低关系到失业保险政策的再分配功能和平滑消费功能的大小,失业保险金水平越高,越能平滑劳动者失业后的消费,以至于他们不会因失去工作而陷入极度贫困。在中国低工资的现实情况下,现有的失业保险金水平不能较好地保障失业者本人和家庭成员的生活需求,平滑消费的功能也极小。过低的失业保险替代率导致大量的隐性就业人员存在。据劳动保障部门的统计,在全部城镇登记失业人员中大约有50%~90%的下岗失业人员实现了隐性就业。

其次,失业保险基金再就业服务功能薄弱。中国失业保险基金不仅为失业者提供失业期间的基本生活保障,而且还为他们提供职业介绍、职业培训等促进其尽快实现再就业的服务。然而在有限的失业保险基金支出中,用于再就业的资金微乎其微,如2007年失业保险基金中用于再就业服务的资金仅占失业保险支出总额的10.8%,分摊到当年每个领取失业保险金的失业人员身上只有45元/月,这对提高失业人员的技能是远远不够的。2010年之后,中国失业保险事业取得快速发展,无论参保人数还是覆盖率均有明显上涨,发挥了失业保险的基本职能,失业保险基金中用于再就业服务的资金占失业保险支出总额的比例也有所提升。但由于我国长年存在比较严重的失业保险基金收大于支的现象,导致大量失业保险基金滚存结余。据财政部公布的《关于2012年全国社会保险基金决算的说明》,2012年失业保险收入1 139亿元,完成预算的124%;失业保险支出450亿元,完成预算的91%。基金累计结余过多,支出渠道过窄,惠及参保人群人数过少,失业保险基金的使用效率过低,严重降低了失业保险制度再就业服务功能的发挥。

最后,失业保险的监督机制不完善。中国失业保险制度实行的是以政府为主导的管理体制,由于监督和惩罚不严,道德风险行为得不到有效的遏制。在失业保险制度设计中,对申请失业保险的资格条件和取消领取失业保险金的情况都有明确的规定,但享受资格条件对"非自愿失业"和"正在积极寻找工作"缺乏足够的、有效的监督手段及可操作的措施,致使失业保险机构无法甄别出失业者失业的真正原因,无法及时发现导致道德风险的隐性就业。由于监督机制的缺位,停领失业保险金的限制条件——"无正当理由拒绝合适工作"这一条款很难真正实施。有效的审核、监督和惩罚机制的缺失,损害了失业保险的公平性,降低了人们对失业保险的信任度。

失业保险制度设计中存在的上述问题,导致失业保险制度中道德风险难以规避,失业保险制度不能充分发挥其保生活、促就业、防失业的三大基本功能。针对中国失业保险制度存在的问题,可提出以下针对道德风险的防范措施:增加决定失业保险金水平的参数,适当提高失业保险金替代率;适当缩短中国失业保险金的领取期限,缓解中国失业保险领域内普遍存在的隐性就业问题;建立失业保险个人账户,并与其养老保险个人账户相关联,在劳动者退休之后将失业保险个人账户中的余额转移到养老保险个人账户中,在一定程度上激励失业者再就业;加强失业保险制度的监督与惩罚措施,健全失业保险管理信息系统,从而为失业保险的长期稳定发展奠定坚实的基础。

（二）案例研究 B

案例片段 1：新冠肺炎疫情下的中国失业率状况

据《中国经济周刊》2020年3月30日报道，受新冠肺炎疫情影响，2月份全国城镇调查失业率为6.2%，环比上升0.9个百分点，城镇就业压力加大。但就业稳定的基础条件没变，随着统筹疫情防控和经济社会发展一系列政策措施的实施，各项稳就业政策落地见效，预计就业形势将逐渐改善。1—2月份，全国城镇新增就业108万人。从结构上来看，服务业就业是受疫情冲击最大的行业。校园招聘及企业面试的被迫推迟或取消，以及企业复工推迟和交通运输中断，使大学生和农民工成为受疫情影响最严重的群体。2020年3月18日，国务院办公厅印发《关于应对新冠肺炎疫情影响强化稳就业举措的实施意见》，围绕更好实施就业优先政策、引导农民工安全有序转移就业、拓宽高校毕业生就业渠道、加强困难人员兜底保障、完善职业培训和就业服务五个方面提出具体政策措施强化稳就业。另据国家统计局网站消息，2020年1—4月份，全国城镇新增就业354万人，与上年同期相比少增105万人。4月份，全国城镇调查失业率为6.0%，比3月份上升0.1个百分点；其中16—24岁人口、25—59岁人口调查失业率分别为13.8%、5.5%，分别比3月份高0.5、0.1个百分点。31个大城市城镇调查失业率为5.8%，比3月份上升0.1个百分点。4月份，全国企业就业人员周平均工作时间为44.3小时，比3月份减少0.5小时。

资料来源：(1) 2月份失业率升至6.2% 统筹政策实施将带动就业形势改善.中国经济周刊[J/OL].(2020-03-30)[2020-12-27].http://www.ceweekly.cn/2020/0330/291961.shtml.(2) 国家统计局.2020年4月份全国城镇调查失业率为6.0%[EB/OL].(2020-05-15)[2020-12-27].http://www.ce.cn/xwzx/gnsz/gdxw/202005/15/t20200515_34914618.shtml.

案例片段 2：新冠肺炎疫情下的美国失业率状况

美国劳工部日前发布报告称，新冠肺炎疫情所引发的经济停摆在4月份对美国就业市场造成了历史性的影响，导致该月非农就业人数减少了2050万，预期减少2200万人，失业率飙升至14.7%，创下第二次世界大战以来美国单月最高失业率纪录。疫情之下，美国受影响最严重的行业是休闲业和酒店业，4月份的失业人数达到了惊人的770万，其中餐饮行业的失业人数高达550万。为了获得失业救济金，许多美国人争先恐后地挤向劳工部网站登记失业。虽然政府已经授权了数万亿美元的刺激资金，但是资金获取的滞后性和项目资金的短缺都可能将就业率推向更高水平。白宫高级经济顾问凯文·哈塞特（Kevin Hassett）表示，美国5月份的失业率或将超过20%，预计6月份失业率比5月份更高，一直到举行总统大选的11月，失业率可能都将保持在两位数。

资料来源：美国失业率飙升 创下"二战"以来最高纪录.中国总会计师[J].2020,5:12.

【关联理论】

从广义上来说，失业率可以表述为一定时期满足全部就业条件的就业人口中仍未有工作的劳动力数字或比率，旨在衡量闲置中的劳动产能，是反映一个国家或地区失业状况的主要指标。因此，不少国家将失业率定义为：失业率＝失业人数/(就业人数＋失业人数)×100%。衡量经济中的失业量看似容易，实际上并非如此。一旦采用的统计方法不同，最后得出的统计结果就可能不同,或者部分结果可能出现失真。比较各种统计方法的优劣有利于对一个国家或地区的失业情况进行公正评估。

【案例解析】

一直以来,失业率数字都被视为反映整体经济状况的指标之一,是市场上最为敏感的月度经济指标。世界上大多数国家都采用两种失业统计方法。一种是行政登记失业率,另一种是调查失业率。两种失业率都是政府决策的重要依据。登记失业率统计的是到公共就业服务机构进行失业登记、享受失业保险待遇并求职的失业人员数量。由于各国公共就业服务和社会保险发展水平不一,因此登记失业率在国与国之间不能比较。而调查失业率基本依据的是国际化的失业定义,可以进行国际比较。

从以上两则新闻可以看出,新冠肺炎疫情背景下中美两国失业率的对比数据,也反映出两国政府面对疫情采取的不同措施对经济的影响。美国对疫情防控不力,随之而来的是经济停摆和失业率飙升;相比之下,中国政府的担当及稳就业的强有力举措,使得中国城镇调查失业率处于可控范围。经济增速、物价涨幅、国际收支平衡状况、失业率是宏观经济四大指标。但是长期以来,失业率在受关注度上略低于其他三项指标。其中一个重要原因就在于,中国一直采用的是城镇登记失业率,而这一指标本身有诸多局限。

作为多年来中国官方正式公布的失业率指标,城镇登记失业率是劳动和社会保障部门通过各级失业登记系统的行政记录进行汇总统计的。所谓城镇登记失业率是指城镇失业人数在总劳动力人数中所占的比重,其分子是登记的城镇失业人数,分母是城镇从业人数与登记失业人数之和。尽管城镇登记失业率是政府制定就业政策的主要参考依据,但由于中国就业服务体系和社会保障体系还不完善,到劳动保障部门就业服务机构登记求职的失业人员数据不够全面,再加上就业和失业登记办法还不健全、不规范,因此存在着实际失业率高于登记失业率的现象。2018年中国明确将城镇调查失业率纳入预期目标,是经济领域、民生领域的一大进步。调查失业率越接近真实,就越能够全面地反映出就业总体状况,及时发现失业率的变化起伏。作为基本统计指标,就业数据越精确,对于与就业直接相关的民生政策制定,如延迟退休、养老保险费率、失业培训等,也就越有针对性。现在中国同时把城镇调查失业率和城镇登记失业率纳入预期目标,不仅实现了数据的公开透明、真实精准,同时也表明了中国对未来经济发展充满信心。

四、课外习题

(一) 术语解释

1. 失业率
2. 劳动力参工率
3. 自然失业率
4. 摩擦性失业
5. 效率工资

（二）单项选择

1. 经济中正常存在的失业率为（　　）。
   A. 效率工资失业　　B. 摩擦性失业　　C. 周期性失业　　D. 自然失业率
2. 在家中照顾老人的妇女是（　　）。
   A. 失业者　　　　　　　　　　　　B. 就业者
   C. 非劳动者　　　　　　　　　　　D. 丧失信心的工人
3. 已知总人口为195.4万人，成年人口为139.7万人，失业者数量为5.7万人，就业者数量为92.3万人，则失业率等于（　　）。
   A. 3.2%　　　　B. 5.8%　　　　C. 5.7%　　　　D. 6.2%
4. 充分就业的含义是（　　）。
   A. 人人都有工作，没有失业者　　　B. 消灭了周期性失业时的就业状态
   C. 消灭了自然失业时的就业状态　　D. 失业率为自然失业率的状态
5. 由于寻找工作需要时间的失业属于（　　）。
   A. 摩擦性失业　　B. 结构性失业　　C. 周期性失业　　D. 永久性失业
6. 最低工资会造成（　　）失业。
   A. 劳动技能最好的人　　　　　　　B. 劳动技能最差的人
   C. 劳动技能一般的人　　　　　　　D. 没有劳动技能的人
7. 工资高于竞争的均衡工资会引起（　　）。
   A. 结构性失业　　B. 周期性失业　　C. 摩擦性失业　　D. 部门性失业
8. 如果工资基于任何一种原因高于均衡水平，则（　　）。
   A. 工会很可能组织罢工，而且工资下降到均衡水平
   B. 求职者的素质会下降
   C. 劳动的供给量将大于劳动的需求量，并存在失业
   D. 劳动的需求量将大于劳动的供给量，并存在劳动短缺
9. 部门转移会提高哪一种类型的失业？（　　）
   A. 摩擦性失业　　　　　　　　　　B. 结构性失业
   C. 工会引起的失业　　　　　　　　D. 效率工资引起的失业
10. 以下哪一项政府政策不能降低失业率？（　　）
    A. 减少失业补助　　　　　　　　　B. 建立就业服务机构
    C. 实施工人培训计划　　　　　　　D. 提高最低工资
11. 因为（　　），摩擦性失业是不可避免的。
    A. 效率工资高于均衡工资　　　　　B. 最低工资法
    C. 不同企业之间劳动需求的变动　　D. 工会
12. 以下哪一项关于效率工资理论的表述是正确的？（　　）
    A. 企业并不能选择它们是否支付效率工资，因为这些工资是由法律决定的
    B. 支付最低的可能工资总是最有效率的
    C. 支付高于竞争性均衡工资的工资会使工人不负责任

D. 支付高于竞争性均衡工资的工资会改善工人的健康状况,降低工人流动率,提高工人的素质,并提高工人的努力程度

13. 工会会如何扩大"局内人"与"局外人"工资的差别?(　　)
    A. 提高有工会部门的工资,这会引起非工会部门的工人供给增加
    B. 提高有工会部门的工资,这会引起非工会部门的工人供给减少
    C. 减少非工会部门的工人需求
    D. 增加非工会部门的工人需求

14. 即使工资处于竞争均衡水平也仍存在的是(　　)。
    A. 由最低工资法引起的失业　　B. 由工会引起的失业
    C. 由效率工资引起的失业　　　D. 摩擦性失业

15. 如果支付给被解雇工人相当于其正常工资95%的失业保险,那么(　　)。
    A. 官方失业率也许会低估真正的失业　　B. 官方失业率也许会高估真正的失业
    C. 对官方失业率没有影响　　　　　　　D. 摩擦性失业会下降

(三) 判断正误

1. 如果工资总是处于竞争均衡水平,就绝对没有失业。(　　)
2. 失业是社会需要就业的人数大于企业等用工单位需要的人数。(　　)
3. 失业保险的存在会降低失业率,因为失业补助的领取者不属于劳动力。(　　)
4. 企业会自愿地支付高于使工人供求平衡的工资水平的工资,是因为企业相信高工资提高了求职者的平均素质。(　　)
5. 失业分为自愿失业和被迫失业等不同情况。(　　)
6. 自然失业率是即使在长期中也不能消除的失业率。(　　)
7. 男性、女性、青少年、成年人等不同群体的失业率几乎都是相同的。(　　)
8. 最低工资对熟练工人市场的影响可能小于对非熟练工人市场的影响。(　　)
9. 工会的存在往往会提高"局外人"的工资,并降低"局内人"的工资。(　　)
10. 支付效率工资往往会提高工人的流动率,因为如果工人"跳槽",他们就可以一直得到高工资。(　　)

(四) 简答题

1. 1997年到1998年美国的总就业人数增加了210万,但在同一时期,失业人数只减少了50万。如何使这两个数字相互一致呢?为什么可以认为失业人数的减少小于就业人数的增加呢?
2. 考虑有两个劳动市场,每个市场都是没有工会的经济。现在假设在一个劳动市场上成立了工会。说明工会对该工会所在的劳动市场的影响。在什么意义上可以说这个市场上就业的劳动量是无效率的?
3. 最低工资法能更好地解释青少年的失业还是大学毕业生的失业?为什么?
4. 即使工资处于竞争均衡水平,哪一种类型的失业仍会出现?为什么?失业保险是如何增加此种失业的?

5. 引起结构性失业的原因有哪几种？其中,最低工资法在会计师市场上引起的失业多吗？为什么？

（五）应用题

1. 为什么摩擦性失业是不可避免的？政府如何降低摩擦性失业？
2. 用劳动市场图说明最低工资提高对工人所得到的工资、劳动供给量、劳动需求量和失业量的影响。
3. 以下工人更可能经历短期失业还是长期失业？请解释。
   （1）由于坏天气而被解雇的建筑工人。
   （2）在一个偏僻地区的工厂中失去工作的制造业工人。
   （3）由于铁路竞争而被解雇的驿站业工人。
   （4）当一家新餐馆在马路对面开业时,失去工作的快餐店厨师。
   （5）当公司安装了自动焊接机时,失去工作的受正规教育很少的专业焊接工。

（六）拓展思考题

1. 解释企业通过提高它所支付的工资来增加利润的四种方式。
2. 阅读以下关于进城务工人员失业风险的报道,并对中国农村存在的隐性失业问题进行评论。

近2亿进城务工人员面临失业风险吗？有专家称这并不科幻

随着科技的迅速发展,人工智能时代已经来临。而人工智能首先取代的可能是进城务工人员的工作。这也是我们要面对的一个社会问题,就是庞大的进城务工人员群体该如何生存？2018年11月2日,在中国发展研究基金会举办的"从经济学视角看贫困儿童教育"媒体研讨沙龙上,有学者提出,人工智能时代的到来将使1.92亿进城务工人员群体的工作面临被替代的风险。

随着现代化技术的发展,目前确实有不少工厂选择用机器代替人,比如富士康、娃哈哈这些企业流水线上的工人,相比前些年已经大幅减少。以前娃哈哈流水线大概需要几十个工人,现在只需要几个工人来监督机器人工作,这极大地减少了进城务工人员的就业机会。毕竟从现实角度来看,进城务工人员能选择的工作和行业多数都是技术含量低的工作。实际上,机器人在学习,人类也在学习。但机器人学习技术含量相对较低行业技能的速度非常惊人,而人类学习却会受到外在环境、生活习惯、思维认知模式等综合性因素的影响。尤其许多进城务工人员并不具备良好的学习能力,特别是年龄大的进城务工人员学习的难度非常大。

人工智能时代已经来临,谁都无法阻挡。现代社会该如何帮助弱势群体迅速跟上时代步伐,尤其是庞大的进城务工人员群体如何在人工智能时代里找到适合自己的工作机会,不至于被社会淘汰呢？勤劳敬业的一代进城务工人员年龄大了,二代、三代进城务工人员整体并不像一代进城务工人员那么愿意吃苦,而与此同时他们也没有获得更好的学习机会。因此,未来的进城务工人员失业将是一个值得关注的问题。

资料来源:丁捷. 近2亿农民工面临失业风险？郝景芳说这并不科幻！[EB/OL]. (2018-11-03) [2019-04-25]. http://china.caixin.com/2018-11-03/101342465.html.

五、习题答案

(一) 术语解释

1. 失业率:劳动力中失业者所占的百分比。
2. 劳动力参工率:劳动力占成年人口的百分比。
3. 自然失业率:失业率围绕它而上下波动的正常失业率。
4. 摩擦性失业:因工人寻找最适合自己爱好和技能的工作需要时间而引起的失业。
5. 效率工资:企业为了提高工人的生产率而支付的高于均衡水平的工资。

(二) 单项选择

1. D 2. C 3. B 4. D 5. A 6. D 7. A 8. C 9. A 10. D 11. C 12. D 13. A 14. D 15. B

(三) 判断正误

1. × 2. √ 3. × 4. √ 5. √ 6. √ 7. × 8. √ 9. × 10. ×

(四) 简答题

1. 【考查要点】 就业者、失业者和非劳动力的区分。

   【参考答案】 美国劳工统计局把美国人划分为三类:就业者、失业者和非劳动力人口。1997—1998年美国的总就业人数增加了210万,其中既包括原来失业的人现在重新找到了工作,变成了就业者,也包括原来属于非劳动力人口的人现在加入就业者队伍,增大了社会的就业总规模。如果总就业人数增加了210万,失业人数只减少了50万,那么就有160万非劳动力人口成为就业者。

2. 【考查要点】 工会对劳动市场的影响。

   【参考答案】 在有工会的劳动市场上,工会与企业就就业条件进行集体谈判。当工会与企业进行谈判时,工会提出的工资、津贴和工作条件会比没有工会时企业提出的高,如果工会没有与企业达成协议,工会就会组织工人罢工进行威胁。面临罢工威胁的企业可能同意支付比没有工会时更高的工资,但是企业会减少劳动需求量,从而引起失业。那些仍然就业的工人的状况变好了,但那些以前有工作而在较高工资时失业的工人的状况变差了。因此,在这个意义上,有工会的劳动市场上就业的劳动量是无效率的。

3. 【考查要点】 最低工资法。

   【参考答案】 最低工资法能更好地解释青少年的失业。由于绝大多数大学毕业生的工资高于最低工资水平,因而最低工资法并不是大学毕业生失业的主要原因。最低工资法通常主要是限制了劳动力中最不熟练工人和经验最少的工人,如青少年,因为青少年的均衡工资通常低于最低工资水平。结果雇主就会减少对青少年劳动力的需求,导致青少年失业增加。

4. 【考查要点】 摩擦性失业与失业保险。

【参考答案】 摩擦性失业,因为即使工资处于竞争均衡水平,工作匹配也需要时间。此外,不停的部门转移与新进入工作市场者也使一些摩擦性失业不可避免。失业保险使失业工人用于找工作的努力变小了,他们会放弃缺乏吸引力的工作,并且不太担心工作保障。

5. 【考查要点】 结构性失业。

【参考答案】 引起结构性失业的原因有三个:一是最低工资法;二是工会和集体谈判;三是效率工资理论。最低工资法在会计师市场上引起的失业不多,因为会计师的竞争性均衡工资高于最低工资水平,从而最低工资法对会计师没有约束性限制。

(五) 应用题

1. 【考查要点】 摩擦性失业的应用。

【参考答案】 摩擦性失业是由使工人与工作相匹配的过程所引起的失业。这种失业通常是不同企业间劳动需求变动的结果。摩擦性失业不可避免是因为经济总是在变动,这种变动使得一些企业创造出了岗位,而另一些企业中的工作岗位被消除了。伴随着这一过程,衰落行业的工人发现他们失去了工作,并要寻找新工作。政府可以通过各种方式帮助失业者寻找工作从而降低摩擦性失业的数量。一种方法是通过政府管理的就业机构,随时发布有关空缺职位的信息;另一种方法是通过公共培训计划,目的是使衰落行业的工人易于转移到增长行业中,并帮助处于不利地位的群体脱贫。

2. 【考查要点】 最低工资法。

【参考答案】 当最低工资法迫使工资高于使供求平衡的工资水平(W_e)时,与均衡水平相比,它就增加了劳动供给量(L_s)而减少了劳动需求量(L_d)。因而劳动市场上存在过剩的劳动供给,由于愿意工作的工人多于工作岗位,因此有一些工人成为失业者,如图28-1所示。

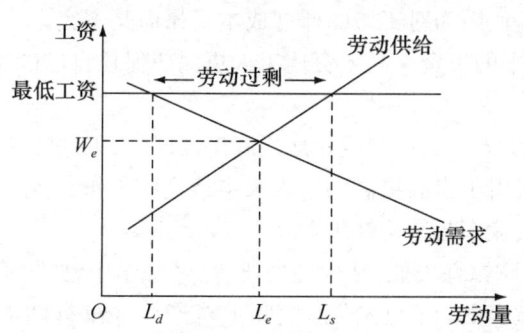

图 28-1　工资高于均衡水平引起的失业

3. 【考查要点】 短期失业与长期失业的区分。

【参考答案】 (1) 由于坏天气而被解雇的建筑工人所经历的失业更可能是短期失业。因为一旦坏天气转为好天气,这些建筑工人又可以重新就业。

(2) 在一个偏僻地区的工厂中失去工作的制造业工人经历的更可能是长期失业。由于信息闭塞,这些制造业工人很难获得有关空缺职位的信息,这就会加长他们寻找工作的时间。

(3) 由于铁路竞争而被解雇的驿站业工人经历的更可能是长期失业。因为被解雇的驿站业工人面临的是行业性的裁员,并且他们的工种技术含量低、适应面窄,所以驿站业工人失业后重新就业的机会比较小(如果他们想再就业,就必须接受职业再培训),结果是他们很可能面临长期失业。

(4) 当一家新餐馆在马路对面开业时,失去工作的快餐店厨师经历的更可能是短期失业。失业的快餐店厨师可以去其他的餐馆应聘。

(5) 当公司安装了自动焊接机时,失去工作的受正规教育很少的专业焊接工经历的更可能是长期失业。因为他们从事的是一个正在被淘汰的工作岗位,如果他们想再就业,就必须接受职业培训,以适应技术的发展。

(六) 拓展思考题

1. 【考查要点】 效率工资理论。

【参考答案】 企业通过提高它所支付的工资可以在以下四个方面提高生产率:

(1) 改善工人的健康状况。工资高的工人可以有营养更丰富的饮食,而饮食营养更丰富的工人更健康,生产率也更高。这种效率工资理论并不适用于美国这类富裕国家的企业,因为在这些国家,大多数工人的均衡工资都远远高于饮食充分所要求的水平。这种效率工资理论较适用于发展中国家的企业。

(2) 降低工人的流动率。工人会基于许多原因而离职——接受其他企业的工作,移居到本国的其他地方,离开劳动力队伍等。工人离职的频率取决于他们面临的一整套激励,包括离去的利益和留下来的利益。企业向工人支付的工资越高,选择离职的工人通常就会越少。因此,企业可以通过支付高工资来降低其工人的流动率。因为流动率高的企业往往生产成本也高,流动率的下降可以增加企业的利润。

(3) 提高工人的努力程度。在许多工作中,工人对工作的努力程度可以有某种相机抉择权。因此,企业要监督工人的努力程度,对于那些偷懒的工人,抓住就要解雇。但是,企业并不能直接抓住所有偷懒者,因为对工人的监视成本高昂而又不完全。企业对这个问题的反应可以是支付高于均衡水平的工资。高工资使工人更渴望保住自己的工作,从而会激励工人尽自己最大的努力。

(4) 吸引高素质的工人。当一个企业雇用新工人时,它无法完全断定申请者的素质。通过支付高工资,企业就吸引了素质更高的工人来申请这些工作。

2. 【考查要点】 失业率与结构性失业。

【参考答案】 除了摩擦性失业、结构性失业等,经济学中常说的失业类型还包括隐性失业。所谓隐性失业,是指表面上有工作,但实际上对产出并没有做出贡献的人,即有"职"无"工"的人,也就是说,这些工作人员的边际生产率为零。当经济中减少就业人员而产出水平没有下降时,即存在隐性失业。隐性失业是就业不充分的一种形式,是社会福利不能实现最大化的一种现象。

在城镇化进程尚未完成之前,我国农村地区的隐性失业始终会存在。由于在我国官方统计中,农村人口被认为是充分就业的,不包括在失业统计中,因此在一定程度上造成我国整体失业率数据的低估。近年来,随着城市化的不断推进,农业土地被转化为非农业用地的进程也不断加快,进而导致耕地面积减少,失地农民开始涌现,农村的剩余劳动力有所增加。这些农村剩余劳动力也与生产资料相分离,进入城市从事低技能要求的工作,从而形成进城务工人员的供给来源。一方面,随着农业技术的发展和现代农业的推进,农村对劳动力的需求进一步减少;另一方面,随着科技的迅速发展和人工智能时代的到来,机器对人的大量替代减少了进城务工人员在城市的就业机会,城市对农村剩余劳动力的吸纳已经处于过饱和状态。综合而言,以上两个因素会导致我国农村地区的隐性失业问题更加严重。要解决我国农村地区的隐性失业问题,可以从以下几个方面入手:其一是促进农村第二、三产业的发展,带动对劳动力的直接和间接需求;其二是加强技能培训,提高进城务工人员素质,适应科技发展和城镇转型的多元化格局;其三是推进城乡一体化配套制度改革,适度增大城市对进城务工人员的吸纳空间;其四是规范农村劳动力市场秩序,提供有效的就业扶持服务等。

第29章
货币制度

一、学习精要

(一) 教学目标

1. 了解什么是货币,区分和了解货币的各种职能及形式。
2. 领会私人银行体系及美联储对货币供给的影响。
3. 掌握部分准备金银行体系中的货币创造及政府如何控制流通中的货币量。
4. 理解美联储如何通过影响存款准备金的数量和存款准备金率来间接控制货币供给量。

(二) 内容提要

本章主要介绍货币的含义及主要职能、中央银行以及美联储的主要工作、货币乘数及银行创造货币的过程,以及美联储控制货币的工具,即如何通过影响存款准备金数量和存款准备金率从而影响货币乘数,进而间接控制货币供给量。

1. 货币的含义

(1) 货币是人们通常用于购买物品与服务的一组资产。货币作为交换媒介,是因为货币是买者向卖者购买物品与服务时最为广泛接受的资产。货币是人们用来表示价格和记录债务的标准,具备计价单位的职能。人们还可以用货币把现在的购买力转变为未来的购买力,这样货币作为价值储藏手段的职能就实现了。

(2) 货币的基本类型包括商品货币和法定货币。商品货币是指本身含有内在价值的货币,例如黄金、白银,这种货币的价值不取决于货币的使用价值。当一个国家把黄金作为货币时,它就是在金本位制下运行。目前,经济中使用的货币是法定货币,本身没有价值,是由政府法令规定的具有购买力和偿付债务能力的一种货币。

(3) 经济中流通的货币量称为货币存量,首先应包括通货和活期存款,前者指公众手中的纸币和铸币,后者指储户可以通过开支票或在商店中刷借记卡而随时支取的银行账户余额。此外,货币存量还包括支票存款、储蓄存款、小额定期存款、货币市场共同基金及其他非重要项目。

(4) 美国经济中货币存量的两种衡量指标是 M1 和 M2。其中 M1 包括通货、活期存款、旅行支票和其他支票存款,M2 包括 M1、储蓄存款、小额定期存款、货币市场共同基金及其他非重要项目。就本课程的目的而言,我们在讨论货币供给时,M1 与 M2 之间的区别并不重要。

$$M1 = 现金 + 活期存款 + 旅行支票 + 其他支票存款$$
$$M2 = M1 + 储蓄存款 + 小额定期存款 + 货币市场共同基金$$

(5) 借记卡的账户余额应该包括在货币存量中,因为借记卡不允许使用者为购买而延期支付,只允许使用者立即从银行账户中提取存款。相反,信用卡不计入货币存量,因为它并不是一种支付方式,而是一种延期支付方式。但由于信用卡持有人可以在月底一次付清所有账单,而不用在购买时随时支付,因此提高信用卡的普及程度可以减少人们选择持有的货币量。

2. 联邦储备体系

(1) 中央银行是为监管国家银行体系和调节经济中的货币量而存在的,联邦储备体系(以下简称"美联储")就是美国的中央银行。美联储由位于华盛顿特区的联邦储备理事会(含7位由总统任命并经参议院批准的理事)和12家地区联邦储备银行组成。

(2) 美联储有两个重要职责。职责之一是监管银行并确保银行体系正常运行,充当银行的最后贷款者,该职责主要由地区联邦储备银行负责。另一项职责则是控制经济中的货币量,并制定货币政策,该职责主要由联邦公开市场委员会(FOMC)负责。

(3) 美联储主要用公开市场操作改变货币供给,即在公开的债券市场上买卖政府债券,通过创造美元并用它们购买政府债券就能增加货币供给,通过向公众出售政府债券就能减少货币供给。改变货币供给,在长期中会改变通货膨胀水平,在短期内会改变就业和产量。

3. 银行与货币供给

(1) 银行的存在使美联储控制货币供给的任务变得复杂化。如果没有银行,这时的通货就是唯一的货币。在百分之百准备金银行制下,银行是储藏货币的安全的地方,但银行不能对外贷款,职能是以准备金形式持有所有货币,此时银行对货币供给没有影响。在部分准备金银行制下,银行可以把公众存款中的一部分贷出去,只把剩下的作为准备金,此时银行就创造了货币。

(2) 银行体系用每美元准备金创造的货币量称为货币乘数,货币乘数是准备金率的倒数。如果 R 是准备金率,则货币乘数即为 $1/R$。准备金率越低,同样准备金量时的贷款量就会越大,从而货币乘数也就越大;相反,准备金率越大,货币乘数越小。部分准备金银行并没有创造财富,因为当一个银行贷出准备金时,它在创造货币资产的同时,也创造了等值的债务合同。

(3) 更现实的情况是,一家银行不仅可以从接受存款中得到金融资源,还可以从发行股票和债券中得到金融资源。银行向其所有者发行股票得到的金融资源称为银行资本。银行通常会运用杠杆,即将借到的货币追加到用于投资的现有资金上。杠杆率等于银行总资产与银行资本的比率,杠杆会放大银行资产变化对银行资本的影响,即银行资产增加一个很小的比率就会引起银行资本很大比例的上升,而银行资产减少一个很小的比率就会引起银行资本很大比例的下降。一旦银行资产低于负债,则银行将面临破产。为了防止出现信用危机,银行监管者有必要对银行实施资本需要量的限制。

4. 美联储控制货币的工具

(1) 美联储改变货币供给的第一种方法是改变准备金量,这种方法既可以通过公开市场操作,也可以通过对银行发放贷款,或者两者结合进行。首先是公开市场操作。公开市场操作很容易被用于或大或小的货币供给改变,是美联储最常用的货币政策工具。当需要增加货币供给时,美联储买进公众手中的债券;当需要减少货币供给时,美联储向公众出售政府债券。其次是美联储向银行发放贷款。传统上,美联储通过改变贴现率进而影响银行通过贴现窗口向它的借款量,即当需要增加货币供给时,美联储降低贴现率,从而银行从美联储借入更多的准备金;当需要减少货币供给时,美联储提高贴现率,从而银行会减少从美联储借入准备金。近年来,美联储建立了银行从美联储借款的新机制,诸如短期拍卖工具、定期资金招标工具等,从而改变了银行从美联储获取的贷款量和准备金量,并且美联储可以在金融机构遇到问题或遭遇金融危机时帮助它们得到资金。

(2) 美联储改变货币供给的第二种方法是通过影响准备金率,从而影响货币乘数以改变货币供给。这种方法既可以通过控制银行必须持有的准备金量来实现,也可以通过控制美联储支付给银行准备金的利息来实现。首先是通过改变法定准备金。法定准备金是银行按照规定,必须根据其存款持有的最低准备金量。法定准备金增加就提高了准备金率,降低了货币乘数,并减少了货币供给;相反,法定准备金减少就降低了准备金率,提高了货币乘数,并增加了货币供给。但美联储很少采用改变法定准备金的方法,因为这会干扰银行的经营。其次是通过改变支付给准备金的利息。当需要减少货币供给时,美联储可以提高支付给银行在美联储的存款准备金的利率,从而银行将持有更多的准备金,这将提高存款准备金率,并降低货币乘数。由于美联储自 2008 年 10 月才开始支付准备金利息,因此这种新工具在货币政策运用中的重要程度还不明显。

(3) 尽管美联储的各种政策工具,包括公开市场操作、向银行发放贷款、调整法定准备金、支付准备金利息等,对货币供给都具有重要的影响,但美联储的货币供给控制并不精确。这一方面是因为美联储无法控制人们是选择把货币作为存款持有还是作为通货持有,另一方面是因为美联储无法控制银行贷出的准备金量。然而,美联储可以掌握家庭或银行行为的变动,并对这些变动做出反应,以此来控制货币供给,使货币供给接近于它选择的水平。

(4) 联邦基金利率是银行间相互提供短期贷款时所收取的利率。当美联储想降低联邦基金利率时,它可以通过公开市场操作买入政府债券,从而提供更多的银行准备金,增加货币供给;当美联储提高联邦基金利率时,货币供给就会减少。

(三) 关键概念

1. 货币:经济中人们经常用于向其他人购买物品或服务的一组资产。
2. 交换媒介:当用于购买物品与服务时的货币的职能。
3. 计价单位:当用于表示价格和记录债务的标准时的货币的职能。
4. 价值储藏手段:当用于把现在的购买力转变为未来的购买力时的货币的职能。
5. 流动性:一种资产转换为经济中交换媒介的容易程度。
6. 商品货币:以有内在价值的商品为形式的货币。
7. 法定货币:没有内在价值、由政府法令确定作为通货使用的货币。
8. 通货:公众手中持有的纸币和铸币。
9. 货币供给:经济中可得到的货币量。
10. 货币政策:中央银行关于货币供给的安排。
11. 准备金:银行得到但没有贷出去的存款。
12. 部分准备金银行制:只把部分存款作为准备金的银行制度。
13. 准备金率:银行作为准备金持有的存款比率。
14. 货币乘数:银行体系用 1 美元准备金所创造的货币量。

15. 银行资本:银行的所有者通过购买股票等形式投入机构的资源。
16. 公开市场操作:中央银行通过买卖政府债券以控制货币供给量的做法。
17. 贴现率:中央银行向银行发放贷款的利率。
18. 法定准备金:银行必须根据其存款持有的最低准备金量。
19. 联邦基金利率:银行向另一家银行进行隔夜贷款时的利率。

(四) 拓展提示

1. 通常情况下,每个国家都只使用唯一的货币,并由中央银行发行和控制。不过也存在例外,亦即多个国家可以使用同一种货币,例如在欧盟国家通用的欧元、在西非经济共同体中使用的法郎,以及在19世纪的拉丁货币同盟中使用的名称不同但能在联盟内部自由流通的等值货币。一个国家可以选择别国的货币作为法定流通货币,比如,巴拿马选择美元作为法定货币。不同国家的货币还可能使用相同的名字,比如,在法国和比利时使用欧元之前,它们和瑞士的货币都叫法郎。

2. 中央银行是国家最高的货币金融管理机构,在各国金融体系中居于主导地位。国家赋予其制定和执行货币政策、对国民经济进行宏观调控、对其他金融机构乃至金融业进行监督管理的权限,地位非常特殊。中央银行的职能一般可以理解为包括以下四个方面:其一是发行的银行,即发行信用货币;其二是政府的银行,即执行金融政策且代理国家财政;其三是银行的银行,即集中存款储备金且充当最终贷款人;其四是管理金融活动的银行,即制定、执行货币政策并对金融机构活动进行领导、管理和监督。

3. 货币供给是一个国家在某一特定时点上由家庭和厂商持有的政府与银行系统以外的货币总和。在现代市场经济中,货币流通的范围和形式不断扩大,现金和活期存款普遍被认为是货币,定期存款和某些可以随时转化为现金的信用工具(如公债、人寿保险单、信用卡)也被广泛认为具有货币性质。而货币创造是指银行主体通过其货币经营活动而创造出货币的过程,它包括中央银行通过调节基础货币量和商业银行通过派生存款机制供给货币而影响货币供给的过程。决定货币供给的因素包括中央银行增加货币发行、中央银行调节商业银行的可运用资金量、商业银行派生资金的能力以及经济发展状况、企业和居民的货币需求状况等因素。

4. 所谓存款准备金,是指金融机构为满足客户提取存款和资金结算需要而准备的在中央银行的存款。在现代金融制度下,金融机构的准备金分为两部分:一部分以现金的形式保存在自己的业务库中,另一部分则以存款形式存储于中央银行,后者即为存款准备金。而存款准备金又可以分为法定准备金和超额准备金两部分。中央银行在国家法律授权中规定金融机构须将自己吸收的存款按照一定比率交存中央银行,这个比率就是法定存款准备金率,按这个比率交存中央银行的存款为法定准备金存款。而金融机构在中央银行存款超过法定准备金存款的部分称为超额准备金存款,超额准备金存款与金融机构自身保有的库存现金构成超额准备金(习惯上称为备付金)。超额准备金与存款总额的比例是超额准备金率(即备付率)。金融机构缴存的法定准备金,一般情况下是不准动用的。而超额准备金,金融机构可以自主动用,其保有金额也由金融机构自主决定。

二、新闻透视

（一）新闻透视 A

充分发挥新常态下货币政策工具的稳定作用

从近些年金融系统运行的国内外经验看，即便是宏观层面的风险，微观个体的认知、理智、行为与选择也是造成宏观风险暴露的重要原因之一。当整个市场预期一致乐观并保持一段时间不变时，就容易步入"明斯基时刻"，随之而来的是衰退与悲观。因此，中央银行使用直接调控工具需要有逆周期调节的意识。在繁荣的金融市场所形成的复杂运行系统面前，央行最有效的调控方式就是对微观市场主体预期的正确引导，使"羊群"随"牧羊犬"规划的路线行进。

2018年央行金融工作会议对上年货币政策进行了总结并指出，将继续保持货币政策的稳健中性。自2010年起，我国货币政策步入稳健新阶段与经济发展进入新常态的时机相吻合，货币政策工具的使用也更具针对性。为落实人民银行货币政策流动管理和支持实体的两项重要任务，货币政策工具体系的设计也在日趋完善，四大类创新性政策工具在宏观与微观、期限长短、规模大小、主动与被动、直接与间接、定向与非定向等方面形成了搭配和补充。从近几年的数据看，人民银行借助货币政策工具箱，通过公开市场操作的短期调控、存款准备金的普惠激励、贷款类工具的短中长期低成本资金保障和利率依托货币市场的价格型调节，成功地完成了转型时期保持系统内合理稳定的流动性和支持实体经济发展的政策任务。随着中国经济迈向高质量发展的新阶段，要求金融系统在稳中求进的工作总基调中，统筹谋划打好"三大攻坚战"和助力经济发展继续向高质量深化，这就对人民银行货币政策工具的稳健中性作用提出了新要求和新任务。

货币政策工具不仅是人民银行调节资本和支持经济的市场化抓手，更是与中央步调一致贯彻政策意图的着力点。党的十九大指出中国特色社会主义进入了新时代，面对社会主要矛盾的转变和国内外经济新形势，经济发展的新目标对人民银行的货币政策实施及政策工具操作提出了新需求。

第一，防范风险上升为首要攻坚任务。党的十九大提出，今后三年要决胜全面建成小康社会，首要的就是打好防范化解重大风险这一攻坚战，而金融风险是当前最为突出的重大风险之一。维护金融稳定是人民银行的核心职能之一，在防范宏观金融风险上货币政策工具已经发挥了积极作用并产生了显著效果，通过公开市场等短期逆周期操作"削峰填谷"，起到了熨平短期波动的作用。虽然从宏观层面看，金融业高速飙车式的扩张得以及时减速，行业运行总体稳定、系统风险可控，但仍有房地产、地方债和影子银行这三大风险点在宏观上给金融系统带来不稳定性。从微观层面看，虽然2017年监管趋严使得微观风险得到遏制，但金融体系的微观风险依旧处于易发高发期，主要体现在金融机构、企业和居民的高杠杆和高负债、高风险金融机构交易对象和业务操作的存在，以及部分地区信用及债务风险的聚集乃至暴露上。在宏、微观两个层级防范风险，对货币政策工具的设计与使用提出了更高层次的要求。从目前金融系统实际结合行为金融学理论看，现有工具箱暂时无法应对市场微观个体行为风险的挑战，人民银行新政策工具开发的步伐应加快。

第二，经济高质量发展提出更高要求。在过去的高增速发展阶段，货币政策工具在促进供给侧结构性改革方面取得了显著成效，政策支持性再贷款为"中国制造2025"战略实施、区域一体化和经济试验区建设、生态环境保护、支持"三农"小微、精准扶贫和保障性安居工程建设等重点领域和薄弱环节提供了有力的金融支持。随着经济进入高质量发展阶段，转变发展方式、优化经济结构、转换增长动力是这一阶段需要攻克的主要关卡。高质量发展要求金融支持领域向更广阔和纵深迈进。十九大为我们指明了落脚点：一是支持激发市场及其主体的创新力和创造力，强化对科技创新和社会"双创"的金融支持；二是支持构建公平、协调发展，支持乡村振兴和区域协调发展；三是支持发展惠及民生，深化普惠金融，助力建立租购并举的住房制度；四是支持生态文明建设，加大对环境的保护和生态改善。总的来说，货币政策工具承载了货币政策主要的金融支持职能，承担了两项重要的攻坚任务。面对新阶段经济社会发展更多的金融需求，央行工具箱需要在未来能够更有针对性以及更加全面地加以覆盖。

第三，货币政策工具有效性不足，亟待体制性解决。货币政策进入稳健时期以来，政策工具使用效果受到了一定限制，流动性调节效果和政策性支持效果仍有较大的提升空间。这表现在：一方面，工具的流动性调节能力先天受限，原因在于决定广义货币供应的直接主体并不只是中央银行，商业银行、政府乃至企业及投机资本都发挥着至关重要的作用，中央银行可控部分仅为央行票据且体量较小，而公开市场操作只能间接地将中央银行与商业银行和财政联系起来，多主体条件下寄希望于中央银行来控制流动性趋势有难度。另一方面，工具的政策性支持能力不够直接，这源于商业银行和企业经营行为的两大决定性因素影响力的差距，商业银行受利率和金融监管约束较大，企业只对利率较为敏感，而社会融资规模的大小关键还要依托商业银行的信贷意愿和金融产品的创新，这两点都受到金融监管的制约。如何破解体制与机制性约束，提高中央银行货币政策工具有效性问题，是未来金融领域改革中亟待解决的课题。

资料来源：李淑华，宋光宇. 充分发挥新常态下货币政策工具的稳定作用[EB/OL]. (2008-04-09) [2019-04-25]. https://www.financialnews.com.cn/ll/gdsj/201804/t20180409_136063.html.

【关联理论】

货币政策工具在货币供给的过程中起着重要作用。美联储的货币工具箱中有各种工具，政府可以通过这些货币政策工具控制流通中的货币。我国主要是由央行负责通过各种货币政策工具控制经济中的货币供给。但在不同经济环境下，央行的货币政策工具箱里储备了哪些政策工具，能运用这些工具做什么事情，希望达到什么效果，应该是有区别的。

【新闻评析】

存款准备金政策、贴现政策和公开市场操作是我国的三种主要货币工具，政府通过这三种工具达到调控流通中货币量的作用，即通过影响准备金量和影响准备金率从而影响货币乘数，进而调节货币总量。存款准备金政策是指中央银行对商业银行等存款货币机构的存款规定存款准备金率，强制性地要求商业银行等货币存款机构按规定比例上缴存款准备金；中央银行通过调整法定存款准备金以增加或减少商业银行的超额准备金，从而影响货币供应量的一种政策措施。再贴现政策就是中央银行通过提高或降低再贴现率来影响商业银行的信贷规模和市场利率，以实现货币政策目标的一种手段。公开市场操作也即公开市场业务是指中央银行在金融市场上公开买卖有价证券，以改变商业银行等存款货币机构的准备金，进而影响货币供应量和利率，以实现货币政策目标的一种手段。

伴随中国经济进入新常态,存款准备金、再贴现和公开市场操作作为货币创造主渠道的情况也会发生改变,基础货币投放渠道开始变得更加多元化。经济新常态下,央行不断创新充实货币政策工具箱、增加政策工具的储备,而且也在调整、扩充原有货币政策工具的职能和适用范围。在大的结构调整时期,尤其是金融危机后,结构调整任务繁重,仅靠财税政策是不够的,应充分运用货币政策的结构性调节作用来加以支持。对我国而言,发挥货币政策的结构性调节作用具有比较优势,但仍需探索、创新。新常态下,货币政策与金融改革的关系更加紧密。政府也可以积极探索货币政策对经济结构调整的作用,通过信贷政策的引导和支持,把资金引向更为关键的薄弱环节,如"三农"、小微企业、棚户区改造和企业技术改造等领域,直接支持结构优化调整。针对以上新闻中货币政策工具面临的新课题和新挑战,充分发挥新常态下货币政策工具的稳定作用,主要可以从以下三方面入手:

其一,提升宏观引导和微观测控的契合度。从近些年金融系统运行的国内外经验看,即便是宏观层面的风险,微观个体的认知、理智、行为与选择也是造成宏观风险暴露的重要原因之一。中央银行使用直接调控工具需要有逆周期调节的意识,在繁荣的金融市场所形成的复杂运行系统面前,央行最有效的调控方式就是对微观市场主体预期的正确引导。在做好助发展和防风险政策协调的基础上,通过工具使用的总量、结构和频次,着力降低金融业和企业居民的杠杆,改善地区金融生态和社会信用环境。通过数量型和价格型工具更合理的交叉使用,不断提高货币政策工具在宏观引导和微观测控方面的契合度,争取在微观基础层面即实现风险可监测和可调控。

其二,完善和补充货币政策工具体系。首先,应明确央行政策的中心,即无论是提振经济还是防止过热,货币政策工具的使用都应符合稳健的需求,遵循金融稳定的原则。其次,创新监测和考核体系,重视货币政策工具的优化、创新和协调运用。对金融机构单一及总体流动性有准确的估计,对微观主体的行为有合理的预判,对金融机构支持实体经济的程度有科学的度量。最后,完善和丰富工具箱内的工具品种。不仅要扩大定向降准的适用范围,而且要降低准入门槛,从而提高货币政策工具的穿透性。未来一个阶段应为科技创新、企业居民"双创"、乡村振兴、经济试验区、住房租赁事业和绿色产业设立专门类别的政策工具,让工具投放更精准,政策落实更到位。

其三,深化改革,疏通货币政策传导通道。现阶段应更好地发挥金融稳定委员会的主导和协调作用,进一步分离政策制定和监管职能,降低因监管系统摩擦带来的政策工具效果的体制性损耗。中央银行应立足本职,将主要力量放在如何降低金融业对货币政策传导的黏滞和工具实施效果的抵消上:一是坚持和完善利率市场化,使利率从操作指标转变为测控指标。二是进一步规范同业拆借市场,加强对影子银行和银行表外业务的监管,减少影子银行对货币供应测度的干扰。三是加强对金融机构发展方向和业务重心的引导,激励金融机构自觉规范经营行为,自愿支持实体经济发展,着力降低金融媒介对政策工具效用的黏滞和稀释作用。

(二) 新闻透视 B

中美公开市场操作及比较

美国的公开市场操作

美联储通过公开市场操作来调节准备金余额的供给,将联邦基金利率维持在目标利率附近。美国的公开市场操作分为两类:一类是永久性的,另一类是暂时性的。永久性的公开市场操作主要用于调节影响美联储资产负债表的长期因素,包括通过系统公开市场账户直接买卖证券。暂时性的公开市场操作通常用于应对短期变化带来的准备金需求,通过回购协议或者逆回购协议的形式进行。

美国和英国是最早采用公开市场操作的国家。美联储建立于1913年,承担中央银行的职能。美国公开市场操作的决策机构是联邦公开市场委员会(FOMC)。美联储通过从商业银行买卖债券,调节商业银行的准备金,改变市场的基础货币供给量。20世纪80年代以来,金融市场波动加剧,欧美各国的政策制定者越来越多地采用公开市场手段,调节短期利率水平和准备金比率,公开市场操作逐渐发展,操作方式和手段也日益丰富。

美联储三大货币政策工具分别是公开市场操作、贴现率和存款准备金率,通过这三种工具来影响存款机构对联邦储备银行的资金供求,从而改变联邦基金利率。

FOMC由12名成员组成,其中7名来自联邦储备委员会,纽约联邦储备银行的主席占1个名额,余下4名成员从其余11个联邦储备银行的主席中选出。美国公开市场操作在纽约联储银行的交易专柜完成。美联储有货币政策控制权,因此其公开市场操作弹性大、可量化,且操作灵活,可以及时修正,执行的效率也比较高。

美联储目前有21家一级交易商,这些一级交易商是美国国债拍卖的承销商,也是实行公开市场操作等货币政策时的交易对手。一级交易商的职责包括:参与公开市场操作,促进货币政策执行符合FOMC的既定方向;为纽约联邦储备银行的公开市场交易专柜提供市场信息和分析。

中国的公开市场操作

在中国,公开市场操作也是货币政策工具之一,是央行用来吞吐基础货币、调节市场流动性的。央行与指定的交易商进行证券和外汇交易。央行既是货币政策的制定机构,也是货币政策的执行机构。央行下设货币政策委员会。具体操作由公开市场业务操作室实施。

中国公开市场操作的类型包括正回购、逆回购、发行央行票据、国库现金定存。2013年,央行还推出一种公开市场短期流动性调节工具(SLO),作为对常规操作的补充。正回购是央行将手中持有的债券抵押给金融机构,融入资金,承诺到期再买回债券,并支付一定的利息。逆回购则相反。发行央行票据可以收回商业银行的流动性,减少市场上的可贷资金量,丰富公开市场操作的工具和手段。所谓国库现金定存,就是把国库现金的一部分存放在经过招标产生的商业银行。SLO指的是,参与银行间市场交易的12家主要机构可以在流动性短缺或盈余时,主动与央行进行回购或者逆回购操作。

中国公开市场操作具有阶段性特征。比如,2012年下半年,央行的操作以逆回购为主,向市场持续释放流动性。这一进程持续到2013年2月上旬。2月份过后,央行公开市场操作转向持续的正回购,并辅以央行票据发行,这一阶段总的政策方向是收紧流动性。

总的来说,公开市场操作受市场关注的程度低一些,市场关注的焦点仍然集中在利率和存款准备金率的调节上。另外,中国公开市场操作的透明度有待加强,需要与市场进行更多的沟通来传递政策意图。

中美公开市场操作的比较

在公开市场操作方面,中国和美国具有一定的相似性。两国都把公开市场操作作为货币政策的重要工具之一,并且,在金融市场日益复杂、国际化程度日益加深的情况下,公开市场操作的重要性也在不断提高。随着金融市场的完善和债券市场规模的扩大,公开市场操作可应用的工具和手段也在不断丰富。

不过,中国和美国的公开市场操作还存在一定的差异。美国公开市场操作的频率更高,更加灵活,更贴近市场,透明度也更高。从市场反响来看,美联储每次会议及发言都会对金融市场产生较大影响,另外,FOMC还会发布绿皮书、蓝皮书和棕皮书,传递经济金融情况的信息。相比较而言,中国货币政策委员会直接向公众传达的信息偏少。债券市场(特别是国债市场)的发展和完善是公开市场业务开展的基础。国债市场越发达,公开市场操作的效率越高。仅从国债规模来看,美国国债的规模约为16万亿美元,占GDP的比重超过100%;中国国债的规模约为7万亿元人民币,占GDP的比重不到20%。

资料来源:改编自中美公开市场操作及比较[N].期货日报,2013-07-30.

【关联理论】

公开市场操作是中央银行吞吐基础货币、调节市场流动性的主要货币政策工具,通过中央银行与指定交易商进行有价证券和外汇交易,实现货币政策调控目标。美联储三大货币政策工具分别是公开市场操作、贴现率和存款准备金率,其中公开市场操作最为常用。近年来,公开市场操作逐渐成为中国人民银行最重要的货币政策工具之一。

【新闻评析】

20世纪80年代以前,只有在美国和英国,公开市场操作才是货币政策的主要工具,其他国家则主要依靠一些非市场、非价格的手段。20世纪80年代以来的金融自由化浪潮改变了这种状态,促使各国纷纷转而积极利用公开市场操作来影响商业银行的准备金规模和短期利率水平,即使在美国和英国,银行间短期货币市场的作用也大大增强了;与此同时,各国都大力开发新的工具以应对新的金融环境。但是,公开市场操作的有效性是建立在一定条件基础上的:第一,中央银行必须有强大的、足以干预和控制整个金融市场的金融实力;第二,要有一套发达的、完善的金融市场并且市场必须是全国性的,证券种类必须齐全并达到一定规模;第三,必须有其他的政策工具相配合,例如,如果没有存款准备金制度这一工具,就不能通过改变商业银行的超额准备金来影响货币供给量。

在后金融危机时期,不论是西方发达国家还是新兴市场国家的货币政策都出现了若干重大调整。第一个调整是世界各国不约而同地加大了通过公开市场操作实施货币政策的力度。这是因为现代经济金融形势的迅猛发展,向传统货币政策的实施有效性提出了挑战。一方面,金融危机的爆发、经济萧条与金融体系的紊乱导致了极低的市场利率,使得货币政策的利率传导渠道出现了断裂;另一方面,由于宏观当局追求的多元化,根据丁伯根原则,要使货币政策实现多个目标就必须同时使用多个政策工具,这迫使各国央行不得不在传统的以利率为核心的货币政策之外(中国以往常用的货币政策是存款准备金政策)寻求更多有效的货币政策工具。在此背景下,相比于以往,各国越来越频繁地使用公开市场操作来调控宏观经济的发展。第二个调整是公开市场操作的运用手法日趋多样化,出现了一些较为新颖的形式,例如,源自日本,后被美国、英国和欧盟广泛采用的量化宽松政策;美联储针对长短期国债进行的扭曲操作政策;欧洲央行推出的完全货币交易政策;中国人民银行针对央行票据进行的大规模频繁交易等。

新兴市场国家由于金融市场不发达、市场化程度相对较低、市场传导机制不通畅,因此较多地使用数量型而不是价格型的货币政策工具。以中国为例,近年来频繁使用存款准备金率作为常规的货币政策工具。从2003年至2013年,与宏观调控相适应,中国人民银行调整存款准备金率共39次。但是，以数量型为主的货币政策调整存在较大的局限性。尤其是在中国这样的国家，储蓄率居高不下，银行体系流动性过剩，超额准备金率很高，即便中央银行制定了较为严厉的准备金率要求，可能也难以达到预期的政策设计初衷。因此，近年来，公开市场操作逐渐成为中国人民银行最重要的货币政策工具之一。不仅如此，中国一直在努力地探索与调整常规的货币政策实施手段，以适应迅速变化的经济金融环境，譬如央行票据操作（央行票据即中央银行为调节超额准备金而向商业银行发行的一种短期债务凭证）。相应地，其他国家也出现了一些较为新颖的形式，如量化宽松、扭曲操作、完全货币交易政策等。

三、案例研究

（一）案例研究A

战俘营里的货币

第二次世界大战期间，在纳粹的战俘集中营中流通着一种特殊的商品货币——香烟。当时的红十字会设法向战俘营提供了各种人道主义物品，如食物、衣服、香烟等。由于数量有限，这些物品只能根据某种平均主义的原则在战俘之间进行分配，而无法顾及每个战俘的特定偏好。但是人与人之间的偏好显然是有所不同的，有人喜欢巧克力，有人喜欢奶酪，还有人则可能更想得到一包香烟。因此这种分配显然是缺乏效率的，战俘们有进行交换的需要。但是即便在战俘营这样一个狭小的范围内，物物交换也显得非常不方便，因为它要求交易双方恰巧都想要对方的东西，也就是所谓的"需求的双重巧合"。为了使交换能够更加顺利地进行，需要有一种充当交易媒介的物品，即货币。那么，在战俘营中，究竟哪一种物品适合做交易媒介呢？许多战俘营都不约而同地选择香烟来扮演这一角色。战俘们用香烟来进行计价和交易，如一根香肠值10根香烟，一件衬衣值80根香烟，替别人洗一件衣服则可以换得2根香烟。有了这样一种记账单位和交易媒介之后，战俘之间的物品交换就方便多了。

资料来源：战俘营里的货币［EB/OL］.（2010-09-25）［2019-04-25］. https://wenku.baidu.com/view/2963bd4ac850ad02de8041c7.

【关联理论】

货币是经济中人们经常用于相互购买物品与服务的一组资产。货币在经济中有三种职能：交换媒介、计价单位和价值储藏手段。当经济体中没有这种在交换物品与服务时被广泛接受的媒介时，人们就必须依靠物物交换。货币可分为商品货币和法定货币。

【案例解析】

货币的三种职能是把货币与其他资产区分开来的重要标准。作为货币的理想材料应具有如下特性：第一，容易标准化；第二，做货币的材料必须是可分的；第三，做货币的材料应携带方便；第四，做货币的材料必须稳定，不容易变质。由于金、银等贵金属基本能满足以上要求，因此世界各国不约而同地选择金、银作为货币的材料。

香烟之所以会成为战俘营中流行的"货币"，是和它自身的特点分不开的。它容易标准化，而且具有可分性，同时也不易变质。这些正是和作为"货币"的要求相一致的。当然，并不是所有的战俘都吸烟，但是，只要香烟成了一种通用的交易媒介，用它可以换到自己想要的东西,自己吸不吸烟又有什么关系呢?而战俘营里的战俘需要美元的替代品,因为他们不允许持有现金,他们选择香烟是因为他们确信在监狱中其他人都将接受这些香烟,而事实也正是如此,在当时的监狱里,香烟是战俘们普遍接受的交换媒介,所以香烟能成为美元的替代品。正如我们现在之所以愿意接受别人付给我们的钞票,也并不是因为我们对这些钞票本身有什么偏好,而仅仅是因为我们相信,当我们用它来买东西时,别人也愿意接受。也就是说,它能起到一个交换媒介的作用,这是货币在经济中的三种职能中的一种。

(二) 案例研究 B

商业银行如何创造货币

过去我们抨击资本主义"金钱至上",称其"银行比米店多"。而如今我们的大街小巷中的银行也比米店多,因为我们生活的方方面面都离不开银行。在现代社会,货币的供给是由银行创造的。这一点大家或许很难理解,因为我们一般认为,自己手中的货币是由印钞厂印刷出来的。人们不理解银行为什么能创造货币,现在就让我们来看看银行是怎样创造货币供给的。

我们把钱存入银行,银行不能把这些钱全部贷出去,因为我们随时有可能再到银行取自己的存款,银行留下的这部分货币叫准备金。现在我们来看银行是怎样把钱创造出来的。假设我国的法定准备金率是10%,一个储户将1 000元存入中国工商银行,中国工商银行必须把100元留下来并交给中央银行——中国人民银行,它只能贷出900元。有一个人正好去中国工商银行借900元买一台录音机,到了商场他把900元交给收银台,这个商场又把这900元存入它的开户银行——中国农业银行。当中国农业银行收到这笔钱时,它不能把这900元全都贷出去,必须把其中的90元上交中国人民银行,只能贷出810元。这时正好有一个人想买一台复读机,于是他去中国农业银行借钱。在他借到810元后,去另一个商场买到了复读机,这个商场又把这810元存入它的开户银行——中国建设银行。中国建设银行收到这笔钱后还要把10%的法定准备金(81元)交给中国人民银行,只能贷出729元。如此下去,储户的1 000元存款通过银行系统不断的存贷过程,最后变成多少钱呢?银行新增存款是10 000元。

通过这个例子你就可以知道货币是怎样从银行创造出来的了。中国人民银行并没有多印钞票,而是通过信用活动创造出货币。所以,商业银行具有创造货币的功能。我们经济生活中的货币供给,是在银行循环往复的存贷过程中创造出来的。现代社会经济是一环一环扣在银行身上而加速运行的。当有一天大家都不到银行存钱,或把钱从银行取出来放到自己床下藏起来时,整个经济的链条就断了。

资料来源:黄德林.《西方经济学(宏观部分)》案例分析[EB/OL].(2010-10-19)[2019-04-25].https://doc.mbalib.com/view/2dcb36d0c1a54afa0510d22f32ea825d.html.

【关联理论】

银行在货币制度中起了重要作用,因为公众持有的货币量包括通货和活期存款,而活期存款在银行,所以银行的行为就会影响经济中的活期存款量,从而影响货币供给。在百分之百准备金银行制下,银行将不影响货币供给;在部分准备金银行制下,当银行只把部分存款作为准备金时,银行就创造了货币。而银行创造多少货币取决于准备金率,准备金率越高,每个存款银行贷出的资金越少,货币乘数越小。

【案例解析】

  法定准备金率是中央银行规定的银行所保持的最低准备金与存款的比率。在部分准备金银行制下,当银行只把部分存款作为准备金时,银行创造了货币。为什么经过上述案例中的过程银行就能创造出货币？简单地说,在每一个环节上都有新的财富创造出来。到银行存款的人,他为什么有这笔钱呢？因为他销售了产品或为别人提供了服务,获得了劳动报酬;而那些从银行借钱去经营的人,最终也要通过劳动获得报酬,这样才能再把这笔钱还给银行。所以,其中的每个环节都在创造财富。那么银行通过信用机制创造的货币供给,也是实实在在的。

  银行能创造货币的关键在于现代银行的部分准备金制度,即只把一部分存款作为准备金的制度。这就是说,银行不用把所吸收的存款都作为准备金留在金库中或存入中央银行,只要按中央银行规定的法定准备金率留够准备金就可以,其他存款则可以作为贷款发放出去。这个过程可以不断继续下去,货币每存入一次,银行就进行一次贷款,更多的货币就被创造了出来。但是这个过程并不会创造出无限的货币量,银行体系用 1 元准备金所产生的货币量称为货币乘数,货币乘数是准备金率的倒数。如果用 R 表示银行的准备金率,则每 1 元钱能产生 $1/R$ 元货币。上述案例中的法定准备金率是 10%,所以货币乘数是 10,也就是说,一家银行持有 1 000 元,最后创造出了 10 000 元。

(三) 案例研究 C

"钱从这里滚出去"

  中央银行用什么办法把钱投放到市场上,又用什么办法把钱抽走？在美联储前主席格林斯潘的办公桌上放着这样一块牌子,上面写着"钱从这里滚出去"。它非常形象地说明了中央银行控制着货币的供给。中央银行主要用以下"三大法宝"控制货币的多少。

  公开市场业务就是中央银行在金融市场上买进或卖出有价证券以调节货币供给量。比如,有些企业手中有一笔闲钱,它们既不想投资,也不想扩大再生产,更不想投入股市,担心风险太高,于是它们决定购买债券,因为债券利息高于银行利息,风险又低于股票。又如,如果中央银行发现经济过冷,就买进有价证券,实际上就是发行货币,从而增加货币供给量,鼓励人们去消费、去投资,刺激经济的回升;如果中央银行发现经济过热,就卖出有价证券,实际上就是回笼货币,减少市场货币流通量,人们消费和投资的钱就少,经济就会适度降温。公开市场业务能够灵活而有效地调节货币量,针对市场资金多余和短缺的具体时间及领域进行操作。

  贴现是商业银行向中央银行贷款的方式。比如说,一个人手中有一张 10 000 元的国债,还没到期,但他现在急需要一笔钱,于是他把这 10 000 元的国债拿到银行去换成现金。这时银行会收取一些手续费。这就是贴现。贴现的期限一般较短,为一天到两周。当商业银行收下 10 000 元的国债且暂时还不需要钱时,它就可以把国债放在手里,等到期时兑现,赚取利息。如果商业银行也急需现金,它就可以到中央银行去贴现贷款。中央银行收下 10 000 元的国债后,按照中央银行规定的贴现率给该商业银行现金。这个贴现率在我国叫再贴现率。如果中央银行降低贴现率或放松贴现条件,商业银行就可以得到更多的资金,就可以增加它对客户的放款;放款的增加又可以通过银行创造货币的机制增加流通中的货币供给量,降低利率。相反,如果中央银行提高贴现率或收紧贴现条件,使商业银行资金短缺,商业银行就不得不减少对客户的放款或收回贷款;贷款的减少又可以通过银行创造货币的机制减少流通中的货币供给量。

准备金率是商业银行吸收的存款中用作准备金的比率,准备金包括库存现金和在中央银行的存款。通俗地说,当人们把1 000元钱存进银行时,银行就必须把一笔钱放在中央银行。假如准备金率是10%,则商业银行只能往外贷款900元。中央银行变动准备金率则可以通过影响银行准备金来调节货币供给量。假定商业银行的准备金率正好达到了法定要求,这时,中央银行降低准备金率就会使商业银行产生超额准备金,这部分超额准备金可以作为贷款发放出去,从而又通过银行创造货币的机制增加货币供给量,降低利率。相反,中央银行提高准备金率就会使商业银行原有的准备金低于法定要求,于是商业银行不得不收回贷款,从而又通过银行创造货币的机制减少货币供给量,提高利率。

资料来源:经济与生活案例库[EB/OL].(2011-12-31)[2019-04-25]. https://wenku.baidu.com/view/6fbcfd6c7e21af45b207a805.html.

【关联理论】

所谓货币政策指的是中央银行关于货币供给的决策。中央银行在货币供给中起着重要的作用。美联储控制货币供给的方法主要有两种:第一种是改变准备金量。这种方法既可以通过公开市场操作进行,也可以通过对银行发放贷款进行,或者两者结合进行。第二种是通过影响准备金率,从而影响货币乘数以改变货币供给。这种方法既可以通过控制银行必须持有的准备金量来进行,也可以通过控制美联储支付给银行准备金的利息来进行。

【案例解析】

货币供给的过程可以分为两个环节:一是由中央银行提供的基础货币,二是由商业银行创造的存款货币。在这两个环节中,银行存款是货币供给量中最大的组成部分,但商业银行创造存款货币的基础是中央银行提供的基础货币,并且在创造过程中始终受制于中央银行。因此,中央银行在整个货币供给过程中始终居于核心地位。中央银行是如何影响货币供给的呢?答案就是通过一系列的货币政策。货币政策就是中央银行通过改变货币供给量以影响国民收入和利息的政策。

中国人民银行实施货币政策的主要工具有公开市场操作、贴现政策以及准备金率政策。这三大政策也被称为中国人民银行的"三大法宝"。中国人民银行最经常使用的工具就是公开市场操作,即央行在金融市场上买进或卖出有价证券以调节货币供给量,其中主要是国债。因此,公开市场操作是央行最重要的货币政策工具。贴现是商业银行向中央银行贷款的方式。当商业银行资金不足时,可以用客户借款时提供的票据到中央银行要求再贴现,或者以政府债务或中央银行同意接受的其他"合格的证券"作为担保来贷款。贴现率作为官方利率,其变动也会影响到一般利率水平,使一般利率与之同方向变动。贴现率也是一个比较强烈的手段,所以中央银行不能经常调整。准备金率是商业银行吸收的存款中用作准备金的比率,准备金包括库存现金和在中央银行的存款。提高准备金率是非常强烈的手段,中央银行不经常使用,只有在迫不得已的情况下才使用。

其他的货币政策还包括:道义劝告,即中央银行对商业银行的贷款、投资业务进行指导,要求商业银行采取与其一致的做法,这种劝告没有法律上的约束力,但也有作用;垫头规定,即规定购买有价证券必须付出的现金比例;利率上限,即规定商业银行和其他储蓄机构对定期存款和储蓄存款的利率上限;控制分期付款与抵押贷款条件等。货币政策在宏观经济政策中的作用是不断加强的。凯恩斯认为,由于人们心理上对货币的偏好,利率的下降是有一定限度的,依靠降低利率来刺激私人投资的货币政策的效果是有限的。

四、课外习题

(一) 术语解释

1. 货币
2. 货币供给
3. 货币乘数
4. 公开市场操作
5. 法定准备金

(二) 单项选择

1. 在我国,( )是 M2 的一部分,但不是 M1 的一部分。
   A. 现金　　　　　　　　　　　　B. 储蓄存款
   C. 企事业单位活期存款　　　　　D. 其他支票存款
2. 当你去超市购买商品时,你将货币作为( )使用。
   A. 交换媒介　　　　　　　　　　B. 计价单位
   C. 价值储藏手段　　　　　　　　D. 物物交换的工具
3. 通货是指( )。
   A. 纸币和商业银行的活期存款　　B. 纸币和商业银行的储蓄存款
   C. 纸币和铸币　　　　　　　　　D. 所有的银行储蓄存款
4. 中央银行最常用的货币政策工具是( )。
   A. 法定存款准备金率　　　　　　B. 公开市场操作
   C. 再贴现率　　　　　　　　　　D. 道义劝告
5. 在一个准备金率为100%的银行系统里,如果某商业银行接到500亿英镑的新存款,则( )。
   A. 银行资产增加500亿英镑　　　B. 银行负债增加500亿英镑
   C. 银行使货币供给增加了500亿英镑　D. 银行不影响货币供给
6. 下列选项中,( )属于法定货币。
   A. 人民币　　B. 黄金　　C. 战俘营的香烟　　D. 银行存款
7. 当( )时,货币供给将增加。
   A. 政府购买增加
   B. 中国人民银行从公众手中购买国库券
   C. 一个投资者购买中国电力投资集团公司发行的债券
   D. 商业银行向公众发售股票,然后将资金用于分行办公楼的建设
8. 以下哪一个不是货币的职能?( )
   A. 交换媒介　　　　　　　　　　B. 计价单位
   C. 价值储藏手段　　　　　　　　D. 防止通货膨胀

9. 商品货币( )。
   A. 没有内在价值　　　　　　　　　　B. 有内在价值
   C. 只能在美国使用　　　　　　　　　　D. 作为支持法定货币的准备金
10. 银行的法定准备金是( )的一个固定百分比。
    A. 存款　　　　B. 贷款　　　　C. 政府债券　　　　D. 资产
11. 如果法定准备金率是40%,则货币乘数是( )。
    A. 0.4　　　　B. 40　　　　C. 2.5　　　　D. 60%
12. 假设甲将在X银行的1 000元活期存款转到Y银行。在法定准备金率是10%的情况下,甲的行为将会引起的活期存款的潜在变动为( )。
    A. 1 000元　　　　B. 9 000元　　　　C. 10 000元　　　　D. 0元
13. 假设中央银行购买了你的1 000元政府债券,如果你把这笔收入全部存入银行,当法定准备金率是20%时,银行的行为会引起货币供给总量变动( )。
    A. 1 000元　　　　B. 4 000元　　　　C. 5 000元　　　　D. 0元
14. 假设所有银行都是百分之百准备金制银行,则一个人把10 000元通货存入银行的后果是( )。
    A. 货币供给不受影响　　　　　　　　B. 货币供给的增加小于10 000元
    C. 货币供给的增加大于10 000元　　　D. 货币供给的减少小于10 000元
15. 货币政策的三种主要工具是( )。
    A. 法定货币、商品货币以及存款货币
    B. 公开市场操作、法定准备金以及贴现率
    C. 政府支出、税收以及法定准备金
    D. 铸币、通货以及活期存款

(三) 判断正误

1. 货币和存款是一回事。( )
2. 货币乘数指的是银行体系用1元准备金所创造的货币量。准备金率越高,每个存款银行贷出的款越多,货币乘数越大。( )
3. 如果商业银行都是百分之百准备金制银行,那么货币供给就不受公众现金-存款比例的影响。( )
4. 法定准备金率的提高增加了货币供给。( )
5. 如果中国人民银行试图紧缩货币供给,则可以通过出售政府债券、提高法定准备金率或者降低贴现率来实现。( )
6. 美国金融体系中的M1是指现金和铸币。( )
7. 信用卡是货币供给M2的一部分,并按照持卡人的信用额度来计入。( )
8. 如果银行选择持有超额准备金,则贷款减少,货币供给减少。( )
9. 货币供给M1包括通货、活期存款、旅行支票以及其他支票存款。( )
10. 货币有三种职能:交换媒介、计价单位以及价值储藏手段。( )

(四) 简答题

1. 假如中国人民银行购买办公设备,支出600万元人民币。请问:经济中的货币增加了

吗？会有货币创造乘数吗？

2. 货币的主要职能有哪些？

3. 美联储主要采取哪些货币工具来控制货币供给？

4. 什么是法定货币？什么是商品货币？

5. 为什么中央银行不能非常精确地控制货币供给？

（五）应用题

1. 中国人民银行在公开市场上向社会买进 100 亿元人民币的国债。如果法定准备金率是 20%，那么这样引起的最大可能货币供给是多少？最小可能货币供给是多少？请解释。

2. 假设某经济中流言四起，公众认为银行的不良贷款对储蓄的安全构成了威胁，个人在银行的资产不能保全。请预期储户将会怎样，其行为对货币供给又有怎样的影响。

3. 假设中国农业银行(ABC)有 2.5 亿元存款，并保持 10% 的准备金率。

（1）列出 ABC 的 T 形账户。

（2）现在假设 ABC 最大的储户从其账户上提取了 1 000 万元现金。如果 ABC 决定通过减少其未清偿贷款量来恢复其准备金率，则请列出新的 T 形账户。

（3）解释 ABC 的行动对其他银行有什么影响。

（4）为什么 ABC 要采取问题(2)中描述的行动是困难的？讨论 ABC 恢复其原来准备金率的另一种方法。

（六）拓展思考题

1. 假设某个新兴经济体中有 1 000 万元的钞票。

（1）如果人们没有把钱存入银行，而是把这所有的 1 000 万元作为通货持有，那么货币供给有多少？请解释。

（2）如果人们把 1 000 万元钞票全部存入银行，银行体系为百分之百准备金制，那么货币供给有多少？请解释。

（3）如果人们把 1 000 万元钞票全部存入要求 20% 法定准备金的银行，那么货币供给有多少？请解释。

（4）在问题(3)中，由银行创造出的货币供给的比例是多少？（提示：已经存在 1 000 万元钞票）

（5）如果人们把 1 000 万元钞票全部存入要求 10% 法定准备金的银行，那么货币供给会如何变化？

（6）比较你对问题(3)和(5)的答案，解释为什么它们会有所不同。

（7）如果人们把 1 000 万元钞票存入要求 10% 法定准备金的银行，但是银行选择另外持有 10% 的超额准备金，那么货币供给会变成多少？

（8）比较你对问题(3)和(7)的答案，为什么会有这样的结果？

2. 2008 年国际金融危机爆发后，欧美发达国家相继实施量化宽松货币政策，而中国的货币政策却一直保持稳健。2015—2018 年，中国 GDP 增速一直在 6.4%～7.0% 区间内窄幅波动，经济下行压力加大，因此有人主张中国也应实施宽松的货币政策。2018 年年底召开的中央经济工作会议强调，稳健的货币政策要松紧适度。2019 年政府工作报告中也重申，继续实施稳健的货币政策。对这个问题你怎么看？

五、习题答案

(一) 术语解释

1. 货币:经济中人们经常用于向其他人购买物品或服务的一组资产。
2. 货币供给:经济中可得到的货币量。
3. 货币乘数:银行体系用1美元准备金所创造的货币量。
4. 公开市场操作:中央银行通过买卖政府债券以控制货币供给量的做法。
5. 法定准备金:银行必须根据其存款持有的最低准备金量。

(二) 单项选择

1. B 2. A 3. C 4. B 5. D 6. A 7. B 8. D 9. B 10. A 11. C 12. D
13. C 14. A 15. B

(三) 判断正误

1. × 2. × 3. √ 4. × 5. × 6. × 7. × 8. √ 9. √ 10. √

(四) 简答题

1. 【考查要点】 货币乘数。

【参考答案】 是的。作为商业银行的银行,中国人民银行购买任何物品或服务,并用人民币支付,就相当于向金融市场投放了基础货币。

2. 【考查要点】 货币的职能。

【参考答案】 货币有三种职能:交换媒介、计价单位以及价值储藏手段。作为交换媒介,货币是我们用以购买商品与服务的东西;作为计价单位,货币提供了可以表示价格和记录债务的标准;作为价值储藏手段,货币是一种把现在的购买力变成未来的购买力的方式。

3. 【考查要点】 货币供给与货币工具。

【参考答案】 在许多国家,由中央银行控制货币的供给。美联储改变货币供给的第一种方法是改变准备金量,这种方法既可以通过公开市场操作进行,也可以通过对银行发放贷款进行,或者两者结合进行。美联储改变货币供给的第二种方法是通过影响准备金率,从而影响货币乘数以改变货币供给。这种方法既可以通过控制银行必须持有的准备金量来进行,也可以通过控制美联储支付给银行准备金的利息来进行。

4. 【考查要点】 货币类型。

【参考答案】 商品货币和法定货币是货币的两种类型。商品货币是基于某种有内在价值的商品的货币,例如黄金,当将其作为货币时,它就是商品货币。法定货币是由政府规定或法令确定的没有内在价值的货币,例如人民币和英镑。

5. 【考查要点】 中央银行确定货币供给时存在的问题。

【参考答案】 中央银行的货币供给控制并不精确。这一方面是因为中央银行无法控制人们是选择把货币作为存款持有还是作为通货持有,另一方面是因为中央银行无法控制银行贷出的货币量。

(五)应用题

1.【考查要点】 货币政策和货币乘数。

【参考答案】 中国人民银行买进国债,则货币供给增加,其增加的幅度取决于货币乘数。当没有超额准备金时,货币乘数最大,即1/20% =5,因此最大可能货币供给是500亿元;当超额准备金率是80%时,货币乘数是1/(20% +80%) =1,因此最小可能货币供给是100亿元。

2.【考查要点】 银行挤兑。

【参考答案】 所谓银行挤兑,是在信用危机的影响下,储户争相去银行提取现金的一种经济现象。一旦有部分储户参与挤兑,就会导致其他储户也争先恐后地去提现。银行必须准备超额准备金,以备支取,否则,银行就需要去中央银行贷款或者让未到期贷款户提前还款,这样将导致货币供给出现萎缩。总之,银行挤兑是部分准备金银行制度产生的一个问题。

3.【考查要点】 准备金率和货币乘数。

【参考答案】

(1)

中国农业银行(ABC)

资产		负债	
准备金	0.25 亿元	存款	2.5 亿元
贷款	2.25 亿元		

(2)

中国农业银行(ABC)

资产		负债	
准备金	0.24 亿元	存款	2.4 亿元
贷款	2.16 亿元		

(3) 引起整个银行体系存款减少 0.09×10 =0.9(亿美元),其中0.09 =2.25 -2.16。

(4) 因为如果 ABC 采取问题(2)中的行动,让那些未到期贷款提前清偿,则各相关银行将会出现催讨困难。另一种方式是请中央银行提供贷款给 ABC。这样 T 形账户左方的资产是准备金0.24 亿元、贷款2.25 亿元,账户右方的负债是存款2.4 亿元、中央银行借款0.09 亿元。

(六)拓展思考题

1.【考查要点】 准备金率和货币创造。

【参考答案】 (1) 1 000 万元,因为有1 000 万元通货和零存款。

(2) 1 000 万元,因为现在有零通货和1 000 万元存款。

(3) $1\,000 \times \dfrac{1}{0.2} = 5\,000$(万元),因为1 000 万元新准备金可以支撑价值5 000 万元的存款。

(4) 总的潜在增加量是 5 000 万元,但 1 000 万元是体系中已有的通货。因此,银行创造出来增加的货币是 4 000 万元。

(5) $1\,000 \times \dfrac{1}{0.1} = 10\,000$(万元),货币供给增加到 10 000 万元。

(6) 当法定准备金率下降时,银行可以用等量的新准备金创造出更多货币,因为它们可以把每笔新存款中更大的部分贷出去。

(7) $1\,000 \times \dfrac{1}{0.1 + 0.1} = 5\,000$(万元)。

(8) 问题(3)和(7)的答案是相同的。就存款创造而言,银行持有准备金的原因无关紧要,它持有的准备金量至关重要。

2.【考查要点】 货币工具与货币政策。

【参考答案】 货币政策是指政府或中央银行为影响经济活动所采取的措施,尤指控制货币供给以及调控利率的各项措施。稳健的货币政策的含义是:以币值稳定为目标,正确处理防范金融风险与支持经济增长之间的关系,在提高贷款质量的前提下,保持货币供应量适度增长,支持国民经济持续快速健康发展。稳健的货币政策是具有中国特色的一种提法,它讲的是制定货币政策的指导思想和方针,它不同于经济学教科书关于货币政策操作层面的提法(如"宽松的""中性的"或"紧缩的"货币政策)。稳健的货币政策与稳定币值目标相联系,它包含既防止通货紧缩又防止通货膨胀两方面的要求,不妨碍根据经济形势需要对货币政策实行或扩张或紧缩的操作。

稳健的货币政策是指根据经济变化的征兆来调整政策取向。当经济出现衰退迹象时,货币政策偏向扩张;当经济出现过热时,货币政策偏向紧缩。最终反映到物价上,就是保持物价的基本稳定。随着我国经济市场化程度的提高,传统的货币政策三大工具都得到了较好的应用。除调整存款准备金率外,央行在市场上通过公开买卖国债,向商业银行体系放松或收缩银根,从而起到调控货币供应量的作用,使稳健货币政策的执行得以保证。央行还通过票据再贴现政策、窗口指导以及发布对某些风险的提示来实施宏观调控。总之,央行不再依赖单一的政策,而是比较熟练地运用一系列微调手段,前瞻性地出台一系列措施,以达到综合的政策效果。这种"组合拳式"的调控方式,将是今后的主要调控手段。

此外,今后中国继续坚持实施稳健货币政策还基于以下两个原因:首先,西方发达国家的实践证明,凯恩斯主张的"权变"政策虽然短期内对扩大就业有效,但长期中会加剧经济波动,令经济陷入"一放就热、一收就冷"的循环怪圈。美国等西方国家曾经出现的"滞胀"就是前车之鉴。中国经济要避免重蹈覆辙,就应保持定力,坚持稳中求进的工作总基调,继续实施稳健的货币政策。其次,当前中国经济面临的困难有需求不足的原因,但主要是结构性问题,因此要坚持推进供给侧结构性改革,而不是用通货膨胀的办法刺激经济。央行提出今后几年要将 CPI 控制在 3% 以内的较低水平,那么在实施积极财政政策的同时,货币政策也必须保持相对稳健。

第 30 章
货币增长与通货膨胀

一、学习精要

(一) 教学目标

1. 理解通货膨胀与通货紧缩的基本概念及其表现形式。
2. 掌握古典通货膨胀理论,学会从货币市场供需均衡分析和货币数量方程式两个角度来理解货币增长与通货膨胀之间的关系。
3. 领会超速通货膨胀的含义及其产生的原因,掌握通货膨胀税的内涵。
4. 领会古典二分法和货币中性的含义,学会用费雪效应来考察名义利率如何对通货膨胀率做出反应。
5. 理解通货膨胀给社会和经济运行带来的各种成本。

(二) 内容提要

本章主要讨论造成通货膨胀的原因以及通货膨胀会带来哪些成本。在长期中,货币增长与通货膨胀之间存在着强烈的关系。通货膨胀的成本大多较为隐秘并难以计算其大小,而且随着通货膨胀程度的不同,成本的大小也会发生质的变化。另外,虽然通货膨胀会带来很多不利的影响,但是通货紧缩的弊端可能更大。

1. 古典通货膨胀理论

(1) 通货膨胀是指一个社会的物价总水平在一段时间内的持续上涨。通货膨胀是一种广泛的经济现象,它涉及的首要因素是经济中交换媒介的价值。假设物价总水平为 P,它说明了用货币表示的物品与服务的价值,则 $1/P$ 代表了用物品与服务表示的货币的价值。当物价总水平上升时,货币的价值下降,反之也成立。

(2) 货币的供给和需求决定了货币的价值。一方面,货币需求反映了人们想以流动性形式持有的财富量,而物价水平是货币需求最重要的影响因素。在其他条件不变的情况下,货币需求量与货币的价值负相关,与物价水平正相关,因此货币需求曲线向右下方倾斜。另一方面,我们忽略银行体系和消费者所起的作用,可以假设现实中的货币供给量是中央银行决定的一个政策变量,因此货币供给曲线是一条垂线。在长期中,物价总水平会调整到使货币需求量等于货币供给量。

(3) 根据货币数量论,经济中的货币量决定物价水平(以及货币的价值),货币供给增长是引起通货膨胀的主要原因。假设中央银行增加货币供给,则货币供给曲线向右移动。在最初的物价水平下,货币供给增加导致超额的货币供给。人们用这些超额货币购买物品与服务,或者向其他人发放贷款(购买债券),这些贷款又使其他人可以购买物品与服务。无论哪一种方法,货币注入都会增加对物品与服务的需求。由于经济生产物品与服务的能力没有改变,因此对物品与服务需求的增加必然导致物价上涨。

(4) 古典二分法将经济变量分为两类,即名义变量和真实变量。名义变量是按货币单位衡量的变量,而真实变量是按实物单位衡量的变量。经济中的大多数价格通常用货币来衡量,均为名义变量;而相对价格用实物单位来衡量,是真实变量。在长期中,货币供给变动仅仅影响名义变量,并不影响真实变量,这个观点被称为货币中性。

(5) 可以用数量方程式来证明古典二分法和货币中性。根据货币流通速度公式$[V = (P \cdot Y)/M]$整理可得货币数量方程式:

$$M \cdot V = P \cdot Y$$

其中,V是货币流通速度;Y是真实产出($P \cdot Y$即为名义 GDP);M是货币量。

根据数量方程式,由于长期中货币流通速度较为稳定,因此货币量的变动必然引起名义产出($P \times Y$)的同比例变动。由于真实产出在长期中由生产率和要素供给决定且不受货币量变动的影响,因此可分为两种情况:如果真实产出不变,则通货膨胀率=货币增长率;如果真实产出增加,则通货膨胀率<货币增长率。因此通货膨胀源自货币供给的迅速增长。

(6) 当政府税收收入不足以支付其支出,而借款能力又有限时,政府就可能通过印发货币来筹集收入,几乎所有的超速通货膨胀都是这样开始的。政府通过创造货币来筹集收入就是实行通货膨胀税,当政府发行货币且物价上升时,人们持有的货币的价值下降。通货膨胀税是向所有持有货币的人征收的税。

(7) 在长期中,货币变动只影响名义变量,而不影响真实变量。根据货币中性原理,当货币增长率上升导致通货膨胀率上升时,真实利率是不变的,因而名义利率对通货膨胀率进行一对一的调整,这种现象称为费雪效应。因为名义利率在第一次发放贷款时就已经确定,因此确切地说,费雪效应表明的是名义利率是根据预期的通货膨胀率进行一对一调整的。

$$名义利率 = 真实利率 + 通货膨胀率$$

2. 通货膨胀的成本

(1) 许多人认为,通货膨胀直接降低了他们的生活水平,其实这种观点是一种谬误。在发生通货膨胀时,收入的上涨与物价的上涨同步。因此,通货膨胀本身并没有降低人们的实际购买力。人们相信这个通货膨胀的谬误,是因为他们并没有认识到货币中性的原理。

(2) 但是,通货膨胀确实会产生许多更为微妙的成本。这些成本包括与减少货币持有量相关的皮鞋成本,与频繁调整价格相关的菜单成本,相对价格变动与资源配置不当带来的低效率、混乱与不方便,以及未预期到的通货膨胀的特殊成本——任意的财富再分配。

(3) 通货膨胀的成本往往隐蔽而复杂,所以衡量、比较每种成本的大小非常困难。在发生超速通货膨胀时各种成本都很高,但在发生温和通货膨胀时,这些成本的大小并不清楚。弗里德曼则认为,与实际利率相等的可预测的轻度通货紧缩可能是合意的。但通货紧缩通常也是更多其他经济问题的信号。

(三) 关键概念

1. 通货膨胀:物价总水平在某一时期内持续上涨。
2. 通货紧缩:物价总水平在某一时期内持续下跌。
3. 货币数量论:一种认为可得到的货币量决定物价水平,可得到的货币量的增长率决定通货膨胀率的理论。

4. 名义变量:按货币单位衡量的变量。
5. 真实变量:按实物单位衡量的变量。
6. 古典二分法:对名义变量和真实变量的理论区分。
7. 货币中性:认为货币供给变动并不影响真实变量的观点。
8. 货币流通速度:货币易手的速度。
9. 数量方程式:把货币量、货币流通速度与经济中的物价、真实产出相联系的方程式。
10. 通货膨胀税:政府通过创造货币而筹集的收入。
11. 费雪效应:名义利率对通货膨胀率所进行的一对一的调整。
12. 皮鞋成本:当通货膨胀鼓励人们减少货币持有量时所浪费的资源。
13. 菜单成本:通货膨胀引起的与改变价格相关的成本。

(四) 拓展提示

1. 现代货币数量论认为,货币数量论不是关于产量、货币收入或价格水平的理论,而首先是一种货币需求理论。其主要代表人物是弗里德曼。1956 年,他在《货币数量论——一种重新表述》一文中提出货币需求函数,后来他又对它进行了扩展。在弗里德曼看来,由于货币需求函数是极为稳定的,因而物价的变动取决于货币供给的变动。从货币供给的变动去研究对物价的影响是货币数量论的特点。不仅如此,货币供给的变动还影响产量和名义收入,但货币量的增长对名义收入的增长的影响有一个时间间隔,因为名义收入是个综合性指标,它包括价格和产量。货币供给量的增长先影响产量,后影响价格。这一点又区别于早期的货币数量论,早期的货币数量论假定充分就业,即假定产量不变。

2. 为什么要把变量分成两类呢?古典二分法是很有用的,因为影响真实变量和名义变量的因素不同。根据古典分析,名义变量受到经济中货币供给的影响,而在解释真实变量时,货币基本上是无关的,这种思想隐含在我们关于长期真实经济的讨论中。如果中央银行使货币供给翻一番,则休谟和古典经济学家认为:在长期中,所有名义变量(包括价格)会翻一番;所有真实变量(包括相对价格)保持不变。在研究经济的长期变动时,货币中性对世界如何运行提供了一个很好的描述。但需要注意的是,大多数经济学家相信,货币中性在短期内是不适用的。也就是说,在一至两年内,货币供给变动对真实变量是有影响的。现在看来,古典二分法太简单了,也许它反映了金本位制和尚不像现在这样复杂的经济中的规律,但已经不适用于变化的经济世界。即使是继承了货币数量论或货币中性论观点的经济学家,其理论也大大改变了。现代经济学家用不同的理论解释货币在经济全球化条件下对国内和国际经济的复杂影响。这些理论是 20 世纪 30 年代以后经济学的重要发展,也是各国不同货币政策的理论基础。

3. 按引发通货膨胀的原因的不同,可以把通货膨胀分为四类:其一是需求拉动型通货膨胀,即因社会总需求过度增长,超过社会总供给的增长幅度,导致商品和服务供给不足、物价持续上涨的通货膨胀类型,具有自发性、诱发性、支持性等特点。其二是成本推动型通货膨胀,又称成本通货膨胀或供给通货膨胀,即在没有超额需求的情况下由于供给方面成本的提高所引起的一般价格水平持续和显著的上涨。其三是输入型通货膨胀,即国外商品或生产要素价格的上涨所引起的国内物价的持续上涨现象(汇率所致)。其四是结构型通货膨胀,指物价上涨是在总需求并不过多的情况下,对某些部门的产品需求过多而造成部分产品价格上涨的现象。

4. 通货膨胀可以造成财富的再分配。例如,在债务人与债权人之间,贷款利率是根据签约时的通货膨胀率确定的,当发生未预期到的通货膨胀时,由于契约无法更改,实际利率下降,债务人需要偿还的钱的价值降低了,相当于债务人剥削了债权人的部分财富。又如,当发生未预期到的通货膨胀时,工资往往不能迅速调整,但商品的售价却更容易变动。在名义销售收入增加而实际工资下降的情况下,企业的利润就增加了。通货膨胀使工人的部分财富转移到了企业。一般而言,通货膨胀使固定收入的人受损,而使浮动收入的人受益。通货膨胀有利于政府,相当于政府征收通货膨胀税,不利于普通民众。

5. 预期对通货膨胀也有重要的影响。即使最初引起通货膨胀的原因消除了,由于预期的存在,通货膨胀也往往会持续甚至加剧。因为人们总是根据过去的通货膨胀率来预期未来的通货膨胀率并以此指导未来的经济行为。例如,上一年的通货膨胀率是5%,人们预期下一年的通货膨胀率也不会低于5%,因此下一年,工人要求的工资增长至少是5%,商品的价格也至少调整5%。这样,由于预期的存在,即使引起上一年通货膨胀的原因消失了,下一年的通货膨胀率也至少会是5%。

二、新闻透视

(一) 新闻透视 A

2018年中国CPI涨2.1%,创5年来的新高

中国国家统计局10日发布的数据显示,2018年,中国居民消费价格指数(CPI)同比上涨2.1%,创2014年以来的新高。

新时代证券首席经济学家潘向东指出,2018年全年中国CPI同比涨幅突破2%,较上年提高0.5个百分点,主要是由于夏季极端气候与自然灾害导致蔬菜价格大涨。极端气候与自然灾害带来的供给冲击导致供给曲线短暂左移,不具有可持续性。中国经济供给大于需求,反通货紧缩仍是主要矛盾。

当日发布的数据还显示,2018年12月,中国CPI同比上涨1.9%。其中,食品价格上涨2.5%,涨幅与上月相同,影响CPI上涨约0.48个百分点;非食品价格上涨1.7%,涨幅比上月回落0.4个百分点,影响CPI上涨约1.38个百分点。

具体而言,国家统计局城市司高级统计师绳国庆表示:在食品中,鲜果和鲜菜价格分别上涨9.4%和4.2%,合计影响CPI上涨约0.26个百分点;牛肉和羊肉价格分别上涨6.6%和12.2%,禽肉和水产品价格分别上涨5.4%和2.0%,上述四项合计影响CPI上涨约0.18个百分点。在非食品中,居住价格上涨2.2%,影响CPI上涨约0.48个百分点;教育文化和娱乐、医疗保健价格分别上涨2.3%和2.5%,合计影响CPI上涨约0.48个百分点;汽油和柴油价格由上月分别上涨12.8%和14.2%转为下降0.5%和0.3%。扣除食品和能源价格的核心CPI同比上涨1.8%,涨幅与上月相同。

资料来源:王恩博.2018年中国CPI涨2.1% 创5年来新高[EB/OL]. (2019-01-10) [2019-04-25]. http://www.chinanews.com/cj/2019/01-10/8725463.shtml.

【关联理论】

通货膨胀是指物价水平的普遍上涨,而且这种上涨不是一时的上涨,而是持续一段时期的上涨;也不是所有商品价格同一幅度的上涨,而是不同商品价格不同程度的上涨。其实质是由过多的货币追逐相对较少的商品形成的。通货膨胀更多的是关于货币价值,而不是关于物品价值。

【新闻评析】

通货膨胀是近年来我们经常听到的一个词,其意思是指在一段时期内,社会生产、生活中的大部分商品的价格都出现不同程度的上涨。本质上来说,通货膨胀是一种货币现象。在社会中的商品产量一定的情况下,如果货币当局发行的货币超过经济中所需要的数量,通货膨胀就出现了。

我国的货币供应量按流动性由强到弱,分为 M1、M2、M3 三个层次:M0 为流通中的现金,即央行历年货币发行总额;M1 = M0 + 活期存款,亦称为"狭义货币供应量";M2 = M1 + 定期存款 + 货币市场共同账户 + 其他存款(财政存款除外),亦称为"广义货币供应量"。我国 1952 年才开始有货币存量统计数据,当年货币存量(M2)仅为 101.3 亿元,到 1992 年货币存量达到 25 479 亿元,40 年间增长了约 250 倍。1994—2001 年,我国每年货币增长量超过万亿元,平均年增长量达 15 100 亿元,平均增长速度在 39% 左右,可以称为第五次通货膨胀期。2002 年我国年货币增长量突破 3 万亿元,2005 年突破 5 万亿元,2008 年突破 10 万亿元。相应地,我国广义货币供应量(M2)余额呈加速上涨趋势,2010 年达到 72.58 万亿元。2015 年,我国广义货币供应量达到 139.23 万亿元。截至 2018 年 12 月末,我国广义货币供应量余额为 182.67 万亿元,同比增长 8.1%。

经济中的货币量决定物价水平(以及货币的价值),货币供给增长是引起通货膨胀的主要原因。根据数量方程式,由于长期中货币流通速度(V)较为稳定,因此货币量(M)的变动必然引起名义产出($P \cdot Y$)的同比例变动。由于真实产量(Y)在长期中由生产率和要素供给决定且不受货币量变动的影响,因此一旦货币供应量的增长超过真实产量的增长,通货膨胀自然就产生了。

2007—2012 年,我国广义货币供应量从 40.34 万亿元增长到 97.41 万亿元,五年间货币供应量年均增长率达 28.29%;相比之下,这五年间我国年均经济增长率不到 10%。根据货币数量论,由于现实中的货币量超过实际经济中的需求量,结果必然是这一时期国内物价的大幅上涨。反映在现实中是,2010 年前后,菜价、油价、房价先后一涨再涨,即使国家出台多种政策组合也无法完全压制上涨趋势。由于大蒜、绿豆、辣椒、玉米等农产品价格大幅上涨,催生了改编自歌曲《算你狠》和相声段子《逗你玩》的"蒜你狠""豆你玩"等网络热词。这些带有灰色幽默意味的词汇的背后是中国正经历着明显的通货膨胀:官方公布的数据显示,2007 年 CPI 涨幅为 4.8%,2008 年为 5.9%,2010 年为 3.3%,2011 年为 5.4%,2012 年为 2.6%。

2014 年至今,中国经济发展进入以增长促发展、以发展促增长的新常态。在经济增长率放缓的同时,央行控制的每年货币供应量增速下降。2014—2018 年,我国广义货币供应量从 122.83 万亿元增长到 182.67 万亿元,年均增长率仅为 12.18%。因此,近年来我国通货膨胀水平比较温和,2014 年为 2.0%,2015 年为 1.4%,2016 年为 2.0%,2017 年为 1.6%,2018 年为 2.1%。尽管上述新闻中称"2018 年中国 CPI 涨 2.1%,创 5 年来新高",但总体而言,这样的通货膨胀水平基本在央行调控目标和民众承受范围之内。

(二) 新闻透视 B

余额宝一周年:超 5 400 亿元规模"草根金融"逼乱银行阵脚

2014 年 6 月 13 日,余额宝迎来上线后的首个"生日"。一年来,余额宝曾独领风骚,使其对接的天弘基金呈现爆发式增长;也开创了在线理财的先河,引出无数"宝宝"竞相模仿;也曾"野蛮生长",使传统银行对其"恨"得咬牙切齿。可以说,余额宝在取得辉煌战绩的同时,这一年中走得并非一帆风顺,即便目前,它也饱受质疑。传统银行受"鲶鱼效应"影响,陷入改革反思之中,余额宝等"宝宝们"活得也不轻松,在收益每况愈下、监管日益严格、竞争日趋激烈的情况下,如何持续发展下去的问题,摆在了余额宝等"宝宝"类产品的面前。

余额宝自 2013 年 6 月 13 日诞生以来,目前用户已经过亿;截至 2014 年 3 月底,市场规模达到 5 412 亿元,可谓成绩斐然。

对此,热衷于网购的张女士深有体会。她对中新网 IT 频道表示:"为方便淘宝购物,原来支付宝里面就有沉淀资金,现在充进余额宝,既能随时使用,还能得到收益,既方便,又实惠。"还有用户表示:"小额闲置资金在银行存定期灵活性较差,存活期收益又低,存进余额宝中起码比存银行活期强。"

余额宝的成功,引发了互联网企业竞相模仿,百度百发、京东小金库等"宝宝"层出不穷,甚至非互联网企业、与金融业务无关的电信企业也纷纷涉足其中,想分一杯羹。另外,余额宝还对传统银行产生了"鲶鱼效应",促使中国工商银行、交通银行等传统银行纷纷推出自己的类"宝宝"理财产品,以顺应潮流,吸收更多的存款。

但余额宝也面临持续发展难题:和其他"宝宝"一样,其年化收益率并没有一直稳定在高位,自达到 6.763% 的年化收益率后持续下滑。虽然天弘基金总经理周晓明表示,余额宝还有很大的发展空间,但是目前市场观点普遍认为,余额宝的高年化收益率难以再现。《华西都市报》9 日援引一位基金人士观点称,2013 年的"钱荒"现象在 2014 年重现的概率低,加之央行推出定向降准、银行表外业务的监管加强,余额宝等"宝宝"类产品收益率反弹的可能性很小。

另外,在余额宝等产品的收益持续下滑的同时,银行理财产品的收益却有上升迹象。多家媒体走访发现,部分有更好投资渠道的用户已开始抽出余额宝资金以追求更高的收益。广发银行理财分析师张毅告诉记者,2014 年各银行基本采用"长期限 + 高收益"的投资策略锁定了客户。有分析指出,目前余额宝同这些银行基金相比的优势在于其高流动性。

不过,随着互联网金融的监管日趋严格,余额宝等"宝宝"类产品作为互联网金融的一种业态形式,自然也在监管范围内。近日,一则"央行是否应该对余额宝征缴存款准备金"的消息就引发了争议。有评论指出,一旦央行对余额宝等征收存款准备金,就将对以"高流动性"为卖点的理财类产品造成严重打击。

资料来源:吴涛. 余额宝一周年:超 5 400 亿"草根金融"逼乱银行阵脚[EB/OL]. (2014-06-13)[2019-04-25]. http://news.youth.cn/gn/201406/t20140613_5357261.htm.

【关联理论】

真实利率 = 名义利率 - 通货膨胀率。在长期中货币是中性的,因此通货膨胀只影响名义利率而非实际利率,真实利率取决于资金市场的供需状况。当通货膨胀率上升时,名义利率一对一地上升,而真实利率不变。但在短期内,当名义利率不变时,通货膨胀率的变化会影响实际利率的高低。

【新闻评析】

资金是逐利的,哪里利率高,资金就会涌向哪里。现实生活中,人们常常根据人民银行公布的存贷款利率来调整自己的投资理财行为。但是,银行公布的利率其实是名义利率,而真实利率是由资金市场的供给和需求的均衡决定的。但真实利率和名义利率往往不相等,真实利率和名义利率之间的差额还受当时的社会通货膨胀率的影响。不过,这种影响只在短期内起作用。短期内,由于名义利率不变,通货膨胀率的变化就会影响真实利率的高低,而长期中,所有经济变量都是可以调整的,因此通货膨胀率的变化只会影响名义利率而不影响真实利率。不过,经济学中的长期往往是十几年到几十年,所以"真实利率 = 名义利率 – 通货膨胀率"这一公式还是指导着大家的短期经济行为。上述新闻就很好地展示了短期内名义利率和通货膨胀率是如何影响人们的理财行为的。

近年来中国正经历着明显的通货膨胀,官方数据显示,2007—2011 年中国 CPI 一直在 5% 的警戒线附近徘徊,2012 年后虽然回落,但居民对物价上涨的感觉依旧明显。民间大多数人认为中国的实际通货膨胀率要远高于官方公布的数据,许多学者粗略估计在 5% 和 6% 之间。为应对通货膨胀,人民银行也不断提高定期存款利率,从 2.75% 提高到最高的 3.5%。即便如此,将钱存入银行还是会面临贬值。因为根据"真实利率 = 名义利率 – 通货膨胀率",此时实际利率为负:3.5% – 5% = –1.5%。把钱存入银行就意味着每天都在亏钱,把资金投资到高于通货膨胀率的地方越来越成为普通居民的需求。

余额宝推出之际,收益率高达 6%,一度还曾攀升到 7%,这样的收益率完全能抵挡通货膨胀的影响,使得真实利率为正:6% – 5% = 1%,即把钱从银行转到余额宝就能从每年亏损 1.5% 变成盈利 1%。加上余额宝能像活期存款一样随时变现,所以余额宝一经推出便迅猛发展,并带动了货币市场基金的热销,已成为货币市场基金发展的重要推动力量。从余额宝的发展可以发现,互联网金融是互联网技术与传统金融相结合所形成的新型模式,为传统金融提供了新的发展途径,实现了传统金融的可持续发展。但需要注意的是,余额宝是在互联网基础上发展起来的金融产品,具有传统理财的所有特质,同时受网络环境运行特质的影响,也存在一些不可避免的风险,如流动性风险、技术风险、信用风险等。从整体上来看,信息化、网络支付、去中介化是互联网金融的主要特点,效率高、成本低、杠杆高、技术强、风险高等也成为互联网金融的主要特征。因此,对于余额宝,可以根据其业务性质和功能,将其划归对口监管部门进行监管。余额宝的实质是货币市场基金,可以考虑将其划归证监会相关基金监管部门进行监管,并与征信体系相结合,对用户和机构同时进行信用评级,实现用户与余额宝之间的信息双向、对称交流。只有部门监管、行业自律与用户监督相结合,才能营造良好的互联网金融环境,才能促进余额宝等互联网理财产品的可持续发展。

三、案例研究

(一) 案例研究 A

老人 25 年前买养老保险,如今月领 1.8 元

10 月 28 日,在成都市梁家巷,记者见到了董维亮。董维亮现年已经 71 岁,1989 年购买保险时,"刚过完46岁生日"。

董维亮原本是成都某厂职工,1984年因为身体原因提前退休,1987年在荷花池办起了金牛区第一个自行车租赁及修理行。"自己当时原本并没有购买保险的打算,也根本不懂什么是保险,收益率多少、每月领取金额都没有概念。"但董维亮最终还是爽快地参了保。

"推销保险的人员是当时我所在的街道办个体协会的工作人员,他们介绍,只要买了这份保险,60岁就能领养老金。我想着老了有保障,而且还有街道办人员出面担保。"董维亮回忆道,"但当时保险公司并没有出具任何凭证,也没有告知未来收益。"一直到1992年,董维亮再次找到该街道办个体协会负责人,对方"才出具了一张收据,但上面依然没有今后收益的任何说明"。

2003年,董维亮年满60岁,达到领取养老保险金的年龄。2006年3月,拿着协会出具的收据,董维亮来到中国人寿股份有限公司成都分公司,直到那时,保险公司才换发了养老金保险领取证,并告知董维亮,他每月可以领取1.8元养老金,"这个数字简直让人哭笑不得"。"当时我就不接受。100元在1989年并不是一笔小数字,相当于我两个月的收入。"董维亮介绍,自己当时出租自行车7天才收2元钱,锅盔(一种面食)仅5分钱一个。

10月28日,记者跟随董维亮一起来到中国人寿股份有限公司成都分公司。这是董维亮第三次来到这里,公司客户服务中心工作人员曾念旭再次接待了他,记者跟随来到客服中心相关技术人员办公室。技术人员打开电脑,迅速进入公司内部系统,输入保单号后,董维亮的信息很快显示了出来。"董维亮投保的类型为商业型储蓄养老保险,险种系数为0.01799。""系数乘以参保金额就是每月应该领取的保险金,0.01799×100元=1.799元。"技术人员解释道,"根据四舍五入我们支付了1.8元,实际上每月还多支付了1厘钱。"

"投保时每月1.8元还可以买30多个锅盔,现在为啥不跟着涨?"董维亮不明白。"商业保险到期后领取的收益金是不与物价指数挂钩的。"曾念旭说,"养老金领取证等同于合同,合同上写的是多少,到时候就只能领多少,不能因为20多年前1.8元可以买几斤肉,现在物价涨了也要求保险公司支付和当时购买力一致的保险金额。"技术人员进一步解释道:"商业保险和社保不同,社保缴费基数每年都会根据当年的实际情况上下浮动,因此到期后领取的金额会与物价水平挂钩,但商业保险不一样,即使物价暴涨,商业保险公司也没有要求被保险人增加保险金,因此保险到期后,要求保险公司根据物价水平支付保险金是不公平的。"曾念旭说:"根据合同,2003年开始,董维亮已经可以领取养老金,每年21.6元,十多年下来,事实上已经回本了;再说,这笔保险金看似少,但是被保险人从60岁起,月月都有,一直到被保险人'百年',与投入相比,收益累计算下来其实也不少。"

资料来源:25年前100元买的养老保险 如今每月咋只领1.8元钱? [N/OL]. 四川日报,2014-10-29[2019-04-25]. https://epaper.scdaily.cn/shtml/scrb/20141029/82323.shtml.

【关联理论】

通货膨胀是一种广泛的经济现象,它涉及的首要因素是经济中交换媒介的价值。当我们把物价水平看作货币价值的一种衡量指标时,物价水平的上升就意味着货币价值的下降,因为你手中的每1元钱所能买到的物品与服务量变少了。

【案例解析】

如果我们将全社会的物品与服务看成一个综合商品,其价值用 P 表示,那么 P 就代表全社会的物价水平,而 $1/P$ 代表每单位货币的价值。观察公式我们会发现,P 越大,货币的价值越低,即一个社会的通货膨胀越厉害,它的单位货币就越不值钱。一般而言,一个稳定发展的社会,其每年的通货膨胀率都比较低,货币的贬值不容易被察觉。但是当我们把考察时间拉长到 10 年、20 年的跨度,通货膨胀对财富的蚕食就非常明显了。上面的案例就向我们展示了在 25 年的时间跨度下,通货膨胀是如何让钱变得不值钱的。

根据上述案例中的数据,100 元买的保险,每年可以领 21.6 元,5 年其实已经回本,领到 2014 年,其收益率已经高达 137.6%,为什么董大爷还不高兴?因为董大爷现在领到的钱不如以前值钱了。25 年前投保的时候,100 元是当时 2 个月的工资水平,1.8 元可以买 30 多个锅盔或者几斤肉,而现在连一个锅盔都买不到。货币价值不及以前的 1/30!在通货膨胀的持续影响下,董大爷的投资其实是亏了。中国改革开放 40 多年来,经济发展迅速,人均收入也快速提高,但是伴随着收入的提高,还有上升更快的物价水平。通货膨胀使得人民币的货币价值不断下降,和以往相比,每 1 元钱能买到的物品与服务量不断减少。所以,虽然董大爷投保的名义收益率很高,但是由于商业保险到期后领取的收益金是固定的,不与当时的物价指数挂钩,因此当发生未预期到的通货膨胀时,董大爷的实际收益就会遭受损失。

为防范通货膨胀,最有效的一种方式就是在通货膨胀到来之前,将人民币变成具备升值潜力的人民币资产,换句话说,给手上的人民币赋予"涨价"的权利。说到人民币资产,它的分类非常广泛,人们熟知的短期国债、公司债、企业债、货币市场基金、债券型基金、股票型基金、A 股和 H 股股票、银行理财产品、不动产以及期货产品、信托产品、私募产品、古董艺术品都属于人民币资产的范畴。近年来,各种理财产品的火爆就是人们试图抗击通货膨胀的一个佐证。如果能有效利用资产升值的空间进行投资,那么我们手中的人民币不仅能躲过通货膨胀的影响,还可能赚取超额的利润。

(二) 案例研究 B

白领攒钱买房不敢花,月入过万生活不轻松

扩大消费,关键是让老百姓有钱可花,有钱敢花。近年来,中国人均收入水平有了不小的提高,然而收入提高的同时,生活成本也在不断上升,生活压力增大。很多人感叹:月收入过万元,生活仍然不轻松。在这种情况下,扩大消费并不容易。

"除了不能推辞的应酬、不得不支出的开支,其他的消费都是能省就省。"来自山东济宁的小伙付本波 2009 年从东北大学毕业,随后到北京市海淀区的一家软件开发公司就职。刚刚上班时工资 7 000 多元,近三年来,工资涨了三次,现在每个月的税前工资达到 1.2 万元。在很多人看来,这算是高收入了,可他却并不轻松。

付本波说,虽然每个月的收入不低,但是支出也不少:房租要 3 000 元,吃饭也要 1 000 多元,交通、通信 800 元左右,这些支出比较固定,除此以外,还有朋友聚会等一些不太固定的支出。"比如结婚等喜事的礼金就让我很头疼。"付本波说,目前就职的公司部门人较多,加上大学同学在北京的也不少,又恰恰都在适婚的年龄。这样一来,他几乎每个月都有同事或同学结婚、生孩子等方面的应酬,而每次的花费都要近 1 000 元钱。

同事、朋友闲暇时间聚会的花销也不少。每到周末,就会有同事组织活动,集体活动不太方便推辞,几个人到饭馆一坐,饭后再唱唱歌、看看电影,一天下来,就算 AA 制,每个人也有将近 200 元钱的花费。"观看一场电影就要七八十元钱,真有点舍不得。"付本波说。

平时每天 40 多元的伙食费,虽然只是在路边的快餐店填饱肚子,在付本波看来已经算是

"大手大脚"了。"我刚毕业的时候,每天的伙食费只有20多元。"付本波说,现在他每天都想着省钱、攒钱,除了不能推辞的活动,他都是能省即省。

付本波爱打网球,爱好旅游。"但一张健身卡就要2 000多元,出去旅游一趟少则几千元,多则上万元,这些对我来说,只能算是'奢望'了。"付本波说。

"其实也不是负担不起,但想想将来的生活压力,就觉得还是省着点花,攒点钱比较好。"付本波说,之所以这么节约,还是想攒钱买房子。在买房这件事上,父母能给他的支持有限,更多需要他自己努力。眼下房价仍然居高不下,他想每年能攒六七万元左右的存款,过几年能凑足首付,在郊区买一套房子。"希望房价再多降一些。"

资料来源:白领攒钱买房不敢花 月入过万生活不轻松[EB/OL].(2012-04-12)[2019-04-25].https://fj.qq.com/a/20120412/000175.htm.

【关联理论】

通货膨胀会引起相对价格的变动。消费者通过比较各种物品与服务的质量和价格决定购买什么。通过这些决策,他们决定稀缺的生产要素如何在个人和企业中配置。当通货膨胀扭曲了相对价格时,消费者的决策也被扭曲了,市场也就不能把资源配置到其最好的用途中,这其实是未预期到的通货膨胀的特殊成本。

【案例解析】

货币供给超额增加会引发价格上升从而带来通货膨胀,但在通货膨胀的过程中并不是所有的物品价格都以同样的比率上升。新增货币总是流入经济体系的一个具体的点上,第一批得到增发货币的人会将这笔钱花出去,从而抬高他们所购买的物品与服务的价格。而后一行业的人收入提高后,又将钱花出去,对所需的物品与服务价格产生影响。这个过程就像向水中扔一块石头,涟漪从中心向四周扩散。而且越是中心,价格的上涨幅度越大。在这种机制下,社会中的不同物品经历了不同的上涨趋势,由于上涨幅度和上涨时间的不一致,物品间的相对价格发生了巨大的变化。而这种变化打破了原来的经济平衡,生产者、消费者也根据这些相对变化调整自己的经济行为。

以中国的房价为例:房价在1995—2003年间涨幅不大,2003年后开始提速,年均增幅达到两位数。房地产的繁荣吸引了大量社会资金进入。一方面,在通货膨胀严重的情况下,把钱存入银行实际会遭遇"负利率",为了让财富保值增值,在投资渠道有限的情况下,居民只能炒股、买黄金和买房子,于是出现了全国炒股、全国买房的奇观。而另一方面,由于劳动力成本不断上升,税收、融资成本过高,人民币汇率不断上涨等原因,中国的制造业经营环境急速恶化,利润大幅下降。对于企业家来说,做企业越来越赔本,为了不让自己的财富缩水,他们就会把钱从制造业里撤出来,去炒股、买房,投资各种证券资产。

2009年,为应对国际金融危机,中国政府出台了4万亿元的刺激政策,虽然当时稳定了经济增长,但也带来了巨大的通货膨胀,使房价冲上了新的高度,也使得社会形成了"房价不会跌"的预期。买房不仅是生活投资,更成了抗击通货膨胀的重要手段。因此,在通货膨胀的背景下,房价会继续上涨。社会资金大量投入房地产市场,抑制了其他行业的资金流量,影响了其他行业的发展,导致市场资源配置失灵,出现了"中国经济被房地产绑架"这样的困局。

对于普通老百姓来说,为了买房,只能在既定的收入水平下不断压缩其他方面的开支。就这样,在通货膨胀的影响下,房价相对于其他商品的价格变得扭曲了,大家的经济行为也就跟着扭曲了。

（三）案例研究 C

通货膨胀的"财富大挪移"游戏

北京的小赵2000年大学毕业后不久，便在父母的资助下花50万元买了一套房子。其中，按揭部分占房款的60%，每月需要还银行贷款不到2 000元。如今按揭贷款已经提前偿还，这套房子目前的市场价是300万元。

小赵的同学小钱，2000年毕业后一直租房，每月支付的房租从2000年的1 000元涨到了目前的3 500元。十多年来，小钱每月用于房子的支出已经超过小赵的还贷支出。而且如今拥有一套房产的小赵身家已经达到300万元。与小赵相比，小钱只能捏着瘪瘪的钱包，看着飙升的房价，唉声叹气。

他俩的同班同学小孙在2000年毕业后，把父母给他的一套小房卖掉，自己租房住，用卖房的20万元买了一辆小汽车，开到现在。如今新车变成了老爷车，到二手市场一打听，也就值8 000元钱，而当初以20万元市场价卖掉的房子已经升值到120万元。

他们的另一个同学小李，2000年也把一套价值20万元的房子卖了，拿钱去炒股，由于股艺不精，总是被套。2005年小李"割肉"从股市套现5万元，然后把钱存了5年定期，到现在连本带息5.5万元。十多年后，当初卖掉的房子已从20万元升值到100多万元，而自己手里剩下的仅仅是不足6万元的存款。

为什么赵、钱、孙、李四个起点相似的同学，却因为过去十年不同的决策，有人欢喜有人忧呢？

资料来源：滕泰．通货膨胀的"财富大挪移"游戏［EB/OL］．（2012-01-10）［2019-04-25］．https://finance.qq.com/a/20120110/002620.htm.

【关联理论】

如果通货膨胀是未预期到的，则它会给社会带来财富的任意再分配这一特殊的经济成本。通常来说，通货膨胀有利于浮动收入者，不利于固定收入者；有利于实物财富所有者，不利于货币财富持有者；有利于政府，不利于普通民众。

【案例解析】

通货膨胀所指的价格上涨并不是同步的，既不会在同一时间上涨，也不会以同一比例上涨。相反，不同物品与服务的价格会陆续上涨，且上涨幅度大不相同。当社会上物品的价格结构发生变化时，这些物品所代表的行业的收入也会发生变化，于是整个社会的收入分配格局会发生倾斜，其倾斜方向和通货膨胀发展的路径一致：增发货币最早落到的物品与服务所在的行业收入迅速提高，而货币后来才陆续落到的物品与服务所在的行业收入提高将慢于和低于前者。这就是通货膨胀的收入再分配效应。

通常来说，通货膨胀使得以利息和租金为收入的债权人受损，而使债务人受益。由于利息和租金这两种收入形式往往在较长期的合同中被确定下来，因此如果在合同有效期内出现通货膨胀，就会使得资本或土地实际表现出来的利息或地租高于合同规定的数额，结果是按合同规定的数额取得利息或租金的人受损，同时，借贷或租用者就会因此而受益。在上述案例中，小赵通过向银行贷款买房，是债务人，每月2 000元的房贷可以看作固定的租金，其实际货币价值因为通货膨胀而不断下降，他每月还给银行的钱从货币真实价值看其实是不断减少的,所以小赵作为债务人享受到通货膨胀带来的好处。相反,小李将钱存入银行,是债权人,他收到的利息是固定的,由于通货膨胀,存款的实际货币价值不断下降,他每月拿到的钱其实在不断减少,因此他是通货膨胀的受害者。

在通货膨胀的过程中,实物的持有者可以根据价格上涨趋势顺势提价,享受到相应财富的增加,而货币的持有者因为货币本身价值的贬值,财富遭受损失。在中国,由于房地产市场的高速发展,拥有房产的人在通货膨胀中获得了超额的回报,比如上述案例中的小赵,所持有的房产由 50 万元增值到 300 万元。而小钱、小李则因为将实物财富换成货币财富持有,遭受了巨大的损失。

四、课外习题

(一) 术语解释

1. 名义变量
2. 货币中性
3. 通货膨胀
4. 菜单成本
5. 通货膨胀税

(二) 单项选择

1. 认为货币供给量变动是通货膨胀主要原因的是( )。
   A. 凯恩斯学派　　　B. 货币学派　　　C. 哈耶克　　　D. 古典学派
2. 以下哪一种现象不伴随通货紧缩发生?( )
   A. 有效需求不足　　B. 经济衰退　　　C. 失业率下降　　D. 物价上涨
3. 物价指数是衡量通货膨胀程度的最直接指标,以下属于物价指数的是( )。
   A. 生活费用指数　　　　　　　　B. GDP 平减指数
   C. 货币购买力指数　　　　　　　D. 实际工资指数
4. 在通货膨胀不能完全预期的情况下,通货膨胀将有利于( )。
   A. 债务人　　　　　B. 债权人　　　　C. 在职人员　　　D. 离退休人员
5. 如果实际通货膨胀率低于预期的水平,则( )。
   A. 债务人和债权人都受损　　　　B. 债务人和债权人都受益
   C. 债务人受损,债权人受益　　　D. 债权人受损,债务人受益
6. 通货膨胀是指( )。
   A. 货币发行量过多引起价格水平的普遍持续上涨
   B. 货币发行量超过流通中的货币量
   C. 货币发行量超过流通中商品的价值量
   D. 以上均不正确
7. 在通货膨胀时期,持有货币的成本等于( )。
   A. 名义利率　　　　　　　　　　B. 事后实际利率
   C. 事前实际利率加上预期的通货膨胀率　　D. A 和 C

8. 如果利息税的税率是25%,银行规定的1年期定期存款的利率是2%,通货膨胀率是1%,则该项存款的税前实际利率等于(   ),税后实际利率等于(   )。
   A. 1%,0.75%   B. 1%,0.5%   C. 1.5%,1.5%   D. 2%,1%

9. 若一个经济体2018年的CPI是118.0,2019年的CPI是126.5,则这个时期的通货膨胀率是(   )。
   A. 18%   B. 7.2%   C. 8.5%   D. 26.5%

10. 下列关于通货膨胀对经济的影响描述正确的是(   )。
    A. 通货膨胀有利于债权人而不利于债务人
    B. 通货膨胀有利于工人而不利于雇主
    C. 通货膨胀有利于公众而不利于政府
    D. 适度的通货膨胀对经济增长有利

11. 假设由于通货膨胀,中国的企业必须每月计算、印刷并向其客户邮寄新报价单。这属于通货膨胀引起的哪项成本?(   )
    A. 皮鞋成本   B. 菜单成本
    C. 由于通货膨胀引起税收扭曲的成本   D. 任意的财富再分配

12. 如果通货膨胀率是8%,真实利率是3%,那么名义利率应该是(   )。
    A. −5%   B. 5%   C. 11%   D. 24%

13. 以下关于货币数量方程式 $M \cdot V = P \cdot Y$,说法正确的是(   )。
    A. 货币量 M 的变动必然引起名义产出 $P \cdot Y$ 的同比例变动
    B. 如果真实产出 Y 不变,则通货膨胀率=货币增长率
    C. 如果真实产出 Y 增加,则通货膨胀率<货币增长率
    D. 以上说法都正确

14. 以下关于通货膨胀税的说法,不正确的是(   )。
    A. 当税收收入不足以支付其支出,却又不能借款时,政府就可能通过印发货币来筹集收入
    B. 几乎所有的超速通货膨胀都是从通货膨胀税开始的
    C. 政府通过创造货币而筹集收入就是通货膨胀税
    D. 通货膨胀税对不持有货币的人同样有效

15. 当通货膨胀稳定且可预期时,以下哪一项通货膨胀成本不会发生?(   )
    A. 菜单成本   B. 皮鞋成本
    C. 任意的财富再分配   D. 相对价格变动与资源配置不当

(三) 判断正误

1. 当物价总水平上升时,货币的价值下降,反之也成立。(   )
2. 实际利率等于名义利率减去通货膨胀率。(   )
3. 在长期中,货币变动只影响真实变量,而不影响名义变量。(   )
4. 根据货币数量论,经济中的货币量决定物价水平,货币增长是引起通货膨胀的主要原因。(   )
5. 货币中性无论对于长期还是短期都是适用的。(   )
6. 当政府发行货币且物价上升时,人们持有的货币的价值下降。(   )

7. 通货膨胀会带来很多不利的影响,但是通货紧缩会给经济带来好处。(　　)
8. 确切地说,费雪效应表明名义利率是根据预期的通货膨胀进行一对一的调整。(　　)
9. 通货膨胀本身并没有降低人们的实际购买力。(　　)
10. 菜单成本是当通货膨胀鼓励人们减少货币持有量时所浪费的资源。(　　)

(四) 简答题

1. 如何理解物价水平与货币价值之间的关系?
2. 根据货币数量论,货币量增加的影响是什么?通过货币供求均衡分析,简要阐述货币注入的调整过程。
3. 解释名义变量与真实变量的差别。根据货币中性原理,哪一个变量受货币量变动的影响?
4. 根据费雪效应,通货膨胀率的上升如何影响真实利率与名义利率?
5. 通货膨胀的成本有哪些?

(五) 应用题

1. 有人说"通货膨胀就是政府拒绝承担债务"。你怎么看待这个问题?
2. 小王向老李借了3万元钱买车,双方约定一年后归还,到期小王向老李支付1 500元作为利息。
   (1) 这次借款中的名义利率是多少?
   (2) 如果市场预期的通货膨胀率是3%,那么借款的实际利率是多少?
   (3) 如果这一年实际的通货膨胀率是4%,则双方的利益将如何变化?为什么?
3. 假设某国的货币供给量 M 是 5 000 亿元,社会实际产量 Q 是 50 000 亿个单位,每单位的价格 P 都是1元。请回答以下问题:
   (1) 货币流通速度 V 是多少?
   (2) 如果 V 不变,M 增加到 10 000 亿元,则价格 P 将变成多少?
   (3) 如果 V 不变,M 每年增加15%,Q 每年增加7%,则年通货膨胀率为多少?

(六) 拓展思考题

1. 什么是超速通货膨胀?为什么发生超速通货膨胀的国家,其中央银行往往是不独立于其他政府部门的?
2. 近年来中国居民感觉物价上涨得有些快,但官方公布的CPI的涨幅看上去并不高,甚至有些年份还下降了。试根据货币增长与通货膨胀相关理论,结合实际,对中国CPI指标进行简要评价。

五、习题答案

(一) 术语解释

1. 名义变量:按货币单位衡量的变量。

2. 货币中性:认为货币供给变动并不影响真实变量的观点。
3. 通货膨胀:物价总水平在某一时期内持续上涨。
4. 菜单成本:通货膨胀引起的与改变价格相关的成本。
5. 通货膨胀税:政府通过创造货币而筹集的收入。

(二) 单项选择

1. B 2. D 3. B 4. A 5. C 6. A 7. D 8. B 9. B 10. D 11. B 12. C
13. D 14. D 15. C

(三) 判断正误

1. √ 2. √ 3. × 4. √ 5. × 6. √ 7. × 8. √ 9. √ 10. ×

(四) 简答题

1. 【考查要点】 物价水平与货币价值。

【参考答案】 设物价总水平为 P,它说明了用货币表示的物品与服务的价值,则 $1/P$ 代表了用物品与服务表示的货币的价值。因此,物价水平越高,用来表示物价的货币的价值就越低,反过来也成立。

2. 【考查要点】 货币数量论。

【参考答案】 根据货币数量论,经济中的货币量决定物价水平,货币供给增加将引起通货膨胀。假设中央银行增加货币供给,则货币供给曲线向右移动。在最初的物价水平下,货币供给增加导致超额的货币供给。人们用这些超额货币购买物品与服务,或者向其他人发放贷款(购买债券),这些贷款又使其他人可以购买物品与服务。无论哪一种方法,货币注入都会增加对物品与服务的需求。由于经济生产物品与服务的能力没有改变,因此对物品与服务需求的增加必然导致物价上涨。

3. 【考查要点】 名义变量和真实变量。

【参考答案】 古典二分法将经济变量分为两类,即名义变量和真实变量。名义变量是按货币单位衡量的变量,而真实变量是按实物单位衡量的变量。经济中的大多数价格常用货币来衡量,均为名义变量;而相对价格用实物单位来衡量,是真实变量。根据货币中性原理,在长期中,货币量的变动仅仅影响名义变量,并不影响真实变量。

4. 【考查要点】 费雪效应。

【参考答案】 根据货币中性原理,当货币增长率上升导致通货膨胀率上升时,真实利率是不变的,因而名义利率对通货膨胀率进行一对一的调整,这种现象称为费雪效应。

5. 【考查要点】 通货膨胀的成本。

【参考答案】 通货膨胀确实会产生许多更为微妙的成本。这些成本包括与减少货币持有量相关的皮鞋成本,与频繁调整价格相关的菜单成本,相对价格变动与资源配置不当带来的低效率、混乱与不方便,以及未预期到的通货膨胀的特殊成本——任意的财富再分配等。

(五) 应用题

1. 【考查要点】 通货膨胀税。

【参考答案】 当政府需要筹集资金时,正常情况下可以通过税收和发行国债来筹集,但也可以简单地通过发行货币来筹集。政府通过创造货币来筹集收入就是征收通货膨胀税。当政府发行货币且物价上升时,人们持有的货币的价值下降。通货膨胀税是向所有持有货币的人征收的税。从这个角度来说,这句话是对的。

2.【考查要点】 名义利率、实际利率与通货膨胀率。

【参考答案】 (1) 根据计算,名义利率为5%;

(2) 实际利率等于名义利率减去预期通货膨胀率,因此,本题中,实际利率为2%;

(3) 如果实际通货膨胀率为4%,那么实际利率为1%,低于预期水平。对小王来说,这意味着在剔除价格因素后,他需要支付的利息比他签合同时预期的更少,因此小王受益;而相反,老李得到的利息比他预期的要少。

3.【考查要点】 货币数量方程。

【参考答案】 (1) 根据 $M \cdot V = P \cdot Q$,有 $V = (1 \times 50\,000)/5\,000 = 10$;

(2) $P = (10\,000 \times 10)/50\,000 = 2$;

(3) V 不变时,$P = 1.15/1.07 = 1.07$,因此通货膨胀率 $= (1.07 - 1) \times 100\% = 7\%$。

(六) 拓展思考题

1.【考查要点】 超速通货膨胀。

【参考答案】 超速通货膨胀也叫恶性通货膨胀,是一种不能控制的通货膨胀,在物价急速上涨的情况下,货币会很快失去价值。超速通货膨胀没有一个普遍公认的界定标准,一般界定为月通货膨胀率达到50%以上或年通货膨胀率达到1 000%以上。

发生超速通货膨胀的主要原因之一是政府通过大量增发货币为财政赤字融资。中央银行和政府的政策偏好是不同的,在中央银行独立的国家,政府难以增发货币获得融资;而在中央银行不独立的国家,中央银行往往屈服于政府压力,向社会投放大量货币从而引发超速通货膨胀。

2.【考查要点】 CPI 指标及其评价。

【参考答案】 在中国,CPI 是反映城乡居民家庭购买并用于日常生活消费的一篮子物品与服务项目价格水平随时间而变动的相对数,在一定程度上反映了通货膨胀(或通货紧缩)的程度。这一篮子物品与服务由政府根据一定的分类权重标准来选择,范围涉及衣食住行等。改革开放40多年来,中国的经济结构和消费方式都发生了巨大变化,住房、教育、医疗支出迅速增加,理发、洗浴等社会服务的价格也上升得很快,其中不少都没有及时充分地反映到 CPI 上,导致社会公众普遍感觉数据失真。因此,CPI 的统计方法、样本选取、权重设置等都有待进一步修正。中国之所以对 CPI 数据构成以及通货膨胀控制目标存在争议,归根结底在于没有建立全面系统的通货膨胀指标体系,很多指标在设定上虽然跟美国等发达国家"接轨",但在具体权重上又有很大差别。在控制目标的设定上,国际上之所以将3%的通货膨胀率作为警戒线,是因为西方发达国家的经济增长率普遍只有2%~3%。一旦通货膨胀率接近增长率时已相当危险,必须采取紧缩政策。而即使全面进入新常态发展阶段,中国经济增速也基本保持在6%~7%,3%的通货膨胀警戒线仍然不到经济增速的一半。因此,在科学、准确统计 CPI 数据的基础上,中国也可适当提高"通货膨胀容忍度"。

第 31 章
开放经济的宏观经济学:基本概念

一、学习精要

(一) 教学目标

1. 掌握净出口、资本净流出、名义汇率和实际汇率等基本概念。
2. 理解物品与资本的国际流动如何联系,考虑为什么资本净流出总是等于净出口。
3. 掌握开放经济中的储蓄与投资恒等式。
4. 掌握名义汇率与真实汇率的含义以及它们之间的联系和区别。
5. 掌握第一种汇率决定理论——购买力平价理论。

(二) 内容提要

本章着眼于国与国之间的经济交往,主要介绍开放经济中经常碰到的一些基本概念,如净出口、资本净流出、名义汇率和真实汇率等,并阐释第一种汇率决定理论——购买力平价理论。

1. 物品与资本的国际流动

(1) 物品与服务的流动:出口、进口与净进口。出口是指在国内生产而在国外销售的物品与服务;进口是指在国外生产而在国内销售的物品与服务。净出口是指一国的出口值减去一国的进口值,又称贸易余额。出口大于进口称为有贸易盈余,出口小于进口称为有贸易赤字,出口等于进口则称为贸易平衡。影响净出口的变量主要有消费者对国内与国外物品的爱好、国内与国外物品的价格、国内与国外消费者的收入、人们可以用国内通货购买国外通货的汇率、从一国向另一国运送物品的成本以及政府对国际贸易的政策。

(2) 金融资源的流动:资本净流出。资本净流出指本国居民购买的外国资产减去外国人购买的本国资产。国与国之间的资本流动主要有外国直接投资和外国有价证券投资两种形式。外国直接投资是指本国居民购买并控制外国资本;外国有价证券投资是指本国居民购买外国公司股票或债券但并不直接控制该公司。在这两种情况下,本国居民都购买了另一个国家的资产,因而都增加了本国的资本净流出。资本净流出衡量一个国家资产贸易的不平衡。如果资本净流出大于0即为"资本流出",本国居民购买的外国资产大于外国人购买的本国资产;如果资本净流出小于0即为"资本流入",外国人购买的本国资产大于本国居民购买的外国资产。影响资本净流出的变量有外国资产得到的真实利率、国内资产得到的真实利率、可以感知到的持有外国资产的经济与政治风险以及影响国外对国内资产所有权的政府政策。

(3) 净出口与资本净流出相等。一个开放经济以两种方式与世界其他经济相互交易——在世界物品与服务市场上以及世界金融市场上。一个重要但又微妙的核算事实表明：对整个经济而言，净出口衡量一国进口与出口的不平衡，资本净流出衡量一国购买与出售资产的不平衡，这两种不平衡相互抵消，即资本净流出(NCO)始终等于净出口(NX)：

$$NCO = NX$$

这个等式之所以成立，是因为影响净出口的每次交易同样会完全等量地影响资本净流出，反之亦然。当一国有贸易盈余时(NX > 0)，它出售给外国人的物品与服务多于从外国人那里购买的物品与服务，因此必然用从国外的物品与服务的净销售中得到的外国通货来购买外国资产，因此资本从国内流出(NCO > 0)。反之，当一国有贸易赤字时(NX < 0)，它从国外购买的物品与服务多于向外国人出售的物品与服务，在世界市场上本国如何为这些物品与服务的净购买筹资呢？它必定在国外出售资产，导致资本流入国内(NCO < 0)。

(4) 储蓄、投资及其与国际流动的关系。一国的储蓄与投资是其长期经济增长的关键。在一个封闭经济中，储蓄(S)与投资(I)是相等的。但在一个开放经济中，根据国民收入恒等式($Y = C + I + G + NX$)推得 $Y - C - G = I + NX$；而国民储蓄 S 是一国用于消费和政府购买之后剩下的收入，即 $S = Y - C - G$，且又有 NCO = NX，因此得到开放经济中的储蓄投资恒等式：

$$S = I + NCO$$

以上恒等式表明开放经济中的国民储蓄等于国内投资加上资本净流出，也说明开放经济中的国民储蓄有两种用途，即国内投资和资本净流出。如果一国储蓄(S)大于国内投资(I)，资本净流出是正的，表明一国用它的一部分储蓄购买外国资产；如果一国储蓄(S)小于国内投资(I)，资本净流出是负的，表明外国人正购买国内资产为一部分国内投资筹资。

(5) 物品与资本的国际流动：总结。根据国民收入恒等式($Y = C + I + G + NX$)，有以下三种情况：其一，如果一国有贸易盈余，即净出口大于零(NX > 0)，则国民收入必定大于国内支出($Y > C + I + G$)；由于 $S = Y - C - G$，因此国民储蓄必定大于投资($S > I$)，故资本净流出必定大于零(NCO > 0)。其二，如果一国有贸易赤字，即净出口小于零(NX < 0)，则国民收入必定小于国内支出($Y < C + I + G$)；由于 $S = Y - C - G$，因此国民储蓄必定小于投资($S < I$)，故资本净流出必定小于零(NCO < 0)。其三，如果一国处于贸易平衡，即出口等于进口(NX = 0)，则国民收入必定等于国内支出($Y = C + I + G$)；由于 $S = Y - C - G$，因此国民储蓄必定等于投资($S = I$)，故资本净流出必定等于零(NCO = 0)。

2. 国际交易的价格：真实汇率与名义汇率

(1) 名义汇率。名义汇率是指一个人可以用一国通货交换另一国通货的比率。汇率的变动使1单位本币买到更多的外国通货，称为升值；汇率的变动使1单位本币买到的外国通货减少，称为贬值。有些国家放弃各自的通货，而使用同一种共同通货，比如欧元。

(2) 真实汇率。真实汇率是一个人可以用一国的物品与服务交换另一国的物品与服务的比率。真实汇率取决于名义汇率和用本国通货衡量的两国物品与服务的价格，因此真实汇率是各国物品与服务的真实相对成本。

$$真实汇率 = \frac{名义汇率 \times 国内价格}{国外价格}$$

当研究整个经济时，宏观经济关注的是物价指数，而不是个别物品与服务的价格。为了衡量真实汇率，宏观经济学家使用物价指数来计算真实汇率：

$$真实汇率 = (e \cdot P)/P^*$$

其中，e 是名义汇率，P 是国内物价指数，P^* 是国外物价指数。实际上，真实汇率衡量国内得到的一篮子物品与服务相对于国外得到的一篮子物品与服务的价格。

一国的真实汇率是其物品与服务净出口的关键决定因素。如果中国真实汇率下降,意味着相对于外国物品与服务而言,中国物品与服务变得更便宜(从而激励国内和国外消费者更多地购买中国物品与服务,且更少地购买外国物品与服务,因而增加中国的净出口)。如果中国真实汇率上升,意味着相对于外国物品与服务而言,中国物品与服务变得更昂贵(从而激励国内和国外消费者更多地购买外国物品与服务,而更少地购买中国物品与服务,因而减少中国的净出口)。

3. 第一种汇率决定理论:购买力平价理论

在现实经济中,汇率的变动一直很大。经济学家构建了许多模型来解释汇率是如何决定的,这里我们学习一种最简单的汇率理论。这种认为任何一单位通货应该能在所有国家买到等量物品与服务的汇率理论,称为购买力平价理论,它描述了长期中决定汇率的因素。

(1) 购买力平价理论的基本逻辑。购买力平价理论的逻辑基于一价定律,即一种物品与服务在所有地方都应该按同样的价格出售,否则就有未被利用的可以获取利润的机会,这种利用不同市场上同一种物品与服务的价格差的过程称为"套利"。而购买力平价就是在这个基础上得出的,即一国通货必然在所有国家具有相同的购买力。"平价"意味着平等,"购买力"意味着购买的物品与服务有相同的货币价值,一单位通货在每个国家应该有相同的真实价值。

(2) 购买力平价理论的含义。假设 P 是国内物价指数,P^* 是国外物价指数,e 是名义汇率。在国内,1 单位本币可以购买的物品与服务数量是 $1/P$;在国外,1 单位本币可以交换 e 单位外国通货,其购买力相应地就为 e/P^*。由于 1 单位本币在这两个国家的购买力相同,因此

$$1/P = e/P^*$$

整理上式,该式可以变为:$eP/P^* = 1$。这表明:如果 1 单位本币的国内和国外购买力相同,则真实汇率等于1,即国内物品与服务和国外物品与服务的相对价格不变。

再整理上式,该式还可以变为:

$$e = P^*/P$$

这就是说,如果购买力平价理论成立,则名义汇率就是国外物价水平 P^* 与国内物价水平 P 的比率。这一理论的关键含义是,当物价水平变动导致两个国家有不同的通货膨胀率时,名义汇率也会发生变动。当中央银行发行了大量货币时,无论是根据它能买到的物品与服务,还是根据它能买到的其他国家通货,这种货币的价值都减少。这种通货贬值有对内贬值和对外贬值两种体现,对内贬值则体现在发生通货膨胀,对外贬值体现在名义汇率下降。

(3) 购买力平价理论的局限性。购买力平价理论提供了一个有关汇率如何被决定的简单模型。对于解释许多经济现象,特别是解释货币发展的长期趋势,这种理论是很有用的。但即使是在长期中,购买力平价理论也并不是完全正确的,名义汇率并不总是反映两个国家之间的物价水平。这主要有两个原因:第一,不是所有物品都能进行贸易;第二,即使可贸易的同种物品与服务在不同国家也不总是完全替代品。基于这两个原因,购买力平价不是一种完美的汇率决定理论,真实汇率事实上一直在波动。

4. 结论

通过对开放经济中的基本概念的学习,我们了解到一国贸易余额与资本的国际流动密切相关。开放经济中的国民储蓄可以不等于国内投资。当一国有贸易盈余时,它必定有资本输出;当一国有贸易赤字时,它必定有资本流入。此外,我们还应该对名义汇率和真实汇率的含

义以及购买力平价理论的局限性有更深刻的认识。这里定义的宏观经济变量为分析一个开放经济与世界其他经济的相互交易提供了一个出发点。

(三) 关键概念

1. 封闭经济:不与世界上其他经济相互交易的经济。
2. 开放经济:与世界上其他经济自由交易的经济。
3. 出口:在国内生产而在国外销售的物品与服务。
4. 进口:在国外生产而在国内销售的物品与服务。
5. 净出口:一国的出口值减去进口值,又称贸易余额。
6. 贸易盈余:指净出口是正的,即出口大于进口,表明一国向国外出售的物品与服务多于从国外购买的物品与服务。
7. 贸易赤字:指净出口是负的,即出口小于进口,表明一国向国外出售的物品与服务少于它从国外购买的物品与服务。
8. 贸易平衡:指净出口是零,即出口等于进口的状况。
9. 资本净流出:本国居民购买的外国资产减去外国人购买的本国资产。
10. 外国直接投资:本国居民购买并主动控制和管理外国资本。
11. 外国有价证券投资:本国居民购买外国公司股票或债券但并不直接控制该公司。
12. 名义利率:一个人可以用一国通货交换另一国通货的比率。
13. 升值:按所能购买到的外国通货衡量的一国通货的价值上升,即汇率的变动使1单位本币买到更多的外国通货。
14. 贬值:按所能购买到的外国通货衡量的一国通货的价值下降,即汇率的变动使1单位本币买到的外国通货减少。
15. 真实汇率:一个人可以用一国的物品与服务交换另一国物品与服务的比率。
16. 一价定律:一种物品在所有地方都应该按同样的价格出售,否则就有未被利用的可以获取利润的机会。
17. 套利:利用不同市场上同一种物品的价格差的过程。
18. 购买力平价理论:一种认为任何一单位通货都应该能在所有国家买到等量物品与服务的汇率理论。

(四) 拓展提示

1. 封闭经济中,国内投资和国民储蓄是相等的,但在开放经济中,却并非如此。公式 $S = I + NCO$ 可帮助我们理解储蓄、投资和资本净流出之间的关系。在开放经济中,资本的流入和流出将对储蓄与投资产生影响,并且不同于封闭经济,储蓄与投资不一定相等。具体来说,高国内投资不一定意味着高国民储蓄,很有可能是因为资本净流出为负数而产生这种现象。

2. 真实汇率与名义汇率是国际交易中最重要的国际价格。我们常常听到某种货币比较"坚挺"或"疲软",就是指名义汇率的变动。而真实汇率,我们常常用物价指数来衡量,因为宏观经济学关注的是物价总水平,而不是单个物品的价格。真实汇率上升,意味着本国物品相对于外国物品的变得更贵了,从而鼓励消费者少购买本国物品,多购买外国物品;反之,真实汇率下降,意味着本国物品相对于外国变得便宜了,从而鼓励消费者多购买本国物品,少购买外国物品。

3. 当中央银行印发大量货币时,货币的价值降低了,无论是根据它能买到的物品、服务还是通货。通货膨胀、货币政策与购买力息息相关。每一次通货膨胀期间,物价迅速上升,随之而来的便是本币贬值。货币供给稳定以后,物价和汇率也会稳定下来。

4. 购买力平价理论最早是由瑞典经济学家古斯塔夫·卡塞尔(Gustav Cassel)在 20 世纪初提出的。简单地说,购买力平价是国家间综合价格之比,即两种或多种货币在不同国家购买相同数量和质量的物品与服务时的价格比率,用来衡量对比国之间价格水平的差异。一个测量购买力平价的简单而幽默的例子就是巨无霸指数。这个指标由于《经济学人》杂志的使用而闻名于世。《经济学人》杂志将麦当劳在各国的分店中卖的巨无霸汉堡包的价格进行了比较。如果一个巨无霸在美国的价格是 4 美元,而在英国是 3 英镑,那么美元与英镑的购买力平价汇率就是 3 英镑=4 美元。再比如,购买相同数量和质量的一篮子商品,在中国用了 80 元人民币,在美国用了 20 美元,则对于这一篮子商品来说,人民币对美元的购买力平价是 4∶1,也就是说,在这些商品上,4 元人民币的购买力相当于 1 美元。购买力平价实质上是一个特殊的空间价格指数,与比较某一国家两个时期价格水平的 CPI 不同,它是比较某一时期内两个国家的综合价格水平。因此,用购买力平价作为货币转换因子,能满足 GDP 国际比较的基本要求。

5. 购买力平价理论的基础是货币数量说:货币供给量决定单位货币的购买力,货币购买力的倒数是物价水平,因此购买力平价理论认为,货币数量决定货币购买力和物价水平,从而决定汇率。购买力平价理论是从货币层面因素分析汇率问题的代表。购买力平价理论之所以是最有影响力的汇率理论,是因为:第一,购买力平价理论是从货币的基本功能(具有购买力)角度分析货币的交换问题,符合逻辑,易于理解,表达形式最为简单,对汇率决定这样一个复杂问题给出了最简洁的描述;第二,购买力平价理论所涉及的一系列问题都是汇率决定中非常基本的问题,处于汇率理论的核心位置;第三,购买力平价理论被普遍作为汇率的长期均衡标准而被应用于其他汇率理论的分析中。但购买力平价理论并不是一个完整的汇率决定理论,并没有阐述清楚汇率和价格水平之间的因果关系,具体体现在以下三点:第一,忽略了国际资本流动对汇率的影响,因为尽管购买力平价理论在揭示汇率长期变动的根本原因和趋势上有其不可替代的优势,但在中短期内,国际资本流动对汇率的影响越来越大;第二,忽视了非贸易品因素,也忽视了贸易成本和贸易壁垒对国际商品套购的制约;第三,计算购买力平价的诸多技术性困难使其具体应用受到限制。

二、新闻透视

(一) 新闻透视 A

新闻办就 2018 年全年进出口情况举行新闻发布会

国务院新闻办公室于 2019 年 1 月 14 日上午 10 时举行新闻发布会,请海关总署新闻发言人、统计分析司司长李魁文介绍 2018 年全年进出口情况,并答记者问。

国务院新闻办新闻发言人 胡凯红:

女士们、先生们,大家上午好!欢迎大家出席国务院新闻办今天举行的新闻发布会。从今天开始,我们将举行一系列发布会,介绍 2018 年全年的经济数据。我们很高兴邀请到海关总署新闻发言人、统计分析司司长李魁文先生,请他向大家介绍2018年全年进出口情况,并回答大家感兴趣的问题。

下面先请李司长作介绍。

海关总署新闻发言人、统计分析司司长 李魁文:

女士们、先生们,各位记者朋友们,大家上午好!首先欢迎各位出席今天的新闻发布会,很高兴又和大家见面了。我先通报一下2018年我国外贸进出口的情况,之后再回答大家关心的问题。

2018年,在党中央、国务院的坚强领导下,各地区、各部门积极贯彻落实一系列促进外贸稳定增长的政策措施,有效应对外部环境的深刻变化,对外贸易总体平稳,稳中有进,进出口规模创历史新高,我国有望继续保持全球货物贸易第一大国地位。据海关统计,2018年,我国外贸进出口总值30.51万亿元人民币,比2017年增长9.7%。其中,出口16.42万亿元,增长7.1%;进口14.09万亿元,增长12.9%;贸易顺差2.33万亿元,收窄18.3%。按美元计价,2018年,我国外贸进出口总值4.62万亿美元,增长12.6%。其中,出口2.48万亿美元,增长9.9%;进口2.14万亿美元,增长15.8%;贸易顺差3517.6亿美元,收窄16.2%。具体有以下几个方面的特点:

一是年度进出口总值再上新台阶。 2005年,我国外贸进出口总值首次超过10万亿元人民币;2010年,超过20万亿元;2018年,再创新高,超过30万亿元,比2017年的历史高位多2.7万亿元。

二是一般贸易进出口快速增长,比重上升。 2018年,我国一般贸易进出口总值17.64万亿元,增长12.5%,占我国进出口总值的57.8%,比2017年提升1.4个百分点,贸易方式和结构有所优化。

三是对主要贸易伙伴进出口全面增长,与"一带一路"沿线国家进出口增势良好。 2018年,我国对前三大贸易伙伴欧盟、美国和东盟进出口分别增长7.9%、5.7%和11.2%,三者合计占我国进出口总值的41.2%。同期,我国对"一带一路"沿线国家合计进出口8.37万亿元,增长13.3%,高出我国进出口整体增速3.6个百分点。我国与"一带一路"沿线国家的贸易合作潜力正在持续释放,成为拉动我国外贸发展的新动力。其中,对俄罗斯、沙特阿拉伯和希腊进出口分别增长24%、23.2%和33%。

四是民营企业进出口增长,比重提升。 2018年,我国民营企业进出口12.1万亿元,增长12.9%,占我国进出口总值的39.7%,比2017年提升1.1个百分点。其中,出口7.87万亿元,增长10.4%,占出口总值的48%,比重提升1.4个百分点,民营企业继续保持我国第一大出口主体地位;进口4.23万亿元,增长18.1%。2018年,我国民营企业对外贸进出口增长的贡献度超过50%,成为我国外贸发展的一大亮点。同期,外商投资企业进出口12.99万亿元,增长4.3%,占42.6%;国有企业进出口5.3万亿元,增长16.8%,占17.4%。

五是中西部和东北地区进出口增速高于全国整体增速,区域发展更趋协调。 2018年,西部12省区市外贸增速为16.1%,超过全国增速6.4个百分点;中部6省市外贸增速为11.4%,超过全国增速1.7个百分点;东北三省外贸增速为14.8%,超过全国增速5.1个百分点;东部10省市外贸增速为8.8%。

六是机电产品出口占比提升,出口商品结构持续优化。 2018年,我国机电产品出口9.65万亿元,增长7.9%,占我国出口总值的58.8%,比2017年提升0.4个百分点。其中,汽车出口增长8.3%,手机出口增长9.8%。同期,服装、玩具等七大类劳动密集型产品合计出口

3.12万亿元,增长1.2%,占出口总值的19%。

七是原油、天然气和铜等大宗商品进口量价齐升,铁矿砂和大豆进口量有所减少。2018年,我国进口原油4.62亿吨,增加10.1%;天然气9039万吨,增加31.9%;成品油3348万吨,增加13%;铜530万吨,增加12.9%。此外,进口铁矿砂10.64亿吨,减少1%;大豆8803万吨,减少7.9%。初步测算,全年我国进口价格总体上涨6.1%。其中,原油上涨30%,成品油上涨20%,天然气上涨22.9%,铜上涨3.2%。

2019年,海关总署将以习近平新时代中国特色社会主义思想为指导,全面贯彻党的十九大和十九届二中、三中全会精神,认真落实中央经济工作会议部署,坚持稳中求进工作总基调,围绕稳就业、稳金融、稳外贸、稳外资、稳投资、稳预期,扎实推进海关各项改革,着力优化口岸营商环境,推动外贸稳中提质,更好地服务国家经济社会发展大局。

资料来源:新闻办就2018年全年进出口情况举行新闻发布会[EB/OL].(2019-01-14)[2019-04-25]. http://www.gov.cn/xinwen/2019-01/14/content_5357666.htm#1.

【关联理论】

出口是指在国内生产而在国外销售的物品与服务,进口是指在国外生产而在国内销售的物品与服务。净出口是指一国的出口值减去进口值,又称贸易余额。出口大于进口,称为有贸易盈余,反之则称为有贸易赤字,出口等于进口称为贸易平衡。经济学上为了方便,净出口常以NX来代替。

【新闻评析】

一国的进出口贸易收支是其国际收支中经常项目的重要组成部分,是影响一个国家国际收支的重要因素。贸易差额又称净出口或贸易余额,是指一国在一定时期(如一年、半年、一季、一月)内出口总值与进口总值之间的差额。当出口大于进口时,称为顺差;当出口小于进口时,称为逆差;当出口总值与进口总值相等时,则称为贸易平衡。实务上,净出口(贸易余额)有时又细分成有形商品和无形服务两个部分。如美国商务部的《当代商业调查》(Survey of Current Business)中,有"商品贸易余额"(Merchandise Trade Balance)和"服务贸易余额"(Balance on Services)的项目;英国则使用"有形贸易余额"(Visible Balance)和"无形贸易余额"(Invisible Balance)的名称。

影响净出口的变量主要有消费者对国内与国外物品的偏好、国内与国外物品的价格、国内与国外消费者的收入、人们可以用国内通货购买国外通货的汇率、从一国向另一国运送物品的成本以及政府对国际贸易的政策。通常高储蓄率的国家伴随着贸易盈余,低储蓄率和负储蓄率的国家则伴随着贸易赤字。

从2018年全年进出口相关数据可以看出,随着中国经济发展进入新常态,中国对外贸易也进入了以稳增长、调结构、提质量为特征的新阶段。2018年中国外贸进出口总值创历史新高,首超30万亿元。由于2017年中国陆续出台了一系列减税降费、优化口岸营商环境的政策措施,贸易便利化水平显著提升,营商环境整体大幅改善。据2018年10月世界银行发布的《2019年营商环境报告》,中国营商环境整体提升了32位。2018年中国外贸市场多元化取得了积极进展,中国与"一带一路"沿线国家、非洲、拉丁美洲进出口增速分别高出进出口整体增速3.6、6.7和6个百分点。此外,中国的进出口更加均衡,区域发展更加协调,产品结构更加优化。2019年制约中国外贸发展的主要因素是外部环境复杂严峻,不确定、不稳定因素依然较多,一些国家保护主义、单边主义抬头,世界经济增长可能有所放缓,跨国贸易和投资可能受到拖累。尽管当前中国出口竞争优势依然存在,但比较优势正在发生变化,包括劳动力成本、融资成本等在内的经营成本持续上升,资源环境的约束加大,中国传统的产业竞争优势在削弱,传统劳动密集型产品在发达经济体的国际市场份额出现了下滑。尽管从单纯的数据规模来看,2018年中国贸易顺差又创历史新高,但简单的高贸易顺差并不是中国对外贸易所追求的目标,而更应该关注对外贸易的平衡、协调和可持续发展。

(二) 新闻透视 B

中国资本净流出时代将近

据《中国产经新闻报》报道,几乎没有什么悬念,就在这一两年内,中国将进入投资流出时代。2014年6月24日,联合国贸易和发展会议发布的2014年《世界投资报告》(以下简称《报告》)预测:"中国对外投资已经进入了高速增长阶段,对外投资将很可能在今年超过吸引外资,使中国成为净对外投资国。"

联合国贸易和发展会议发布的这份《报告》显示,2013年全年,中国吸引外资达1 239亿美元,较上年增长2.3%,居全球第二位,与位居全球第一的美国的差距进一步缩小。同时,中国对外投资达1 010亿美元,较上年增长15%,仅居美、日之后,为全球第三大对外投资国。截至2013年年底,中国对外投资存量达6 136亿美元,全球排名从2011年的第17位上升至2013年的第11位。

联合国贸易和发展会议投资和企业司司长詹晓宁在接受媒体采访时也表示:"2013年中国吸纳外国直接投资和对外投资实现双增长,未来两年中国对外投资将可能超过吸引外资,成为净对外投资国。"

广东国际战略研究院首席研究员肖鹞飞表示:"对外投资将很可能在今年超过吸引外资。原来FDI(外商直接投资)主要是流出到新兴市场国家,现在发达国家、新兴市场国家以及比较落后的国家都有中国资本流入。"

今后,对外投资将成为中国经济增长的新动力。光大证券首席经济学家徐高分析道:"其实把其他的算上,比如说购买美国国债,我们早就是大量对外投资的国家了,只不过主要是通过金融的方式来做投资。"徐高认为,FDI增长对中国经济发挥了很多积极的作用,一方面获取了很多资源,另一方面把我们的生产能力输送出去。

资料来源:中国资本净流出时代将近[N/OL].羊城晚报,2014-07-01[2019-04-25].http://www.chinanews.com/stock/2014/07-01/6339210.shtml.

【关联理论】

对整个经济而言,资本净流出始终等于净出口,即 NCO = NX。这个等式之所以成立,是因为影响净出口的每次交易同样会完全等量地影响资本净流出,反之亦然。一国的储蓄与投资是其长期经济增长的关键。开放经济中的储蓄投资恒等式表明,开放经济中的国民储蓄等于国内投资加上资本净流出。

【新闻评析】

一个开放经济以两种方式与世界其他经济相互交易——在世界物品与服务市场上交易以及在世界金融市场上交易。对整个经济而言,始终有 NCO = NX。在物品与服务市场上,2014年中国进出口总值26.43万亿元人民币,其中出口14.39万亿元,进口12.04万亿元,贸易顺差达2.35万亿元。由此,我们可以推断,中国资本净流出也必将达到2.35万亿元。当然,这里所说的资本净流出,不仅包括以上新闻中直接投资形式的资本净流出,而且包括购买美国国债等间接投资形式的资本净流出。

相关统计显示,2014年中国共实现全行业对外直接投资1 160亿美元,同比增长15.5%,如果加上第三地融资再投资,2014年中国对外投资规模应该在1 400亿美元左右,高于利用外资200亿美元。也就是说,2014年中国已经成为资本净输出国。而李克强总理在会见达沃斯论坛创始人兼主席施瓦布(Schwab)时的讲话表明,中国的资本出口已经为全球经济带来了活力,避免更多国家陷入衰退。据业界预测,在未来十年内,中国对外投资的总规模有望达到1.25万亿美元,将为全球经济发展不断注入新的活力。

以上新闻充分说明开放经济中的国民储蓄有两种用途,即国内投资和资本净流出。如果一国储蓄大于国内投资,资本净流出是正的,表明一国用它的一部分储蓄购买外国资产;如果一国储蓄小于国内投资,资本净流出是负的,表明外国人正购买本国资产为一部分国内投资筹资。针对中国而言,由于存在巨大的贸易盈余,资本净流出有一个相当大的正值,因此中国的国民储蓄远远大于国内投资。中国内部经济结构在外部的一个反映是,中国国内有过剩的储蓄,也就具有把过剩储蓄借给其他国家的需求。之前的购买美国国债以及现在的对外直接投资,实际上都是把储蓄借给其他国家的方法。近年来,中国已经成为名副其实的对外投资大国。改革开放四十多年来,中国经济发展主要依靠出口推动和吸引外资的局面将发生重大转变,对外投资也将成为中国产业升级和经济增长的重要动力。

三、案例研究

(一) 案例研究A

中国再度增持美债,仍为美"最大债主"

2015年6月15日,美国财政部发布的《国际资本流动报告》(TIC)显示,2015年4月中国增持美债24亿美元,持美债规模达12 634亿美元,为美国第一大"债主"。日本减持美债112亿美元。2015年2月,日本曾超越中国成为美国第一大"债主",为金融危机以来的首次。

2015年4月,美债前三大持有方分别为中国、日本和加勒比银行中心。其中,中国增持美债24亿美元,持美债规模为12 634亿美元;日本大幅减持美债112亿美元;加勒比银行中心增持美债25亿美元。

这是中国连续第二个月增持美债。而在此之前的6个月,中国连续减持美债。2015年2月,中国持美债量一度跌至第二位,被日本超越,为金融危机以来的首次。2015年3月,尽管日本也增持了美债,但由于中国大举增持美债300多亿美元,中国重夺第一大债主"宝座"。

购买美债将推升美元,促使日元贬值,从而增强日本产品在国际市场的竞争力,刺激出口。分析人士认为这是日本此前持续购买美债的原因之一。然而2015年4月的数据显示,日本大幅减持美债100多亿美元,这或许与日本政府认为日元已无须再跌有关。

近来,包括日本央行行长黑田东彦在内的日本官员都透露了日元无须再跌的信号。日本央行委员会委员原田泰提到,过去几年日元过度强势令日本制造商利益受损,但是现在这一情况已经得到了修正。黑田东彦表示,从实际有效汇率的角度来看,日元不可能进一步下挫。

资料来源:中国再度增持美债仍为美"最大债主"[EB/OL].(2019-01-14)[2019-04-25]. https://www.sohu.com/a/23093534_114984.

【关联理论】

当一国有贸易盈余时(NX > 0),它出售给外国人的物品与服务多于从外国人那里购买的物品与服务,必然用从国外的物品与服务的净销售中得到的外国通货来购买外国资产,因此资本从国内流出(NCO > 0);反之,当一国有贸易赤字时(NX < 0),它从国外购买的物品与服务多于向外国人出售的物品与服务,它必定在国外出售资产,来为这些物品与服务的净购买筹资,导致资本流入国内(NCO < 0)。一个重要但又微妙的核算事实表明:对整个经济而言,资本净流出必然始终等于净出口,即 NCO = NX。

【案例解析】

NCO = NX 这一恒等式之所以成立,是因为影响净出口的每次交易同样会完全等量地影响资本净流出,反之亦然。当一个外国人从中国购买物品时,中国的出口和净出口增加;外国人以通货或资产支付,因此中国得到一些外国资产,使资本净流出增加。中国居民通过出口物品或服务得到外汇时,既可以持有外汇,也可以用它从进口国购买物品或服务,还可以用它从进口国购买资产(股票或债券)。因此,NCO = NX 这一恒等式能表明中国购买美国国债的最根本原因。

自 1978 年改革开放后,中国出口商品都是统一以美元计价,这样导致中国外汇储备中有大量美元。中国购买美国国债是一种投资动机,毕竟美国国债风险比较低,而且以国家信誉做保证。美国作为发达经济体,经济增长比较稳定,美元是世界通行的货币。中国购买其国债、股票等,是为了使中国外汇增值,也为了避免外汇缩水。特别是购买其国债,风险相对较低,回报率也相对比较稳定。出于国家战略利益考虑,中国持有大量美元和美元资产,也可以追求一种平等对话的权利。美元和美元资产绝不能全部抛售出去,因为那样会引起"多米诺骨牌效应",不仅会伤害美国,同时对中国也不利。因为中国如果大量抛售美元以及美元资产,根据价值规律,美元供求关系一定失衡,一旦美元资产处于供过于求的状况,中国持有的美元和美元资产也会贬值。当然,中国的外汇储备充足之后,由于面临人民币升值的压力,对外贸易可以不一定以美元支付,也可以改用一篮子货币支付,也就是允许外汇中不只有美元,还有英镑、欧元、日元,甚至韩元,这样做也是为人民币升值做准备,并有助于规避外汇储备中美元和美元资产贬值的风险。

(二)案例研究 B

究竟谁是人民币汇率下跌的"幕后推手"

此次触发人民币即期汇率接近跌停的"幕后推手",无疑是欧元贬值潮和美元指数一路飙高。不仅如此,上周五晚间人民币汇率在离岸市场大幅下挫以及 1 月中国 PMI(制造业采购经理指数)表现疲软,是导致 2 日人民币即期汇率大幅度走低的主要原因。

央行副行长潘功胜 1 月 23 日曾公开表示,欧洲央行的新一版量化宽松政策加上美国量化宽松政策正常化的趋势,将会进一步推动美元汇率的走强,从而可能对人民币对美元汇率形成下行压力。

22日晚间,欧洲央行宣布推出量化宽松政策,从2015年3月开始每月购买主权债券600亿欧元,购债标的是欧元区成员国的国债和机构债券,持续时间至2016年9月。依此计算,在未来的18个月内,将有1.08万亿欧元注入欧元区经济,远超此前各方的预期。

此外,在一周之内,印度、埃及、秘鲁、丹麦、土耳其、加拿大央行相继宣布降息,其中丹麦央行一周内两度降息,英国央行也一致否决了加息方案,同时暗示年内无望加息。

随着美国经济的进一步走强,美国经济和美元指数的继续走强是较为确定的趋势,人民币对美元的贬值压力持续存在。

资料来源:人民币五次逼近跌停 汇率创逾两年新低[EB/OL].(2015-02-03)[2019-04-25].http://finance.people.com.cn/money/n/2015/0203/c218900-26496927.html.

【关联理论】

如果购买力平价理论成立,则名义汇率就是国外物价水平 P^* 与国内物价水平 P 的比率,即 $e = P^*/P$。这一理论的关键含义是,当物价水平变动导致两个国家有不同的通货膨胀率时,名义汇率也将发生变动。

【案例解析】

根据购买力平价理论,两国通货之间的名义汇率必然反映在两国的物价水平上。相比较而言,如果其中一个国家的中央银行发行了大量货币,无论根据它能买到的物品与服务,还是根据它能买到的其他国家通货,这种货币的价值都会降低。这种通货贬值有对内贬值和对外贬值两种体现,对内贬值体现为发生通货膨胀,对外贬值体现为名义汇率下降。针对此次触发人民币即期汇率接近跌停的"幕后推手",部分观点认为其根本原因不是人民币太弱,而是美元太强,且美元的强势多年来实属罕见。也就是说,如果仅从购买力平价理论来分析,人民币汇率下跌的原因总可以归结于中国国内与国外物价水平的相对变化,而这种国内外物价水平及通货膨胀率的相对变化又可以追溯至国内外货币政策实施及其效果之间的差异。当然,部分专家也认为,中国的出口贸易额下降、楼市降价等市场"唱空"声音导致逃离资金获利"回吐"等现实因素也会影响人民币汇率走向。

2015年2月以来,人民币对美元即期汇率在数个交易日都出现了大幅下挫,逼近中国人民银行规定的中间价下方2%的"跌停板"。人民币的这种罕见"暴跌"引发了对人民币大幅贬值的担忧,但人民币不会出现大幅持续贬值,人民币汇率的双向波动已经成为2015年的主基调。全球除美国之外,无论是欧洲、日本还是一些新兴市场国家,都面临着汇率贬值,从而对人民币构成相当大的贬值压力。这是人民币连续出现跌停现象的一个根本原因。所以在这种背景下,市场出现了一些资金向境外流动的趋势。但是,尽管中国经济面临一定压力,但中国经济增速在全球仍处在第一梯队,改革红利渐次释放,外汇储备充足,这些因素都不支持人民币持续大幅贬值。总的来说,中长期人民币的汇率取决于中国经济相对于美国经济的复苏情况,这又取决于中国经济改革的进程是否顺利,能否保持较高的经济增速。如果未来中国改革颇具成效,稳增长目标得以实现,那么人民币将走强。在有管理的浮动汇率制度下,人民币汇率中间价的波动是正常的,这种波动不仅是中间价市场化程度提高的体现,也是市场供求在汇率形成中决定性作用的反映。

四、课外习题

(一) 术语解释

1. 净出口
2. 资本净流出
3. 升值
4. 真实汇率
5. 购买力平价

(二) 单项选择

1. 以下哪一项交易会影响中国的净出口？(   )
   A. 杭州某居民买了一台苹果电脑
   B. 深圳某居民买了苹果公司的股票
   C. 苹果公司的一职员买了中国的小米手机
   D. 华为公司的一职员买了阿里巴巴的股票
2. 以下哪一项不是外国直接投资？(   )
   A. 华为集团在泰国建厂　　　　　　　B. 上海一股民通过"沪港通"购买港股
   C. New Balance 运动鞋品牌在广州设工厂　D. 中国银行在纽约开立分行
3. 中国购买的韩国电视剧多于韩国购买的中国电视剧,对于中国来说(   )。
   A. 电视剧净出口为正　　　　　　　　B. 电视剧净出口为负
   C. 电视剧存在贸易盈余　　　　　　　D. 无法判断
4. 一国与他国之间的物品交换中,贸易盈余是指(   )。
   A. 进口大于出口　　　　　　　　　　B. 出口大于进口
   C. 进出口相等　　　　　　　　　　　D. 与进出口无关
5. 根据下表,以下关于2014 年中国金融机构直接投资的说法正确的是(   )。

(单位:亿元人民币)

项目 \ 季度	第一季度	第二季度	第三季度	第四季度
来华直接投资净流入	132.52	121.99	116.79	147.18
流入	139.74	215.53	145.61	179.45
流出	7.22	93.54	28.81	32.27
对外直接投资净流出	75.68	105.92	3.05	197.90
流入	51.33	117.13	269.02	93.63
流出	127.01	223.05	272.07	291.53

资料来源:中国国家外汇管理局网站。

   A. 来华直接投资净流入为负　　　　　B. 对外直接投资流出大于流入
   C. 仅看直接投资,资本净流出为正　　D. 无法判断
6. 以下关于国民储蓄、投资和资本净流出之间关系的说法不正确的是(   )。
   A. 储蓄是投资与资本净流出之和

B. 在既定的储蓄量时,资本净流出增加必定减少国内投资
C. 在既定的储蓄量时,资本净流出减少必定减少国内投资
D. 与资本净流出等量增加的储蓄增加使国内投资不变

7. 如果人民币对美元的汇率从 8 变成了 6,那么(　　)。
   A. 人民币升值　　B. 人民币贬值　　C. 美元升值　　D. B 和 C 都对

8. 下列哪种情况是对本币贬值的直接描述?(　　)
   A. 相同数量本币能购买更多外国物品
   B. 相同数量外币能购买更多本国物品
   C. 相同数量本币能购买的外国物品数量变少了
   D. 相同数量外币能购买的本国物品数量变少了

9. 人民币持续走强,一直升值,谁会为此高兴?(　　)
   A. 向西班牙出口的中国出口商　　B. 在国外的中国留学生
   C. 在澳洲打工的中国技工　　D. 卖版权给中国的某外国电影公司

10. 一个景德镇的花瓶在中国卖 600 元人民币,在美国卖 100 美元,如果用购买力平价理解,则人民币对美元的名义汇率是(　　)。
    A. 100　　B. 60　　C. 1/6　　D. 6

11. 一双耐克球鞋在香港卖 800 港币,在深圳卖 800 元人民币,以下哪个我们无法判断?(　　)
    A. 耐克球鞋在香港和深圳价格不同　　B. 耐克球鞋存在价格歧视
    C. 存在套利可能　　D. 耐克球鞋在两个市场上需求不同

12. 储蓄、投资和资本流动之间的关系是(　　)。
    A. $S = I + NCO$　　B. $S = I - NCO$　　C. $I = S + NCO$　　D. $I = S - NCO$

13. 贸易盈余时,以下哪一种情况不太可能出现?(　　)
    A. 出口 > 进口　　B. $Y > C + I + G$　　C. 储蓄 < 投资　　D. 资本净流出 > 0

14. 真实汇率与名义汇率的关系是(　　)。
    A. 真实汇率 = 名义汇率 × 国内价格/国外价格
    B. 名义汇率 = 真实汇率 × 国内价格/国外价格
    C. 真实汇率 = 名义汇率 × 国外价格/国内价格
    D. 名义汇率 = 真实汇率 × 国外价格/国内价格

15. 购买力平价理论虽然很有用,但也有一些缺陷,比如(　　)。
    A. 不能解释超速通货膨胀期间出现的汇率变动
    B. 许多物品是不容易进行贸易的
    C. 消费者对于来自不同国家的同种物品存在偏好
    D. B 和 C 都是

(三) 判断正误

1. 封闭经济与开放经济最大的区别在于是否与其他经济进行贸易。(　　)
2. 当联想买了 IBM 的股票时,中国的资本净流出就增加了。(　　)
3. 贸易政策是影响出口量变化的因素之一。(　　)
4. 外国直接投资只发生在国际资本市场上。(　　)

5. 一杯星巴克咖啡在泰国卖 125 泰铢,在中国卖 35 元,人民币和泰铢的汇率是 1∶5,那么存在套利机会。(   )

6. 净出口是出口值减去进口值,也称贸易赤字。(   )

7. 长期出售进口日韩服装的淘宝店店主,总是希望人民币贬值。(   )

8. 通常认为净出口和资本净流出相等。(   )

9. 真实汇率与名义汇率是一回事。(   )

10. 购买力平价的基本逻辑是一价定律。(   )

(四) 简答题

1. 影响净出口的重要因素有哪些?影响资本净流出的重要因素有哪些?

2. 为什么净出口与资本净流出相等?当一国有贸易盈余时,资本是如何流动的?

3. 什么叫名义汇率?什么叫真实汇率?请阐述真实汇率与名义汇率之间的关系。

4. 购买力平价理论的基本逻辑是什么?

5. 为什么购买力平价理论并不是所有时候都成立呢?

(五) 应用题

1. 假设一瓶法国香水的价格为 100 欧元,一瓶类似的香水在中国的价格为 700 元人民币,并且 1 欧元可以兑换 7.5 元人民币,那么名义汇率与真实汇率分别是多少?

2. 上海一股民通过"沪港通"购买了港股,那么,这笔交易如何影响中国的资本净流出?请解释。

3. 为什么美国人不爱储蓄,但仍然能维持充足的投资?请阐述。

(六) 拓展思考题

1. 在以下两种情况下,中国的真实汇率将发生怎样的变化?请说明原因。

(1) 中国的名义汇率下降,但国内物价与国外物价都没有变。

(2) 中国的名义汇率不变,但国内物价上涨快于国外物价上涨。

2. 以下是 2015 年 3 月 28 日中国银行外汇牌价表(部分),外币是 100 单位,请结合下表所给的信息回答以下问题:

货币名称	中行折算价
澳大利亚元	481.60
加拿大元	492.20
瑞士法郎	645.08
欧元	669.71
英镑	914.13
港币	79.18

资料来源:中国银行外汇牌价[EB/OL].(2015-03-28)[2015-03-28]. http://www.boc.cn/sourcedb/whpj/.

(1) 上表显示的是名义汇率还是真实汇率?为什么?

(2) 请结合上表数据,计算 1 欧元能换多少港币?

(3) 如果下一季度中国的通货膨胀率高于瑞士,那么对于瑞士法郎而言,人民币是升值还是贬值?

五、习题答案

(一) 术语解释

1. 净出口:一国的出口值减去进口值,又称贸易余额。
2. 资本净流出:本国居民购买的外国资产减去外国人购买的国内资产。
3. 升值:按所能购买到的外国通货衡量的一国通货的价值上升,即汇率的变动使 1 单位本币买到更多的外国通货。
4. 真实汇率:一个人可以用一国的物品与服务交换另一国物品与服务的比率。
5. 购买力平价:一种认为任何一单位通货都应该能在所有国家买到等量物品与服务的汇率理论。

(二) 单项选择

1. A 2. B 3. B 4. B 5. B 6. C 7. A 8. C 9. B 10. D 11. D 12. A 13. C 14. A 15. D

(三) 判断正误

1. √ 2. √ 3. √ 4. × 5. √ 6. × 7. × 8. √ 9. × 10. √

(四) 简答题

1.【考查要点】 影响净出口的因素以及影响资本净流出的因素。

【参考答案】 影响净出口的因素有:消费者对国内与国外物品的爱好;国内与国外物品的价格;人们可以用国内通货购买国外通货的汇率;国内与国外消费者的收入;从一国向另一国运送物品的成本;政府对国际贸易的政策。

影响资本净流出的因素有:国外资产得到的真实利率;可以感知到的国内资产得到的真实利率;持有国外资产的经济与政治风险;影响国外对国内资产所有权的政府政策等。

2.【考查要点】 资本净流出与净出口的关系。

【参考答案】 一个开放经济以两种方式与世界其他经济相互交易——在世界物品与服务市场上交易以及在世界金融市场上交易。一个重要但又微妙的核算事实表明:对整个经济而言,净出口衡量一国进口与出口的不平衡,资本净流出衡量一国购买与出售资产的不平衡,这两种不平衡相互抵消,即资本净流出始终等于净出口,即 NCO = NX。这个等式之所以成立,是因为影响净出口的每次交易同样会完全等量地影响资本净流出,反之亦然。

当一国有贸易盈余时(NX > 0),它出售给外国人的物品与服务多于从外国人那里购买的物品与服务。它从国外的物品与服务的净销售中得到的外国通货必然用来购买外国资产。因此,资本从一国流出(NCO > 0)。

3.【考查要点】 名义汇率和真实汇率。

【参考答案】 名义利率是指一个人可以用一国通货交换另一国通货的比率。真实汇率是一个人可以用一国的物品与服务交换另一国物品与服务的比率。如果用 e 表示名义汇率,用 P 表示国内物价指数,用 P^* 表示国外物价指数,则真实汇率 $= (e \cdot P)/P^*$。

4.【考查要点】 购买力平价理论的理论基础。

【参考答案】 一价定律,即一种物品在所有地方都应该按同样的价格出售,否则就有未被利用的可以获取利润的机会。

5.【考查要点】 购买力平价理论的局限。

【参考答案】 主要有两个原因:(1) 许多物品是不容易进行贸易的;(2) 即使是可贸易物品,当它们在不同国家生产时,也并不能完全替代。

(五) 应用题

1.【考查要点】 名义汇率与真实汇率。

【参考答案】 名义汇率是:EUR/CNY = 7.5;真实汇率是:EUR/CNY = 700/100 = 7。

2.【考查要点】 资本净流出。

【参考答案】 内地和香港证券市场属于境内、境外两个不同资本市场,内地股民购买香港股票会使境内购买的境外资产多于境外购买的境内资产,从而使资本净流出增加。

3.【考查要点】 储蓄、投资与资本流动。

【参考答案】 国民储蓄(S)等于国内投资(I)加资本净流出(NCO)。根据 $S = I + NCO$,如果美国资本流入大于资本流出,即 NCO 为负,除了本国投资,还有来自国外的资本流入,则虽然储蓄很低,但是仍可以有很高的投资。

(六) 拓展思考题

1.【考查要点】 真实汇率与名义汇率。

【参考答案】 真实汇率是用一国的物品与服务交换另一国的物品与服务的比率,根据公式:真实汇率 $= \dfrac{名义汇率 \times 国内价格}{国内价格}$,很容易得出:(1) 当中国的名义汇率下降,但国内物价与国外物价都没有变时,中国的真实汇率下降;(2) 当中国的名义汇率不变,但国内物价上涨快于国外物价上涨时,中国的真实汇率上升。

2.【考查要点】 名义汇率与汇率换算。

【参考答案】 (1) 名义汇率是一个人用一国通货交换另一国通货的比率。我们在媒体上看到的一般都是名义汇率。

(2)【考查要点】 汇率换算。

【参考答案】 由表中数据可知,EUR/CNY = 6.6971,HKD/CNY = 0.7918,所以 EUR/HKD = 6.6971/0.7918 = 8.4581。

(3)【考查要点】 通货膨胀率与升值、贬值。

【参考答案】 如果中国的通货膨胀率高于瑞士,则人民币对瑞士法郎贬值。

第 32 章
开放经济的宏观经济理论

一、学习精要

（一）教学目标

1. 理解开放经济中可贷资金市场和外汇市场的供给与需求。
2. 掌握开放经济中可贷资金市场和外汇市场如何联系起来，并共同决定开放经济中重要的宏观变量。
3. 学会运用两个市场的均衡模型来分析政策和其他事件的变动如何改变经济的均衡。
4. 掌握重要的政策和事件（如政府预算、贸易政策和资本外逃等）对真实利率、真实汇率、贸易余额等关键变量的影响。

（二）内容提要

本章构建了一个开放经济的理论模型，把供求工具运用到开放经济中，探讨可贷资金市场和外汇市场中可贷资金及本国通货的供给与需求，并且两个市场是如何通过资本净流出联系起来，共同决定均衡的真实利率、国内投资、真实汇率、贸易余额等重要宏观变量的。本章运用这个模型来考察各种事件和政策，如政府预算、贸易政策和资本外逃对开放经济的影响。本章所使用的模型比简单的供求模型复杂的地方在于它需要同时考察两个市场的均衡。

1. 可贷资金市场和外汇市场的供给与需求

为了理解在开放经济中发生作用的力量，我们集中研究两个市场，即可贷资金市场和外汇市场的供给与需求。

（1）可贷资金市场。开放经济中的可贷资金市场是封闭经济中的可贷资金市场的扩大。可贷资金是国内产生的可用于资本积累的资源流量。假设存在一个储户可以贷款和投资者可以借款的金融市场。由于 $S = I + NCO$，因此在开放经济中，可贷资金的供给来自国民储蓄（S），可贷资金的需求来自国内投资（I）和资本净流出（NCO）。可贷资金的供给与需求取决于真实利率 r。一方面，较高的真实利率鼓励储蓄，增加可贷资金供给量，因此可贷资金的供给 S 与真实利率 r 正相关。另一方面，较高的真实利率不仅增加了为本国资本项目筹资而借贷的成本，抑制了国内投资 I 从而减少了可贷资金的需求量，而且本国真实利率上升意味着本国资产收益上升，抑制了本国人购买外国资产并鼓励外国人购买本国资产，从而减少了资本净流出和可贷资金的需求量。真实利率的调整使可贷资金的供给与需求达到平衡。如果利率低于均衡水平,则可贷资金供给量将小于需求量,所引起的可贷资金短缺将使利率上升;反之,如果利率高于均衡水平,则可贷资金供给量将大于需求量,所引起的可贷资金过剩将使利率下降。在均衡利率时,可贷资金供给量正好与需求量相等,或者说,人们想储蓄的量正好与合意的国内投资和资本净流出量相平衡。

(2) 外汇市场。外汇市场的分析以上一章学习的恒等式 NCO = NX 为起点,这个恒等式表明国外资本资产购买与出售之间的不平衡(NCO)等于物品与服务的出口和进口之间的不平衡(NX)。而在开放经济模型中,这个恒等式两边代表外汇市场上的双方。在外汇市场中,本国通货(在这里以美元为例)的供给来自资本净流出,需求来自净出口。例如,当一个美国共同基金购买日本政府债券时,它需要把美元兑换为日元,因此它在外汇市场上供给美元。又如,当一家日本航空公司想购买美国制造的飞机时,它需要把日元兑换成美元,因此在外汇市场上需要美元。美元的真实汇率可以看作外汇市场中美元的价格。一方面,当美元真实汇率上升时,美国物品相对于外国物品变贵了,美国净出口减少,在外汇市场上对美元的需求量减少,因此美元的需求与真实汇率负相关。另一方面,资本净流出所供应的美元量并不取决于真实汇率,而取决于真实利率,这是因为尽管较高的美元汇率意味着外国资产更便宜从而更有吸引力,但从外国资产所获得的收益仍需要兑换成美元,较高的美元汇率会抵消掉之前的正面影响。因此,资本净流出量可以被假定为不受汇率影响,即外汇市场中美元的供给曲线是垂直的而不是向右上方倾斜的。汇率会自发调整,使美元的供求达到平衡,正如任何一种物品的价格都会自发调整,使该物品的供求实现平衡一样。在均衡的真实汇率下,由资本净流出所引起的美元供给量与净出口所引起的美元需求量相平衡。

2. 开放经济中的均衡

(1) 资本净流出:两个市场之间的联系。可贷资金市场和外汇市场通过资本净流出相联系。资本净流出的关键决定因素是真实利率。资本净流出既代表可贷资金市场中可贷资金需求的一部分,又代表外汇市场中美元的供给,从而把两个市场联系起来。

(2) 两个市场的同时均衡。图32-1中的三幅图说明了两个市场的同时均衡。图(a)中,可贷资金供给来源于国内储蓄,供给曲线向右上方倾斜;可贷资金需求来源于国内投资和资本净流出,需求曲线向右下方倾斜。供给曲线和需求曲线的交点是均衡的真实利率和可贷资金量,代表在这一均衡的真实利率下,可贷资金的需求量刚好等于可贷资金的供给量。图(b)中,美国真实利率上升意味着美国资产收益上升,抑制美国人购买外国资产并鼓励外国人购买美国资产,从而抑制资本净流出和可贷资金的需求量。所以资本净流出与真实利率负相关,即资本净流出曲线向右下方倾斜。在资本净流出曲线上,与图(a)中的均衡真实利率相对应的是均衡资本净流出量。图(c)中,外汇市场中的美元供给来源于资本净流出。资本净流出不受真实汇率的影响,所以在外汇市场中资本净流出曲线即美元的供给曲线是垂直的。而它的位置,即资本净流出量由图(b)中的均衡资本净流出量所决定。美元的需求来源于净出口,需求曲线向右下方倾斜。两条曲线的交点是使美元供求平衡的均衡真实汇率和均衡美元交易量。

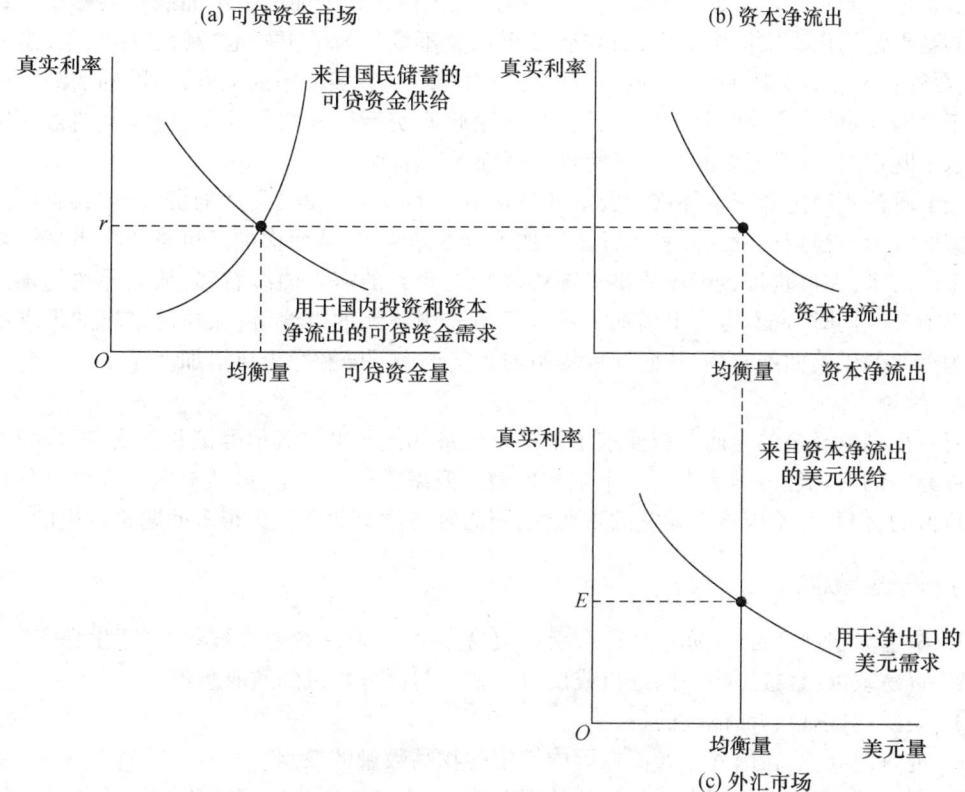

图 32-1 开放经济中的均衡

3. 政策和事件如何影响开放经济

在提出一个解释开放经济中关键宏观经济变量如何决定的模型之后,我们可以用它来分析政策和其他事件的变动如何改变经济均衡。分析可以按三个步骤进行:第一步,确定该政策或事件如何影响某一个市场中的供给或需求;第二步,用供求图考察这些影响如何改变这一市场中的经济均衡;第三步,考察这些改变是否影响到其他市场中的供给或需求及其经济均衡。

(1) 政府预算赤字。首先,政府预算赤字会减少国民储蓄,因此减少可贷资金市场中的可贷资金供给,使可贷资金供给曲线向左移动。这种改变会使均衡真实利率上升并导致国内投资量和资本净流出量的下降。其次,资本净流出也是外汇市场中美元的供给,资本净流出量的下降使外汇市场中美元的供给曲线向左移动,这种改变会提高均衡真实汇率并降低均衡的净出口量。因此,预算赤字的增加减少了国民储蓄,提高了真实汇率,减少了国内投资,减少了资本净流出,并使贸易余额向赤字方向变动。这个模型表明政府预算赤字引起贸易赤字,预算赤字与贸易赤字之间的联系非常密切,通常被称为"孪生赤字"。

(2) 贸易政策。贸易政策是直接影响一国进口或出口的物品与服务数量的政府政策。常见的贸易政策是关税和配额。首先,贸易政策既不会改变国内储蓄,也不会改变国内投资或资本净流出,即贸易政策不会影响可贷资金市场的供求。但贸易政策会限制进口,从而增加净出口,而净出口代表外汇市场中对美元的需求,所以贸易政策会增加外汇市场中对美元的需求。其次,在外汇市场的供求图中,这表现为美元的需求曲线上移。因为贸易政策不改变可贷资金市场中的均衡真实汇率,所以资本净流出曲线即美元的供给曲线不会移动。这种改变的结果是均衡真实汇率上升,而均衡净出口量不变。为了更好地理解这一结果,需要认识到,尽管贸易政策会限制某一行业的进口,但由于均衡真实汇率的上升,本国的物品与服务相对于别国变贵了,从而限制了出口,所以,无论政府实行何种贸易政策,在国民储蓄和国内投资水平既定时,真实汇率的调整都使贸易余额保持不变。

(3) 政治不稳定和资本外逃。资本外逃是指一个国家大量且突然的资金流出,它可能因为国家的政治不稳定而发生。资本外逃增加了资本净流出,从而增加了可贷资金市场中对可贷资金的需求,在可贷资金市场的供求图中表现为美元的需求曲线右移,从而导致均衡的真实利率上升。同时,资本净流出增加了在外汇市场中美元的供给量,在外汇市场的供求图中表现为美元的供给曲线右移,从而导致均衡的真实汇率下降和净出口增加。

4. 结论

对一个国家经济的全面分析要求了解这个经济如何与世界其他经济相互交易,本章为思考开放经济的宏观经济学提供了一个基本模型。但需要注意的是,虽然对国际经济学的研究是有价值的,但我们不应该夸大它的重要性,因为经济学家通常认为很多问题是内生的。

(三) 关键概念

1. 孪生赤字:政府预算赤字往往会引起贸易赤字,因此两者通常被称为"孪生赤字"。
2. 贸易政策:直接影响一国进口或出口的物品与服务数量的政府政策。
3. 关税:对进口物品征收的税。
4. 进口配额:对在国外生产而在国内销售的物品数量的限制。
5. 资本外逃:一个国家大量且突然的资金流出,它可能因为国家的政治不稳定而发生。

(四) 拓展提示

1. 本章所讨论的四个重要的宏观经济变量是国民储蓄(S)、国内投资(I)、资本净流出(NCO)和净出口(NX)。它们之间的关系既可以用恒等式表示,也可以用供求图表示。用恒等式表示为 $S = I + NCO$ 和 $NCO = NX = S - I$。用供求图表示,S 为可贷资金市场的供给,$I + NCO$ 为可贷资金市场的需求;NCO 为外汇市场中美元的供给,NX 为美元的需求。另外两个重要的宏观经济变量分别是真实利率和真实汇率,其中真实利率为可贷资金市场中可贷资金的价格,而真实汇率为外汇市场中美元的价格。

2. 国内投资量和资本净流出量各自的变化不能从可贷资金市场的供求图中直接找到,因为图中可贷资金的需求量是两者的总和,但两者与真实利率的关系方向一致,都是负相关。真实利率上升使国内资本项目借款的成本提高从而国内投资下降。它也使美国资产收益上升,从而美国资本净流出量下降。当分析一个政策或事件对国内投资量和资本净流出量的影响时,从供求图中可以看出真实利率的变化和可贷资金需求总量的变化,进而推断出国内投资量和资本净流出量各自的变化。例如,当一国政治不稳定而出现资本外逃时,在每一个既定的真实利率下,资本净流出量进而可贷资金的需求量都会增加,即可贷资金的需求曲线右移,使均衡的真实利率上升,国内投资量下降。同时,均衡的资本净流出量因资本净流出曲线的右移而增加,但增加的幅度会因真实利率的上升而被抵消掉一部分,表现在资本净流出图中,是沿着新的资本净流出曲线向左上方移动。

3. 对本章所使用的模型中供给与需求的理解:在可贷资金市场中,本章的模型把资本净流出作为可贷资金市场需求的一部分,从而资本净流出的增加被看作可贷资金需求的增加,这是一种方法;另一种方法是把资本净流出看作可贷资金市场供给的一部分,从而资本净流出的增加可以被看作可贷资金供给的减少。两种方法都有道理,但无论使用哪种方法,所得出的结论都是一样的。在外汇市场中也是这样,本章的模型把净出口看作美元需求的来源,而资本净流出是美元供给的来源。所以当一个美国公民购买一辆从日本进口的汽车时,本章的模型把这个交易视作美元需求的减少(因为净出口减少了),而不是美元供给的增加。而当一个日本公民购买美国政府的债券时,本章的模型把这个交易视作美元供给的减少(因为资本净流出减少了),而不是对美元需求的增加。同样,上述两种对供给和需求的理解都有道理,所得出的结论也都一致,在这里建议大家熟练掌握对其中一种方法的理解和运用。

4. 熟练掌握教材中的三个例子有助于大家对本章模型的理解和运用,最终达到举一反三的效果。

二、新闻透视

(一) 新闻透视 A

中美摩擦贸易逆差是借口,实际意在打压中国的发展

8月19日,在北京大学经济学院思政实践课无极县教育基地揭牌仪式上,北京大学新结构经济学研究院院长林毅夫进行了题为"新冠肺炎疫情与中美摩擦双重背景下的中国经济发展"的报告。林毅夫表示,今年要充分利用政策空间,如果实现5.3%的经济增速,则有望实现"两个翻一番"目标。展望中国经济发展前景,林毅夫表示,未来中国仍具有8%的增长潜力。林毅夫表示,疫情总会过去,对中国影响更长远的因素是中美摩擦。

中美之间最早开始的是贸易摩擦,美国对中国有很大的贸易逆差,美国总统特朗普认为贸易逆差代表美国人吃亏了。林毅夫指出,实际上,美国向中国买东西并不是美国无法生产这些东西,而是因为从中国买更便宜,贸易的产生是各个国家遵循比较优势的结果。在第二次世界大战以后,美国一直都从国外市场,尤其是亚洲市场进口劳动密集型产品;20世纪八九十年代中国开始改革开放后,"亚洲四小龙"的劳动密集型产业转移到中国内地,"亚洲四小龙"对美国的贸易顺差也集中到中国内地。传统上美国对东亚经济体的贸易逆差就很大,此前美国对外贸易逆差的80%来自东亚经济体,最多时达到100%;现在美国对外贸易逆差中,来自中国的比重在提高,来自整个东亚的比重在降低。因此,美国对外贸易逆差增加并不是中国造成的,而主要是美国国内因素造成的。贸易逆差是国内消费过多、储蓄不足造成的,美国的贸易逆差持续增大的状况,主要原因是美元作为国际储备货币的特权,使美国可以增发货币在全球进行购买。

林毅夫指出,特朗普上台后对中国产品加征关税,实际是"搬起石头砸自己的脚"。美国2017年开始使用关税政策,但其2018年的贸易逆差还在增加,对中国的贸易逆差增加了11.7%,显然关税方式不能解决贸易逆差问题。

"美国这么做,是项庄舞剑,意在沛公。贸易逆差问题只是一个借口,美国是为了抑制中国的发展。"林毅夫表示,美国是目前全球唯一的霸权国家,美国认为中国的崛起威胁到其霸权地位,因此意图打压中国。此前也出现过类似的情况:第二次世界大战后,世界形成了以美

国为首的资本主义阵营和以苏联为首的社会主义阵营,当时美国打压苏联。中国在20世纪80年代以后开始实行改革开放,走自己的道路,并没有根据美国开出的新自由主义"药方"来走,而是自行判断国外经验是否适合自己。通过渐进双轨制的方式,中国经济取得稳定快速发展。1978年中国还是世界上最贫穷的国家之一,到2012年中国的经济规模就超过日本,成为世界第二大经济体。中国在世界上的影响力越来越大。美国为了维持全球话语权,开始给中国制造麻烦。

除贸易逆差外,现在美国还以知识产权的名义对中国企业采取限制措施。林毅夫表示,企业之间可能存在知识产权窃取行为,但是不存在国家层面系统性的知识产权窃取行为。中国是世界知识产权组织的签约国,中国国内也有知识产权相关法律,有知识产权法院,如果中国企业有相关侵权行为,外国企业可以诉诸法律,而不应由政府在政治上采取行动。美方还有所谓"中国政府强迫美国企业转让知识产权或技术"的说法,对此,林毅夫指出,美国企业到中国投资,要在中国市场上竞争,或以中国为生产基地在国际市场上竞争,就必须用最好的技术来生产,这是企业为了实现自身利润最大化自然形成的选择。

资料来源:林毅夫:中美摩擦贸易逆差是借口,实际意在打压中国的发展[EB/OL].(2020-08-21)[2020-09-01]. https://news.163.com/20/0821/12/FKI87J750001899N.html.

【关联理论】

贸易政策,如保护性关税和进口配额,是直接影响一国进出口的物品与服务数量的政府政策。贸易政策往往由某些行业或企业为保护本行业或企业免于国外竞争而提出,是为了维护该行业或企业的利益。但从宏观来看,贸易政策对一个国家的贸易余额却无法产生影响,且可能造成对资源有效配置的扭曲。

【新闻评析】

特朗普在竞选总统期间就大力鼓吹保护主义,希望通过保护性贸易政策,减少美国的制造业所面临的国际竞争,"将工作带回美国"。评价这一政策可以从宏观和微观两个方面来考虑,从宏观上可以考察这一政策对美国净出口总量的影响,从微观上可以考察这一政策对美国制造业及其他行业的影响。

根据本章的开放经济模型,我们知道一国的净出口总是等于这个国家的资本净流出,而资本净流出又等于国内储蓄与国内投资的差额。特朗普政府提高对中国进口品的关税既不会改变美国国内储蓄,又不会改变国内投资,因此美国的净出口量不会因为该政策而有所增加。这是因为中国进口品减少所带来的最初的美国净出口的增加会提高外汇市场上美元的需求,导致美元汇率上升,而美元汇率的上升意味着美国商品相对于其他国家商品的价格上升,从而导致美国其他行业出口的下降,但美国经济总体的贸易余额仍保持不变。

此外,如新闻中所分析的,提高进口关税的受害方最可能是美国企业,比如代工厂商在中国且严重依赖中国需求的美国高科技公司、其他从中国进口原材料或中间产品的美国制造业企业、从中国进口低价产品的美国零售商、美国农业和运输设备公司。从根本上来说,美国制造业工作的流失,并非来自中国的出口压力,而是因为美国制造业自身劳动力成本高,在低端市场竞争力不足。美国直接针对中国的贸易政策不会保护美国制造业,反而会造成贸易扭曲,使美国的其他行业受到影响。

(二)新闻透视 B

新闻片段1:美报告称特朗普政府减税增支将令财政赤字突破万亿美元

美国国会预算办公室2018年4月9日发布报告称,由于特朗普政府的减税和增支措施,美国政府年度财政赤字将大幅增加,预计到2020年将突破万亿美元。

根据这份报告的预测,美国政府2018财年(截至9月30日)财政赤字为8 040亿美元,比2017财年的6 650亿美元增加约21%。美国政府财政赤字在未来十年将持续扩大,预计到2020财年将突破万亿美元。

报告称,美国财政状况恶化的重要原因是特朗普政府的减税和增支措施。美国总统特朗普2017年年底签署的减税法案将在未来10年减税近1.5万亿美元,此外,特朗普政府还计划未来两个财年大幅增加军费和其他政府开支。美国国会预算办公室预计,到2028财年,美国公共债务占GDP的比重将升至100%。

美国国会预算办公室的报告称,特朗普政府的财政刺激政策短期内有助于推高经济增速,但中长期对经济增长的推动效应很小。在减税等措施的刺激下,预计2018年美国经济增速将升至3.3%,但2019年将大幅回落至2.4%。

资料来源:美报告称特朗普政府减税增支将令财政赤字突破万亿美元[EB/OL].(2018-04-10)[2019-04-25].http://www.xinhuanet.com/asia/2018-04/10/c_1122657748.htm.

新闻片段2:美国2017年贸易逆差创9年来新高

据美国商务部近日公布的最新统计数据,2017年美国贸易逆差创下9年来的最高纪录,这意味着特朗普政府旨在缩小贸易逆差的"美国优先"政策彻底失效。

统计显示,2017年美国商品与服务贸易逆差较前一年飙升12.1%,达5 660亿美元,创下2008年以来的新高;其占GDP的比重为2.9%,也高于2016年的2.7%。数据还显示,2017年美中贸易逆差增加了8.1%,为3 752亿美元,但增幅低于美国整体贸易逆差增幅。

造成2017年美国贸易逆差快速上升的主要原因,是美国经济走强导致进口增速高于出口增速。2017年全年,美国出口额增长5.5%,达2.33万亿美元;进口额增长6.7%,达创纪录的2.9万亿美元。

特朗普就任美国总统后,一方面通过减税等刺激措施推动美国经济更快增长,另一方面则推行"美国优先"的贸易政策,试图削减美国贸易赤字。但最新的贸易数据显示,这两大目标之间本就存在不可调和的矛盾。这是因为,美国经济的更快增长,有赖于占经济比重约七成的消费增加,而消费增加必然导致进口增加。在国民经济核算中,进口被视为经济增长的拖累因素,进口增速越高,整体经济增速越低。

美国商务部此前的统计数据显示,2017年第四季度美国经济按年率计算增长2.6%,其中净出口是最大的拖累,对经济的贡献为-1.13个百分点。

分析人士认为,最新贸易统计数据出炉将给特朗普政府的贸易政策带来更大的压力。目前,特朗普政府正就更新北美自由贸易协定与加拿大和墨西哥进行艰苦的谈判,同时还频繁地利用单边主义贸易工具对中国等主要贸易伙伴发起各种贸易调查。

资料来源:美国2017年贸易逆差创9年来新高[EB/OL].(2018-02-07)[2019-04-25].http://www.xinhuanet.com/2018-02/07/c_1122381704.htm.

【关联理论】

一国的净出口等于资本净流出，又等于国民储蓄减去国内投资。所以一个国家的国民储蓄水平和投资水平决定着这个国家的贸易余额。政府的大规模预算赤字必然引起贸易赤字，即出现"孪生赤字"。

【新闻评析】

新闻片段1报道了美国政府财政赤字的扩大，而新闻片段2报道了同期美国贸易逆差的增加。从本章学习的理论来看，这两个现象的同时存在并不奇怪。根据开放经济中净出口与资本净流出的关系等式，以及开放经济中的储蓄投资恒等式，我们知道一国的净出口等于资本净流出，又等于国民储蓄减去国内投资，而国民储蓄包括私人储蓄和公共储蓄，所以一国的大额政府预算赤字和较低额度的私人储蓄必然导致较高的贸易赤字。用开放经济模型来解释，政府预算赤字会减少国民储蓄，因此会减少可贷资金市场中可贷资金的供给，即可贷资金供给曲线向左移动。这种改变会使均衡真实利率上升并导致国内投资量和资本净流出量下降。由于资本净流出也是外汇市场中美元的供给，资本净流出量的下降使外汇市场中美元的供给曲线向左移动，这一改变会提高均衡真实汇率，并降低均衡的净出口量，因此，预算赤字的增加将使贸易余额向赤字方向变动。

"孪生赤字"是美国国民经济研究局主席费尔德斯坦（Feldstein）为强调财政赤字对美国贸易逆差的决定作用而提出的著名假说。简而言之，孪生赤字是指财政赤字与经常账户赤字同时发生，这种赤字假说与乘数论存在紧密的联系。近年来，美国经济一直饱受财政赤字和贸易赤字（即"孪生赤字"）的内外困扰。财政赤字和贸易赤字并非总是坏事，关键在于赤字的成因。例如在克林顿执政时期，政府有效控制了财政赤字，但由于投资需求旺盛，美国被迫向外筹资。然而，为扩大投资而对外负债，与为狂热消费而对外负债有根本区别，前者推动了未来的经济增长，提高了一国偿还到期债务的能力。而近年来，美国的贸易赤字是公共支出膨胀、税收减免和居民过度消费、储蓄率极低的必然结果，这将会给美国未来经济带来巨额成本和隐性风险。另外，美国接近于零的个人储蓄率不能弥补财政赤字所带来的负的国民储蓄。美国当局不应该一味寻找"孪生赤字"的"替罪羊"，譬如将其归咎于中美之间的贸易逆差等。如果美国的国民储蓄状况没有改善，即使改善中美之间的贸易逆差，美国的总体贸易逆差也不会有根本改变，而会转移到别的国家去。基于此，美国解决"孪生赤字"问题的根本途径在于解决自身的结构性政府赤字及鼓励个人储蓄。

三、案例研究

（一）案例研究A

欧盟取消对华纺织品配额

近日，欧盟委员会决定，自2008年1月1日起，将不再延长对从中国进口的纺织品服装的进口配额，10种输欧纺织品将不再受配额限制。然而业内专家认为，配额贸易壁垒被打破并不意味着输欧纺织品完全"自由化"，国内纺织企业不可因此盲目乐观，而应理性应对，继续积极调整出口结构。

取消原因不简单

中国纺织工业协会新闻发言人表示,要从两方面看待配额取消:一方面,中欧纺织品贸易回归到一体化轨道上,使我国纺织品能够在欧盟市场上享受一体化的待遇,是好事;但另一方面,我国纺织企业必须要冷静、理性对待,绝不能因此头脑发热,以致重现2005年的混乱局面。

商务部研究院研究员梅新育表示,欧盟的决定兑现了此前在布鲁塞尔召开的第22届中欧经贸混委会上达成的共识,有利于中国纺织业的发展。梅新育同时指出,尽管2008年之后欧盟不会对中国纺织品出口采取配额限制,但中国纺织服装业也需要警惕诸如技术性贸易措施等举措。

其他保护手段威力甚于配额

据悉,欧盟计划联合监控中国的纺织品出口,并称这是避免出现新的贸易紧张局面的关键。新机制将与欧盟的进口许可监控并行,以在2008年1月1日后尽早发现纺织品进口大增的趋势。

商务部国际贸易经济合作研究院欧洲研究部主任李钢认为,欧盟目前在政策上有追随美国的倾向。美国对华纺织品设限是到2008年年底结束,估计欧盟在对华纺织品设限问题上也不会轻易"善罢甘休",即使2008年年底不再延长对中国纺织品设限,也会采取反倾销等其他贸易保护措施。

根据中国入世协议,在2012年前可以适用特定产品过渡性保障条款,一旦WTO成员认为原产于中国的产品对其国内市场造成扰乱,就可提请采取特保措施进行限制。除特保措施外,其他的贸易保护手段(如反倾销措施、反补贴和保障措施等)对中国纺织品出口的危害要比单纯的配额限制大得多。

历史上,欧盟国家还曾采用过技术性贸易措施抵制中国纺织品的输入。如1994年4月1日,德国正式禁止含偶氮染料的纺织品进口;随后,法国、荷兰等发达国家也相继禁止使用二十余种偶氮染料,使我国正在使用偶氮染料的一百多种纺织品对欧出口中断。

别把出口当成唯一销售途径

中国第一纺织网总裁樊敏认为,短短一年的配额保护并未改变欧盟纺织业夕阳产业的尴尬地位,随着中欧、中美纺织品协议的到期,我国纺织品将不可避免地再次进入贸易摩擦高峰期。

面对并不轻松的贸易环境,中国纺织工业联合会副会长孙淮滨呼吁国内纺织企业在配额取消后要慎重把握出口节奏,调整出口结构,"重要的是转变出口增长方式,重视科技和品牌的贡献,要提高产品附加值,促进升级方式的转变"。

业内专家建议,政府方面要积极采取措施,对企业进行引导和管理,规范进出口贸易;而企业方面也不要一味追求低价,"授人以柄",导致其他贸易保护措施的出现。政府和企业要同心协力,创造健康、自由的贸易秩序和产业秩序,促进我国纺织工业健康发展。

孙淮滨同时建议,我国虽然是纺织品出口大国,但在新形势下,纺织企业也要看到国内市场的巨大潜力,要意识到纺织企业增长的主要动力源在国内市场,企业要积极"布局"国内市场,不要把出口当成唯一的销售途径。

资料来源:欧盟取消对华纺织品配额 国内纺企应理性应对[N/OL].中国贸易报,2007-08-10[2019-04-25].http://info.texnet.com.cn/content/2007-08-10/117584.html.

【关联理论】

贸易政策除关税、进口配额外，还包括反倾销、反补贴、保障措施和技术性贸易壁垒等。无论是实行贸易限制政策还是取消贸易限制政策，由于它们也会影响到外汇市场上的均衡汇率，进而影响其他行业的进出口，所以它们在宏观上都不会改变进口国和出口国的总贸易余额。但这些政策会对其所针对的行业产生微观上的影响，如影响该行业的就业、结构、技术进步等。

【案例解析】

欧盟取消对华纺织品的配额限制可以加大中国对欧洲纺织品的出口。从中国的角度来看，对欧纺织品出口的增加可以增加中国的净出口，净出口的增加会增加外汇市场中对人民币的需求量，使人民币的真实汇率提高，而真实汇率的提高意味着中国商品的价格相对于其他国家商品价格的提高，从而降低国外消费者对中国商品的需求，因此中国其他商品的出口会相应降低，中国的总贸易余额不会改变。单就中国纺织品行业来说，欧盟取消对华纺织品的配额限制有利于促进中国纺织品行业的发展。但如新闻中所说，配额限制的取消不等于其他贸易限制政策的取消，反倾销、反补贴、保障措施和技术性贸易壁垒等其他形式的限制仍可能影响中国纺织品对欧盟的出口，中国纺织业自身需要转变出口增长方式，重视科技和品牌的贡献，要提高产品附加值，促进自身产业结构的升级。

从欧盟的角度来看，取消对华纺织品的配额限制会增加中国纺织品的进口，欧盟的净出口会在最初有所降低，但净出口的降低反映在外汇市场上是对欧元需求的降低，这会使欧元的真实汇率降低，使其他国家对欧盟商品的需求量加大，从而促进欧盟商品的出口。因此，欧盟的总贸易余额也不会因为这一政策而有所改变。欧盟的消费者会因为这一政策而有机会买到价格更低廉的中国纺织品并因此受益，但欧盟的纺织行业却必须面对来自中国的竞争。要在竞争中取胜，欧盟的纺织企业需要在成本节约、技术革新、产业结构调整等方面继续创新，而不能依靠贸易限制政策的保护。

（二）案例研究 B

中国资本流动的"斯蒂格利茨怪圈"

自20世纪90年代起，在许多发展中国家都不约而同地出现了一种奇怪的现象：一方面，以较高的利率从发达国家引进过剩的资金；另一方面，这部分资金又通过购买美国国债或其他低回报率的资产流回发达国家。以上形成了一种得不偿失的资本流动怪圈，又被称为"斯蒂格利茨怪圈"。

我国的现状是：一方面，储蓄大于投资，保持经常项目下的高额顺差，是资本净输出国，而资本输出的方式是通过积累的外汇储备以低收益率投资于美国国债或其他低收益资产；另一方面，在国内并不缺乏资本的情况下，以高成本引入外资，尤其是外国直接投资的大量流入，造成了资本项目的顺差。

明明不缺乏资金，为何仍然大量引进外资？有一种解释是，引进外资是为了引进先进的技术、机器设备和科学的管理。如此的资本流动无疑是有利的，但是，我国也存在一些内部体制的问题，可能造成我国资本流动的不健康。

储蓄率过高

2006年我国的储蓄占GDP的51%,超过居民消费,居民消费占GDP的比重只有38%。高额的储蓄在为国内经济发展提供充足资金的同时,也对我国的消费产生了较大的挤出效应。在高速的经济发展水平下,消费市场的需求被储蓄挤出,所带来的必然是社会总供给过剩,而过剩的供给不能通过国内市场来消化,只能通过出口的形式转移到国外的消费市场。

我国的金融体制不完善

我国储蓄向投资转化主要是通过直接融资和间接融资两种方式进行。其中,直接融资主要表现为各储蓄部门通过证券市场向需要资金支持的投资部门提供资金;间接融资主要表现为各储蓄部门以银行存款的方式积累储蓄,通过银行信贷的方式向各个投资部门提供资金。由于我国证券市场的不发达,通过直接融资的资金规模非常小,从而大部分储蓄都集中于银行体系,使得企业的资金来源过于单一。我国金融机构中存贷差的不断扩大说明我国有很大一部分储蓄并没有通过贷款的形式得到有效应用。由于储蓄转化为投资的效率极其低下,因此我国对国内资金的利用不足,实际上仍然存在投资资本的短缺,从而转为对外资的高度依赖。

与我国的外汇管理制度有关

我国外汇储备的快速增长也是造成我国"斯蒂格利茨怪圈"现象的一个因素。外汇储备的大量积累和我国的外汇管理制度有着很大的关系。

从资本流入方面来看,我国鼓励国际资本来华直接投资,结果是使外商直接投资占我国实际使用外资额的比重迅速上升,但是与此同时,对于其他外资流入方式如证券投资等,国家并没有出台相应的鼓励措施,仍然是限制流入的项目。

从资本流出方面来看,与我国资本流入管制的逐步放松对比,我国的资本流出一直处于相对严格的管制状态,为"宽进严出"。尽管自2006年以来,我国出台了很多放松资本流出的政策,但总体来说我国对外投资的规模依然很小,不足以抵消大量的资本流入,使资本与金融项目下积累了大量的外汇储备。

对于经常项目,直到2007年,我国才逐步取消强制结售汇和限额结售汇,实现了经常项目的可兑换,但由于结售汇制度实行的时间过长,因此这一体制造成的外汇储备大量累积,并没有被立刻消化。

首先,在我国外汇管制较严格的情况下,大部分资本项目和经常项目产生的顺差仍然通过央行转化为外汇储备,投资于美国国债或其他低收益资产。所以,我国不仅不缺资金,反而还为外国居民的消费和投资融资,其中就包括外国居民在中国的投资。从这个角度说,我们引进外资,实则是引进自己的资金。其次,我国国内的资金通过国际金融市场以较低的利率融给了外国居民,再由他们带回到中国赚取较高的收益,由此形成了我国国际资本流动上的"斯蒂格利茨怪圈"。

资料来源:改编自宋莉君.中国"斯蒂格利茨怪圈"现象解析[D].上海:华东师范大学,2009.

【关联理论】

外汇市场的分析以恒等式 NCO = NX 为起点,该等式表明国外资本资产购买与出售之间的不平衡(NCO)等于物品与服务出口和进口之间的不平衡(NX)。而在开放经济模型中,这个恒等式两边代表外汇市场上的双方。另外,根据储蓄投资恒等式 $S = I + NCO$,开放经济中可贷资金的供给来自国民储蓄(S),可贷资金的需求来自国内投资(I)和资本净流出(NCO)。

一方面,较高的真实利率鼓励储蓄,增加可贷资金供给量;另一方面,本国真实利率上升意味着本国资产收益率上升,抑制本国人购买外国资产并鼓励外国人购买本国资产,从而减少资本净流出和可贷资金的需求量。

【案例解析】

上述案例描述了中国资本流动的"斯蒂格利茨怪圈"现象,并试图解释造成这种流动现象的原因,可以为理解教材中的案例提供一些启发。首先,中国的国民储蓄大于国内投资,根据开放经济中净出口与资本净流出的关系等式,以及开放经济中的储蓄投资恒等式,这必然使得中国成为资本净输出国,并保持贸易顺差。所以,中国成为贸易顺差大国,并非中国政府有意压低人民币币值的结果,而是由于中国储蓄率过高,而国内储蓄没能有效地转化为国内投资。

上述案例中分析,由于中国储蓄率过高,消费市场的需求被储蓄挤出,造成社会总供给过剩,而过剩的供给不能通过国内市场来消化,只能通过出口的形式转移到国外的消费市场。另外,由于金融体制的不完善,中国有很大一部分储蓄并没有通过贷款的形式得到有效利用。由于储蓄转化为投资的效率极其低下,因此中国对国内资金的利用不足,实际上仍然存在投资资本的短缺,从而转为对外资的高度依赖。而较为严格的外汇管制使大部分资本项目和经常项目产生的顺差通过央行转化为大量的外汇储备,这些外汇储备风险较低的投资渠道是购买美国政府债券等回报率较低的国外资产。

正是基于以上原因,中国出现了一方面在国内不缺资金的情况下以较高的利率从发达国家引进资金,而另一方面这部分资金又通过购买美国国债或其他低回报率的资产流回发达国家的资本流动"怪圈"。

(三) 案例研究 C

东南亚金融危机

自1997年7月起,爆发了一场始于泰国、之后迅速扩散到整个东南亚并波及世界的东南亚金融危机,使许多东南亚国家和地区的汇市、股市轮番暴跌,金融系统乃至整个社会经济受到严重创伤,这些国家和地区出现了严重的经济衰退。

这场危机首先从泰国开始,当时泰国几家濒临破产的金融机构都明显处于债务违约的边缘。这些金融机构一直以较低的利率从国际商业银行借入美元,然后以较高的利率向当地的不动产开发商出借泰铢。然而,由于投机性地建造了过多的房地产,这些开发商无法出售其商用和住宅房地产,导致它们不能履行偿债责任。这转而又使得泰国的金融机构在向国际商业银行偿还美元贷款方面违约的可能性不断增大。外国投资者感到危机即将发生,于是开始逃离泰国的股票市场,美元的需求上升和泰铢的供应增加促使泰铢对美元的汇率下跌。外汇交易商和对冲基金看到这种情况就开始对泰铢进行投机性攻击,卖空泰铢。泰国政府试图保卫钉住汇率制度,但结果是耗空了外汇储备。泰铢的汇率从1美元兑25泰铢一度跌到1美元兑55泰铢。随着泰铢的贬值,泰国的债务危机爆发,并导致泰国股市进一步下跌。

和泰国具有相同经济问题的菲律宾、印度尼西亚和马来西亚等国迅速受到泰铢贬值的巨大冲击。菲律宾比索、马来西亚林吉特和印度尼西亚卢比接连受到投机活动的袭击,汇率均急剧下跌。危机也波及了新加坡、日本、韩国和中国台湾地区。东南亚金融危机的进一步加剧引发了包括美国股市在内的股市大幅下挫。

这次东南亚金融危机持续时间之长、危害之大、波及面之广，远远超出人们的预期。从外部原因看，国际投资的巨大冲击以及由此而引发的外资撤离是造成这次危机的直接原因。据统计，危机期间，撤离东南亚国家和地区的外资高达 400 亿美元。但是，这次东南亚金融危机的根本原因也在于这些国家和地区内部经济的矛盾性。

资料来源：查尔斯·希尔. 国际商务：9 版[M]. 王蔷改编. 北京：中国人民大学出版社，2014.

【关联理论】

资本外逃可以看作一国或经济体的境内及境外投资者由于担心该国将出现经济衰退或其他经济和政治的不确定性而大规模抛出该国国内金融资产，将资金转移到境外的情况。资本外逃会使该国货币贬值，利率上升，投资下降，损害经济增长。严重时，资本外逃会加剧和恶化该地区原有的危机。

【案例解析】

1997 年的东南亚金融危机是一个很典型的资本外逃的例子。由于泰国、印度尼西亚等东南亚国家的金融机构明显处于债务违约的边缘，资本迅速逃离这些国家。资本的逃离造成外汇市场上这些国家的货币供给在短时间内大幅度增加，导致其汇率大幅度下降，而其汇率的下降使其以美元计价的债务更加沉重，最终导致其脆弱的金融机构的破产，以及股市的急剧下跌。

资本外逃可能对投资者产生不利影响。资本外逃一般会伴随着汇率的剧烈变化，比较常见的是本国货币的贬值。资本外逃不仅仅是为了逃避外汇管制，还有的是为了规避国内政治和经济风险，逃避税收征管，或是为了洗钱和转移资产。资本外逃不仅存在于发展中国家，也存在于发达国家。恰如资本市场是经济"晴雨表"的说法，当发生资本外逃事件时，通常也是经济将遭遇衰退的前兆。1997 年的东南亚金融危机作为一次大规模资本外逃事件，在境内外资本逃离亚洲各国和地区后，这些国家和地区用了两到三年时间才摆脱衰退的阴影，足见资本外逃对区域经济损害的严重程度。中国现行金融体制特别是外汇管理体制决定了不会发生类似 1997 年东南亚金融危机和 2014 年卢布危机的恶性事件，但中国亦须谨防大规模资本外逃，以免加剧中国的房地产、股市、地方债和产能过剩行业的金融风险。因为资本大举外逃对一国经济和金融伤害很大，往往是一国金融危机乃至经济危机的导火索或者根源所在。

四、课外习题

（一）术语解释

1. 孪生赤字
2. 贸易政策
3. 关税
4. 进口配额
5. 资金外逃

（二）单项选择

1. 以下哪一项关于可贷资金市场的表述是正确的？（　　）

A. 国内投资增加使可贷资金的需求曲线向右移动
B. 政府预算赤字使可贷资金的需求曲线向右移动
C. 一国的资本净流出增加使可贷资金的需求向左移动
D. 一国的资本净流出增加使真实利率下降

2. 以下哪一项关于外汇市场的表述是正确的？（　　）
   A. 中国净出口增加使人民币供给增加,并使人民币贬值
   B. 中国净出口增加使人民币供给减少,并使人民币贬值
   C. 中国净出口增加使人民币需求减少,并使人民币升值
   D. 中国净出口增加使人民币需求增加,并使人民币升值

3. 如果日本对中国紫菜进口实行配额,以下哪一项关于日本外汇市场的表述是正确的？（　　）
   A. 日元供给增加,且日元贬值　　B. 日元供给减少,且日元升值
   C. 日元需求增加,且日元升值　　D. 日元需求减少,且日元贬值

4. 出口补贴对以下哪一项有抵消作用？（　　）
   A. 关税　　　　　　　　　　　B. 资本外逃
   C. 政府预算赤字　　　　　　　D. 私人储蓄增加

5. "孪生赤字"是指（　　）。
   A. 一国的贸易赤字和其政府预算赤字
   B. 一国的贸易赤字和其资本净流出赤字
   C. 一国的储蓄赤字和其投资赤字相等
   D. 如果一国有贸易赤字,则其贸易伙伴必定也有贸易赤字

6. 资本外逃（　　）。
   A. 减少了一国的净出口,提高了其长期增长速度
   B. 减少了一国的净出口,降低了其长期增长速度
   C. 增加了一国的净出口,降低了其长期增长速度
   D. 增加了一国的净出口,提高了其长期增长速度

7. 以下哪一项关于外汇市场的表述是正确的？（　　）
   A. 美国资本净流出增加使美元供给增加,引起美元升值
   B. 美国资本净流出增加使美元供给增加,引起美元贬值
   C. 美国资本净流出增加使美元需求增加,引起美元升值
   D. 美国资本净流出增加使美元需求增加,引起美元贬值

8. 美国的预算赤字减少导致美国利率下降,对于日本投资者来说,他们将（　　）。
   A. 增加对美国的资本净流出,因为到美国投资的相对成本下降了
   B. 不改变对美国的资本净流出,因为日本国内的利率没有变化
   C. 减少对美国的资本净流出,因为到美国投资的相对收益下降了
   D. 减少对美国的间接投资,而增加对美国的直接投资

9. 日本总有大量的贸易盈余。根据开放经济的宏观经济理论,与这一现象最有关系的是（　　）。
   A. 外国对日本物品的高需求
   B. 日本对外国物品的低需求

C. 相对于日本国内的投资而言,其储蓄率较高

D. 日本对进口施加的限制政策

10. 根据开放经济宏观模型,以下哪一项不能解释美国较高的贸易赤字现象?（   ）
    A. 其他国家到美国投资的热情较高   B. 美国对其进口的限制较小
    C. 美国的经济相对于其他国家更加富有   D. 美国政府拥有较高的财政赤字

11. 假设美国居民购买了一辆英国产的汽车,而英国出口商用所得到的美元购买了美国某公司的股票。从英国的角度看,以下哪一种说法是正确的?（   ）
    A. 净出口减少,资本净流出减少   B. 净出口增加,资本净流出减少
    C. 净出口减少,资本净流出增加   D. 净出口增加,资本净流出增加

12. 欧洲人对美国生产的福特汽车的偏好提高引起美元（   ）。
    A. 贬值,以及美国净出口增加   B. 贬值,以及美国净出口减少
    C. 升值,以及美国净出口总值保持不变   D. 升值,以及美国净出口增加

13. 美国政府预算赤字的增加（   ）。
    A. 增加了美国净出口,且减少了美国的资本净流出
    B. 减少了美国净出口,且增加了美国的资本净流出
    C. 减少了美国净出口,也减少了美国的资本净流出
    D. 增加了美国净出口,而美国的资本净流出仍然不变

14. 如果美国储蓄了10 000亿美元,而且美国的资本净流出是 -2 000亿美元,那么美国的国内投资是（   ）。
    A. 12 000亿美元   B. -2 000亿美元   C. 2 000亿美元   D. 8 000亿美元

15. 假设美国居民购买了一辆英国产的捷豹汽车,而英国出口商用所得到的美元购买了通用电气公司的股票。从美国的角度看,以下哪一种说法是正确的?（   ）
    A. 净出口减少,资本净流出增加   B. 净出口减少,资本净流出减少
    C. 净出口增加,资本净流出增加   D. 净出口增加,资本净流出减少

(三) 判断正误

1. 资本净流出既可以是正的,也可以是负的,所以它既可以增加也可以减少由国内投资引起的可贷资金需求。（   ）
2. 使外汇市场供求平衡的价格是真实利率。（   ）
3. 资本净流出的关键决定因素是真实利率,当该国的真实利率高时,拥有该国资产更有吸引力,因而该国资本净流出低。（   ）
4. 外汇市场中对本国通货的供给曲线向右上方倾斜。（   ）
5. 政府预算赤字使真实利率上升,真实汇率下降。（   ）
6. 贸易政策可以改善一国的贸易余额。（   ）
7. 一国国民对外国商品的喜好增加会恶化该国的贸易余额。（   ）
8. 一国国民储蓄的提高有助于改善该国的贸易余额。（   ）
9. 经历资本外逃的国家会面临货币贬值和净出口增加。（   ）
10. "孪生赤字"是指政府预算赤字和贸易赤字。（   ）

（四）简答题

1. 在开放经济中，可贷资金的供给与需求各来源于什么？请解释可贷资金供给与需求曲线的形状及其原因。
2. 举例说明外汇市场中人民币供给与需求的来源。
3. 为什么外汇市场中本国货币的供给量不受真实汇率的影响？
4. 解释"孪生赤字"的形成机制。
5. 为什么贸易限制政策不会增加净出口？

（五）应用题

1. 假设美国纺织工人工会鼓励人们只购买美国制造的衣服。这种政策对贸易余额和真实汇率有什么影响？
2. 美国政府在过去长期处于预算赤字状态。如果美国政府削减开支，减少预算赤字，对美国的利率、投资、汇率和对外贸易会带来什么样的影响？
3. 过去十年来，中国购买了大量的美国政府债券。请结合开放经济相关理论回答以下两个问题：(1) 如果中国决定减少对美国资产的购买，则美国可贷资金市场会发生怎样的变动？特别是，美国的利率、储蓄和投资会发生怎样的变动？(2) 外汇市场会发生怎样的变动？特别是，美元的价值和美国的贸易余额会发生怎样的变动？

（六）拓展思考题

1. 利用恒等式"净出口＝国民储蓄－国内投资＝资本净流出"论述贸易赤字产生的可能原因，以及不同成因对经济不同的长期影响。
2. 2008 年 12 月 19 日，美国、墨西哥在 WTO 总理事会会议中针对中国政府为某些"名牌"产品提供的奖金、贷款和其他鼓励措施提出磋商请求。美国贸易谈判代表提到，中国实施的"名牌"战略相关政策涉及家用电器、纺织品服装、轻工产品、农产品、食品、金属化工品、医药产品等，美国认为这些鼓励政策属于对国内产品和生产者的不正当补贴，违反了中国在 WTO 下的义务。2009 年 2 月 5 日至 6 日，中国与美国、墨西哥、危地马拉三国在日内瓦举行了联合磋商。2009 年 12 月 18 日，美国贸易代表宣布已与中国就本案签订协议。依据该协议，中国已采取步骤撤销或修正相关措施，从而移出任何以出口为条件给予"名牌"称号和财政利益的条款。

(1) 中国如果取消任何以出口为条件给予"名牌"称号和财政利益的条款，对中国的总贸易余额有什么影响？对中国相关产业有什么影响？

(2) 中国如果取消任何以出口为条件给予"名牌"称号和财政利益的条款，对美国的总贸易余额有什么影响？对美国相关产业有什么影响？

五、习题答案

（一）术语解释

1. 孪生赤字：政府预算赤字往往会引起贸易赤字，因此两者通常被称为"孪生赤字"。

2. 贸易政策:直接影响一国进口或出口的物品与服务数量的政府政策。
3. 关税:对进口物品征收的税。
4. 进口配额:对在国外生产而在国内销售的物品数量的限制。
5. 资本外逃:一个国家大量且突然的资金流出,它可能因为国家的政治不稳定而发生。

(二) 单项选择

1. A 2. C 3. C 4. D 5. A 6. C 7. B 8. C 9. C 10. C 11. D 12. C 13. C 14. A 15. B

(三) 判断正误

1. √ 2. × 3. √ 4. × 5. × 6. × 7. × 8. √ 9. √ 10. √

(四) 简答题

1. 【考查要点】 可贷资金的供给与需求。

【参考答案】 在开放经济中,可贷资金的供给来自国民储蓄(S),可贷资金的需求来自国内投资(I)和资本净流出(NCO)。可贷资金的供给和需求取决于真实利率。较高的真实利率鼓励储蓄,因此会增加可贷资金供给量,所以可贷资金的供给曲线向右上方倾斜。可贷资金的需求曲线则向右下方倾斜。因为较高的利率会增加为本国资本项目筹资而借贷的成本,抑制国内投资从而减少可贷资金的需求量;同时本国真实利率上升意味着本国资产收益上升,抑制本国人购买外国资产并鼓励外国人购买本国资产,从而抑制资本净流出和可贷资金需求量。

2. 【考查要点】 外汇市场中的供给与需求。

【参考答案】 外汇市场中人民币的供给来自中国的资本净流出。例如,当一个中国共同基金购买美国政府债券时,它需要把人民币兑换为美元,因此它在外汇市场上供给人民币。人民币的需求来自中国的净出口。例如,当一家美国公司从一家中国公司购买服装时,它需要把美元兑换成人民币,因此在外汇市场上需要人民币。

3. 【考查要点】 外汇市场中本国货币的垂直供给曲线。

【参考答案】 外汇市场中本国货币的供给来源于本国资本的净流出,它不取决于真实汇率,而取决于真实利率,这是因为尽管较高的真实汇率意味着外国资产更便宜从而更有吸引力,但从外国资产所获得的收益仍需要兑换成本国货币,较高的真实汇率会抵消掉之前的正面影响。因此,资本净流出量可以被假定为不受汇率影响,即外汇市场中本国货币的供给曲线是垂直的而不是向右上方倾斜的。

4. 【考查要点】 "孪生赤字"的形成机制。

【参考答案】 首先,政府预算赤字会减少国民储蓄,因此减少可贷资金市场中可贷资金的供给,即可贷资金供给曲线向左移动。这种改变会使均衡真实利率上升并导致国内投资量和资本净流出量下降。其次,资本净流出也是外汇市场中本国货币的供给,资本净流出量的下降使外汇市场中本国货币的供给曲线向左移动,这一改变会提高均衡真实汇率并减少均衡的净出口量,即使贸易余额向赤字方向变动。因此,政府赤字和贸易赤字在理论与实践上紧密相关,被称为"孪生赤字"。

5. 【考查要点】 贸易限制政策对开放经济的影响。

【参考答案】 首先，贸易限制政策既不会改变国内储蓄，也不会改变国内投资或资本净流出，即贸易政策不会影响可贷资金市场的供求。但贸易政策会限制进口，从而增加净出口，而净出口代表对本国货币的需求，所以贸易政策会增加外汇市场中对本国货币的需求。其次，在外汇市场的供求图中，这表现为对本国货币的需求曲线上移。因为贸易政策不改变可贷资金市场中的均衡真实汇率，资本净流出即对本国货币的供给曲线不会移动，导致均衡真实汇率上升，而均衡净出口量不变。

（五）应用题

1. 【考查要点】 贸易限制政策的作用。

【参考答案】 美国纺织工人工会鼓励人们只购买美国制造的衣服最初会减少美国的服装进口，由于净出口等于出口减进口，因此美国服装的净出口也增加了。由于净出口是外汇市场上美元需求的来源，因此外汇市场上的美元需求增加了。美元需求的增加引起真实汇率上升，当外汇市场上美元的价值上升时，相对于外国物品，美国国内的物品变得更昂贵了。这种升值鼓励进口而抑制出口——这两种变动的作用抵消了由于美国服装进口减少而增加的净出口，结果，美国的贸易余额未变。

2. 【考查要点】 政府预算赤字减少的宏观经济影响。

【参考答案】 首先，政府预算赤字减少会增加国民储蓄，因此增加可贷资金市场中可贷资金的供给，即可贷资金供给曲线向右移动。这种改变会使均衡真实利率下降并导致国内投资量和资本净流出量的增加。其次，资本净流出也是外汇市场中美元的供给，资本净流出量的增加使外汇市场中美元的供给曲线向右移动，这一改变会降低均衡真实汇率并增加均衡的净出口量。因此，预算赤字的减少增加了国民储蓄，降低了真实汇率，增加了国内投资，并使贸易余额向盈余方向变动。

3. 【考查要点】 资本净流出对开放经济的影响。

【参考答案】 （1）中国购买美国资产相当于负的美国资本净流出，所以中国减少对美国资产的购买相当于增加了美国资本净流出，即增加了美国可贷资金的需求，可贷资金需求曲线向右移动，使均衡的美国真实利率上升。真实利率上升意味着储蓄的预期回报率提高，因而美国的储蓄会增加；同时，利率上升也意味着投资的成本增加，因而美国的国内投资会减少。

（2）中国决定减少购买美国资产，增加了美国资本净流出，美国资本净流出是外汇市场中的美元供给，美元供给曲线向右移动，使得真实汇率下降，汇率贬值使得贸易余额向盈余方向变动。

（六）拓展思考题

1. 【考查要点】 开放市场中的可贷资金市场和外汇市场、贸易赤字产生的可能原因及影响。

【参考答案】 从恒等式"净出口＝国民储蓄－国内投资＝资本净流出"中可以看出，贸易赤字可能是由国民储蓄不足造成的，也可能是由国内投资高涨造成的。（1）低储蓄引起贸易赤字以及外债增加，外债最终是必须偿还的，现期的高消费势必引起未来的低消费，这意味着子孙后代要承受这个负担。如果国民储蓄不足而没有引起贸易赤字，就必然会减少投资，抑制经济的持续增长，所以在这种情况下，有外国投资比完全没有要好。（2）投资高涨也可以带来贸易赤字和高负债,但资本品的增加会以生产出更多物品与服务的形式获得良好的收益。这样,经济就应该能够应对累积的债务。如果投资项目没有产生预期的收益,债务就会带来负担。

2.【考查要点】 贸易政策对贸易余额的影响。

【参考答案】 (1)中国取消以出口为条件给予"名牌"称号和财政利益的条款,相当于取消对这些"名牌"产品和生产商的出口补贴,会提高这些产品的出口成本和价格,减少国外消费者对这些商品的需求从而减少这些产品的出口量。这些产品出口量的减少体现在外汇市场上是对人民币需求的减少,这使人民币的真实汇率降低,而真实汇率的降低意味着中国的商品相对于其他国家的商品更便宜,从而将增加国外消费者对中国其他商品的需求,因此中国其他商品的出口会有所增加,中国的总贸易余额不会改变。单就中国有关行业来说,中国取消以出口为条件给予"名牌"称号和财政利益的条款会减少这些行业的出口,可能影响这个行业的就业及从业人员收入。

(2)中国取消以出口为条件给予"名牌"称号和财政利益的条款,对美国而言提高了相关产品的价格,减少了相关产品的进口量,即美国的净出口会在最初有所增加。但净出口的增加反映在外汇市场上是对美元需求的增加,这会使美元的真实汇率提高,使其他国家对美国商品的需求量降低,从而减少美国其他商品的出口。美国的总贸易余额也不会因为这一政策而有所改变。美国的相关产业却可以因中国出口补贴的取消而面临更少的竞争,并从更多的国内销量中获利。

第 33 章
总需求与总供给

一、学习精要

(一) 教学目标

1. 了解经济波动的三个关键事实。
2. 理解总需求与总供给模型,以及解释短期经济波动的适用性。
3. 掌握总需求曲线为什么向右下方倾斜,以及为什么总需求曲线会移动。
4. 掌握长期总供给曲线为什么是垂直的,以及为什么长期总供给曲线会移动。
5. 掌握短期总供给曲线为什么向右上方倾斜,以及为什么短期总供给曲线会移动。
6. 理解经济波动的两个原因,学会利用总需求与总供给模型和四步法对短期经济波动和长期经济趋势进行分析及预测。

(二) 内容提要

本章主要介绍总需求与总供给模型,这个模型可以帮助我们解释短期的经济波动。值得注意的是,这些波动背离了我们前面章节学习的模型所解释的经济的长期趋势。

1. 关于经济波动的三个关键事实

(1) 事实 1:经济波动是无规律的且不可预测的。尽管经济波动常被称为经济周期,但"经济周期"这个术语往往会引起一些误解,因为经济波动根本没有规律,而且几乎不可能较为准确地预测。

(2) 事实 2:大多数宏观经济变量同时波动。对于监测短期波动而言,用哪一种衡量指标来观察经济活动实际上无关紧要。大多数衡量某种收入、支出或生产波动的宏观经济变量几乎同时发生变动,虽然变动的量会有所不同。

(3) 事实 3:随着产量的减少,失业增加。物品与服务产量的变动和经济中劳动力利用的变动密切相关。当真实 GDP 下降时,失业率上升,因为当生产的物品与服务减少时,企业自然会解雇工人。

2. 解释短期经济波动

(1) 古典经济学的假设。古典理论依据的是古典二分法和货币中性。古典二分法将变量分为真实变量(衡量数量或相对价格的变量)和名义变量(按货币衡量的变量)。货币中性认为"货币仅仅是一层面纱",货币供给的变动只影响名义变量,与真实变量无关。

(2) 短期波动的现实性。尽管这些古典假设可以准确地描述长期经济,但不适用于对短期经济的分析。在短期中,真实变量与名义变量是高度相关的,而且货币供给的变动可以暂时地使真实 GDP 背离其长期趋势。因此,为了分析短期经济运行,必须放弃古典二分法和货币中性,建立新模型,并将注意力集中在真实变量与名义变量如何相互影响上。

(3) 总需求与总供给模型。我们用总需求与总供给模型来解释短期经济波动。总需求与总供给模型是用来解释经济活动围绕其长期趋势的短期波动的模型,这个模型可以画成以 CPI 或 GDP 平减指数衡量的物价水平为纵轴、以真实产量为横轴的图形。总需求曲线表示在每一种物价水平下,家庭、企业、政府和国外消费者想要购买的物品与服务量,它向右下方倾斜;总供给曲线表示在每一种物价水平下,企业生产并销售的物品与服务量,它向右上方倾斜。注意:总需求与总供给模型不仅仅是普通微观经济供求模型的放大,由于总需求与总供给曲线倾斜和移动的原因不同,因而这两个模型是完全不同的。

3. 总需求曲线

(1) 为什么总需求曲线向右下方倾斜?由 $Y = C + I + G + NX$,假设 G 为固定的政府政策变量,为了说明总需求曲线为什么向右下方倾斜,我们必须考察物价水平对消费(C)、投资(I)和净出口(NX)的影响。由于财富效应、利率效应、汇率效应三大效应,物价水平下降增加了消费、投资和净出口,进而增加了总需求。这里需要注意的一个问题是,对向右下方倾斜的总需求曲线的三个解释都假定货币供给固定,即总需求曲线是根据一个既定的货币供给量画出的。

第一,物价水平与消费:财富效应。物价水平下降提高了货币的真实价值,并使消费者更富有,这又鼓励他们更多地支出。消费者支出增加意味着物品与服务需求量更大。相反,物价水平上升降低了货币的真实价值,并使消费者变穷,这又减少了消费者支出以及物品与服务的需求量。

第二,物价水平与投资:利率效应。物价水平下降降低了利率,鼓励更多的用于投资品的支出,并增加了物品与服务的需求量。相反,物价水平上升提高了利率,抑制了投资支出,并减少了物品与服务的需求量。

第三,物价水平与净出口:汇率效应。当美国物价水平下降并引起美国利率下降时,美元在外汇市场上的真实价值下降。这种贬值刺激了美国的净出口,从而增加了物品与服务的需求量。相反,当美国物价水平上升并引起美国利率上升时,美元的真实价值就会上升,而且这种升值减少了美国的净出口以及物品与服务的需求量。

(2) 为什么总需求曲线会移动?主要原因如下:

第一,消费变动引起的移动。在物价水平既定时,使消费者支出增加的事件使总需求曲线向右移动;在物价水平既定时,使消费者支出减少的事件使总需求曲线向左移动。

第二,投资变动引起的移动。在物价水平既定时,使企业投资增加的事件使总需求曲线向右移动;在物价水平既定时,使企业投资减少的事件使总需求曲线向左移动。

第三,政府购买变动引起的移动。政府对物品与服务购买的增加使总需求曲线向右移动;政府对物品与服务购买的减少使总需求曲线向左移动。

第四,净出口变动引起的移动。在物价水平既定时,增加净出口支出的事件使总需求曲线向右移动;在物价水平既定时,减少净出口支出的事件使总需求曲线向左移动。

4. 总供给曲线

总供给曲线告诉我们在任何一种既定的物价水平下企业生产并销售的物品与服务总量。与总是向右下方倾斜的总需求曲线不同,总供给曲线的走势取决于所考察时间的长短。在长期中,总供给曲线是垂直的;而在短期中,总供给曲线向右上方倾斜。

(1) 为什么长期中总供给曲线是垂直的?在长期中,一个经济的物品与服务产量(它的真实 GDP)取决于它的劳动、资本和自然资源的供给,以及它可得到的用于把这些生产要素变为物品与服务的技术。在长期中,无论物价水平如何变动,供给量都是相同的,因为物价水平并不是真实 GDP 的长期决定因素。

(2) 为什么长期总供给曲线会移动?经济中任何改变自然产出水平的变动都会使长期总供给曲线移动,由于古典模型中的产量取决于劳动、资本、自然资源和技术知识,因此可以把长期总供给曲线的移动分为以下四个方面:

第一,劳动变动引起的移动。一个经济中工人的数量增加(如移民增加),长期总供给曲线向右移动;反之,曲线向左移动。此外,长期总供给曲线还取决于自然失业率,因此自然失业率的任何一种变动都会使长期总供给曲线移动。自然失业率上升,长期总供给曲线向左移动;反之,曲线向右移动。

第二,资本变动引起的移动。经济中资本存量的增加提高了生产率,从而增加了物品与服务的供给量,导致长期总供给曲线向右移动;相反,经济中资本存量的减少降低了生产率,从而减少了物品与服务的供给量,导致长期总供给曲线向左移动。

第三,自然资源变动引起的移动。新矿藏的发现使长期总供给曲线向右移动,使农业减产的天气变化使长期总供给曲线向左移动。在许多国家,重要的自然资源都是从国外进口的,这些资源的可获得性也会使总供给曲线移动。

第四,技术知识变动引起的移动。新技术的应用或开放国际贸易会使长期总供给曲线向右移动。

(3) 用总需求与总供给来描述长期增长和通货膨胀。长期增长和通货膨胀可以表示为长期总供给曲线由于以上四大因素引起的向右移动,而由于货币供给增加导致总需求曲线向右移动的幅度更大,因而随着时间的推移,产量会增加且物价会上升。长期趋势是短期波动叠加的结果,应该把产量与物价水平的短期波动视为对持续的产量增长和通货膨胀长期趋势的背离。

(4) 为什么短期内总供给曲线会向右上方倾斜?短期总供给曲线向右上方倾斜,是因为物价水平变动引起短期内的产量背离其长期水平。对此有黏性工资理论、黏性价格理论、错觉理论三种理论可以解释。这三种理论均有一个共同的主题,即当实际物价水平 P 高于预期物价水平 P_E 时,产量就可能增加到高于自然产出水平。具体如下:

第一,黏性工资理论:未预期到的低物价水平增加了真实工资,这引起企业减少雇用工人并减少生产的物品与服务量。

第二,黏性价格理论:未预期到的低物价水平使一些企业的价格高于合意的水平,这就抑制了它们的销售,并引起它们削减生产。

第三,错觉理论:未预期到的低物价水平使一些供给者认为自己的相对价格下降了,这会引起生产减少。

(5) 为什么短期总供给曲线会移动?当考虑是什么引起短期总供给曲线移动时,必须考虑使长期总供给曲线移动的四大因素以及一个新变量——预期的物价水平,因为它影响黏性工资、黏性价格和对相对价格的错觉。具体如下:

第一,导致长期总供给曲线移动的任何因素,包括劳动、资本、自然资源和技术知识的变动,都会使短期总供给曲线移动。

第二,预期物价水平的变化也会移动短期总供给曲线。如果 P_E 上升,工人与企业会倾向于达成一个更高水平名义工资的合同。在每个价格水平 P 下,生产获利减少导致供给量 Y 减少,短期总供给曲线向左移动。反之,预期物价水平下降增加了物品与服务的供给量,并使短期总供给曲线向右移动。

预期对短期总供给曲线的这种影响在解释经济如何从短期转向长期时起到了关键作用。在短期内,预期是固定的,经济处于总需求曲线与短期总供给曲线的交点。在长期中,如果人们观察到物价水平不同于他们的预期,他们就会调整预期,短期总供给曲线将会移动。这种移动保证了经济最终会处于总需求曲线与长期总供给曲线的交点。

5. 经济波动的两个原因

经济的长期均衡是在总需求曲线与长期总供给曲线的交点,此时预期物价水平将调整为等于实际物价水平,并且此时短期总供给曲线也经过这一点。结合所学的总需求与总供给模型,可以考察短期经济波动的两个基本原因:总需求移动与总供给移动。这里我们用到分析宏观经济波动的四个步骤:第一,确定经济事件到底影响总需求曲线还是总供给曲线;第二,确定曲线移动的方向;第三,确定新的短期均衡;第四,分析从短期均衡到长期均衡的变动过程。

(1) 总需求曲线移动的影响。以悲观情绪对宏观经济的影响为例来分析。悲观情绪影响支出计划,因而影响总需求曲线并使其向左移动,从而导致短期经济中的产量下降且物价水平下降。但随着时间的推移,预期物价水平的下降改变了工资、价格和感觉,从而导致短期总供给曲线向右移动,产量恢复到自然产出水平。经济进行了自我纠正:即使决策者不采取行动,长期中产量的减少也会逆转。关于总需求曲线移动的情形有三个重要结论:第一,在短期内,总需求移动引起经济中物品与服务产量的波动。第二,在长期中,总需求移动影响物价总水平,但不影响产量。第三,影响总需求的决策者可以潜在地减轻经济波动的严重性,譬如,如果悲观情绪导致经济可能进入衰退,政府可以通过财政政策和货币政策来增加总需求。

(2) 总供给曲线移动的影响。以石油价格上涨对宏观经济的影响为例来分析。石油价格上涨增加了企业的生产成本,企业在每一物价水平下都会减少供给量,因而影响总供给曲线并使其向左移动,从而导致短期经济中的产量下降且物价水平上升,即经济出现滞胀现象。物价水平上升会暂时引起工人索要更高的工资,并暂时导致工资-物价螺旋式上升。但在长期中,低产量处的高失业率导致工人议价能力下降,名义工资下降导致企业获利性提高,从而总供给曲线向右移动并回到初始位置,因而经济也相应回到初始均衡点。关于总供给曲线移动的情形有两个重要结论:第一,总供给曲线移动会引起滞胀,即衰退(产量减少)与通货膨胀(物价上升)并存的现象。第二,能影响总需求的决策者可以潜在地减缓对产量的不利影响,但是只能以加剧通货膨胀为代价,譬如,如果石油价格上涨导致经济可能出现滞胀,政府可以通过财政政策和货币政策促使总需求曲线向右移动,从而抵消短期总供给曲线移动的影响,此时抵消性政策为了维持高产量和就业水平而接受了持久的高物价水平。

6. 结论

本章实现了两大目标:其一,讨论了经济活动中短期波动的一些重要事实;其二,介绍了用于解释这些波动的总需求与总供给模型。

(三) 关键概念

1. 衰退:真实收入下降和失业增加的时期。

2. 萧条:严重的衰退。

3. 总需求与总供给模型:大多数经济学家用来解释经济活动围绕其长期趋势的短期波动的模型。

4. 总需求曲线:表示在每一种物价水平下,家庭、企业、政府和外国客户想要购买的物品与服务数量的曲线。

5. 总供给曲线:表示在每一种物价水平下,企业选择生产并销售的物品与服务数量的曲线。

6. 自然产出水平:一个经济在长期中当失业率处于其自然水平时达到的物品与服务的生产水平。

7. 滞胀:经济衰退(产量减少)与通货膨胀(物价上升)并存的现象。

8. 抵消性政策:针对短期总供给减少的增加总需求的政策。

(四) 拓展提示

1. 用来解释短期内总供给曲线向右上方倾斜的黏性工资理论、黏性价格理论、错觉理论三种理论的相似之处比它们之间的差别更重要。它们都表明:当实际物价水平高于预期的物价水平时,产量就可能增加到高于自然产出水平。这种思想可以用数学公式表述如下:

$$Y = Y_N + a(P - P_E)$$

其中,Y 表示产量的供给量,Y_N 表示自然产出水平,P 表示实际物价水平,P_E 表示预期物价水平,a 衡量产量对未预期到的物价水平变动的反应。这里需要注意的是,在每一种情况下,供给量的变动都是因为实际价格背离了预期的价格;但无论短期总供给曲线向右上方倾斜是因为黏性工资、黏性价格还是错觉,这种效应都是暂时的。随着时间的推移,长期中工资和价格都具有弹性,相对价格的错觉也会得到纠正,即在长期中,$P = P_E$,因而 $Y = Y_N$,总供给曲线是垂直的。

2. 滞胀的全称是停滞性通货膨胀。在宏观经济学中,它特指经济停滞与通货膨胀并存的经济现象;通俗地说,就是指物价上升,但经济停滞不前。它是通货膨胀长期发展的结果。滞胀有两个主要原因:其一是经济产能因负面的供给震荡而减少。例如,石油危机造成石油价格上涨,生产成本上升及利润减少,引致商品价格上升同时经济增加放缓。其二是不当的经济政策所致。例如,中央银行允许货币供给过度增长,政府对商品市场和劳动市场做出过度管制。滞胀对宏观经济的影响可以分为短期和长期两方面:在短期内,滞胀的物价持续上涨现象会造成严重的通货膨胀,经济产量下降会导致企业提供的物品与服务减少,从而导致失业率上升,企业甚至会面临破产倒闭,整个经济呈现衰退的趋势。同时,高通货膨胀率影响财富分配并扭曲价格,高失业率使国民收入下降。而在长期中,物品与服务的产量在一段时期内仍处于较低的水平,但是随着工资、价格和感觉根据较高的生产成本进行调整,最终衰退会自行消失。例如,低产量和低就业会加大使工人的工资下降的压力,较低的工资又增加了供给量。随着时间的推移,当短期总供给曲线移回到原来的位置时,物价水平下降,产量接近于自然产出水平,经济回到总需求曲线与长期总供给曲线相交的位置,这一过程也就是经济的自我纠正。

二、新闻透视

（一）新闻透视 A

当前经济的主要矛盾：总需求不足，总供给过剩

刚公布的 2018 年经济运行数据反映出我国当前宏观经济的主要矛盾是总需求不足和总供给过剩的矛盾。

第一，2018 年全年固定资产投资同比增长 5.9%，如果扣除价格上涨因素（因 2017 年"结构性去产能"而导致的投资品价格畸形上涨），实际增速不足 1%，不仅低于 2017 年 1.3% 的实际增速，更低于 2016 年 8.8% 的实际增速。固定资产投资增速的低位运行与我国的高储蓄率形成鲜明对比，这从一个侧面反映出我国当前的国内实际产出可能明显低于最大潜在产出。

第二，2018 年社会消费品零售总额同比增长 9.0%，较上年回落 1.2 个百分点；扣除价格因素，实际增长 6.9%，较上年回落 2.1 个百分点。我国消费实际增速已连续 6 年下滑，2018 年的降幅更是创出新高。

第三，虽然 2018 年我国货物出口额同比增长 9.9%，较上年提高 2 个百分点，但货物贸易和服务贸易顺差（净出口额）却低于上年。因此，从三大需求指标看，我国总需求增速总体上呈快速下降趋势。

第四，尽管 2018 年我国 M2 增速保持相对平稳，年初和年底的增速水平均为 8.1%，但更能真实反映我国名义总需求变动的"现金+活期存款"增速，却从 2018 年年初的 10.4% 逐月下滑，至 11 月已回落至 3.1% 的年度最低点，12 月才出现小幅反弹，达到 3.4%。反映企业部门名义总需求变动的 M1 增速，则从 2018 年年初的 11.8% 逐月下滑至年底的 1.5%，创出历史最低值。同样，2018 年虽然人民币贷款同比增长 13.5%，较上年提高 0.8 个百分点，但是社会融资规模却同比下降 14%，为近几年的最低水平。

从供给端看，2017 年第四季度我国主要工业企业的平均产能利用率水平为 78.0%，但至 2018 年第四季度，该数据已降至 76%，离 82% 左右的正常值水平越来越远。如果考察所有工业企业的平均产能利用率，情况可能比上述数据反映的状况更为严峻，工业部门的平均产能利用率可能仅在 70% 左右的水平，供给端产能过剩情况十分严重。

然而，在需求端和供给端数据一路下滑的情况下，央行的货币政策却保持着相对稳定的态势：尽管央行已实施了连续降准操作，但反映货币政策松紧的银行间债券质押式回购月加权平均利率始终围绕 2.6% 的利率中枢上下震荡。这说明，当前央行的货币政策操作还没有从根本上扭转货币政策偏紧的局面。当前中小金融机构的法定存款准备金率为 11.5%，大型金融机构的法定存款准备金率为 13.5%，且截至 2018 年年底，央行投放的中期借贷便利（MLF）余额为 4.93 万亿元，补充抵押贷款（PSL）余额为 3.38 万亿元，两者合计 8.31 万亿元，因此，央行仍有很大的可用于对冲 MLF 和 PSL 的降准空间。建议央行继续加大降准和基础货币投放力度，力争将银行间债券质押式回购的月加权平均利率尽快压低并稳定在 1.5% 附近，只有这样，才能从根本上扭转我国名义总需求快速下滑、供给端产能严重过剩的局面。

资料来源：范建军.当前经济的主要矛盾：总需求不足 总供给过剩[EB/OL].（2019-01-25）[2019-04-25]. https://baijiahao.baidu.com/s? id = 1623558331766274359&wfr = spider&for = pc.

【关联理论】

经济长期均衡是在总需求曲线与总供给曲线的交点,此时预期物价水平将调整为等于实际物价水平,并且短期供给曲线也交于这一点。一旦总需求与总供给任何一端失衡,就会出现短期经济波动。总供给与总需求是经济发展过程中重要的也是相辅相成的两个方面,应根据经济发展不同阶段的不同特征进行供给与需求管理,促进总供给与总需求实现新的均衡,促进经济平稳、快速、高效增长。

【新闻评析】

总需求表示在每一种物价水平下,家庭、企业、政府和国外消费者想要购买的物品与服务量,因此总需求有四个组成部分。当消费、投资、净出口变动时,都会引起每种物价下需求量的变动,即会引起总需求曲线的移动。总供给告诉我们在任何一种既定的物价水平下企业生产并销售的物品与劳务总量,在长期中,总供给取决于劳动、资本和自然资源的供给,以及可得到的用于把这些生产要素变为物品与服务的技术。在短期内,预期物价水平的变化也使短期总供给曲线移动。无论是总需求曲线的移动还是总供给曲线的移动,最终都会导致出现短期经济波动。在以上新闻中,2018年固定资产投资增速的低位运行、社会消费实际增速连年下滑、货物贸易和服务贸易净出口额下降等因素,引起我国总需求的减少。相对于供给端产能严重过剩的局面,如果不采取宏观调控措施,难免会出现经济下行情况。

在我国经济发展进入新常态或新阶段的条件下,国内需求增速下降使经济增长面临较大下行压力。针对当前经济总需求不足与总供给过剩的主要矛盾,必须坚持实施适度扩大总需求的政策,创造稳定的环境和有利的条件。适度扩大总需求是为了适度稳增长,使实际增长率不过多偏离潜在增长率,使经济运行保持在合理区间。完善需求管理政策的基本取向是贯彻落实稳中求进的工作总基调,根据形势变化加强政策的微调、预调。依靠深化需求侧结构性改革,促进投资稳定增长和消费较快增长,积极扩大出口和引进外资,保持价格总水平相对稳定,防范结构性通货紧缩与结构性通货膨胀的交错影响。发挥需求侧协同政策对产业结构调整升级的作用,要协调好总量政策与结构政策的关系,协调好稳增长政策与防控金融风险的关系,协调好国内宏观政策取向与国际政策环境变化的关系。

(二) 新闻透视 B

总供给与总需求良性互动,增强经济复苏稳健性

2017年以来,全球经济企稳向好态势更加明显。发达国家普遍复苏进程加快,10月制造业PMI保持在58.5%的高水平,处于2011年以来的较高水平,经济景气指数升至114,为近10年来新高,CPI温和上涨至1.4%,劳动力市场逐步改善,9月失业率维持在8.9%的低位,消费者信心增强,经济复苏强劲。不仅欧盟中心国家经济形势较为明朗,外围国家的经济也开始明显向好,欧洲经济复苏动力多元化。同时,尽管部分指标出现短期波动,但美国经济总体仍处于稳健回升阶段,第三季度实际GDP年化环比增长3%,大幅高于市场预期的2.6%,同比增速达2.3%,较第二季度的2.2%进一步提升;10月失业率降至4.1%,为2001年以来新低;制造业PMI升至58.7%,为2004年以来的新高;9月物价水平温和上涨1.6%;对外贸易逆差更是降至近11个月的低位。此外,日本经济温和扩张,10月制造业PMI升至52.8%;外需增长强劲,9月出口同比增长14%;就业形势保持良好态势,失业率维持在2.8%的低位;

物价水平保持在0.7%,连续9个月保持上涨态势。与此同时,新兴经济体的经济总体改善。

同时,我国经济逐步企稳。2017年第一季度GDP增速达到6.9%的阶段性高点,这也是2012年以来首次第一季度经济增速超过上年第四季度,阻止了经济增速持续下滑的势头。第二季度GDP增速仍然保持在6.9%的相对高位,第三季度小幅回落至6.8%,但总体运行依然平稳。工业生产增长在波动中维持相对高位。出口交货值累计增速明显高于上年同期,3月以来持续保持在10%以上的相对高位。PMI一直保持在51%以上的扩张区间,并且在波动中逐渐走高,10月时达到51.6%。其中,9月新订单指数已经达到2012年4月以来的最高值54.8%,10月小幅回落至52.9%;9月新出口订单指数达到2012年5月以来的最大值51.3%,10月回落至50.1%。同时,新订单与新出口订单之差所反映的国内订单变化也在经历了第二季度的相对低点后开始趋稳。PMI原材料库存指数2017年呈现了一个轻微的W形,低点位于3月、4月和8月,10月达到48.6%;PMI产成品库存指数则呈现了一个倒U形,高点出现在2017年4月,之后波动下行,9月已经下行至44.2%的低点,尽管10月又略微回升至46.1%。作为PPI(生产物价指数)的领先指标,PMI主要原材料购进价格指数走势呈现U形,低点出现在2017年4月,之后持续走高,9月达到68.4%,明显高于2017年同期水平,虽然10月回落到63.4%,但仍反映出生产活动并不疲软,预示未来PPI还将有走高的可能。

资料来源:邹蕴涵.总供给与总需求良性互动增强经济复苏稳健性[N/OL].上海证券报,2017-11-14[2019-04-25].http://news.cnstock.com/paper,2017-11-14,909825.htm.

【关联理论】

总需求与总供给模型可用来分析短期的经济波动。根据这个模型,物品与服务的产量和物价总水平调整使总需求与总供给平衡。一方面,强劲的需求会带动生产好转;另一方面,供给变化会影响需求,需求增加也能带动社会产量提升。需求与供给相辅相成,形成良性互动机制,是一个经济稳步增长和可持续发展的关键。

【新闻评析】

总需求与总供给模型是经济分析的基本框架。在看待2017—2018年全球经济复苏,特别是中国和美国两大经济体复苏时,应注意区别两国复苏动力机制之间存在的差异性,明确复苏稳健性的差别,这是展望未来经济形势的主要依据。对中国而言,2017—2018年经济复苏的主要初始动力在于供给侧改革带来的上游煤炭等原材料、资源品短期供给量明显缩减,上游企业利润大幅回弹。同时,企业主动补库存增加了短期需求,经济中长期存在的供需矛盾在短期内得以缓解,给企业带来了喘息时机,企业利润回弹,带动企业投资和工人工资收入略有好转。工资增加带来消费形势企稳向好,从而进一步支撑供给侧变化。从整体看,这是一次全产业链"自上而下"的复苏,即政策外力导致上游企业生产好转、利润回弹。但是,上游企业利润的大幅回弹和中游企业略微向好的同时,下游企业在面对不够强劲的终端需求时,销售、利润并未明显改观。只有当终端需求非常强劲时,才能带来企业利润的持续、普遍向好,形成总供给与总需求的良性互动机制。

相比之下,美国2017—2018年经济复苏的路径正好相反。在量化宽松政策以及金融市场牛市等影响下,美国居民的资产负债表得到快速修复,终端需求明显好转。在初期居民资产负债表快速修复、居民消费需求明显向好后,企业销售、利润好转,企业资产负债表修复也进展顺利,制造业生产扩大,产能利用率回升。从全产业链的角度看,由于美国消费率先回暖,下游企业生产状况明显好转,继而带动对中游乃至上游企业的需求,最终带动全产业链资产负债表的修复。

总需求与总供给模型不仅有助于解释短期的经济波动,而且可以揭示经济的长期趋势。从历史及横向经验看,经济复苏的核心在于总需求与总供给如何形成良性互动机制。只有当总需求与总供给之间形成正向反馈、互促互利的循环之时,经济才可以真正走向稳健复苏和可持续增长。当然,经济复苏也会受到全球性事件的影响,譬如2020年以来爆发的新冠肺炎疫情,因为此时总需求和总供给两端均受到抑制。尽管特朗普以及美国政府一直声称采取了有效的防控措施,但美国的疫情却一直没能得到有效的控制。可以说,除非美国能控制住新冠肺炎疫情的扩散,有效疏通总需求和总供给互动面临的障碍,否则经济复苏不会很容易。

三、案例研究

(一)案例研究A

总供给收缩初现端倪

2014年8月,我国规模以上工业增加值同比实际增长6.9%,增幅创2008年12月以来的新低;8月发电量日均产量同比下降2.2%,这是发电量2014年首次同比下跌。尽管8月经济数据下滑有季节性因素、基数大等原因,但有观点担心更深层次的原因是总供给出现萎缩迹象。

具体来看,中央企业、国有企业方面,从财政部发布的2014年1—8月全国国有企业及国有控股企业经济运行情况报告来看,同期纳入统计范围的全国国有企业及国有控股企业总收入同比增速持续放缓,同比增长5.5%;利润总额同比增幅下降,同比增长8%;营业总成本同比增长5.7%,其中销售费用、管理费用和财务费用同比分别增长7.7%、3.1%和19.7%,财务费用激增近两成。中小企业方面,5月以来国务院多次提出并要求缓解融资困难的问题,但中小企业"融资难、融资贵"问题依然难以解决。渣打银行8月发布的中小企业信用指数为53.5,与7月的56相比有所下降,中小企业融资成本仍居高不下。温州民间融资综合利率指数亦显示,综合利率在20%附近徘徊。

现在调结构对社会就业的影响已开始显现,9月制造业PMI就业分项指数初值下滑至46.9,创2009年2月以来的最低水平,该指数已经连续11个月在50下方运行,汇丰服务业PMI就业分项指数则呈温和上升的趋势,但综合就业水平仍呈下降趋势。传统工业中劳动密集型行业的劳动力持续转出,服务业尽管发展迅速但吸纳劳动力的能力有限,如何承接这些转出的劳动力是一个紧迫的问题。

企业收入方面,1—7月工业企业实现利润同比增长11.7%,较1—6月11.4%的水平提高0.3个百分点,但7月当月实现利润同比增长13.5%,较6月17.9%的水平下降超过4个百分点。虽然工业企业利润的累计增速仍在上行,但更多地源于6月的贡献,7月工业企业利润水平较6月下滑明显。企业收入、利润增速的放缓也是将来不得不面对的一个难题。

资料来源:潘玮杰.总供给收缩初现端倪[EB/OL].(2014-09-27)[2020-09-01]. http://cfi.net.cn/p20140927000305.html.

【关联理论】

总供给曲线告诉我们在任何一种既定的物价水平下企业生产并销售的物品与服务总量。

经济中任何改变自然产出水平的变动都会使长期供给曲线移动,由于古典模型中的产量取决于劳动、资本、自然资源和技术知识,因此可以把长期总供给曲线的移动分为以下四个方面:

第一,劳动变动引起的移动。一个经济中工人数量的增加(如移民)将使长期总供给曲线向右移动。第二,资本变动引起的移动。经济中资本存量的增加提高了生产率,从而增加了物品与服务的供给量,将使长期总供给曲线向右移动。第三,自然资源变动引起的移动。例如,新矿藏的发现将使长期总供给曲线向右移动;使农业减产的天气变化将使长期总供给曲线向左移动。第四,技术知识变动引起的移动。新技术的应用,或对外贸易开放,将使长期总供给曲线向右移动。

【案例解析】

在经历了改革开放后四十多年的持续高增长之后,目前中国经济似乎呈现出与以往宏观经济周期不尽相同的特征。除对短期经济周期波动的关注外,各界已越来越多地开始担忧深层次以及中长期问题,而这些问题的解决与否也直接影响着宏观经济的短期增长。在一国经济增长动力不足或者下行风险突出的时期,是否应实行(或者在多大程度上实行)刺激总需求的宏观经济政策,往往是摆在宏观经济决策者面前的重大现实问题。传统的凯恩斯主义认为,应该通过政策手段不断刺激总需求,弥补国内有效需求的不足,从而拉动经济增长。近年来在各国的政策实践特别是金融危机的应对过程中,该理念明显占据上风,积极主动的总需求管理似乎成为各国宏观经济管理的常态。然而,现实中这种政策思路也遇到一些新的挑战。

如果总需求扩张遇到现实制约,那么我们该如何应对并促进经济的持续健康发展呢?总需求的调整相对迅速,但总供给由于受到资本和劳动力的限制,一般来说调整速度缓慢。在目前调结构的政策背景下,传统产业的出清和转型将是一个漫长的过程。尽管政府在加大对新兴产业和服务业的支持力度,但新兴产业的大发展和各产业的升级依然需要时间,总供给收缩将会是中长期存在的问题。总供给收缩主要有两方面的原因:一是融资成本居高不下,生产的边际成本增加。二是在部分行业产能过剩、整体经济环境疲弱的背景下,企业对未来的盈利预期下调,需求不足致使产成品库存积压、价格不振,企业迫不得已主动收缩产能。供给端若出现持续性收缩,将会对国内就业、总收入状况产生深远影响。如果传统行业缩减产能,首先受到影响的将是就业。

如果全球经济进入旷日持久的缓慢增长期,要想让逆周期干预措施发挥作用,就需要着眼于能够在短期内创造就业并有利于促进未来生产率提高和经济增长的项目。政府如果能够帮助启动此类项目和计划,就可以从一种对危机的被动反应模式向为长期可持续增长创造机会的模式转变。随着中国总需求的提升受到越来越多的限制,要成功应对目前"内忧外患"的挑战,保持中国经济平稳较快增长,仅使用传统的发货币、上项目等方式已经难以实现,反而容易引发物价以及房价的较快反弹。目前情况下,需另辟蹊径,在保持常规总需求政策的同时,尽快推出改善总供给,尤其是改善劳动力供需、资本配置效率、技术水平等的各项措施,合力推动总供需朝着更为合意的均衡水平发展。一般认为,与总需求政策相对注重熨平经济短期波动相比,总供给政策更着眼于解决经济中的长期增长问题。尽管如此,由于总供给面

临的这些掣肘是目前中国经济的主要症结所在,因此在短期内也具有相当的紧迫性。目前可以改善中国供给面的主要突破点在于:

其一,推进户籍制度改革及社会保障制度改革,增加劳动力的有效供给。中国的人口红利看似已接近用尽,但考虑到城镇化进程的不充分,劳动力供给水平仍然有较大提升空间。应尽快推进户籍制度改革,淡化对人口迁徙的硬约束,同时不断提高进城务工人员的待遇,切实解决其医疗、社保及子女入学等问题,建立起覆盖城乡、体系相同、水准相当、异地可接续的社保体系,为公民自由迁徙、农民转为市民提供可靠保障。其二,实施减税以及税制改革,增强微观主体供给能力。从总需求与总供给模型来看,给劳动者减税相当于使劳动力供给曲线右移,给企业减税相当于使劳动力需求曲线右移,两者均使得同一价格水平下的可投入总劳动力水平上升,从而使得总供给曲线右移,均衡产出增加,均衡价格下降。其三,改善资本融资方式,降低资金要素供给的扭曲。应进一步推动面向合格机构投资者的场外债券市场的发展;继续加大银行间市场非金融企业债务融资工具的发展和产品创新力度,进一步扩大短期融资券、中期票据、中小企业集合票据等产品规模;积极研究资产支持票据、高收益债券等创新产品,全方位提升资金供给能力。其四,破除垄断及推进国有企业改革,激发制度对供给的提升效力。国有经济应大幅退出经营性领域,让社会资源加快进入管制和垄断的现代服务业,引入竞争以促进生产率的提高。同时,应逐步放宽电信、电力、铁路、金融、教育、医疗卫生等行业的限制,鼓励民营企业进入并适当扶持,扩大相关产品供给以创造相应需求,逐步提升中国宏观生产函数水平。其五,重新审视政府与市场的边界,发挥生产率对增加总供给的根本性作用。影响劳动生产率的主要因素包括劳动者的平均熟练程度、科学技术的发展程度、生产过程的组织和管理、生产资料的规模和效能、自然条件等,其中最重要的还是技术进步,而技术进步的重点应当放在现有产业的提升上。

(二) 案例研究 B

在华日企现撤离潮:劳动力成本上涨成主因

继中国欧盟商会发表对中国营商环境的信心调查之后,6 月 17 日,中国日本商会也发布了《中国经济与日本企业 2015 白皮书》(以下简称"白皮书")。

该白皮书显示,中国实际使用来自日本的投资额度自 2012 年达到顶峰以后持续下降,从 2012 年的 74 亿美元下降到 2014 年的 43 亿美元,同比下降 38.8%。此前中国欧盟商会的调查中也显示,过半数企业正在考虑将当前和计划中的对华投资转至其他市场。

联系自 2014 年下半年以来松下、东芝、西铁城等多家日企在中国关停了工厂的背景,中国是否正在成为外资"出逃"地?

据日本贸易振兴机构(JETZO)2014 年的调查,受访在华日企中 83.9%认为面临的经营问题中排第一位的是"劳动力成本上涨",与 2013 年一样。以下依次为"员工素质"(55.6%)、"竞争对手增加(在成本方面竞争)"(53.7%)、"质量管理困难"(53.7%)。

受这些原因的叠加影响,日本国际协力银行发布的《日本制造业企业的海外事业开展相关调查报告》中,在日本企业"中期(今后三年左右)看好的事业发展目标国家和地区"排名中,中国退居第三位,而 2013 年之前的调查显示,中国都排在第一位。

这与日企对华投资的行业分配呈现一致性。白皮书称,2014 年的对华直接投资,制造业同比减少 12.3%,非制造业同比增加 11.0%。非制造业中,占据最大份额(29.0%)的房地产增加20.2%,引导着对华直接投资的发展。

有媒体梳理发现:2015年前5个月中,日企宣布在中国关闭工厂或业务清算的消息有8则;该数字2014年为13则,2013年为5则,2012年为1则。以上消息共涉及21家日本上市企业,其中17则消息涉及制造业相关日企。

然而,在这些宣布"撤离"的企业中,其实不少是剥离附加值较低的低端业务。以2015年1月闹得沸沸扬扬的松下电器"撤离"山东为例,松下电器发布公告称,山东松下电子信息有限公司的生产已于1月30日终止,并将开始办理企业清算手续。这家企业成立于1995年,主要生产显像管电视机。显然,在液晶电视已经趋于普及的当下,这项业务被剥离并不难理解。

"日企采取了不同的办法应对劳动力成本提升等一系列问题,最典型的就是外销转成内销,以及跨国企业中加大盈利部门和非盈利部门之间的精简整合。"中国日本商会副会长田端祥久表示,调查显示,批发、零售以及运输设备等在中国本土的国内销售型企业更倾向于扩大规模,对它们而言,中国的潜力很大;而面向日本等外部市场的出口型企业则更乐于维持现状,它们也正通过出口转内销等方式来解决问题。

资料来源:李艳洁.日资在华欲去还留 呼吁中方罚款透明[N/OL].中国经营报,2015-06-20[2019-04-25]. http://news.sohu.com/20150620/n415363574.shtml.

【关联理论】

总供给是在每一种物价水平下企业生产并销售的物品与服务量。在长期中,总供给的产量取决于劳动、资本、自然资源和技术知识。如果提高最低工资,自然失业率就会上升,从而经济生产的物品与服务量就会减少,长期中会引起总供给曲线的左移。技术知识提高了生产率,使既定的劳动、资本、自然资源生产出更多的物品与服务,所以技术变动会引起总供给曲线的右移。

【案例解析】

经济的运行取决于供需的消长变化;说到底,经济理论实质上就是供需理论。所以,总需求与总供给模型是宏观经济理论的核心框架,是赖以展开宏观经济研究的基轴和主线。劳动、资本、自然资源和技术知识等因素的变化,均会带来总供给曲线的移动,进而引起经济波动。

近年来,中国珠三角、长三角等地区劳动力短缺,工资上涨,劳动力成本上升,已是不争的事实。日资企业在权衡比较多国制造成本之后,如果发现同一生产环节,中国的成本高于其他国家,将会考虑减少在中国的雇员,即减少工人数量,使总供给曲线向左移动。如今,中国制造业的成本优势在减弱,利润空间不断缩小、融资困难、未来订单的不确定性以及人民币汇率的变化给这些制造业工厂的生存带来威胁。随着中国向制造产业链上游攀升,劳动力短缺、成本上升也许能倒逼行业技术更新、提高生产率。技术革新(如投入自动化生产、用机器人代替一些人力)所带来的生产效率提高已经大大超过工资的增长。传统制造业向更精密制造业的转型表明,创新和技术将为中国经济做出更大贡献。通过以上案例分析可知,劳动力和技术会影响供给,劳动力成本上升会使供给减少,而技术的创新会突破劳动力短缺的难题,大大提高生产效率。因此,如果能在劳动力短缺时及时找到技术突破的方法,比如机器人或自动化生产,那么总供给曲线的变化将更难以预测。

在经历了长期出口导向型的经济增长模式后,由于受到国际金融危机、国内"刘易斯拐点"等的冲击,中国经济正面临越来越多的挑战,总需求调整受到不少制约。单靠传统的逆周期宏观调控政策难以彻底破解中国经济的困局,有必要在宏观经济分析中寻找更加系统性的解决方案。我们认为,在总需求与总供给模型的分析框架下,为了实现更加合意的经济均衡,现阶段中国应特别强化宏观经济政策组合的力量:一方面,应继续坚持逆周期的总需求调控,但在后金融危机期间要格外注重追求投资效率、把握刺激力度,充分考虑物价对总需求(尤其是投资)扩张的敏感程度;另一方面,应试图寻求破解困局的突破点,全方位推进总供给调整进程。总需求、总供给两者不可偏废,应加强它们之间的相互协调,使之相得益彰,共同促成中国当前宏观经济困局的破解,使中国经济迈向未来的可持续健康发展之路。

(三) 案例研究 C

电子商务为经济增长注入新活力

电子商务作为一种新兴业态,凭借其低成本、高效率的优势,正日益成为我国转变经济发展方式、优化产业结构的重要推动力。电子商务对城市经济发展的影响已经逐渐显现。电子商务成为就业人数众多和带动性很高的新兴产业,目前电子商务已经广泛渗入生产、流通、消费和服务各个领域,不断与各个产业相融合,并成为新的经济增长点。从宏观经济层面上看,作为流通方式的电子商务在开拓市场范围方面的作用,使得需求方面临更广泛的市场选择范围,导致一定价格水平上的总需求数量的增长。电子商务可以看作一种技术创新,能有效降低交易成本,提高交易的效率,通过节省从微观经济活动到宏观经济运行的成本,提高全社会的总供给水平,因此促进经济总量的增长。

拉动经济增长的新引擎

电子商务对经济增长的拉动作用非常明显,它通过拉动消费、促进投资、促进国际贸易等因素促进地区经济增长。作为一种新型的流通方式,电子商务可缩短生产和消费之间的流通环节,提高流通效率,降低交易成本,促进中间需求,刺激最终消费。电子商务在企业内部的应用,有效降低了企业的采购成本和销售成本,刺激了企业中间需求的增加;电子商务为普通消费者提供了更加方便、多样和实惠的消费选择,加快了收入增长向消费转化的过程,网络零售对最终消费的拉动作用日益明显。电子商务目前已成为扩大居民消费、拉动内需、保持经济增长动力的有效手段。

在传统国际贸易模式下,中小企业获取国际市场信息的成本很高,而且面临代理、渠道、运输等一系列问题,并为此付出高额的成本,这使得很多中小出口企业只能依附于大企业成为订单的接包方。而电子商务以其开放性、跨时空和全球性等特点,可以打破各国家和地区之间的时空障碍,简化国际贸易流程,降低贸易成本,拓宽贸易渠道,有效降低中小企业开展国际贸易的门槛。借助阿里巴巴、慧聪网、敦煌网等第三方电子商务平台,中小企业开展国际贸易的门槛和成本得到降低,电子商务成为中小企业开拓国际市场的重要手段之一。电子商务在创造新兴市场方面有助于拓展地区经济发展的空间。

电子商务是产业关联度、感应度及带动性都很高的新兴产业。电子商务的快速发展,不仅直接拉动了信用、物流、支付、标准、云计算等电子商务支撑服务的发展,而且还促进了与电子商务相关的交易、技术、运营、信用、支付、培训等衍生服务的发展,带动了金融、人才、第三方物流、信息服务、教育培训等多种现代服务业的发展,加快了传统服务业升级调整的步伐。为电子商务提供服务的这一系列行业已经产业化,并被称为电子商务服务业。从现代服务业的角度看,电子商务服务业以互联网等计算机网络为基础工具,以营造商务环境、促进商务活动为基本功能,是传统商务服务在信息技术,特别是计算机网络技术条件下的创新和转型,是基于网络的新兴商务服务形态,位于现代服务业的中心位置。

改善民生的新平台

电子商务以其方便、快捷、高效、低成本等特点缩短了生产和消费之间的距离,将海量个性化需求汇集到一起,使得大规模定制成为现实,为人们提供了便捷的消费方式和多样化、个性化的选择。在B2C(企业对消费者)综合购物网站快速发展的同时,很多垂直化的专业购物网站也大量出现,加上C2C(个人对个人)平台上大量的中小卖家,以及大批传统企业开设网上销售渠道,给人们的生活提供了更加多样化的选择,使人们足不出户就可以购买到丰富而优惠的物品与服务,也可以很容易就买到线下买不到的产品,为人们节省了大量的时间和金钱,极大地方便了人们的生活。

随着电子商务应用领域的不断拓展,以及移动商务、网络团购等新兴模式的出现,电子商务与电信、旅游、餐饮、零售等本地生活服务企业的融合更加紧密,这为人们的生活提供了极大的便利,人们足不出户就可以进行网上购物、网上订餐、网上娱乐、网上旅行预订、网上缴费等,网络化的消费和生活方式已经融入人们的日常生活。由于可以方便地进行网上购物,一定程度上也减少了人们外出购物的次数,这也非常有助于缓解城市交通拥堵问题。出行次数的减少带来的环保收益又对建设绿色、低碳的城市起到了支撑作用。

资料来源:中国社科院财经战略研究院课题组.电子商务为经济增长注入新活力[N/OL].经济日报,2013-04-22[2019-04-25].http://views.ce.cn/view/ent/201304/22/t20130422_24311376.shtml.

【关联理论】

经济中任何改变自然产出水平的变动都会使长期供给曲线移动,劳动、资本、自然资源和技术知识是四大关键因素。即使在劳动、资本和自然资源既定的情况下,新技术的应用或国际贸易的开放也会促使长期总供给曲线向右移动。基于信息、协调和外部性方面的原因,政府应积极主动地发挥作用,引导企业采用新的生产技术和信息技术,为企业研发和产业升级提供便利。

【案例解析】

电子商务是一种技术创新,它改变了总供给的方式,重新定义了交易的游戏规则。电子商务是基于互联网基础,以信息网络技术为手段,以商品交换为中心,以电子方式进行交易和提供相关服务的活动,是传统商业活动各环节的电子化、网络化、信息化。这种技术将注定比上一代有更快的信息流、资金流和物流。

电子商务提高了各个相关行业的生产率,加深了社会分工,提高了总供给的效率。传统产业与互联网,包括移动互联网的结合,以更快、更现代化的方式为消费者提供了全新的产品信息,同时电子商务也带动了物流业的发展。这种技术通过节省从微观经济活动到宏观经济运行的成本,有效降低了交易成本,提高了交易的效率,降低了服务成本,提高了全社会的总供给水平,也因此促进了经济总量的增长。在经济活动中,产品生产占用的时间平均下降到10%以下,90%以上的时间处于流通状态。发展电子商务能够极大地拓展交易的时空,有效解决交易双方信息不对称问题,最大限度地消除中间环节,促进供应者与最终消费者之间的直接交易,提高生产经营的准确性和时效性,大幅降低流通成本和产品积压,带动国民经济快节奏、低成本、高效率运转,促进经济增长方式的转变。

总而言之,影响劳动生产率的主要因素包括劳动者的平均熟练程度、科学技术的发展程度、生产过程的组织和管理、生产资料的规模和效能、自然条件等,其中最重要的还是技术进步。与生产技术革命一样,电子商务这种信息技术的应用和普及也将引起总供给的变动,并将使总供给曲线向右移动。互联网电子商务可以通过促进企业研发来进一步促进企业全要素生产率水平的提升。因此,政府应加大对互联网企业的政策支持力度,积极促进互联网电子商务应用水平的提升,提高线上交易网商密度与交易量。同时,继续加大对互联网支付体系尤其是移动支付基础设施建设的支持,推动互联网数字技术、产品和服务创新,积极促进快递、物流等服务产业与互联网电子商务的深度融合,为互联网电子商务发展和企业生产率的提升奠定坚实的基础。

四、课外习题

(一) 术语解释

1. 总需求与总供给模型
2. 总需求曲线
3. 总供给曲线
4. 自然产出水平
5. 滞胀

(二) 单项选择

1. 以下关于经济波动的说法正确的是( )。
   - A. 经济波动是无规律的且不可预测的
   - B. 大多数宏观经济变量同时波动
   - C. 随着产量的减少,失业增加
   - D. 以上说法都正确
2. 以下关于总需求与总供给模型的说法错误的是( )。
   - A. 总需求与总供给模型是用来解释经济活动围绕其长期趋势的短期波动的模型
   - B. 这个模型可以画成以 CPI 或 GDP 平减指数衡量的物价水平为纵轴、以真实 GDP 为横轴的图形
   - C. 总需求与总供给模型仅仅是普通微观经济供求模型的放大,这两个模型完全相同
   - D. 总需求曲线向右下方倾斜,总供给曲线向右上方倾斜
3. 总需求曲线向右下方倾斜是由于( )。
   - A. 价格水平上升时,投资会减少
   - B. 价格水平上升时,消费会减少
   - C. 价格水平上升时,净出口会减少
   - D. 以上结论均正确
4. 以下哪一项不是总需求曲线向右下方倾斜的原因?( )
   - A. 财富效应
   - B. 利率效应
   - C. 古典二分法或货币中性效应
   - D. 汇率效应
5. 根据利率效应,总需求曲线向右下方倾斜是因为( )。
   - A. 物价水平下降降低了利率,鼓励更多用于投资品的支出,从而增加了物品与服务的需求量
   - B. 物价水平下降提高了利率,鼓励更多用于投资品的支出,从而增加了物品与服务的

需求量

C. 物价水平下降降低了利率,鼓励更少用于投资品的支出,从而增加了物品与服务的需求量

D. 物价水平下降降低了利率,鼓励更多用于投资品的支出,从而减少了物品与服务的需求量

6. 当价格水平下降时,总需求曲线(　　),总需求(　　)。
   A. 向左移动;增加　　　　　　　　B. 向右移动;减少
   C. 不变;增加　　　　　　　　　　D. 不变;减少

7. 当其他条件不变时,总需求曲线在(　　)。
   A. 政府支出减少时会右移
   B. 价格水平上升时会左移
   C. 税收减少时会左移
   D. 名义货币供给增加时会右移

8. 以下关于长期总供给曲线的表述,不正确的是(　　)。
   A. 总供给曲线的走势取决于所考察时间的长短
   B. 在长期中,物价水平并不影响真实 GDP,因此长期总供给曲线垂直
   C. 劳动、资本、自然资源和技术知识的变动会引起长期总供给曲线的移动
   D. 长期趋势不是短期波动叠加的结果,不应该把产量与物价水平的短期波动视为对持续的产量增长和通货膨胀长期趋势的背离

9. 短期总供给曲线向右上方倾斜,是因为物价水平变动引起短期内的产量背离其长期水平,以下哪一种理论适用于这一解释?(　　)
   A. 黏性工资理论　　B. 黏性价格理论　　C. 错觉理论　　D. 以上都是

10. 假设物价水平下降,但供给者只注意到自己的某种物品价格下降。由于认为自己的某种物品的相对价格下降,他们开始削减产量。这是哪一种理论的证明?(　　)
    A. 短期总供给曲线的黏性工资理论　　B. 短期总供给曲线的黏性价格理论
    C. 短期总供给曲线的错觉理论　　　　D. 古典二分法

11. 当考虑是什么引起短期总供给曲线移动时,必须考虑使长期总供给曲线移动的四大因素以及一个新变量——(　　),因为它影响黏性工资、黏性价格和对相对价格的错觉。
    A. 预期的物价水平　　　　　　　B. 实际的物价水平
    C. 预期的利率水平　　　　　　　D. 实际的利率水平

12. 在总需求与总供给模型中,消费者乐观情绪高涨的最初影响是(　　)。
    A. 短期总供给曲线向右移动　　　B. 短期总供给曲线向左移动
    C. 总需求曲线向右移动　　　　　D. 总需求曲线向左移动

13. 以下关于经济波动的两个原因的说法,错误的是(　　)。
    A. 在短期内,总需求曲线移动引起经济中物品与服务产量的波动
    B. 在长期中,总需求曲线移动影响物价总水平,但不影响产量
    C. 总供给曲线移动会引起滞胀,即产量减少与通货膨胀并存的现象
    D. 影响总需求的决策者可以潜在地减缓总需求变动所带来的经济波动的严重性,但不可能通过财政政策和货币政策"抵消"不利的供给冲击

14. 假设经济起初处于长期均衡。假若由于冷战结束,军费支出减少。根据总需求与总供给模型,短期内和长期中物价与产量的变动分别是(　　)。
   A. 物价上升,产量增加;物价下降,产量仍是初始值
   B. 物价下降,产量减少;物价下降,产量仍是初始值
   C. 物价下降,产量减少;产量下降,物价仍是初始值
   D. 物价上升,产量增加;产量下降,物价仍是初始值

15. 假设经济起初处于长期均衡。假若洪涝灾害摧毁了大部分水稻,根据总需求与总供给模型,短期内和长期中物价与产量的变动分别是(　　)。
   A. 物价上升,产量增加;物价下降,产量仍是初始值
   B. 物价下降,产量减少;物价下降,产量仍是初始值
   C. 物价上升,产量减少;产量下降,物价仍是初始值
   D. 物价上升,产量减少;产量和物价都仍是初始值

(三) 判断正误

1. 经济波动是无规律的且不可预测的。(　　)
2. 货币中性认为"货币仅是一层面纱",货币供给的变动只影响名义变量,与真实变量无关。(　　)
3. 古典假设既可以准确地描述长期经济,又适用于对短期经济的分析。(　　)
4. 总需求与总供给模型是用来解释经济活动围绕其长期趋势的短期波动的模型,它不仅仅是普通微观经济供求模型的放大。(　　)
5. 总需求曲线表示在每一种物价水平下,家庭、企业、政府和外国客户想要购买的物品与服务量。(　　)
6. 由于财富效应、利率效应、汇率效应三大效应,物价水平下降减少了消费、投资和净出口,进而减少了总需求。(　　)
7. 在长期中,总供给曲线是垂直的;而在短期内,总供给曲线向右上方倾斜。(　　)
8. 经济中任何改变自然产出水平的变动都会使长期总供给曲线移动。(　　)
9. 预期物价水平的变化不会引起短期总供给曲线的移动。(　　)
10. 短期经济波动的两个基本原因是总需求曲线移动与总供给曲线移动。(　　)

(四) 简答题

1. 画出一个包含总需求曲线、短期总供给曲线和长期总供给曲线的图,并准确标出坐标轴和曲线名称。
2. 简述总需求曲线向右下方倾斜的三个原因。
3. 为什么长期总供给曲线是垂直的?
4. 列出可以解释短期总供给曲线向右上方倾斜原因的三种理论。
5. 什么会引起短期总供给曲线和长期总供给曲线同时移动?什么只是引起短期总供给曲线移动而长期总供给曲线不变?

(五) 应用题

1. 假设股市急剧上涨。用总需求与总供给模型说明短期内产量和物价会发生怎样的

变动。

2. 如果经济正处于衰退中,那么决策者为什么会选择通过调整总需求来消除衰退,而不是让经济自我补救或自我校正?

3. 假设企业对未来的经济状况极其乐观,并大量投资于新资本设备。画出总需求与总供给模型图说明这种乐观主义对经济的短期影响,以及经济新的长期均衡,并解释总需求量在短期与长期之间会发生的变动。

(六)拓展思考题

1. 假设中国经济开始时处于长期均衡,对全球气候变化的关注使政府严格限制矿石燃料发电。由于这种变化,外国投资者对经济失去信心,而且人民币在外汇市场上贬值。画出图形说明这些事件的短期影响并解释为什么会发生这些变化。

2. 假设经济处于长期均衡,若企业和工人突然预期未来物价会上升,并就提高工资达成一致意见。(1)通过解释哪一条曲线以哪一种方式移动,可以说明这个事件在总需求与总供给模型中的最初影响吗?(2)短期内物价水平和真实产量发生了怎样的变动?(3)如果想使产量回到自然产出水平,决策者应该怎么做?这样对物价水平又会产生什么影响?(4)如果决策者什么都不做,随着经济自我校正或调整到自然产出水平,工资率会发生什么变化?(5)只有物价预期上升和工资上升能引起物价水平长期上升吗?请解释原因。

五、习题答案

(一)术语解释

1. 总需求与总供给模型:用来解释经济活动围绕其长期趋势的短期波动的模型。

2. 总需求曲线:表示在每一种物价水平下,家庭、企业、政府和外国客户想要购买的物品与服务数量的曲线。

3. 总供给曲线:表示在每一种物价水平下,企业选择生产并销售的物品与服务数量的曲线。

4. 自然产出水平:一个经济在长期中当失业率处于其正常水平时达到的物品与服务的生产水平。

5. 滞胀:经济衰退(产量减少)与通货膨胀(物价上升)并存的现象。

(二)单项选择

1. D 2. C 3. D 4. C 5. A 6. C 7. D 8. D 9. D 10. C 11. A 12. C 13. D 14. B 15. D

(三)判断正误

1. √ 2. √ 3. × 4. √ 5. √ 6. × 7. √ 8. √ 9. × 10. √

(四)简答题

1.【考查要点】 总需求与总供给模型的图示。

【参考答案】 图略。

2.【考查要点】 总需求曲线的形状及其移动。

【参考答案】 (1) 物价水平与消费:财富效应。物价水平下降提高了货币的真实价值,并使消费者更富有,又鼓励他们更多地支出。消费者支出增加意味着物品与服务需求量更大。(2) 物价水平与投资:利率效应。物价水平下降降低了利率,鼓励更多用于投资品的支出,从而增加了物品与服务的需求量。(3) 物价水平与净出口:汇率效应。当一国物价水平下降引起利率下降时,该国货币在外汇市场上的真实价值下降。这种贬值刺激了该国的净出口,从而增加了物品与服务的需求量。

3.【考查要点】 长期总供给曲线的形状。

【参考答案】 在长期中,一个经济的物品与服务产量取决于它的劳动、资本和自然资源的供给,以及可得到的用于把这些生产要素变为物品与服务的技术。在长期中,无论物价水平如何变动,供给量都相同,因为物价水平并不影响这些真实 GDP 的长期决定因素。

4.【考查要点】 短期总供给曲线形状的解释。

【参考答案】 短期总供给曲线向右上方倾斜,是因为物价水平变动引起短期内的产量背离其长期水平。对此有黏性工资理论、黏性价格理论、错觉理论三种理论可以解释,这三种理论均有一个共同的主题,即当实际物价水平高于预期的物价水平时,产量就可能增加到高于自然产出水平。

5.【考查要点】 短期总供给曲线和长期总供给曲线的移动。

【参考答案】 (1) 劳动、资本、自然资源和技术知识的变动会引起短期总供给曲线和长期总供给曲线同时移动。(2) 预期的物价水平会影响黏性工资、黏性价格和对相对价格的错觉,因而预期物价水平的变化会移动短期总供给曲线,但对长期总供给曲线没有影响。

(五) 应用题

1.【考查要点】 总需求与总供给模型的应用。

【参考答案】 股市急剧上涨,消费者认为财富增加,则会增加支出,使其总需求曲线向右移动,从而导致短期经济中的产量上升且物价水平上升。

2.【考查要点】 抵消性政策及其选择。

【参考答案】 如果经济正处于衰退中,决策者会选择通过调整总需求来消除衰退,这样可以使经济更快地回到自然产出水平,或者说在负供给冲击的情况下,决策者对产出的关注远远高于对通货膨胀的关注。

3.【考查要点】 经济波动的两个原因之一:总需求移动造成的短期经济波动及长期影响。

【参考答案】 假设企业对未来的经济状况极其乐观,并大量投资于新资本设备,投资变动使得总需求曲线向右移动,在短期内经济的产量从 Y_1 增加到 Y_2,物价水平从 P_1 上升到 P_2,如图 33-1 所示。

随着时间的推移,在长期中,人们的感觉、工资和价格会随着物价而调整,预期物价水平上升减少了物品与服务的供给量,并使短期总供给曲线由 AS_1 向左移动到 AS_2。经济达到新的均衡点,此时物价水平继续上升到 P_3,产量恢复到自然产出水平 Y_1,如图 33-2 所示。

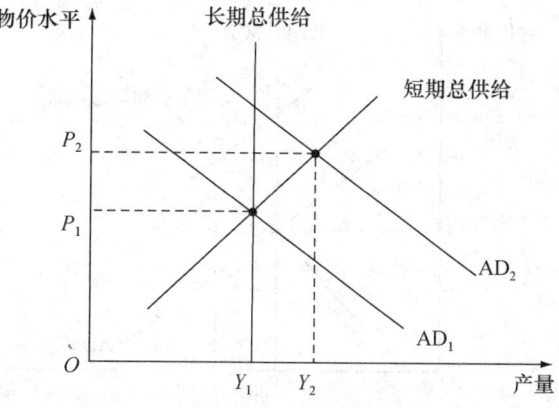

图 33-1　投资变动引起的总需求增加

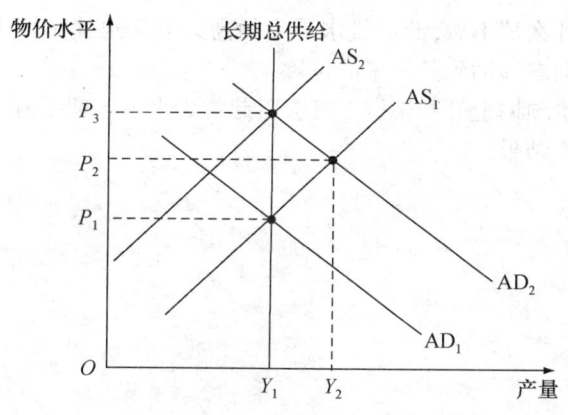

图 33-2　总供给减少

（六）拓展思考题

1.【考查要点】　净出口对总需求的影响及总需求与总供给模型的应用。

【参考答案】　如果人民币在外汇市场上贬值，中国的出口将上升，进口将下降，净出口的增加导致总需求曲线 AD_1 向右移动至 AD_2，因此短期内产量从 Y_1 上升到 Y_2，价格从 P_1 上升至 P_2，如图 33-3 所示。

2.【考查要点】　"滞胀"及抵消性政策。

【参考答案】　（1）预期物价水平的变化也会移动短期总供给曲线。如果预期的物价水平上升，工人与企业会倾向于达成一个更高水平名义工资的合同。在每个价格水平下，生产获利减少导致供给量下降，短期总供给曲线向左移动。

（2）短期总供给曲线向左移动，会导致在短期内的物价水平上升，但产量减少，即出现"滞胀"。

（3）如果想使产量回到自然产出水平，决策者应该通过财政政策和货币政策来增加总需求，使总需求曲线向右移动，这样会使物价水平上升更高，并保持在这一水平。

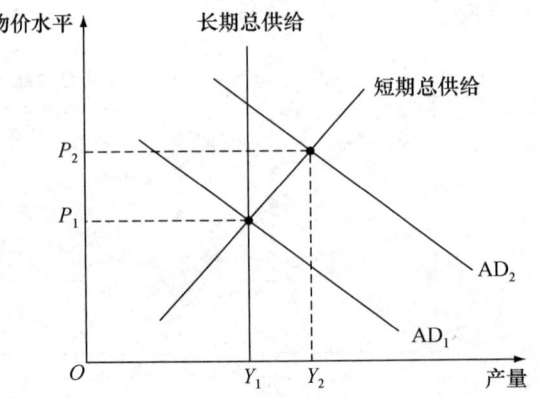

图 33-3　净出口变动引起的总需求增加

（4）如果决策者什么都不做,低产量水平下的高失业将迫使工资下降到其原水平,从而使短期总供给曲线又向右移动到其原来的位置。

（5）并非只有物价预期上升和工资上升会引起物价水平长期上升,其他原因引起的生产成本提高也会导致这一结果。

第34章
货币政策和财政政策对总需求的影响

一、学习精要

(一) 教学目标

1. 了解解释利率之决定因素的流动性偏好理论。
2. 考察利率效应与总需求曲线向右下方倾斜的关系。
3. 掌握货币政策和财政政策如何影响总需求,理解货币政策中利率目标的作用,以及财政政策的乘数效应和挤出效应。
4. 了解关于决策者是否应该运用政策稳定经济的争论,掌握自动稳定器的作用机理。

(二) 内容提要

本章将说明政府的货币政策和财政政策如何影响总需求,目的是论述货币政策和财政政策的短期效应、这些政策背后的理论,以及关于是否要实施稳定政策的一些争论。

1. 货币政策如何影响总需求

(1) 上一章讨论了总需求曲线向右下方倾斜的三个原因,即财富效应、利率效应和汇率效应。物价水平下降,增加了消费、投资和净出口,进而增加了总需求;相反,物价水平上升,减少了消费、投资和净出口,进而减少了总需求。虽然这三种效应同时发挥作用,但是其重要性并不相同。对美国经济而言,总需求曲线向右下方倾斜的最重要原因是利率效应。

(2) 利率是总需求的关键决定因素。为了说明货币政策如何影响总需求,我们提出被称为流动性偏好理论的凯恩斯利率决定理论。该理论认为利率的调整使货币供给与货币需求达到平衡,即利率由货币的供求决定。这里说的利率既是名义利率,也是真实利率。因为我们假设预期的通货膨胀在短期内一般是稳定的,因而名义利率和真实利率之间的差距不变,此时名义利率和真实利率同方向变动。

(3) 流动性偏好理论包括货币供给和货币需求两个部分。第一部分是货币供给:在这里我们不考虑货币供给的细节,直接把货币供给看成由中央银行直接控制的政策变量。因此货币供给不受利率影响,货币的供给曲线是一条垂线。第二部分是货币需求:作为最具有流动性的资产,人们选择持有货币而不持有其他可以提供较高收益率的资产,是因为货币可以用于购买物品与服务。利率上升将增加持有货币的成本,并减少货币需求量;利率下降将减少持有货币的成本,并增加货币需求量。因此货币的需求随利率水平上升而下降,货币的需求曲线向右下方倾斜。根据流动性偏好理论,利率的调整使货币的供求达到平衡。

(4) 我们可以用流动性偏好理论解释总需求曲线向右下方倾斜的原因。因为货币需求与物价正相关,物价水平上升使货币需求增加。如图34-1(a)所示,货币需求曲线向右移动,而货币供给由央行固定,从而提高了利率。利率上升使投资支出减少,从而减少物品与服务的需求量。当然,同样的逻辑也在反方向发生作用。因此物价水平与总需求之间负相关,即总需求曲线向右下方倾斜,如图34-1(b)所示。

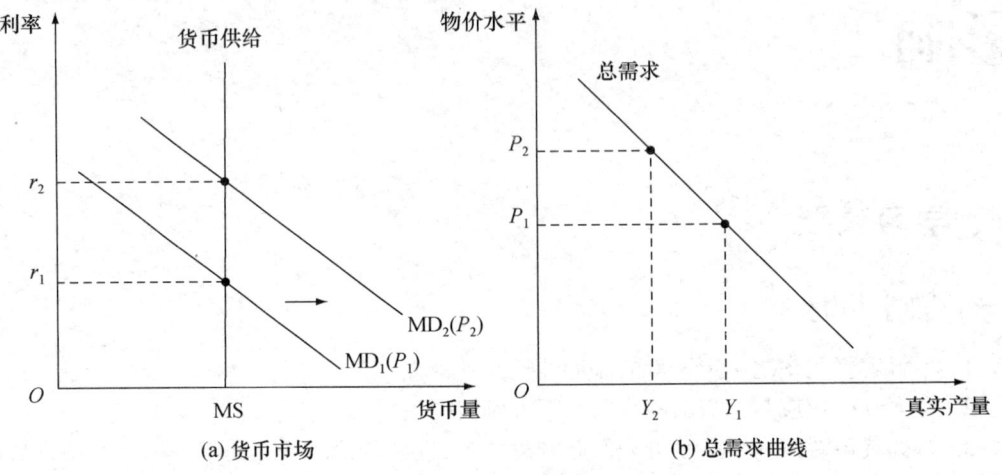

图 34-1　货币市场与总需求曲线的斜率

(5) 使总需求曲线移动的一个重要变量是货币政策。如图34-2(a)所示,当中央银行增加货币供给时,货币供给曲线向右移动,导致货币市场上的利率下降,从而增加既定物价水平下的物品与服务的需求量,使总需求曲线向右移动,如图34-2(b)所示。相反,央行减少货币供给会使总需求曲线向左移动。

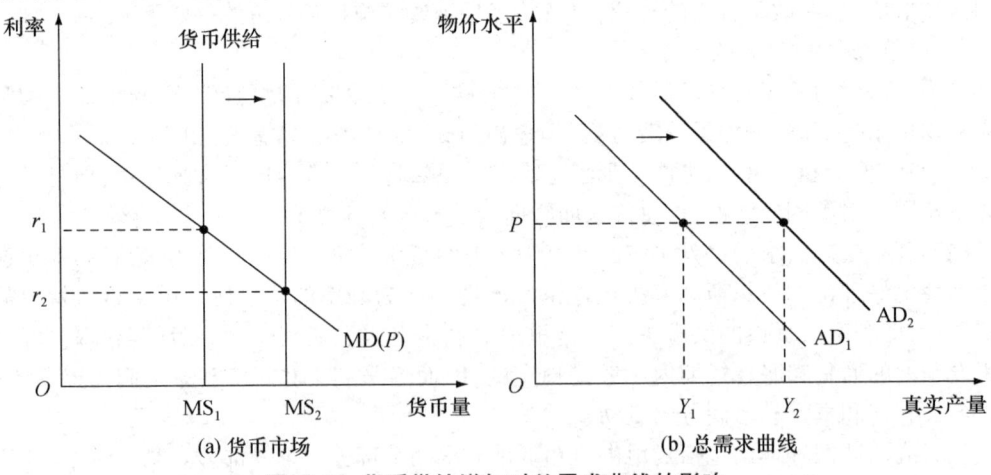

图 34-2　货币供给增加对总需求曲线的影响

2. 财政政策如何影响总需求

(1) 财政政策即为政府对政府购买和税收总水平的选择。与货币政策类似,财政政策也能对总需求造成影响。政府购买增加或减税会刺激总需求,使总需求曲线向右移动;政府购买减少或增税则会抑制总需求,使总需求曲线向左移动。有两种宏观经济效应使得总需求曲线移动的幅度不同于政府购买的变动:其一是乘数效应,其二是挤出效应。

(2) 当政府购买或税收水平发生变化时,引起的总需求变动规模会大于政府购买或税收本身的变化量,具体可以表现为放大或缩小,这种现象被称为乘数效应。乘数的产生是因为收入的增加引起更大的消费支出,若以 MPC 代表边际消费倾向,则乘数的大小取决于 MPC。MPC 越大,消费者对收入变动的反应越大,因此乘数也就越大。

$$乘数 = 1/(1 - MPC)$$

除乘数外,政府购买增加还会引起企业增加用于新设备的投资,这进一步增加了总需求对政府购买最初增加的反应。这种来自投资需求的正反馈被称为投资加速数。因此,总需求曲线的移动可以大于政府购买的变动。乘数效应的逻辑同样适用于除政府购买和税收水平以外的支出变动,如消费、投资、净出口的冲击都会对总需求产生乘数效应。

(3) 挤出效应与乘数效应发生作用的方向正好相反。当实行扩张性财政政策时,收入的增加使得货币需求曲线向右移动。这就引起利率上升,并使投资减少。因此,政府购买增加会提高利率,挤出私人投资,并引起总需求减少。由于挤出效应,总需求曲线移动的幅度可能小于政府购买增加的幅度。

(4) 政府购买的变动会相应引起总需求曲线的移动,但总需求曲线最后的移动是大于还是小于政府购买的最初变动,取决于挤出效应与乘数效应的相对大小。同样,这种思想也适用于税收。减税可以使总需求曲线向右移动,增税会使总需求曲线向左移动,但总需求曲线移动的大小取决于挤出效应与乘数效应的相对大小。此外,家庭对于税收变动是持久变动还是暂时变动的感知,也会对总需求变化的幅度产生重要影响。

3. 运用政策来稳定经济

(1) 政府常常会利用货币政策和财政政策影响总需求的规律来试图稳定经济,但经济学家对于政府是否应该积极地利用这种工具去稳定经济存有很大争议。积极稳定政策论的支持者认为这样做有助于稳定总需求,从而稳定生产和就业。反对者认为这些政策对经济的影响有很长的时滞,这些政策努力不但难以稳定总需求,反而可能加剧经济的波动。

(2) 自动稳定器是在经济处于衰退时自发地刺激总需求的财政政策变动,因而决策者不必采取有意的行动。一般情况下,经济中的自动稳定器主要有两种。其一是税制:当经济进入衰退时,政府征收的税收量自动减少,这种自动的减税会刺激总需求,从而降低经济波动的程度。其二是政府支出:当经济进入衰退且工人被解雇时,更多的人申请失业保险金、福利补助和其他形式的收入补助,这种政府支出的自动增加正好在总需求不足以维持充分就业时刺激总需求。而严格的平衡预算规则会消除税收与政府支出制度中固有的自动稳定器作用。

4. 结论

本章说明了财政政策如何影响储蓄、投资和长期经济增长,以及货币政策如何影响物价水平和通货膨胀率。当减少政府支出以平衡预算时,既要考虑对储蓄和经济增长的长期效应,又要考虑对总需求降低和就业的短期效应。当中央银行降低货币供给增长率时,必须既考虑到对通货膨胀的长期效应,又考虑到对生产的短期效应。

(三) 关键概念

1. 流动性偏好理论:由凯恩斯提出的认为利率的调整会使货币供给与货币需求达到平衡的理论。

2. 流动性:一种资产转变为交换媒介的容易程度。

3. 财政政策:政府决策者对政府支出和税收水平的确定。

4. 乘数效应:当扩张性财政政策增加了收入,从而增加了消费支出时引起的总需求的额外变动。

5. 投资加速数:较高的政府需求对较高的投资品需求的刺激作用。

6. 边际消费倾向:家庭额外收入中用于消费而不是用于储蓄的比例。

7. 挤出效应:当扩张性财政政策引起利率上升,从而减少投资支出时所引起的总需求减少的现象。

8. 稳定政策:为了减少经济中的波动所采取的财政政策和货币政策。

9. 自动稳定器:当经济进入衰退时,决策者不必采取任何有意的行动就可以刺激总需求的财政政策变动。

(四) 拓展提示

1. 长期中的利率由可贷资金的供求决定,而短期内的利率由货币供求决定,这两者之间并不矛盾。在长期中,产量由要素供给和技术所固定,利率的调整使可贷资金的供求达到平衡,物价水平的调整使货币的供求达到平衡。在短期内,物价水平是黏性的,不能调整。因此在短期内的任何一个既定的物价水平下,利率的调整使货币的供求达到平衡,利率会影响总需求进而会影响经济中的总产量。

2. 有关美联储政策的讨论往往把利率,甚至是联邦基金利率,而不是货币供给作为政策工具。其主要原因在于,不仅货币供给很难非常准确地衡量,而且货币需求也一直在波动。实际上,流动性偏好理论也说明了一个重要原理:既可以根据货币供给,也可以根据利率来描述货币政策。旨在扩大总需求的货币政策变动既可以被描述为货币供给增加,也可以被描述为利率降低;旨在紧缩总需求的货币政策变动既可以被描述为货币供给减少,也可以被描述为利率提高。换句话说,当美联储将利率作为目标时,它就可以自己调节货币供给,以便在货币市场均衡时达到既定目标。

3. 在学习本章内容时,我们可以想象自己是政策制定者,需要慎重考虑货币政策和财政政策对经济造成的影响。货币政策发生作用的过程是央行增加或减少货币供给,导致均衡利率下降或上升,继而增加或减少既定物价水平下的物品与服务的需求量。其中,利率是高度敏感、极其重要的中间变量,利率的少许变化都可能对宏观经济造成显著影响。财政政策通过对政府支出水平和税收水平的选择来影响总需求。政府改变对物品与服务的购买可直接使总需求曲线移动。财政政策在刺激总需求的同时也抑制了总需求,表现为乘数效应和挤出效应,故要充分考虑到财政政策对宏观经济影响的复杂性和不可测性。关于是否应该运用财政政策和货币政策来稳定经济的问题,在不同的情境和约束条件下会有不同的答案,也许我们不应该做出非此即彼的选择。

4. 财政政策影响总需求的分析显而易见,但财政政策还会影响总供给,这里有两个解释:其一,减税能提高工作激励,并引起总供给曲线向右移动。供给学派认为,这种效应是如此之大,以至于可以增加税收;当然,实际情况可能并非如此。其二,政府对道路和桥梁等这类资本的购买能增加每种物价水平下的供给量,并使总供给曲线向右移动。在长期中,第二种效应更加明显。

二、新闻透视

(一) 新闻透视 A

央行政策重点转向定向宽松是两害相权取其轻

目前人人都在积极讨论经济的"新常态",但大家都心知肚明,眼下国内外货币政策均是非常规的:先看国外,美、欧、日、英央行都在实施"量化宽松"加零利率的货币政策组合,传统上以利率为中间目标的货币政策让位于倚重数量的非常规政策;再说国内,中国央行开始将"定向宽松"作为货币政策的关键词,将货币政策风格由"大水漫灌"转变为"滴灌"与"喷灌"。2014 年以来两度的定向降准备金率,以及再贷款工具的"老树新花",加上热议中的抵押补充贷款(PSL),似乎都构成了定向宽松的新工具组合。

中国央行政策重点转向定向宽松,实际上是应对两难境地不得已而为之的选择。一方面,2014 年年初以来,宏观经济数据的下滑使得保增长压力加大,通过放松政策来确保 GDP 增速不低于下限,已成为中国政府的硬性承诺;另一方面,中国经济杠杆率居高不下,尤其企业部门与地方政府的负债率在存量与增速方面令人担忧,制造业的过剩产能以及中西部新增基础设施的低利用率,都意味着宏观政策调控不能再走总量宽松的老路。换言之,中国央行在保增长与调结构之间权衡的结果,正是出台定向宽松政策的原因。

欧洲中央银行的货币政策目标仅是维持低通货膨胀,美联储的货币政策目标不过是兼顾经济增长与通货膨胀。在实施定向宽松政策之前,中国央行的货币政策目标就已经包含了经济增长、充分就业、通货膨胀与国际收支平衡,而从定向宽松开始,似乎调结构也成为中国央行新的货币政策目标。如此多的政策目标,彼此之间是否会发生冲突?央行的货币政策工具能够确保实现上述目标吗?定向宽松是否会成为货币政策难以承受之重呢?中国央行的定向宽松政策,虽然确是货币政策创新之举,但能否获得预期效果,却又面临较大的不确定性,原因在于以下五个方面:

第一,货币政策本质上是一种总量政策,用货币政策来调结构可谓工具错配。一般而言,货币政策调节的是经济体内或金融市场上的流动性松紧(无论是通过法定存款准备金率变动这样的数量手段,还是通过短期政策性利率变动这样的价格手段),但它并不能保证流动性的最终流向。

第二,要让货币政策发挥调结构的功能,即使采用最为透明化与市场化的机制,也必须赋予央行对借款者或中介机构提供差别化待遇的权力。例如,如果是定向降准,那么究竟对哪些部门的哪些机构降准?如果是再贷款,那么究竟对哪些金融机构提供再贷款?

第三,提高央行货币政策的独立性,应该是现代央行发展的必由之路。传统的货币政策的独立性,是指在经济增长与通货膨胀目标之间发生分歧时,应该允许央行克服其他部门的阻力,重点关注通货膨胀。这意味着,央行货币政策的目标越清晰、越单一,就越容易提高货币政策的独立性。而目前中国央行货币政策目标越来越多的现实,似乎并不利于提高其独立性。

第四,定向宽松政策的实施并不利于利率市场化背景下央行货币政策框架的转型。随着利率市场化改革的推进,央行正在实施货币政策中间目标由 M2(广义货币供给量)向短期货币市场利率的转型。近年来影子银行体系的发展已经使得传统的银行贷款、M2等指标变得越来越不准确，要全面把握市场整体流动性的变动，银行间市场回购利率、上海银行间同业拆借利率(Shibor)等似乎是更好的指标。

第五，应该将基础货币的发行机制与定向宽松的货币政策区分开来。目前对于PSL的界定存在争议，有人认为它会成为补充外汇占款的新的基础货币发行工具，有人认为它是央行干预中期利率走向的政策工具，有人认为它无非是新版本的再贷款工具。而最适宜的基础货币投放机制，仍然是在公开市场上的国债买卖。因此，央行与财政部应该在此问题上达成一致。财政部应该发行更大规模、更多期限的国债产品，这除了能够提供更多资金来源，还有助于为央行的公开市场操作提供充足标的。

综上所述，中国央行的未来政策重点应该是在利率与汇率形成机制日益市场化的背景下，实现货币政策框架由以数量为主到以价格为主的转型，同时在外部资金流入规模下降的背景下找到新的可靠的基础货币投放机制，而非通过定向宽松政策来实现调结构的任务。

资料来源：张明. 央行政策重点转向定向宽松 是两害相权取其轻[EB/OL]. (2014-09-04)[2019-04-25]. http://opinion.hexun.com/2014-09-04/168173494.html.

【关联理论】

货币政策通过使利率变动对经济施加影响，而利率是总需求的重要决定因素，故货币政策在短期内能显著影响总需求。当货币供给增加时，货币供给曲线向右移动，进而导致货币市场上的利率下降，从而增加既定物价水平下的物品与服务的需求量，使总需求增加。同理，央行减少货币供给会使总需求减少。一个经济的货币供给由央行控制，具体的形式则多种多样，但不管用什么方式都伴随着利率的变化。央行可以通过在公开市场操作中买卖政府债券的方式改变银行体系的准备金数量，从而改变货币供给，也可以用直接调整准备金率或贴现率的方法最终影响货币供给。后两种手段对经济的冲击更大，容易矫枉过正。

【新闻评析】

除财政政策外，决策者还常常使用货币政策来影响总需求。在使用货币政策影响总需求的过程中，利率是一个关键的中间变量。一般在经济运行正常的情况下，央行通过常规的公开市场操作，即主要通过买卖市场中的短期债券对利率进行微调，使利率靠近目标利率。但是，当经济处于较严重的衰退状态时，就算名义利率已降至接近零点，低迷的货币需求仍不足以使货币政策发挥效力，即出现所谓的"流动性陷阱"。这时，央行可能会开出一剂"猛药"——量化宽松，主要是指通过购买国债等中长期债券，增加基础货币供给，向市场注入大量流动性资金，强有力地刺激开支和借贷，这常被认为是间接增印钞票。"量化"指扩大一定数量的货币发行，"宽松"即减轻银行的资金压力。当金融体系中的有价证券被央行大量收购时，新发行的货币便自然进入私有银行体系。

量化宽松常常是货币当局在其他措施不奏效的情况下最后采取的措施。在以上新闻中，在宏观经济下行压力加大的情况下，考虑到既要保增长，又要调结构，还要兼顾充分就业、国际收支平衡等其他目标，我国实行的不是一般的量化宽松，而是定向宽松，即由"大水漫灌"转变为"滴灌"与"喷灌"。但是否真能取得预期的效果还未可知。

实际上，能够真正调节流动性流向的是宏观审慎监管政策，而非货币政策。但宏观审慎政策与传统货币政策属于不同的范畴。从之前的定向宽松实践来看，中国央行货币政策倾斜的重点包括"三农"贷款、小微企业贷款与棚户区改造贷款。政策照顾的重点似乎并没有错，但究竟给哪些金融机构贷款,贷款多少更为适宜,依然是需要央行相机抉择的事情。定向宽松政策工具关注的中间目标依然是数量,而非价格。因此,对定向宽松的过度关注,可能会妨碍央行货币政策中间目标的转变。从长期来看,经济结构的调整不应该过分倚重货币政策这样的总量政策,财政政策才是更理想的结构调整工具。

(二) 新闻透视 B

中国这样部署供给侧结构性改革

第一,供给侧结构性改革改什么?

2015 年:强调"三去一降一补"。"明年经济社会发展特别是结构性改革任务十分繁重,战略上要坚持稳中求进、把握好节奏和力度,战术上要抓住关键点,主要是抓好去产能、去库存、去杠杆、降成本、补短板五大任务。"——2015 年中央经济工作会议(2015 年 12 月 18 日至 21 日)

2016 年:继续深化。"今年以"三去一降一补"五大任务为抓手,推动供给侧结构性改革取得初步成效,部分行业供求关系、政府和企业理念行为发生积极变化。明年要继续深化供给侧结构性改革。"——2016 年中央经济工作会议(2016 年 12 月 14 日至 16 日)

2017 年:强调"破、立、降"。"重点在'破''立''降'上下功夫。大力破除无效供给,把处置"僵尸企业"作为重要抓手,推动化解过剩产能;大力培育新动能,强化科技创新,推动传统产业优化升级,培育一批具有创新能力的排头兵企业,积极推进军民融合深度发展;大力降低实体经济成本,降低制度性交易成本,继续清理涉企收费,加大对乱收费的查处和整治力度,深化电力、石油天然气、铁路等行业改革,降低用能、物流成本。"——2017 年中央经济工作会议(2017 年 12 月 18 日至 20 日)

2018 年:"巩固、增强、提升、畅通"新导向。"我国经济运行主要矛盾仍然是供给侧结构性的,必须坚持以供给侧结构性改革为主线不动摇,更多采取改革的办法,更多运用市场化、法治化手段,在'巩固、增强、提升、畅通'八个字上下功夫。"——2018 年中央经济工作会议(2018 年 12 月 19 日至 21 日)

第二,供给侧结构性改革如何改?

从生产端入手。"推进供给侧结构性改革,要从生产端入手,重点是促进产能过剩有效化解,促进产业优化重组,降低企业成本,发展战略性新兴产业和现代服务业,增加公共产品和服务供给,提高供给结构对需求变化的适应性和灵活性。简言之,就是去产能、去库存、去杠杆、降成本、补短板。"——习近平在省部级主要领导干部学习贯彻党的十八届五中全会精神专题研讨班上的讲话(2016 年 1 月 18 日)

把握好"加法"和"减法"。"推进供给侧结构性改革,是一场硬仗。要把握好'加法'和'减法'、当前和长远、力度和节奏、主要矛盾和次要矛盾、政府和市场的关系,以锐意进取、敢于担当的精神状态,脚踏实地、真抓实干的工作作风,打赢这场硬仗。"——习近平在参加十二届全国人大四次会议湖南代表团审议时的讲话(2016 年 3 月 8 日)

振兴实体经济。"振兴实体经济是供给侧结构性改革的主要任务,供给侧结构性改革要向振兴实体经济发力、聚力。不论经济发展到什么时候,实体经济都是我国经济发展、我们在国际经济竞争中赢得主动的根基。我国经济是靠实体经济起家的,也要靠实体经济走向未来。"——习近平在 2016 年中央经济工作会议上的讲话(2016 年 12 月 14 日)

不能因为有阵痛就止步不前。"破茧成蝶都有伤痛,供给侧结构性改革出现的短期阵痛是必须承受的阵痛,不能因为有阵痛就止步不前。要合理引导社会预期,尽量控制和减少阵痛,妥善处置企业债务,做好人员安置工作,做好社会托底工作,维护社会和谐稳定。同时,要在培育新的动力机制上做好文章、下足功夫,着力推进体制机制建设,激发市场主体内生动力和活力。"——习近平在十八届中央政治局第三十八次集体学习时的讲话(2017年1月22日)

资料来源:习近平这样部署供给侧结构性改革[EB/OL].(2019-02-26)[2019-04-25]. http://www.qstheory.cn/zhuanqu/rdjj/2019-02/26/c_1124164133.htm.

【关联理论】

总需求与总供给模型不仅有助于解释短期经济波动,而且可以揭示经济的长期趋势。经济复苏的核心在于总供给与总需求之间如何形成良性互动机制,只有当总供给与总需求之间形成正向反馈、互促互利的循环时,经济才可以真正走向稳健复苏和可持续增长。与财政政策和货币政策相比,供给侧改革是从供给端解决需求与供给失衡的一种措施。

【新闻评析】

随着我国的经济发展进入新常态,为化解经济持续下行的压力以及破解一系列经济结构问题,我国政府制定了供给侧结构性改革方案。通过近五年的实施,供给侧结构性改革对经济的积极影响不断显现。一方面,供给侧结构性改革有利于淘汰落后产能,提升全要素生产率,推动经济从粗放型发展向集约型发展转变;另一方面,供给侧结构性改革不断地优化我国商品的产出结构,较好地迎合了居民消费升级的需求,并实现了能源利用效率的提升。

过去一段时间以来,中国政府习惯于也得益于对经济的需求侧管理,并且确实也促进了经济增长。政府在社会总需求中往往充当主角,在拉动经济增长的投资、消费、出口"三驾马车"中,政府投资、政府消费以及政府推动出口的比重都很高。但是需求侧管理适合的土壤是"社会有效需求不足",而且需求侧管理仅仅能解决短期经济增长问题。但这种政府主导的需求侧管理走到一定阶段必然面临一个问题:由于民间需求有硬性预算约束,如企业和居民受自身收入约束,但是相比之下政府需求是软约束,政府可通过印发、超发货币,利用赤字工具等进行支付,结果政府需求很可能会超过合理的限度而且对民间投资需求形成"挤出效应"。因此,当前供给侧结构性改革的任务一方面是清理过去积累至今的"无效需求",另一方面是改变需求侧管理的方式、方向和力度,与供给侧结构性改革相配合、相适应。而从经济学理论角度看,供给侧结构性改革的实质就是对社会生产力的进一步解放和发展,尤其是要通过科技创新来提高全要素生产率,使社会有效生产能够发生"质"的飞跃,宏观经济能够达到一个较高的"稳态"增长水平,同时改革一切不适应和阻碍生产力发展的生产关系,包括体制机制束缚、要素价格扭曲、行政干预、法制不健全等问题,从而激发微观主体的经济活力和竞争力。从这一点看,供给侧结构性改革将会为探索中国特色的经济发展理论提供丰富的实践基础和支撑。

相比过去的需求侧管理,供给侧结构性改革面临的挑战非常大,主要包括以下四个方面:其一是供给侧结构性改革的政策工具难免与需求侧管理工具雷同。譬如财税政策、货币政策、产业政策、收入政策等,难以区分到底属于哪一侧改革的政策工具,联合运用多种工具还可能出现彼此抵消和矛盾的问题,因此要想达到所谓的"供给侧管理为主、需求侧管理协调配合"的政策效果,难度非常大。其二是供给侧结构性改革在短期内可能无法实现预期的政策目标。总供给曲线的调整难度大、周期长、见效慢,与政府部门尤其是地方政府的政绩考核目标可能不一致,无法有效激励地方政府参与和配合,而且很有可能将改革的任务层层分解下来,用行政命令手段代替市场和企业自发力量来解决问题。其三是在供给侧结构性改革中如何厘清政府与市场的关系和定位。从改革的任务和方向来看,供给侧结构性改革中政府的调控范围将更加广泛,调控力度将更大,时间将更加持久。因此,保证市场在资源配置中的基础性作用,避免形成新的政企不分、市场机制弱化,是一个挑战。其四是在供给侧结构性改革中如何实现对国有企业和民营企业的公平正向激励。既然供给侧结构性改革的着力点在于企业,那么淡化所有制差异,从根本上解决困扰民营企业发展的体制和机制问题,实现所有类型的微观市场主体的公平、公正竞争,也是供给侧结构性改革面临的难题之一。

三、案例研究

(一) 案例研究 A

新冠肺炎疫情对经济的影响与财政对策

2020年年初,新型冠状病毒感染肺炎(以下简称"新冠肺炎")疫情迅速向全国蔓延。疫情发生之后,我国采用的短期限制人口流动的政策,有利于新冠肺炎的防控,目前来看也收到了非常好的效果。但在全国实行大范围的复工政策和经济恢复政策前,居民不能按时返工导致劳动力供给大幅减少,企业不能及时复工复产导致全社会的新增投资规模相应降低,用工需求随之减少也将进一步加重劳动力供给减少的状况。在经济恢复到正常的生产生活水平前,居民、企业和政府的收入都会明显缩减,并进一步降低对物品与服务的消费需求,从而影响宏观经济的恢复和发展。

由于新冠肺炎对经济增长持续累积的消极影响,我国各地区应该根据当地的疫情严重程度,有差别地尽早复工复产,这样才能最大限度地减少经济损失。而考虑到我国2020年全面建成小康社会的目标,对新冠肺炎疫情已经造成的经济损失,要通过一系列的宏观政策进行修复和弥补。财政是国家治理的基础和重要支柱,财政政策理应成为恢复经济、促进增长的关键。

财政支出政策包括增加财政支出规模、优化财政支出结构等,前一项政策的作用对象主要是消费、投资和进出口,其中进出口环节受汇率政策的影响更大。而近年来,我国居民消费中房贷支出比重较大,尽管采取了增值税减税政策,但在经济下行期并未能有效带动居民消费增长,国内消费需求市场疲软。因此,在劳动力报酬和资本收益都因为新冠肺炎疫情相应缩减的前提下,通过促进居民消费来拉动经济增长可能会收效甚微。因为如果房价降低,会有更多的人由于资本溢价而增加对住房的消费。而房价提高则会加重存在住房刚需的家庭的生活压力。

此外,由于改革开放以来我国的高速经济增长模式属于投资驱动型,而2009年的4万亿元经济刺激计划虽然在中长期对我国产生了一些负面的影响,但是在当年应对全球金融危机时却成效显著。由此可以看出,适当地通过扩大政府财政支出、增加政府投资规模,补齐因疫情影响而损失的资本要素供给,能最为显著地恢复经济。

资料来源:孙玉栋,庞伟. 新冠肺炎疫情对经济的影响与财政对策[EB/OL]. (2020-05-01)[2020-09-01]. https://money.163.com/20/0501/21/FBIS0KJP00258105.html.

【关联理论】

财政政策可以视为政府对政府购买和税收总水平的选择。与货币政策类似,财政政策也能对总需求造成影响。政府购买增加或减税可刺激总需求,使总需求曲线向右移动;政府购买减少或增税则会抑制总需求,使总需求曲线向左移动。有两种宏观经济效应使得总需求曲线移动的幅度不同于政府购买的变动:其一是乘数效应,其二是挤出效应。

【案例解析】

财政政策的一个重要表现是在政府主导下,运用财政资金对基础设施、重型工业等资金密集型行业进行大规模的投资。由于政府支出本身规模巨大,再加上乘数效应的作用,以及企业在经济繁荣的预期下也会加大投资,这些对短期经济的刺激立竿见影。这种凯恩斯主义的刺激计划在经济严重衰退时确实能起到解燃眉之急的作用,但要注意今天在基础设施上的投资已出现边际效应递减的现象,而把资金用到帮助创造了大部分就业岗位、发展水平还较低的民营经济上可能会有更好的效果。

考虑到受新冠肺炎负面影响而导致的当前经济下行,完全通过非政府预算资金增加资本供给的可能性并不大,因此政府需要承担更多的责任,筹措更多的财政资金,用于撬动社会资本进行投资。总的来看,可以考虑采取短期和中长期两方面的举措。

首先,短期政策应当以恢复经济为主,尽可能地通过政府层面增加资本投入,从而减轻疫情的负面影响,使整体经济发展恢复到疫情发生前的水平。一方面,规范财政专户管理,盘活存量资金;另一方面,适当增加政府举债规模,充分发挥增量资金的撬动作用。

其次,中长期政策应当以消化前期政策的负面效果为主,要结合 2009 年 4 万亿元经济刺激计划的经验和教训,不仅要尽可能地减少政府投资的"挤出效应"以及对市场配置资源的扭曲作用,而且还应该合理控制政府债务规模,逐步将财政赤字率恢复到疫情发生前的水平。同时,还应当积极加强债务资金绩效管理,在防范和缓解政府债务风险的同时,最大限度地提高财政资金的使用效益,扩大产出。此外,我国需要加快建立健全国家公共卫生应急管理体系,以减小其他突发卫生医疗事件对经济发展的负面影响。

(二) 案例研究 B

减税是刺激消费的重要途径

我国疫情已有根本性好转,但境外出现疫情的国家和地区越来越多,截至 2020 年 3 月 9 日 9 时 23 分,超过 90 个国家和地区累计确诊 28 333 例。疫情这只"黑天鹅"的影响已越来越大。疫情最初主要影响中国,如今已在全球范围内造成影响。2020 年全球经济增长率下降成为大概率事件。在这样的背景下,中国要实现既定的经济社会发展目标,难度极大。适当的经济政策可以帮助中国实现既定目标,并促进经济的可持续发展。

2020 年中国实施大规模减税降费政策的力度肯定会大于 2019 年。特别是缓缴阶段性社保费,让企业直接感受到负担的减轻。最近几年,中国连续实施大规模减税政策,这些政策目前还在实施,不少政策实际上已经融入税收制度,中小微企业的税负也日趋合理,当然仍有改进的余地。为了提振经济,减税应重点考虑如何激活消费。

2015 年 4 月 28 日的国务院常务会议就已经提出:"围绕满足消费升级要求,通过完善税收调节等政策,营造公平竞争的进出口环境,增加群众购买意愿较强的消费品进口,促进有国际竞争力的产品出口,有利于扩内需、保就业、惠民生,对推动国内产业迈向中高端水平也有重要意义。"

近几年来,随着增值税改革和关税税率的下调,税收促进国内消费的作用正日益得到发挥。但是,我们也要清楚地看到,为了不断满足人民日益增长的美好生活需要,税制仍有较大的完善空间。根据麦肯锡中国发布的基于银联奢侈品交易数据的《2019年中国奢侈品消费报告》,2018年,中国人在境内外的奢侈品消费额达到7 700亿元人民币,占全球奢侈品消费总额的1/3。越来越多的中国人将提升生活品质作为消费奢侈品的首要目的,中国人的奢侈品消费已经越来越理性,中国人正在逐步越过奢侈品的炫耀性消费阶段而进入生活方式消费阶段。消费越是理性,需求对价格的弹性就越大。消费者不再是价格越高越要消费,传统意义上的奢侈品中有相当一部分只是因为品质较高而得到收入水平上升的消费者的青睐。

资料来源:杨志勇. 减税是刺激消费的重要途径[EB/OL]. (2020-03-10)[2020-09-01]. https://www.sohu.com/a/379116642_120415828.

【关联理论】

通过调整税收水平来影响对物品与服务的总需求是财政政策的典型体现。减税可以使总需求曲线向右移动,增税会使总需求曲线向左移动,但总需求曲线移动的大小取决于挤出效应与乘数效应的大小。此外,家庭对税收是持久变动还是暂时变动的感知,也会对总需求变化的幅度产生重要影响。

【案例解析】

政府购买的变动会引起总需求曲线的移动,但总需求曲线最后的移动是大于还是小于政府购买的最初变动,取决于挤出效应与乘数效应之间的大小。同样,这种思想也适用于税收。当政府削减税收比如个人所得税时,就增加了就业者可以拿回家的工资。家庭除了将一部分额外的收入储蓄起来,也会将一部分收入用于消费支出。对企业而言,减税能扩大其获利空间,继而使其加大研发投入力度,增加工人雇用量,扩大自身产能,这就会使总需求曲线向右移动。

由于世界经济因疫情变得更具不确定性,2020年积极财政政策的着力点只能在重视外需的前提下,更加重视国内需求。启动内需,特别是激活国内消费需求,比以往任何时候都更加重要。这是中国自己可以把握的确定性政策事项。财政政策的选择与财税改革的协调是政策有效性和可持续性的内在要求。当经济增速放缓时,决策者通常会想到以增加支出或降息的方式来刺激经济。但许多时候,减税是更为有效和恰当的方式。因为增加支出或降息很有可能通过刺激通货膨胀或催生新的泡沫来支撑经济,即使奏效,其潜在成本也会大于当前收益。在经济下行压力增大、"稳增长"和"稳预期"的重要性提高的情况下,政府可以为应对短期经济的波动,出台临时性的较大规模的减税政策,规定三到五年的时效。考虑到税负下降后再回升会面临诸多压力,如何在临时性的、相机抉择的减税政策和永久性的、以税制优化为目标的制度性减税措施之间实现更好的协调,值得深入研究。

四、课外习题

(一) 术语解释

1. 财政政策
2. 乘数效应
3. 投资加速数
4. 挤出效应
5. 自动稳定器

(二) 单项选择

1. "流动性陷阱"指的是当利率已经非常接近于零时,中央银行没有能力再降低利率。1998年时,日本的利率几乎为零,而经济仍然处于衰退之中。此时,你认为比较合理的刺激产出的政策是(   )。
   - A. 货币政策
   - B. 财政政策
   - C. 无所作为,因为两种政策都会失效
   - D. 财政-货币政策组合

2. 美国在克林顿执政时期的美联储主席是格林斯潘。那段时间美国在没有导致衰退的情况下成功地减少了政府赤字。这是由怎样的宏观经济政策导致的?利率和投资如何改变?(   )
   - A. 紧缩性的财政与货币政策,利率下降,投资上升
   - B. 扩张性的财政与货币政策,利率和投资不变
   - C. 紧缩性的财政政策与扩张性的货币政策,利率下降,投资上升
   - D. 扩张性的财政政策与紧缩性的货币政策,利率上升,投资下降

3. 下列哪一事件没有导致我国货币供给的减少?(   )
   - A. 中央银行发行大量的央行票据
   - B. 中央银行限制商业银行发放新的贷款
   - C. 人们为了减少经常去银行取钱的排队时间而持有更多的现金
   - D. 商业银行增加了自动取款机的数量

4. 假设宏观经济目前面临通货膨胀的危险。以下哪一条理由削弱了政府应该采取货币和财政政策来稳定经济的论断?(   )
   - A. 税制和失业保障机制不完善,不能起到自动稳定器的作用
   - B. 地方政府存在不计成本、扩张投资的内在冲动
   - C. 中央银行对货币供给的控制很不完全,而且有相当的时滞
   - D. 由于市场机制不完善,经济过热往往伴随着资源的错误配置,蕴藏着金融风险

5. 某国政府宣布永久性地增加政府支出200亿美元。三个得知这一消息的经济学专业的学生发表了如下看法。甲:"这肯定会导致利率上升。因为可贷资金市场上的供给减少了。"乙:"如果政府相应地增加200亿美元的税收,就可以完全抵消对可贷资金供给的影响,使利率不变。"丙:"这可能导致利率下降。因为一旦利率上升,就会导致私人储蓄上升,反而会增加可贷资金供给。"谁的看法是正确的?(   )

A. 甲 B. 乙
C. 丙 D. 三个人的看法都正确

6. 假设银行在每个街区都设置了自动取款机,这通过使人们易于得到现金而减少了其想持有的货币量。假设美联储没有改变货币供给以应对这一变化。根据流动性偏好理论,利率会( ),投资会( ),总需求会( )。
   A. 下降;上升;上升 B. 下降;上升;不变
   C. 上升;下降;下降 D. 不变;不变;不变

7. 为减少经济中存在的失业,应采用的财政政策工具是( )。
   A. 增加政府支出 B. 提高个人所得税
   C. 增加失业保险金 D. 增加货币供给量

8. 边际消费倾向(MPC)降低( )。
   A. 提高了乘数的值 B. 对乘数值无影响
   C. 降低了乘数的值 D. 很难说有什么影响

9. 较低的物价水平提高了家庭持有的货币的真实价值,从而刺激了消费支出,这属于( )。
   A. 利率效应 B. 财富效应 C. 汇率效应 D. 挤出效应

10. 下列哪一种不属于央行影响货币供给的工具?( )
    A. 公开市场操作 B. 改变贴现率
    C. 调整存款准备金率 D. 改变税率

11. 在其他条件不变的情况下,增加货币供给会使均衡利率( )。
    A. 上升 B. 下降 C. 不变 D. 无法判断

12. 以下关于边际消费倾向的说法,正确的是( )。
    A. 消费占收入的比例 B. 消费占增加的收入的比例
    C. 消费增量占收入的比例 D. 额外收入中用于消费的比例

13. 挤出效应是指( )。
    A. 扩张性财政政策使收入增加时引起总需求的额外变动
    B. 收入或消费的变动所引起的投资大幅度变动
    C. 一段时间内即使利率降到很低的水平,市场参与者对其变化不敏感,对利率调整不再做出反应,导致货币政策失效
    D. 扩张性财政政策引起利率上升,从而减少了投资支出时所引起的总需求减少

14. 下列不属于自动稳定器的是( )。
    A. 税制 B. 政府支出
    C. 失业保险补助制度 D. 消费偏好

15. 政府支出增加的最初效应是( )。
    A. 总需求曲线向左移动 B. 总需求曲线向右移动
    C. 总供给曲线向左移动 D. 总供给曲线向右移动

(三) 判断正误

1. 政府支出增加1单位导致均衡产出增加1单位(假定价格和利率都不变)。( )
2. 总需求曲线向下倾斜,是单个产品市场向下倾斜的需求曲线水平相加得到

的。（　　）

3. 政府支出和税收同等幅度的减少对总需求没有影响。（　　）
4. 如果央行购买了1 000万美元的政府债券，并且法定准备金率是10%，那么货币供给的最大增加量就是1亿美元。（　　）
5. 增加税收是扩张性财政政策。（　　）
6. 由于扩张性财政政策使利率上升时所引起的总需求减少被称为挤出效应。（　　）
7. 货币乘数是准备金率的倒数。（　　）
8. 货币政策影响经济有一定的时滞，但财政政策没有时滞。（　　）
9. 自动稳定器影响经济的时滞短于积极的稳定政策。（　　）
10. 如果边际消费倾向是0.5，那么乘数的值是2。（　　）

（四）简答题

1. 流动性偏好理论如何对总需求曲线向右下方倾斜做出解释？
2. 请简述乘数效应发挥作用的过程。
3. 举一个自动稳定器的例子，并解释它是如何发挥作用的。
4. 人们对经济前景感到悲观，此时如果决策部门什么都不做，总需求会发生怎样的变动？为了稳定总需求，央行可以做什么？其他实施财政政策的部门可以做什么？
5. 积极稳定政策论的支持者和反对者的论点分别是什么？

（五）应用题

1. 假如决策者想用财政政策稳定经济，他们应该朝哪个方向变动政府支出和税收？
   （1）对经济前景的悲观减少了企业投资和家庭消费。
   （2）物价的持续上升引起工人要求提高工资。
   （3）净出口大量增加。
   （4）国际市场上原油价格大幅下跌。
2. 基于许多原因，当产量和就业波动时，财政政策会自动改变。
   （1）为什么经济衰退时税收收入会变动？
   （2）为什么经济衰退时政府支出会变动？
   （3）如果政府受严格平衡预算规则的约束，则它在衰退时不得不做什么？这会加剧还是缓和衰退？
3. 政府增加了700亿元人民币的支出，统计部门核算出其使得总需求增加了2 100亿元。假设不存在挤出效应，边际消费倾向（MPC）是多少？若考虑到挤出效应，对MPC的估算是大于还是小于原来的估算？

（六）拓展思考题

1. 赞同用财政政策来刺激总需求的一个理论依据是乘数理论，该理论认为政府增加财政支出有一种杠杆效应，可以大幅度地推动整个社会的消费和就业，将经济带出低谷。请思考：
   （1）乘数理论在什么情况下不起作用？
   （2）乘数效应要显著，需满足什么条件？

2. 阅读以下新闻摘录,请结合本章相关理论对后疫情时代的财政政策和货币政策进行评述。

习近平:实施更加积极有为的财政政策及稳健灵活的货币政策

财联社7月21日讯,中共中央总书记、国家主席、中央军委主席习近平7月21日下午在京主持召开企业家座谈会并发表重要讲话。他强调,改革开放以来,我国逐步建立和不断完善社会主义市场经济体制,市场体系不断发展,各类市场主体蓬勃成长。新冠肺炎疫情对我国经济和世界经济产生巨大冲击,我国很多市场主体面临前所未有的压力。市场主体是经济的力量载体,保市场主体就是保社会生产力。要千方百计把市场主体保护好,激发市场主体活力,弘扬企业家精神,推动企业发挥更大作用,实现更大发展,为经济发展积蓄基本力量。

习近平强调,党中央明确提出要扎实做好"六稳"工作、落实"六保"任务,各地区各部门出台了一系列保护支持市场主体的政策措施。下一步,要加大政策支持力度,激发市场主体活力,使广大市场主体不仅能够正常生存,而且能够实现更大发展。一要落实好纾困惠企政策。实施好更加积极有为的财政政策、更加稳健灵活的货币政策,增强宏观政策的针对性和时效性;继续减税降费、减租降息,确保各项纾困措施直达基层、直接惠及市场主体;强化对市场主体的金融支持,发展普惠金融;支持适销对路出口商品开拓国内市场。二要打造市场化、法治化、国际化营商环境。实施好民法典和相关法律法规,依法平等保护国有、民营、外资等各种所有制企业产权和自主经营权;全面实施市场准入负面清单制度;实施好外商投资法,放宽市场准入,推动贸易和投资便利化。三要构建亲清政商关系。各级领导干部要光明磊落同企业交往,了解企业家所思所想、所困所惑,涉企政策制定要多听企业家意见和建议,同时要坚决防止权钱交易、商业贿赂等问题损害政商关系和营商环境;政府要更多提供优质公共服务;支持企业家以恒心办恒业,扎根中国市场,深耕中国市场。四要高度重视支持个体工商户发展。积极帮助个体工商户解决租金、税费、社保、融资等方面难题,提供更直接更有效的政策帮扶。

资料来源:习近平:实施更加积极有为的财政政策及稳健灵活的货币政策[EB/OL].(2020-07-21)[2020-09-01].http://news.hexun.com/2020-07-21/201742099.html.

五、习题答案

(一) 术语解释

1. 财政政策:政府决策者对政府支出和税收水平的确定。
2. 乘数效应:当扩张性财政政策增加了收入,从而增加了消费支出时引起的总需求的额外变动。
3. 投资加速数:较高的政府需求对较高的投资品需求的刺激作用。
4. 挤出效应:当扩张性财政政策引起利率上升,从而减少投资支出时所引起的总需求减少的现象。
5. 自动稳定器:当经济进入衰退时,决策者不必采取任何有意的行动就可以刺激总需求的财政政策变动。

(二) 单项选择

1. B 2. C 3. D 4. C 5. A 6. A 7. A 8. C 9. B 10. D 11. B 12. D 13. D 14. D 15. B

(三) 判断正误

1. × 2. × 3. × 4. √ 5. × 6. √ 7. √ 8. × 9. √ 10. √

(四) 简答题

1.【考查要点】 流动性偏好理论对总需求曲线向右下方倾斜的解释。

【参考答案】 因为货币需求与物价正相关,物价水平上升使货币需求增加。货币需求曲线向右移动,而货币供给由央行固定,从而会提高利率。利率上升使投资支出减少,因而减少了物品与服务的需求量。当然,同样的逻辑也在反方向发生作用。因此,物价水平与总需求之间负相关,即总需求曲线向右下方倾斜。

2.【考查要点】 乘数效应的作用机制。

【参考答案】 政府的一笔购买增加了生产其所采购物品的企业的就业和利润。当这些企业的工人收入增加、企业所有者利润增加时,他们对这种收入增加的反应是增加对消费品的支出。结果,政府的这些采购还增加了经济中许多其他企业产品的需求。由于政府支出的每一美元带来的物品与服务总需求的增加大于一美元,因此政府购买对总需求有一种乘数效应。在第一轮之后,这种乘数效应仍在继续。当消费支出增加时,生产这些消费品的企业会雇用更多的工人,并获得更高的利润。更高的收入和利润又刺激了消费支出,如此循环往复。因此,当较高的需求引起较高的收入时,存在一种正反馈,这种正反馈又引起更高的需求。一旦把所有这些效应加在一起,对物品与服务需求量的总影响会远远大于最初来自政府支出的刺激。

3.【考查要点】 自动稳定器原理。

【参考答案】 自动稳定器是在经济进入衰退时,决策者不必采取任何有意的行动就可以刺激总需求的财政政策变动。比如税收,它与经济活动密切相关,当经济衰退使收入、工资和利润都减少时,政府的税收也随之降低,这种自动的减税刺激了总需求,降低了经济波动的程度。

4.【考查要点】 货币政策和财政政策对总需求的刺激作用。

【参考答案】 当人们对经济前景感到悲观时,家庭和企业均会减少支出,结果是总需求减少,生产减少,失业增加。为了稳定总需求,央行可以实行扩张性的货币政策,如增加货币供给或降低贴现率来扩大总需求。扩张性货币政策会降低利率,刺激企业和家庭的投资与消费支出。其他财政政策执行部门可以通过增加政府支出或减税来增加消费和投资。

5.【考查要点】 积极稳定政策论。

【参考答案】 积极稳定政策论的支持者认为政府应该并且可以对私人经济中的变动做出反应以便稳定总需求。凯恩斯在《就业、利息与货币通论》中强调了总需求在解释短期经济波动中的关键作用。凯恩斯及其追随者认为总需求的波动主要是因为非理性的悲观主义与乐观主义情绪(凯恩斯用"动物本能"这个词来描述这些态度的任意变动)。他们认为,政府可以调整货币政策与财政政策以对这些乐观主义和悲观主义情绪做出反应,从而稳定经济。

例如,当人们过分悲观时,央行可以扩大货币供给,降低利率并扩大总需求;当人们过分乐观时,央行可以紧缩货币供给,提高利率并抑制总需求。

积极稳定政策论的反对者认为,政策对经济的影响一般会有很长的时滞。所以,央行不应该试图对经济进行微调,央行对变动的经济状况通常反应太迟,结果是引起经济波动,而不是抑制经济波动。财政政策也会由于政治过程而存在时滞。货币政策和财政政策中的时滞之所以成为一个问题是因为经济预测极不准确,衰退和萧条通常在没有预兆的情况下降临。

(五)应用题

1.【考查要点】 财政政策对总需求的稳定作用。

【参考答案】 (1)增加支出,减税。

(2)增加支出,减税。

(3)减少支出,增税。

(4)减少支出,增税。

2.【考查要点】 自动稳定器、平衡预算与总需求的关系。

【参考答案】 (1)当经济衰退时,政府的征税量自发减少,因为所有的税收都与经济活动密切相关。

(2)当经济衰退更多人失业时,申请失业保险补助、福利补助和其他收入补助的人增多。这种政府支出的增加会在总需求不足以维持充分就业时刺激总需求。

(3)当经济衰退时,税收减少,而政府支出却增加,预算朝赤字方向发展。如果政府受严格平衡预算规则的约束,政府就会被迫在衰退中寻求减少支出或增加税收的方法,故而会加剧衰退。

3.【考查要点】 乘数和边际消费倾向。

【参考答案】 乘数 $= 1/(1 - MPC) = 3$,因此 $MPC = 2/3$,不考虑挤出效应时估算的 MPC 为 $2/3$;若考虑到挤出效应,对 MPC 的估算会大于原来的估算。

(六)拓展思考题

1.【考查要点】 乘数效应。

【参考答案】 (1)首先,要考虑政府支出的流向。假如政府支出刚好用在了私人本来就想要购买的物品上,比如政府把钱付给餐厅,让餐厅向顾客提供免费的饮食,那么顾客很可能不会将意外节省下来的钱花掉。已经有很多经济学研究表明,人们倾向于将意外的收入存起来而不是花掉。在这种情况下,政府支出增加多少,私人开支就相应减少多少。政府只是代替了私人开支,"乘数"的效果被抵消。其次,要考虑政府支出的来源。政府增加的支出来自三个途径:印钞票、增税、发行债券向私人借钱。无论采用哪种方式,政府都只是将钱从一个人手上转移到另一个人手上,这很难改善总体经济状况。更糟的是,政府投资往往比私人投资更缺乏效率。

(2)要使乘数效应显著,必须做到:首先,如果政府支出使私人支出减少,私人会把这些意外收入花掉而不是存起来;或者,政府将支出用在没人想购买的物品上。其次,政府增加支出要在财政有盈余的情况下,而不是用增发货币或发债的方法。

2.【考查要点】 财政政策与货币政策的综合运用。

【参考答案】 政府常常会利用货币政策和财政政策可以影响总需求的规律来试图稳定

经济。随着疫情防控进入常态化，除个别行业外，大部分行业实现复工复产，生产基本恢复到疫情前期的各项水平，各类经济指标出现边际改善。作为宏观调控的重要工具之一，货币政策需要把握好"保增长"与"防风险"之间的有效平衡，不能因为"防风险"影响到实体经济融资需求，给保就业、保市场主体等"六保"任务带来不利影响。在货币政策出现微调的情况下，促进金融与实体经济的良性循环，需要财政政策的协调发力，形成调控合力。一方面，财政政策中已出台的减税降费政策要尽快落地，不能出现在执行减税降费政策时"打折扣"的情况。另一方面，财政政策还需要加大地方政府专项债和抗疫特别国债的发行力度，尽快形成实际投资和实际消费。

第35章
通货膨胀与失业之间的短期权衡取舍

一、学习精要

(一) 教学目标

1. 理解通货膨胀与失业之间的权衡取舍在短期内成立而在长期中不成立的原因。
2. 掌握什么是短期菲利普斯曲线和长期菲利普斯曲线。
3. 理解预期如何影响菲利普斯曲线的移动,并且能够画出这些曲线的移动。
4. 掌握供给冲击如何影响菲利普斯曲线的移动,并且能够画出这些曲线的移动。
5. 会考虑降低通货膨胀的代价,理解在遭遇不利供给冲击时决策者在反通货膨胀和反失业之间的艰难抉择。

(二) 内容提要

本章将要探讨总需求的短期变动所产生的两种经济现象——通货膨胀与失业,以及通货膨胀与失业之间的短期权衡取舍,重点将会分析菲利普斯曲线以及降低通货膨胀的代价。不同理论对通货膨胀与失业关系的论述是不一样的,本章将具体解释为什么通货膨胀与失业之间的权衡取舍在短期内成立而在长期中不成立,这是由总需求与总供给模型得出的结论的延伸。

1. 菲利普斯曲线

(1) 菲利普斯曲线描述了通货膨胀和失业之间的负相关关系。通过减少货币供给,决策者可以在菲利普斯曲线上选择低通货膨胀率和高失业率的一点;反之,通过增加货币供给,决策者可以在菲利普斯曲线上选择高通货膨胀率和低失业率的一点。

(2) 菲利普斯曲线所描述的通货膨胀与失业之间的权衡取舍只在短期内成立。每条菲利普斯曲线都反映了某个特定的通货膨胀率。短期内物品与服务的增加引起总需求增加,物价水平也上升,高物价水平激励供给量的增加,产量越大,意味着就业率越高。高物价水平意味着高通货膨胀率。所以总需求变动在短期内使通货膨胀率与失业率反方向变动。我们可以用图35-1来加以说明,若总需求增加使经济从 A 点变到 B 点,则通货膨胀率和失业率沿着短期菲利普斯曲线从 A 点变到 B 点。

(3) 货币政策和财政政策可以使总需求曲线移动,进而使经济沿着菲利普斯曲线移动。货币供给增加、政府支出增加或减税都会扩大总需求,并使经济移动到菲利普斯曲线上低失

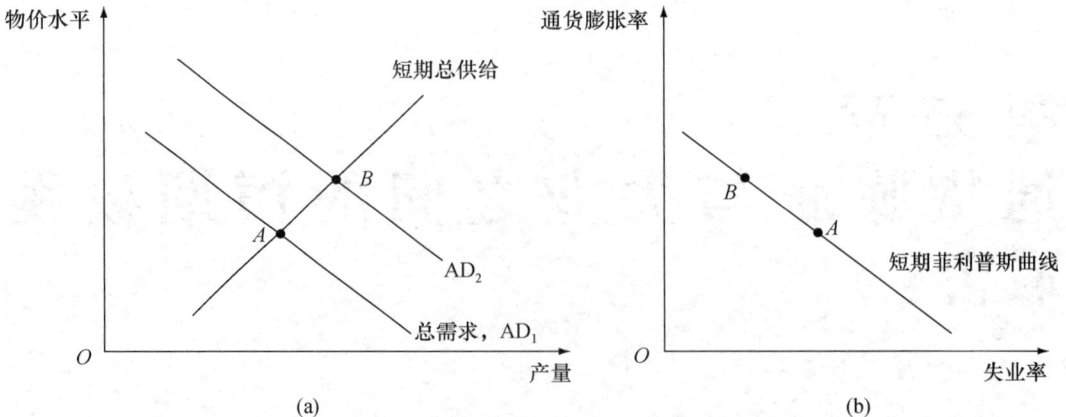

图 35-1　短期菲利普斯曲线如何同总需求与总供给模型相关

业率和高通货膨胀率的一点上。货币供给减少、政府支出减少或增税都会紧缩总需求,并使经济移动到菲利普斯曲线上高失业和低通货膨胀的一点上。因此,菲利普斯曲线向决策者提供了一个通货膨胀与失业组合的菜单。

2. 菲利普斯曲线的移动:预期的作用

(1) 在长期中,产量与失业率都趋向于其自然产出水平和自然失业率,通货膨胀由货币供给的增长决定。货币供给增长仅仅引起物价和收入同比例变化,而且应该对失业率没有影响,因此长期菲利普斯曲线是经过自然失业率的一条垂线,如图 35-2 所示。反过来也说明,垂直的长期总供给曲线和垂直的长期菲利普斯曲线都意味着货币政策只影响名义变量(物价水平和通货膨胀率),但并不影响真实变量(产量和就业)。

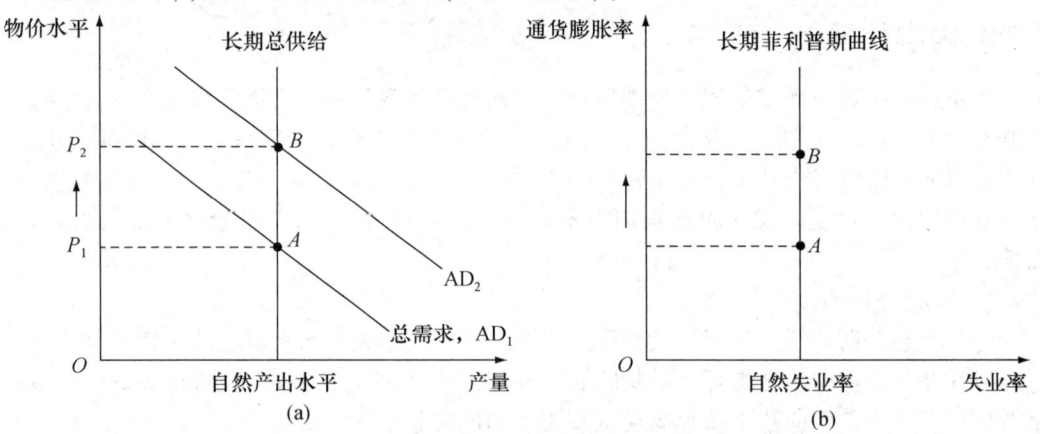

图 35-2　长期菲利普斯曲线如何同总需求与总供给模型相关

(2) 通货膨胀与失业之间的负相关关系在短期内存在,但决策者不能将它作为长期中结果的菜单。决策者可以在某一时期内实行扩张性货币政策以实现较低的失业率,但失业率最终要回到自然失业率,并且扩张性货币政策只引起较高的通货膨胀率。自然失业率中的"自然"是指经济长期中趋近的失业率,但自然失业率不一定是合意失业率。货币政策对自然失业率没有影响,"自然失业率假设"认为无论通货膨胀率如何,失业率最终会回到均衡的自然失业率。货币政策对自然失业率没有影响,但是其他影响劳动市场的政策会影响自然失业率。

（3）正如在短期总供给曲线与长期总供给曲线中一样，预期再次成为理解短期菲利普斯曲线和长期菲利普斯曲线如何相关的关键。弗里德曼和费尔普斯把预期通货膨胀率作为一个新变量引入通货膨胀和失业的权衡取舍中，并认为在短期内通货膨胀对失业有相当大的影响。我们可以用以下公式来总结弗里德曼和费尔普斯的分析：

$$\text{失业率} = \text{自然失业率} - a(\text{实际通货膨胀率} - \text{预期通货膨胀率})$$

该公式将失业率与自然失业率、实际通货膨胀率及预期通货膨胀率联系起来，其中，a 衡量失业对未预期到的通货膨胀反应的敏感程度。在短期内，预期通货膨胀率是既定的，总需求的增加会引起通货膨胀，暂时地增加产出，并将失业率降到自然失业率之下，因此短期内较高的实际通货膨胀率与较低的失业率相关。但在长期中，人们通过提高自己的通货膨胀预期（要求更高的工资）来调整到更高的通货膨胀率，因而实际通货膨胀率等于预期通货膨胀率，而且失业处于自然失业率水平。

（4）弗里德曼和费尔普斯公式也意味着，并不存在稳定的短期菲利普斯曲线。每条短期菲利普斯曲线都反映某个特定的预期通货膨胀率，且向右下方倾斜的短期菲利普斯曲线与垂直的长期菲利普斯曲线相交于预期通货膨胀率那一点。当预期通货膨胀率变动时，短期菲利普斯曲线就会发生移动。如图 35-3 所示，设想经济开始时处于实际通货膨胀率低并且预期通货膨胀率也低的状态，失业处于自然失业率水平（如 A 点所示）。假设决策者试图用货币政策或财政政策扩大总需求，则经济在短期内从 A 点移动到 B 点，即预期通货膨胀率仍然低，但实际通货膨胀率高，而失业低于自然失业率。在长期中，预期通货膨胀率上升，经济从 B 点移动到 C 点，此时预期通货膨胀率和实际通货膨胀率均高，而失业回到自然失业率水平。因此弗里德曼和费尔普斯得出结论：决策者只面临着通货膨胀和失业之间的短期权衡取舍。在长期中，更快地扩大总需求将引起更高的通货膨胀率，而失业率没有任何降低。

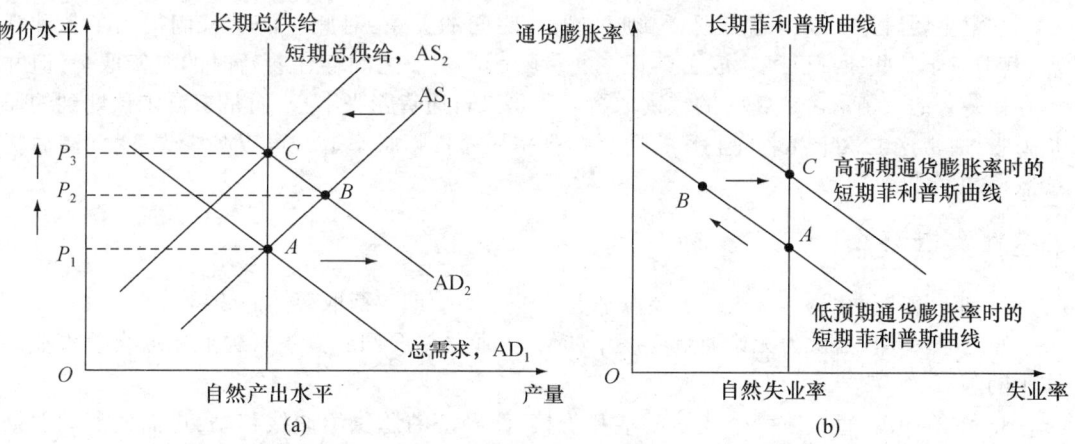

图 35-3　预期通货膨胀率上升如何使短期菲利普斯曲线移动

3. 菲利普斯曲线的移动：供给冲击的作用

（1）经济学家提出的短期菲利普斯曲线移动的另一个原因就是供给冲击。供给冲击是直接改变企业的成本和价格，使经济中的总供给曲线移动，进而使菲利普斯曲线移动的事件。

（2）当碰到不利的总供给变动时，决策者会面临反通货膨胀和反失业之间的抉择，这种权衡取舍比总供给变动之前更为不利。在失业率既定时，他们必须忍受一个更高的通货膨胀率；在通货膨胀率既定时，他们又必须忍受一个更高的失业率；抑或这两者之间的某种组合。

(3) 这种不利的移动是暂时的还是持久的取决于人们如何调整他们的通货膨胀预期。如果人们认为供给冲击引起的通货膨胀率上升只是暂时的,那么预期的通货膨胀率将不会变,菲利普斯曲线的移动将是暂时的;如果人们认为这种冲击使得通货膨胀率提高到一定程度,那么预期的通货膨胀率将上升,菲利普斯曲线的移动将是持久的。

4. 降低通货膨胀的代价

(1) 为了降低通货膨胀,决策者往往会实行紧缩性货币政策。当货币供给增长率降低时,总需求就会紧缩,总需求减少使企业生产的物品与服务量减少,从而再引起就业减少。降低通货膨胀的代价是一段时期的失业和产量损失。因此决策者想要降低通货膨胀就必须忍受高失业和低产量的状态。

(2) 牺牲率指在通货膨胀率下降一个百分点的过程中每年产量损失的百分点数。反通货膨胀的代价取决于通货膨胀预期下降的速度。如果人们对央行政策的信任程度较高,反通货膨胀的代价会较低。

(3) 根据理性预期理论,当人们在预测未来时可以充分运用他们所拥有的全部信息,包括有关政府政策的信息。理性预期对通货膨胀与失业之间的权衡取舍有较高的适用性。1979 年年末沃尔克实行的一项反通货膨胀政策使得通货膨胀率在五年内从 10% 降到 4%,但失业率大大上升,不过失业率的上升低于牺牲率估算所预言的水平。之后在格林斯潘时期,有利的供给冲击和紧缩性货币政策带来了较低的通货膨胀率和失业率。到伯南克时期,由于美国房地产市场崩溃和金融危机导致总需求减少,石油和商品价格上涨导致总供给减少,因此经济面临失业率和通货膨胀率同时上升的情形。伯南克希望保持低通货膨胀预期,以便工人不会要求加薪,企业不会提价。

5. 结论

本章主要讨论了如何思考通货膨胀与失业之间的关系,对此经济学家们提出了各种观点,其中对于某些原理已经达成了共识。通货膨胀与失业之间存在着暂时的权衡取舍,但并不存在持久的权衡取舍。暂时的权衡取舍并不是来自通货膨胀本身,而是来自未预期到的通货膨胀,通常这也意味着来自上升的通货膨胀率。通货膨胀率上升可以减少失业,而高通货膨胀率却不能。

(三) 关键概念

1. 菲利普斯曲线:一条表示通货膨胀与失业之间短期权衡取舍的曲线。

2. 自然率假说:认为无论通货膨胀率如何,失业最终要回到其正常失业率或自然失业率水平的观点。

3. 供给冲击:直接改变企业的成本和价格,使经济的总供给曲线移动,进而使菲利普斯曲线移动的事件。

4. 牺牲率:在通货膨胀率下降一个百分点的过程中每年产量损失的百分点数。

5. 理性预期:当人们预测未来时,可以充分运用他们所拥有的全部信息,包括有关政府政策的信息的理论。

(四) 拓展提示

1. 短期菲利普斯曲线可以说是短期总供给曲线的镜面反映。短期内价格预期固定,物价水平上升激励了企业增加产量,引起短期总供给曲线向右上方倾斜。产量增加会使失业减少,所以短期菲利普斯曲线向右下方倾斜。同理,长期菲利普斯曲线也是长期总供给曲线的镜面反映。因为在长期中物价水平上升,对应的工资和收入水平都同比上升,并没有改变生产的激励,也就不会影响失业。长期总供给曲线和长期菲利普斯曲线都是垂线。

2. 菲利普斯曲线确定了通货膨胀和失业之间的关系,表明当失业率极低时劳动市场紧张,工资和物价更快上升,但是并没有确定两者之间的因果关系。

3. 自然失业率的估算差别较大,使得决策者对相应的货币政策和财政政策有不同意见。当我们能看出经济是高于还是低于在图形上所选的长期自然失业率水平时,就可以结合菲利普斯曲线或总需求与总供给模型,然后决定是应该扩张还是紧缩总需求,或者让其自行变动。但是实际上衡量自然失业率是非常困难的,决策者也无法确定经济实际上是高于还是低于自然失业率水平。

4. 短期菲利普斯曲线是表明在预期通货膨胀率低于实际通货膨胀率的短期内,失业率与通货膨胀率之间存在权衡取舍关系的曲线。但这里的预期是指合乎理性的预期,其特征是预期值与以后的实际值是一致的。在这种预期的假设下,不可能有通货膨胀率低于以后实际发生的通货膨胀率的情况,即无论是在短期内还是长期中,预期通货膨胀率与实际通货膨胀率都是一致的,从而也无法以通货膨胀为代价来降低失业率。

二、新闻透视

(一) 新闻透视 A

基于扩展菲利普斯曲线的中国通货膨胀影响因素研究

中国经济发展处于起步阶段,同时伴随着体制转轨、全球经济一体化进程加快等诸多因素,使得中国的通货膨胀呈现出更为复杂的变化。从需求方面看,影响中国价格总水平上涨的主要因素有:货币供给量增长较快,银行信贷增加快,流动性过剩,固定资产投资增长过快,国际收支长期处于贸易顺差等。从供给方面看,国际大宗商品价格上涨、国际能源价格上涨、国际食品价格上涨、劳动力结构性变化引起的工资报酬率提高成本上升推动了通货膨胀的发生。

此外,通货膨胀率的滞后水平对通货膨胀预期的产生起到了很大的作用,对通货膨胀率的影响显著;产出缺口对通货膨胀率的贡献率也很明显;工资率对通货膨胀率的影响也具有较强的显著性。这表明中国通货膨胀预期与国内产出缺口的扩大,确实推动了通货膨胀水平的提高;另外,工资水平的不断上涨、生产成本的上升也加深了通货膨胀预期效应,助推通货膨胀率走高。

对于外部影响因素,我们将实际汇率(实际汇率 = 名义汇率 × 外国物价指数/本国物价指数)作为外部影响因素的变量,汇率的变动会引起进出口商品和服务相对价格的变动,改变贸易条件,调节贸易差额;实际汇率通过对进出口的控制影响国内经济,实际汇率上升将抑制出口,增加国内市场商品供应,压低国内物价水平,减少国内生产和国民收入,提高失业率。

资料来源:马任远.基于扩展菲利普斯曲线的我国通货膨胀影响因素研究[J].中国物价,2014(1):48—51.

【关联理论】

传统的菲利普斯曲线假设工人与企业能够区分实际工资与名义工资,那么通过政策措施降低实际工资,将会提高价格水平进而降低失业率。但是完全预期到的价格水平的上涨将会完全反映在对名义工资提高的要求中,而对实际工资没有任何影响,失业率回到由劳动力结构和产品市场决定的自然失业率水平。那么通货膨胀与失业率的关系中就增加了预期因素,然而实际上人们的预期会滞后于现实情况,政策制定者可以通过持续提高的通货膨胀率水平,使失业率保持在自然失业率之下。

【新闻评析】

伴随着全球经济一体化的进程,中国的通货膨胀不单单由国内因素造成,也受到外部国际环境的影响,并且这种影响将越来越大。从需求角度分析:中国经济增长速度相对较快,需求旺盛,特别是投资需求,政府主要通过推动投资增长促进经济增长,全社会固定资产投资额增长速度频频超过GDP增速;另外,由于货币多发,一定程度上带动了居民消费,房地产泡沫为通货膨胀增添了隐忧。从供给角度分析:供给冲击对通货膨胀的影响越来越大。

从国内因素看,低端劳动力价格持续上涨,造成农产品价格和服务业价格上涨,工资成本的上涨推动物价水平上升;从国际环境看,国际粮价、能源价格等大宗商品价格的上升,直接影响到国内原材料价格上涨,即从国外直接向国内输入通货膨胀。

随着世界经济从金融危机和严重衰退中逐步复苏,中国经济也在近年保持平稳较快增长,经济增长、物价稳定成为当前和未来政府宏观调控的主要任务。因此,应实行稳健的货币政策,改革汇率制度,发展实体经济,保障粮食、能源安全,管理通货膨胀预期,缓解通货膨胀压力,以保持物价总水平基本稳定。

(二) 新闻透视 B

2017年"彭博痛苦指数":委内瑞拉连续三年最痛苦,中国表现优于美国

如果说2016年是政治震荡的一年,则2017年可能是我们发现它们将如何影响全球经济的一年。"彭博痛苦指数"结合了全球各经济体2017年通货膨胀和失业前景,旨在向我们展示这一点。委内瑞拉由于经济和政治问题连续三年成为排名中"最痛苦"的经济体;"最不痛苦"的经济体又是泰国——很大程度上是由于其独特的就业计算方式;而榜单余下的"更痛苦"部分则以英国、波兰和墨西哥较为引人注目。

"彭博痛苦指数"涵盖全球65个经济体,它以所预计的通货膨胀率和失业率为基准,然后将两者数据相加,分数越高,则痛苦指数越高。多年来,经济困境一直困扰着委内瑞拉。石油价格疲软,而石油是该国唯一重要的出口品,由此引发了一场危机,使得杂货店货架空空荡荡,医院缺乏基本药物,以及由绝望和愤怒引起的暴力犯罪泛滥。虽然委内瑞拉自2015年以来没有公布经济数据,但彭博社的CaféCon Leche指数旨在通过一杯咖啡的成本来追踪通货膨胀水平,该指数显示自2017年8月中旬以来委内瑞拉的物价飙升了1419%。根据彭博社调查的中位数,经济学家估计,委内瑞拉2017年的物价将上涨近六倍。

一些经济体变得更惨了

此外,少数中欧和东欧地区的经济体也面临严峻的通货膨胀问题。

在排名中名次攀升幅度最大的波兰在2017年65个经济体中排名第28,而2016年其痛

苦指数排名第 45。排名越高,痛苦程度越高,表示经济越糟糕。虽然自金融危机以来失业率稳步下降,但在经历了最长的通货紧缩时期之后,波兰 2017 年 1 月的通货膨胀率上升到1.8%。在罗马尼亚、爱沙尼亚、拉脱维亚和斯洛伐克,类似的物价上涨也推动了这些国家的痛苦指数排名大幅上升。

根据痛苦指数,墨西哥的痛苦情绪也在加深。由于通货膨胀率从 2016 年的 2.8% 上升至 2017 年的 5%,墨西哥的痛苦指数从 2016 年的第 38 位升至 2017 年的第 31 位。

在英国脱欧投票之后,英国 2017 年的痛苦指数上升了两个名次。全民公决促使英国脱欧已成定局,使英镑汇率跌至 30 多年来的低点,进一步推高了进口成本以及通货膨胀。

一些经济体有所改善

另外还有一些经济体大踏步地改善,痛苦指数进一步下降,比如挪威、秘鲁以及中国。

随着经济的向好,挪威 2017 年的通货膨胀率有望下降,在痛苦指数排行榜中的排名从 2016 年的第 29 位降至 2017 年的第 45 位,失业率有望维持在 4.8% 左右的水平上。秘鲁的排名从 2016 年的第 17 位降至 2017 年的第 30 位,虽然降低了 13 个位次,但经济学家预测秘鲁的情况并不乐观:干旱导致食品价格上升,而国内需求萎靡又会导致劳动力市场低迷。

排名改善最大的经济体是中国香港、中国台湾、荷兰、中国内地、厄瓜多尔和俄罗斯,均下降 9 个位次以上。中国内地作为世界第二大经济体的乐观前景是全球前景的福音。综合来看,排在全球第 52 位的中国内地的经济前景乐观,痛苦指数预计为 6.4。美国仍然是全球"最不痛苦"的 20 个经济体之一,排在第 49 位,痛苦指数预计为 7.0,但情况要比中国内地糟糕。美国的痛苦指数排名曾在 2016 年与中国内地并列。

泰国、新加坡、瑞士、日本和冰岛的 2017 年"彭博痛苦指数"分别排在第 65 至第 61 位,是全球"最不痛苦"的 5 个经济体。

资料来源:黄梁.2017 彭博全球痛苦指数:委内瑞拉连续三年最痛苦 中国表现优于美国[EB/OL].(2017-12-21)[2019-04-25]. https://t.qianzhan.com/caijing/detail/171221-713e1e47.html.

【关联理论】

痛苦指数是由经济学家、布鲁金斯学会学者阿瑟·奥肯(Arthur Okun)提出的,是通过将失业率和通货膨胀水平简单加总得出的一个经济指标。该指数认为,失业与通货膨胀给人们带来的"痛苦"是相同的,失业率上升 1% 与通货膨胀率上升 1% 对人们构成同样程度的"痛苦"。通货膨胀率越高,稳定物价越不成功;失业率越高,实现充分就业越不成功。痛苦指数越高,宏观经济状况越坏,政策越不成功。较高的失业率和糟糕的通货膨胀水平都将导致一个国家的经济和社会损失。

【新闻评析】

痛苦指数由阿瑟·奥肯在 20 世纪 70 年代提出,当时美国正处于高失业率和高通货膨胀并存的滞胀时期。为了衡量那个年代的"痛苦",奥肯提出可以用失业率与年通货膨胀率简单相加,得出一个新的数字。这一指数很好地描绘了当时的经济困境。在当时的美国,不但很多人难以找到工作,他们还必须与不断加速上涨的物价作斗争。1980 年 5 月,通货膨胀率与失业率"双高"造成了美国痛苦指数的峰值(21.9),当时失业率高达 7.5%,通货膨胀率高达14.4%。进入 20 世纪 90 年代,美国出现了低通货膨胀率、低失业率的"双低"态势,失业率通常与 GDP 的下降有一定的关联度,奥肯法则认为经济中失业率每上升 1 个百分点,GDP 就对应下降 2.5 个百分点,失业率与 GDP 之间存在反向关系。而通货膨胀与通货紧缩会对社会财富产生再分配效应,所造成的名义资产的升值或贬值导致了财富在债权人与债务人之间的转移。

痛苦指数是反映国民经济运行的重要指标之一,其包含的通货膨胀率与失业率指标也是社会保障制度建设中最需要关注的。痛苦指数越高,意味着经济越困难,人民生活越痛苦。通过2017年"彭博痛苦指数",我们可以看到世界各经济体通货膨胀和失业的总体情况。委内瑞拉由于经济和政治问题连续三年成为排名中"最痛苦"的经济体,少数中欧和东欧地区的经济体也面临严峻的通货膨胀问题,而挪威、秘鲁以及中国等部分经济体的痛苦指数进一步下降。就中国而言,一方面,2014年至今,中国经济发展进入以增长促发展、以发展促增长的新常态。在经济增长率放缓的同时,央行控制的每年货币供应量增速下降。2014—2018年,中国广义货币供应量从122.83万亿元增长到182.67万亿元,年均增长率仅为12.18%。因此,近年来中国通货膨胀水平比较温和,2014年为2.0%,2015年为1.4%,2016年为2.0%,2017年为1.6%,2018年为2.1%。另一方面,除中国经济总量持续增长外,供给侧结构性改革深入推进、新动能加快成长、新兴服务业蓬勃发展以及不断打造"双创"升级版等经济运行中的活跃因素,产生了较强的吸纳就业人口的能力,近年来中国失业率基本处于低位运行。结合以上两方面,可以得出近年来中国痛苦指数必将进一步下降的结论。

(三) 新闻透视 C

治理"滞胀":美国的经验

"滞胀"并非新事物,早在1960—1980年间美国就曾出现过三次"滞胀"。实际上整个西方世界在20世纪70年代初均陷入"滞胀"泥潭。西方七个主要发达国家的平均GDP年增长率为2.4%,失业率为5.3%,CPI年增长率为9.4%。而在此之前这些国家的平均GDP年增长率为4.3%,失业率为3.2%,CPI年增长率为4.8%。

针对这些情况,弗里德曼教授曾提出,在短期中当局也许可以依循凯恩斯主义理论,但是凯恩斯理论由于无法解释"滞胀"的成因并提出有效解决方案而受到了质疑。此外,供给学派认为,美国当时的困境来自储蓄率下降、技术革新速度放慢等原因所导致的产品竞争力下降,这正是国家干预过于强烈所造成的,因此提出要减少国家行政干预,由市场进行自我调节。

当时里根政府明确表示赞成货币主义和供给学派的主张,并通过抑制货币增长的方式来降低通货膨胀;通过减税和压缩政府开支或者至少是减缓开支的增长速度同时并进,以便平衡预算。最终这套方法在降低美国的通货膨胀和失业率方面取得了明显的效果,在CPI大幅度回落的同时,经济增长速度也迅速提高,失业率连续下降。

资料来源:蔡荣鑫.治理"滞胀":美国的经验与我国的出路[N].广州日报,2006-04-10.

【关联理论】

菲利普斯曲线所描述的通货膨胀与失业之间的权衡取舍关系只在短期内成立。每条菲利普斯曲线都反映了某个特定的通货膨胀率。短期内物品与服务的增加引起总需求增加,物价水平也上升,高物价水平激励供给量的增加,而产量越大意味着就业率越高。同时,高物价水平意味着高通货膨胀率。所以短期内,总需求变动引起的通货膨胀率与失业率是负相关的。在长期中,产量与失业率都趋向于其自然水平,通货膨胀由货币供给的增长决定。货币增长仅仅引起物价和收入同比例变化,而且应该对失业率没有影响,因此长期菲利普斯曲线是经过自然失业率的一条垂线。

【新闻评析】

弗里德曼教授曾指出:在短期内,当局可以在经济增长减缓、失业率上升时,以通货膨胀为代价刺激经济增长,降低失业率,但在长期中,这种替代关系并不成立,物价最终会螺旋式上升,同时失业率依旧。此外,供给学派认为美国20世纪70年代的情况,最主要是因为国家干预政策破坏了市场自我调节机能,导致商品竞争力下降,因此主张减少国家干预,降低税率,以便鼓励生产,刺激供给的增加。

中国当前经济运行过程中也面临着一些导致"滞"和"胀"的问题的困扰。首先,中国目前正在经历原材料、劳动力成本持续上升的时期,引发成本推动型通货膨胀的风险加大,可能会抑制企业投资,进而影响经济增长。其次,政府调控不到位等因素导致教育、医疗、住房支出或价格连年攀升,增加了居民生活负担,促使居民维持较高的储蓄水平从而大大抑制了消费欲望,导致市场增长乏力。

针对这些问题,中国政府应该在保证国内能源生产和供应的前提下,鼓励企业以多种方式参与境外能源的开发利用,满足国内经济增长的需要;同时,在教育、医疗、住房等领域采取措施以实现有效监督,维护市场各方合理利益,防止社会资源向上述产业或部门过度集中,进而影响整体经济发展潜力。

三、案例研究

(一) 案例研究 A

中国通货膨胀与失业率的关系

当前中国经济一直面临非均衡态势,在这一态势下必然存在着一定程度的失业率和通货膨胀率,而就业与通货膨胀作为两个既关乎经济又涉及政治的问题,同时又是宏观经济学的两个基础性问题。

近些年来,在持续的货币超发积累与国内市场中的流动性泛滥的共同作用下,中国当前正面临着居高不下的通货膨胀率,特别是在国内资产过度投资以及美国次贷危机等国内外因素的共同诱发下,中国经济开始呈现出向由原材料价格上涨造成的成本推动型通货膨胀方向发展的态势。并且在日益严峻的就业压力以及持续高涨的通货膨胀压力之下,菲利普斯曲线失灵这一经济特征也日益在中国宏观经济中有所呈现。

同时,随着改革开放以来中国经济的迅猛发展,加入世界贸易组织后对产业结构的深入调整、国有企业改革的不断深入以及政府针对解决下岗职工就业问题出台的政策措施的落实,使得国内就业人数和劳动力需求日益增加,但是由于中国的实体经济受到2008年以美国次贷危机为诱因的全球金融危机的影响,对劳动力的需求大幅度下降,使得中国仍然面临着严重的就业压力。一方面,在金融危机导致的经济发展缓慢这一国际大背景下,在历年未实现就业与本年度应届毕业生人数的高压下,许多大学生面临着毕业即失业的窘况,就业形势严峻异常;另一方面,同中国大量农村劳动力急需转移的状况极不协调的"民工荒"现象在许多经济发达地区也开始普遍出现。而且中国作为一个处于经济、社会转型期的社会主义大国,二元结构特征明显,人口基数大,就业压力本来就特别大,整个就业环境没有发生根本性的变化。

通过对菲利普斯曲线的解读我们可以知道,失业率与通货膨胀率之间呈明显负相关关系,即二者之间是此消彼长的替代关系:通货膨胀率低时,失业率就高;反之亦然。无通货膨胀和充分就业这两者根本无法同时实现,因此,尽可能地减少失业率与通货膨胀率之和成为政府在力所能及的范围内所能做的事,所以菲利普斯曲线这一工具就具有重要的意义。那么针对菲利普斯曲线表明的这一替代关系,政府是否可以基于通货膨胀率的提高来缓解失业现状,解决失业问题呢?答案无疑是否定的。因为中国的失业与通货膨胀问题并不完全适用于传统的菲利普斯曲线,意图通过通货膨胀率的提高实现失业率的降低并不可行。如果政府通过提高通货膨胀率来降低失业率,短期内失业率会下降,但长期来看,失业率的不均衡不可能永远存在下去,也就是说,在长期中,失业将最终回归到自然失业率水平,而一旦通货膨胀率提高,长时间都会"钉死"在较高的位置,很难下调,人们只能忍受高通货膨胀的煎熬。

资料来源:袁翠莲.浅析中国通货膨胀与失业率的关系及其应对方法[J].佳木斯教育学院学报,2014(5):493,496.

【关联理论】

菲利普斯曲线表示失业率与通货膨胀率之间的反向变动关系。在某种意义上,菲利普斯曲线也是一条表示失业率和工资变动率之间交替关系的曲线。但是在长期中,工人预期的通货膨胀率与实际通货膨胀率迟早会一致,因此通货膨胀就不会起到减少失业的作用。此时的菲利普斯曲线是一条垂线,失业率始终固定在自然失业率水平。

【案例解析】

在某种意义上,菲利普斯曲线是一条用以表示失业率和工资变动率之间交替关系的曲线。失业率上升时工资增长率下降,失业率下降时工资增长率上升。通货膨胀的其中一个原因是成本推动,在该理论下,通货膨胀率可以由货币工资增长率表示,即失业率高则通货膨胀率低,失业率低则通货膨胀率高。通货膨胀使实际工资下降,从而刺激生产,增加对劳动力的需求,减少失业,因此这条曲线就可以表示失业率与通货膨胀率之间的反向变动关系。但是在长期中,工人将根据实际情况不断调整自己的预期。工人预期的通货膨胀率与实际发生的通货膨胀率迟早会一致。这时工人会要求增加名义工资而使实际工资不变,从而通货膨胀就不会起到减少失业的作用。并且在长期中经济会实现充分就业,失业率回到自然失业率水平。因此,这时的菲利普斯曲线是一条垂线,失业率总是固定在自然失业率的水平上,以引起通货膨胀为代价的扩张性财政政策与货币政策并不能减少失业。

弗里德曼根据自然失业率的概念指出,菲利普斯曲线所表明的通货膨胀与失业率的交替关系,只有在特定的条件下才能实现。也就是说,如果政府扩大货币供给量,价格就会高于预期水平,实际工资下降,雇主愿意增雇工人,就业就会增加。这样通过提高通货膨胀率会降低失业率,使实际失业率降到自然失业率之下。但这只能是暂时的,因为价格变化同时会影响预期,刺激名义工资上升,使实际工资恢复到原来的水平。于是雇主就不会增雇工人,失业率上升,被拉回到一个与较快的价格增长率相对应的自然失业率水平。正因为存在着自然失业率,所以以充分就业为目的的经济政策就无法完全消灭失业。这些扩张性政策的实施只能增加货币供给量,引起通货膨胀,却无法消灭失业。

中国的通货膨胀虽然在一定程度上与工资成本上升有关,但近年来由农产品、原材料价格和进口中间品成本上升引致的成本推动型通货膨胀、由城乡利益格局调整引致的结构性通货膨胀以及由国际投机资本涌入、外汇储备过快增长引致的流动性过剩压力也构成了中国物价上涨的主要因素。据此，中国经济并不完全体现出菲利普斯曲线的特性，仅凭货币工资增长这一条件并不能直接导致通货膨胀现象，并且中国的通货膨胀与这几年的失业率之间并无稳定的负相关关系，目前的失业主要是产业结构调整过程中出现的结构性失业和摩擦性失业，以及国际贸易摩擦对中国出口行业就业的冲击。因而我们不能直接套用传统的菲利普斯曲线，而是应当根据菲利普斯曲线的理念，结合中国的实际情况，对通货膨胀和失业现象进行量化分析，寻找出理论与现实的最优结合方案。

（二）案例研究 B

菲利普斯曲线在中国宏观经济中的实证分析

1958 年，在英国任教的新西兰经济学家威廉·菲利普斯（William Phillips）在研究英国失业率和货币工资增长率的统计资料后，提出了一条用以表示失业率和货币工资增长率之间交替关系的曲线，这就是最初的菲利普斯曲线。根据成本推动理论，货币工资增长率可以表示通货膨胀率。因此，这条曲线就可以表示失业率与通货膨胀率之间的反向变动关系。菲利普斯曲线不仅指出了失业率与通货膨胀率之间的反向变动关系，而且为宏观经济决策者提供了通货膨胀率与失业率之间的权衡取舍关系——低通货膨胀率与低失业率目标是相互冲突的。

首先，在中国经济社会中，通货膨胀率与失业率的反向变动关系在一定范围内是存在的。根据这种反向变动关系，经济决策者可以根据不同的情况来制定政策，选择适当的通货膨胀率与失业率的组合进行调整，以促进经济发展，降低失业率。其次，实际工资是雇主与工人真正关心的重点，所以雇主和工人会根据预期的通货膨胀率来确定名义工资，附加预期的菲利普斯曲线可以较好地解释中国国内通货膨胀率与失业率之间的关系。

但是中国正处在经济转轨的特殊时期，市场经济体制并未完全建立，价格杠杆在资源配置方面没有真正起到基础性的作用，劳动力市场还受一定的政府管制，所以根据宏观经济理论，我们应该采取宽松的财政政策、紧缩的货币政策之组合，以扩张性财政政策扩大就业，降低失业率，以紧缩的货币政策控制通货膨胀。

资料来源：徐海.菲利普斯曲线在中国宏观经济中的实证分析[J].时代金融,2014(3):8—9.

【关联理论】

菲利普斯曲线表明，当失业率较低时，货币工资增长率较高；反之，失业率较高时，货币工资增长率较低，甚至可能为负数。根据成本推动的通货膨胀理论，货币工资增长率可以表示通货膨胀率。因此该曲线可以表示失业率与通货膨胀率之间的交替关系，同时也是一种反向变动关系，因为通货膨胀使实际工资下降，从而能刺激生产，增加对劳动的需求，减少失业。但菲利普斯曲线只是提示了通货膨胀率与失业率之间的关系，并没有在程度上给予具体的确定。这主要是因为影响两者的因素太多且它们之间的关系非常复杂。

【案例解析】

在短期内，菲利普斯曲线可以在一定程度上描述通货膨胀率、失业率以及 GDP 增长率之间的变动关系，也表明了在短期内，一定程度上的经济刺激政策是有效的，有一定的政策意义。政府在积极促进经济发展、降低失业率的同时，应该防止通货膨胀率的大幅上升；在控制经济过热、出台一系列宏观调控政策的时候,应注意通过不同政策组合,积极扩大就业,缓解失业问题。

  但是菲利普斯曲线的成立有其特定的条件。对中国而言,经济正面临着转型期,市场经济还不完善,工业化水平还不高,生产力水平还较低,农村大量剩余劳动力不断向城市转移。比如在产品定价上,由于中国的市场经济仍不成熟,价格杠杆在资源配置上的作用受到一定的限制,政府管制仍然占据一定的地位,这些都必然导致中国的商品价格水平与市场均衡价格存在一定程度的偏离。

  因此,由于中国的国情与西方还是存在着非常大的差异,菲利普斯曲线理论并不能完全应用于中国经济发展实践。我们应该有选择地采纳其主要结论,使菲利普斯曲线理论更好地在中国经济发展实践中发挥作用。

四、课外习题

(一) 术语解释

1. 菲利普斯曲线
2. 自然率假说
3. 供给冲击
4. 牺牲率
5. 理性预期

(二) 单项选择

1. 菲利普斯曲线通常是用来说明( )。
   - A. 通货膨胀导致失业
   - B. 通货膨胀与失业呈正相关
   - C. 通货膨胀与失业呈负相关
   - D. 产量与失业之间的权衡取舍
2. 长期菲利普斯曲线说明( )。
   - A. 通货膨胀与失业之间存在权衡取舍关系
   - B. 传统的菲利普斯曲线仍有效
   - C. 其离原点越来越远
   - D. 通货膨胀与失业之间不存在权衡取舍关系
3. 按照( )的观点,菲利普斯曲线所表明的通货膨胀与失业率之间的权衡取舍关系是不存在的。
   - A. 凯恩斯主义
   - B. 理性预期学派
   - C. 货币主义
   - D. 供给学派
4. 绝大多数经济学家认为,在长期中菲利普斯曲线是( )。
   - A. 垂直的
   - B. 水平的
   - C. 向上倾斜的
   - D. 向下倾斜的
5. 一些评论者建议用来衡量经济政策状态的痛苦指数是指( )。
   - A. 产量增长率与通货膨胀率之和
   - B. 失业率与通货膨胀率之和
   - C. 产量增长率与失业率之和
   - D. 自然失业率与实际失业率之和
6. 沿着短期菲利普斯曲线,( )。
   - A. 低产量增长率与高失业率相关
   - B. 低产量增长率与低失业率相关

C. 低通货膨胀率与低失业率相关　　D. 低通货膨胀率与高失业率相关

7. 根据菲利普斯曲线,短期中如果决策者选择扩张性政策来降低失业率,那么如果价格预期不变,(　　)。
   A. 通货膨胀率不受影响　　B. 通货膨胀率上升
   C. 通货膨胀率下降　　D. 以上各项都不对

8. 菲利普斯曲线是总需求与总供给模型的扩展,因为在短期内总需求降低会使物价下降以及(　　)。
   A. 产量增加　　B. 通货膨胀率上升
   C. 失业率下降　　D. 失业率上升

9. 自然率假说认为(　　)。
   A. 自然失业率一直低于失业率　　B. 自然失业率一直高于失业率
   C. 在长期中失业率都将回到自然失业率　　D. 自然失业率等于失业率

10. 当实际通货膨胀率高于预期通货膨胀率时,(　　)。
    A. 失业率高于自然失业率　　B. 失业率低于自然失业率
    C. 失业率等于自然失业率　　D. 以上各项都不对

11. 长期菲利普斯曲线说明(　　)。
    A. 政府需求管理政策无效　　B. 政府需求管理政策只在一定范围内有效
    C. 政府需求管理政策有效　　D. 以上都不对

12. 下列哪一项会使长期菲利普斯曲线向右移动?(　　)
    A. 预期通货膨胀率上升　　B. 国外石油价格上升
    C. 总需求增加　　D. 最低工资增加

13. 在长期中,如果调整价格预期,以至于所有物价和收入都与物价水平的上升同比例变动,那么长期菲利普斯曲线(　　)。
    A. 向右上方倾斜　　B. 向右下方倾斜
    C. 是垂直的　　D. 由价格预期决定

14. 当预期通货膨胀率上升时,(　　)。
    A. 短期菲利普斯曲线向下移动,经济面临有利的失业-通货膨胀的权衡取舍
    B. 短期菲利普斯曲线向下移动,经济面临不利的失业-通货膨胀的权衡取舍
    C. 短期菲利普斯曲线向上移动,经济面临有利的失业-通货膨胀的权衡取舍
    D. 短期菲利普斯曲线向上移动,经济面临不利的失业-通货膨胀的权衡取舍

15. 当外国石油价格下降时,(　　)。
    A. 短期菲利普斯曲线向下移动,经济面临有利的失业-通货膨胀的权衡取舍
    B. 短期菲利普斯曲线向下移动,经济面临不利的失业-通货膨胀的权衡取舍
    C. 短期菲利普斯曲线向上移动,经济面临有利的失业-通货膨胀的权衡取舍
    D. 短期菲利普斯曲线向上移动,经济面临不利的失业-通货膨胀的权衡取舍

(三) 判断正误

1. 从短期看,现代菲利普斯曲线所描述的通货膨胀率与失业率之间并不存在权衡取舍关系。(　　)
2. 从短期看,总需求增加提高了物价,降低了产量,增加了失业。(　　)

3. 失业补助减少降低了自然失业率,并使长期菲利普斯曲线向左移动。(　　)

4. 若通货膨胀率是3%,失业率是5%,则痛苦指数是8。(　　)

5. 自然率假说提出,长期中无论通货膨胀率如何,失业都要回到自然失业率水平。(　　)

6. 当失业率高于自然失业率时,劳动市场是异常紧张的,带来工资和物价上升的压力。(　　)

7. 在长期中菲利普斯曲线是一条经过自然失业率的垂线。(　　)

8. 不利的供给冲击会使菲利普斯曲线向上移动,并使经济面临不利的失业-通货膨胀的权衡取舍。(　　)

9. 突然的货币紧缩使经济沿短期菲利普斯曲线向上移动,减少了失业,加剧了通货膨胀。(　　)

10. 当实际通货膨胀率高于预期通货膨胀率时,失业率高于自然失业率。(　　)

(四) 简答题

1. 菲利普斯曲线有哪几种类型?其各自的政策含义是什么?
2. 如何理解自然失业率?影响自然失业率的因素有哪些?
3. 通货膨胀率对名义利率和真实利率的影响在短期内和长期中有何区别?
4. 如果物价水平高于买方和卖方的预期,真实工资水平和就业率会发生怎样的变动?企业的利润空间会受到什么影响?自然失业率和实际失业率有何变化?
5. 假设一场干旱摧毁了农作物并使食物价格上升。这对通货膨胀与失业之间的短期权衡取舍有什么影响?

(五) 应用题

1. 假设自然失业率是6%,在一幅图上画出可以用来描述下列四种情况的两条短期菲利普斯曲线。标出每种情况下表示经济所处位置的点。
   (1) 实际通货膨胀率是5%,而预期通货膨胀率是3%。
   (2) 实际通货膨胀率是3%,而预期通货膨胀率是5%。
   (3) 实际通货膨胀率是5%,而预期通货膨胀率是5%。
   (4) 实际通货膨胀率是3%,而预期通货膨胀率是3%。

2. 假设中央银行宣布,它将实施紧缩性货币政策以降低通货膨胀率。下列情况使接下来的衰退更加严重还是有所缓和?请解释。
   (1) 工资合同期限变短。
   (2) 很少有人相信中央银行降低通货膨胀率的决心。
   (3) 通货膨胀预期迅速根据实际通货膨胀率做出调整。

3. 假设中央银行的政策是通过使失业处于自然失业率水平来维持低且稳定的通货膨胀。但是,中央银行认为当实际失业率为5%时,自然失业率是4%。如果中央银行把这个信念作为决策的基础,经济会发生怎样的变动?中央银行会认识到,它关于自然失业率的信念是错误的吗?

(六) 拓展思考题

1. 说明下列情况对短期菲利普斯曲线和长期菲利普斯曲线的影响,并给出其所依据的经济学推理。
  (1) 自然失业率上升。
  (2) 进口石油价格下降。

2. 尽管通货膨胀直接降低人们生活水平的观点是一种谬误,但通货膨胀确实会产生许多更为微妙的成本,譬如与减少货币持有量相关的皮鞋成本,与频繁调整价格相关的菜单成本,相对价格变动与资源配置不当带来的低效率、混乱与不方便,以及未预期到的通货膨胀的特殊成本——任意的财富再分配等。考虑到通货膨胀对政府造成的压力,假设中国人民银行决定采取紧缩性货币政策以降低通货膨胀。请回答以下两个问题:
  (1) 用菲利普斯曲线说明这种政策的短期影响与长期影响。
  (2) 说明可以如何降低实施这种政策所带来的短期代价。

五、习题答案

(一) 术语解释

1. 菲利普斯曲线:一条表示通货膨胀与失业之间短期权衡取舍的曲线。
2. 自然率假说:认为无论通货膨胀率如何,失业最终要回到其正常失业率或自然失业率水平的观点。
3. 供给冲击:直接改变企业的成本和价格,使经济的总供给曲线移动,进而使菲利普斯曲线移动的事件。
4. 牺牲率:在通货膨胀率下降一个百分点的过程中每年产量损失的百分点数。
5. 理性预期:当人们预测未来时,可以充分运用他们所拥有的全部信息,包括有关政府政策的信息的理论。

(二) 单项选择

1. C 2. D 3. B 4. A 5. B 6. D 7. B 8. D 9. C 10. B 11. A 12. C 13. C 14. D 15. A

(三) 判断正误

1. × 2. × 3. √ 4. √ 5. √ 6. × 7. √ 8. √ 9. × 10. ×

(四) 简答题

1. 【考查要点】 菲利普斯曲线的类型及其政策含义。

【参考答案】 菲利普斯曲线可以分为短期菲利普斯曲线和长期菲利普斯曲线。向右下方倾斜的短期菲利普斯曲线的政策含义是,在短期内引起通货膨胀率上升的扩张性财政政策与货币政策是可以起到减少失业的作用的。长期菲利普斯曲线是一条垂直线,表明失业率与通货膨胀率之间不存在权衡取舍关系,其政策含义是从长期看,政府运用扩张性政策不但不能降低失业率,还会使通货膨胀率不断上升。

2.【考查要点】 自然失业率的含义及其影响因素。

【参考答案】 自然失业率是指当经济处于充分就业状态时的失业率,这时经济的失业只是摩擦性失业和结构性失业。失业持续时间和失业频率是影响自然失业率的两个主要因素。失业持续时间取决于经济周期及劳动力市场结构,失业频率是人们在一定时期内变为失业者的次数。失业持续时间越长,失业频率越高,自然失业率也就越高。

3.【考查要点】 通货膨胀率与名义利率和真实利率的关系。

【参考答案】 名义利率=真实利率+预期的通货膨胀率。在长期中,名义利率可以对通货膨胀做出完全调整,名义利率将等于没有通货膨胀时的利率加上通货膨胀率。在短期内,名义利率不能对通货膨胀做出完全调整,国家也很有可能在制度上不允许银行对存款支付高利息。这样真实利率不再是恒定的,所以真实利率=名义利率-预期的通货膨胀率。

4.【考查要点】 对菲利普斯曲线的理解。

【参考答案】 与价格水平被准确预期相比,价格水平高于决策者的预期会使真实工资水平下降,就业率上升。利润率将上升,实际失业率将降到自然失业率以下。

5.【考查要点】 菲利普斯曲线的移动。

【参考答案】 如果一场干旱摧毁了农作物,并使食物价格上升,则生产成本提高,总供给曲线向上移动,菲利普斯曲线向右上方移动,无论何种失业状况都对应着比之前更高的通货膨胀率。

(五) 应用题

1.【考查要点】 菲利普斯曲线的定义,与通货膨胀率、自然失业率的关系。

【参考答案】 (1) 如图35-4所示,实际通货膨胀率是5%,而预期通货膨胀率是3%。经济所处的位置为 A 点。

(2) 实际通货膨胀率是3%,而预期通货膨胀率是5%。经济所处的位置为 B 点。

(3) 实际通货膨胀率是5%,而预期通货膨胀率是5%。经济所处的位置为 C 点。

(4) 实际通货膨胀率是3%,而预期通货膨胀率是3%。经济所处的位置为 D 点。

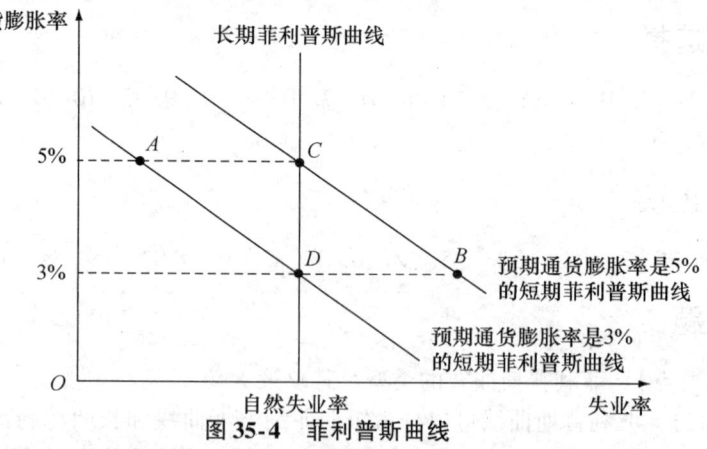

图35-4 菲利普斯曲线

2.【考查要点】 影响菲利普斯曲线移动的因素。

【参考答案】 (1) 工资合同期限变短会使衰退有所缓和。因为工资合同期限变短使得工人能尽快根据新的政策调整预期,使得短期总供给曲线和短期菲利普斯曲线能较快地调整到经济的长期均衡位置。(2)很少有人相信中央银行降低通货膨胀率的决心会使衰退更加严重。人们的预期调整很慢,短期总供给曲线和短期菲利普斯曲线调整到经济长期均衡位置的速度较慢。(3)通货膨胀预期迅速地对实际通货膨胀率做出调整会缓和降低通货膨胀率引起的衰退。这样,短期总供给曲线和短期菲利普斯曲线调整到经济长期均衡位置的速度较快。

3.【考查要点】 降低通货膨胀的代价。

【参考答案】 中央银行认为当实际失业率为5%时,自然失业率是4%。中央银行认为现在的失业率高于自然失业率,所以会采用扩张性货币政策降低失业率。随着货币供给的增加,失业率达到4%,但是此时人们会调整预期,从而通货膨胀率会继续上升。当中央银行发现失业率与通货膨胀率同方向变化时,会认识到其关于自然失业率的观点是错误的。

(六) 拓展思考题

1.【考查要点】 短期菲利普斯曲线和长期菲利普斯曲线的移动。

【参考答案】 (1)自然失业率上升会使长期菲利普斯曲线向右上方移动。由于较高的失业率意味着生产物品与服务的工人较少,因此在任何一种既定的物价水平下,物品与服务的供给量减少,从而长期总供给曲线将向左移动。这样,经济就在任何一种既定的货币增长率和通货膨胀率时面临较高的失业率与较低的产量。

(2)进口石油价格下降使短期菲利普斯曲线向左下方移动。进口石油价格下降降低了生产许多物品与服务的成本,增加了在任何一种既定物价水平下的物品与服务供给量。供给增加使总供给曲线向右移动,物价水平下降,而产量增加。由于需要较多的工人来生产较多的物品与服务,因此就业增加,失业减少。由于物价水平较低,因此通货膨胀率也较低,总供给曲线移动引起较低的失业和较低的通货膨胀,短期菲利普斯曲线向左下方移动。

2.【考查要点】 预期对菲利普斯曲线的影响及降低通货膨胀的代价。

【参考答案】 (1)为了降低通货膨胀率,中国人民银行必须实行紧缩性货币政策。如图35-5所示,当中国人民银行降低货币增长率时,它就紧缩了总需求。总需求减少又减少了企业生产的物品与服务量,而这种生产减少引起了就业减少。经济开始时处于图中的A点,并沿着短期菲利普斯曲线移动到B点,这一点意味着较低的通货膨胀率和较高的失业率。随着时间的推移,当人们意识到物价的上升会较缓慢时,预期通货膨胀率和短期菲利普斯曲线都向

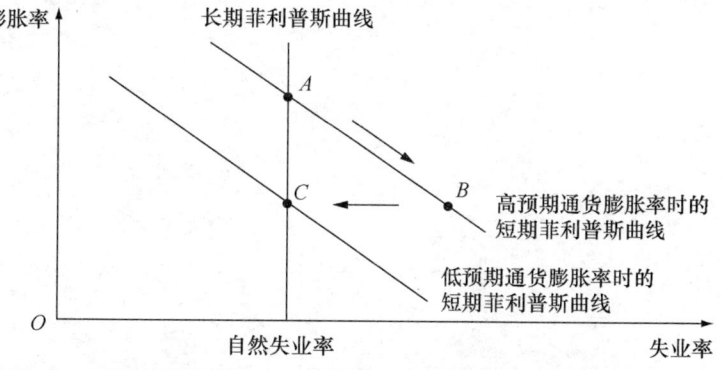

图35-5 预期通货膨胀率下降如何使短期菲利普斯曲线移动

下移动,经济从 B 点移动到 C 点,通货膨胀率降低而失业率又回到自然失业率。

(2) 通货膨胀预期的调整速度决定了反通货膨胀政策的短期代价。如果理性使人们能够根据中国人民银行的反通货膨胀政策迅速降低通货膨胀预期,短期菲利普斯曲线将向下移动,经济将很快达到低通货膨胀的状态,而不会带来暂时的高失业和低产量的代价。所以中国人民银行树立可信任的反通货膨胀承诺可以降低反通货膨胀的短期代价。

第 36 章
宏观经济政策的六个争论问题

一、学习精要

（一）教学目标

1. 领会货币政策与财政政策对于稳定经济的意义和作用。
2. 了解货币政策的相机抉择机制，以及政府的反衰退措施。
3. 理解通货膨胀对于长期经济发展的作用及影响。
4. 掌握政府财政预算对于社会稳定及社会福利的影响。
5. 掌握修改税法对鼓励储蓄的影响机制。

（二）内容提要

本章主要论述了现阶段宏观经济学中存在的宏观经济政策的六个争论问题，以之前所学的宏观经济学内容为基础，对于宏观经济学中的一些敏感问题及未有明确结论的问题进行了细致的讨论。在讨论中分别从正、反两方面进行了论述，以帮助读者根据自身信息做出有效的决策和判断。

1. 货币政策与财政政策制定者应该试图稳定经济吗

（1）正方：决策者应该试图稳定经济。决策者应该试图稳定经济，否则，经济就会倾向于出现波动，这种波动在经济衰退时尤其明显。经济衰退会导致家庭与企业减少支出，从而减少社会总需求。总需求减少又会导致社会生产减少，失业上升和收入减少又会强化经济衰退的预期，从而加重经济衰退。宏观经济学理论认为，决策者可以利用货币政策和财政政策减轻经济波动的影响，甚至"熨平"经济周期。正方认为只要通过"逆经济变动的风向行事"就可以实现稳定经济的目标。

（2）反方：决策者不应该试图稳定经济。虽然理论上货币政策与财政政策可以稳定经济，但在实践过程中存在重大障碍，影响政府政策的效用，甚至会加重初始的经济衰退。货币政策和财政政策的实施与生效存在一个相当长的时滞。另外，时滞问题在外部经济因素未发生较大变化时对于政策效用的影响不大，但在外部经济因素发生重大变化时就会影响政策的效果，甚至会起到反作用。

2. 政府反衰退应该增加支出还是减税

（1）正方：政府应该通过增加支出来反衰退。宏观经济学理论认为，除积极的货币政策外，通过减税和增加政府支出都可以有效增加总需求。传统的凯恩斯主义者认为，后者比前者更有潜力。减税增加了家庭和个人的可支配收入，但由于存在储蓄，可能使减税效力"漏出";增加政府支出则直接增加了总需求,不存在效力"漏出"。根据美国政府的历史实践,决策者认为增加政府支出应集中于以下三类:基础设施建设、政府援助、转移支付等。

(2)反方:政府应该通过减税来反衰退。反方认为,减税不仅对总需求有重要影响,而且对总供给也有重要影响。同时增加支出的反衰退措施会引起理性消费者对未来高税收的预期,从而引起税收的无谓损失,因此政府增加支出的乘数效应会受到影响。另外,政府扩大支出的选择和使用过程是以集中决策为特征的,很容易引起低效率甚至腐败,这一点不如通过减税让个人与家庭进行分散决策更有效率。

3. 货币政策应该按规则制定还是应该相机抉择

(1)正方:货币政策应该按规则制定。主要是因为相机抉择存在两个问题:其一是货币政策相机抉择对能力不足和权力滥用没有限制,由此还会引发政治性经济周期等问题;其二是货币政策相机抉择所引起的通货膨胀会高于合意的水平。正方认为避免相机抉择引发的两个问题的方法就是央行的货币政策必须按规则制定。

(2)反方:货币政策不应该按规则制定。反方承认货币政策相机抉择存在一些缺点,但认为其同时也具备更显著的优点,即灵活性。反方认为,经济活动的许多情况都是未知的或不可预测的,因此相机抉择的灵活性就体现出重要的作用。同时,反方认为相机抉择存在的两个问题被夸大了,在实际中并不明显,甚至与其灵活性的优点相比,这些问题可以忽略。最后,明确的规则本身需要详细的说明和解释,这本身就面临着实践中的高成本。

4. 中央银行应该把零通货膨胀作为目标吗

(1)正方:央行应该把零通货膨胀作为目标。因为通货膨胀本身不仅没有好处,而且还会为经济发展带来较高的通货膨胀成本。尽管宏观经济学认为短期内存在"菲利普斯曲线"效应,但降低通货膨胀是一项暂时有成本、长期有好处的政策。另外,"零"在央行政策中是较自然的通货膨胀率值。

(2)反方:央行不应该把零通货膨胀作为目标。主要是因为相对于零通货膨胀下的物价稳定的好处,温和的通货膨胀对于经济发展更有利。零通货膨胀的成本较高,同时正方所提及的通货膨胀成本并不高,而且可以通过其他的政策降低和化解。

5. 政府应该平衡其预算吗

(1)正方:政府应该平衡其预算。原因主要有直接影响和间接影响两种。直接影响是指政府债务不仅增加了当代人的负债,而且增加了下一代甚至几代人的负债,同时还降低了后代的生活水平;间接影响体现为预算赤字可能造成负的公共储蓄,使社会生产减缓甚至停滞。尽管如此,正方也认为有些情况下的政府预算赤字是合理的,比如说战争期间等。

(2)反方:政府不应该平衡其预算。原因主要有三点:其一是政府债务问题被夸大了,相对于年收入而言,每个人分担的债务占比非常小;其二是政府预算的用处涉及公共投资等社会福利问题,削减公共投资必然会导致社会总福利水平下降;其三是不能单纯地、孤立地看待政府预算赤字问题,应与具体的情况相结合。

6. 应该为了鼓励储蓄而修改税法吗

(1)正方:应该为了鼓励储蓄而修改税法。正方认为,一国的储蓄率是其长期繁荣的关键决定因素,基于"人们会对激励做出反应"的原理,政府应该为鼓励储蓄而修改税法。但目前美国的税制反而更加抑制了储蓄,因此必须对税法进行修改。

(2)反方:不应该为了鼓励储蓄而修改税法。这主要是因为增加储蓄并不是税收政策的唯一目标,除此之外还应当保证税收负担公平分配。高收入家庭与低收入家庭在鼓励储蓄和负担公平两方面不可兼得,因此可以采用其他方法鼓励储蓄而不是通过修改税法来实现。

7. 结论

本章所讨论的六个问题在实际中并没有定论,每位读者必须根据自身了解的信息进行实际的判断。但正如教材中所提到的:"如果他们说的好像是要给你提供免费午餐,那么你一定要找一找隐藏着的价格标签。"

(三) 关键概念

1. 逆风向行事:宏观经济学中对采用稳定总需求的政策的比喻。
2. 不稳定政策:使产量背离长期自然产出水平的政策。
3. 政治性经济周期:由于决策者本人与参与竞选的政治家联盟而引起的经济波动。
4. 政策的前后不一致性:政策宣告与政策行动之间的不一致。
5. 相机抉择:决策者没有遵循某种规则而是依据具体情况做出选择的政策。

(四) 拓展提示

1. 在第三个争论中,正方与反方讨论的并不是货币政策是应该按规则制定还是应该相机抉择的二选一的问题,而是在多大程度上减少相机抉择权力使用的问题。因此,第三个争论的正、反方之间并不存在相互对立的观点,读者在学习过程中需要注意。

2. 在第五个争论中,双方对于政府平衡预算的问题也存在着一个基本的认知,即适度的预算赤字对于经济和社会发展具有一定的推动作用。双方争议的焦点在于预算赤字的规模问题。

3. 本章中对于六个争论问题的正、反方的理由分别进行了阐述,但是在具体的实践中仍不足以支撑读者做出明确的判断和决策。

二、新闻透视

(一) 新闻透视 A

中国经济"开门红",货币政策未来怎么走

中国经济 2019 年实现"开门红"。中国官方 17 日公布的数据显示,第一季度 GDP 实现 6.4% 的同比增长,好于市场预期,工业、消费等方面的数据出现明显回升。

外界分析普遍认为,多项积极宏观政策组合发力是中国经济实现"开门红"的重要原因。但市场也疑虑,在经济基本面企稳反弹的情况下,此前官方定调的强化逆周期调节是否有减弱趋向,出现边际宽松的货币政策是否会收紧。

"不要急于收紧。"中国银行首席研究员宗良在中新社举办的"国是论坛"上表示,货币政策应根据中国当前宏观经济变动态势保持稳健运行,保持合理预期至关重要。

当天,中国人民银行叙做 2 000 亿元 MLF(中期借贷便利)及 1 600 亿元逆回购进行市场流动性调节。对此,京东数字科技首席经济学家沈建光指出,中国人民银行的操作并非宽松信号更加明确的降准,符合货币政策不会进一步放松的预期。

工银国际首席经济学家程实指出,从全球来看,近期国际货币基金组织大幅下调对全球

经济和贸易增长的预测,表明全球复苏踯躅、危机回潮的格局并未松动。外部需求的"逆风"压力依然可能卷土重来,因此需要吸取过去的经验教训,"稳增长"政策仍需保持定力,不宜过早主动撤出。

再结合中国第一季度金融数据超预期、新增贷款和社会融资规模均有大幅提升的情况来看,中信证券分析师明明称,从货币政策的角度,社会融资数据有所回暖,总量宽松政策必要性下降,但考虑到小微企业融资难、融资贵的问题仍存在,结构性的宽松仍可能是近期货币政策的主旋律。

"对货币政策,我们要保持总体上的稳定,在结构上更加优化,以便更加有效地支持经济的发展。"宗良亦持有类似观点。

中国经济"开门红"对货币政策走向有何影响?在程实看来,经济"开门红"带动的三大转变之一就是货币政策节奏优化。

从中国人民银行货币政策委员会第一季度会议的公告来看,不再强调"加大逆周期调节的力度",而是将重点聚焦于"把好货币供给总闸门""防风险"和"推进关键领域改革"。程实认为,当前中国人民银行具有适宜的政策空间,有望根据不同情境从容地相机抉择。

他举例称,若未来出现流动性短期紧缺并推动货币市场利率反弹,则中国人民银行将大概率先行降准,以最稳妥的方式恢复流动性的合理充裕;若货币市场利率保持低位,且低于OMO(公开市场操作)利率的幅度较大,中国人民银行将大概率推迟降准;若上述两种情境均未发生,中国人民银行则将暂时在降准、降息上"按兵不动",优先利用内部稳定期,加速推进金融市场的高水平开放。

资料来源:中国经济"开门红" 货币政策未来怎么走[EB/OL].(2019-04-17)[2019-04-25].http://www.chinanews.com/cj/2019/04-17/8812195.shtml.

【关联理论】

货币政策是指中央政府为实现某种特定的目标,通过中央银行对货币供给量、信贷量、利率等进行调节和控制而采取的政策措施。在众多的货币政策工具中,一般政策工具包括存款准备金率、再贴现率和公开市场业务。另外,选择性补充政策包括调节信用,其中包括调节利息率。适当的货币政策可以有效地缓解甚至扭转经济发展的趋势。

【新闻评析】

目前中国经济发展进入新常态,在优增长和调结构的同时,由于受到国内外形势的影响和资源环境的约束,近年来经济下行压力较大。经济周期理论告诉我们,市场经济具有自我调节的功能。但是在经济周期的调整过程中必然会出现一些非市场所能控制的问题,如失业率上升、工业企业倒闭等,这些问题不仅关系到中国的经济发展趋势,而且关系到社会安定。因此中央政府必须采取一定的政策措施,调整中国目前的经济发展环境,止住或扭转目前经济下行的趋势。可见,中国政府处于教科书中提到的第一个争论问题的"正方",即认为货币政策与财政政策制定者应当试图稳定经济,不可任由市场经济进行突发式的自我调整。

虽然全球经济仍在继续扩张,但在政策空间有限、债务水平达到历史高位、金融脆弱性居高不下的背景下,全球经济仍面临下行的风险,主要包括贸易紧张局势、政策不确定性、地缘政治风险以及融资条件的突然大幅收紧。中国将健全货币政策和宏观审慎政策"双支柱"调控框架,加快金融市场基础设施建设,健全问题金融机构的处置机制,继续完善汇率形成机制,保持人民币汇率在合理均衡水平上的基本稳定。同时,中国将进一步扩大金融业开放,实现制度性、系统性开放,以更加透明、更符合国际惯例的方式同等对待中资和外资金融机构。今后相当长的时间内,中国财政政策和货币政策的基调可能是:一方面,财政政策应在必要时重建缓冲,保持灵活性并促进增长,避免顺周期性并确保公共债务处于可持续水平,以及保障民生目标的实现。另一方面,货币政策应在符合央行自身职责的前提下,确保通货膨胀水平趋向目标或在目标附近趋稳,并稳固通货膨胀预期。因此,继续坚持稳健的货币政策并保持松紧适度就显得尤为重要。

(二) 新闻透视 B

央地收支矛盾凸显,年底"大花钱"难免,赤字拟增 5 000 亿元

"金融业'营改增'最晚于 2015 年年底或者 2016 年年初开始实施,而最早的实施时间可能定为 2015 年 10 月 1 日。"普华永道中国内地及香港地区间接税主管合伙人胡根荣近日在接受媒体采访时表示。

财政部提示:受经济下行压力仍然存在、扩大"营改增"增加减税、2013 年收入基数逐步提高等因素影响,中央财政收入增长仍较困难,地方部分省份收入增幅有可能回落,全国财政收支差将逐步拉大,在赤字率不变的情况下,赤字规模扩大成为大概率事件。

中国社科院财经战略研究院院长高培勇认为,按照当前积极财政政策逻辑,预计财政赤字规模在 2014 年 13 500 亿元的基础上,将增加 5 000 亿元,区间在 13 500 亿~19 000 亿元。

"'营改增'将为金融行业带来利好。金融保险行业采购所产生的增值税进项税额可以获得抵扣,这将减轻重复征税问题。"尽管这被胡根荣视为行业利好,但是对于财政,尤其是地方财政而言,"营改增"扩围直接影响的就是政府税收。

国家税务总局公布的统计数据显示,"营改增"试点启动以来,全国已累计减税 3 276 亿元。

不仅是金融业,后续生活性服务业的"营改增"方案或也将在年底前出台,而建筑业、房地产业的"营改增"最早于 2015 年 1 月 1 日起施行。

毋庸置疑的是,随着 2015 年年底"营改增"的全部完成,地方政府将面临巨大的税收缺失。

眼下,中央财政收入的增速正在放缓。财政部发布的数据显示,2014 年 1—10 月中央财政收入同比增长 6.6%,比 1—9 月累计增幅提高 0.6 个百分点,但比预计增幅(7%)低 0.4 个百分点。

在"土地财政"不能长久的前提下,地方政府税收的减少,意味着需要控制其支出规模。

财政部数据显示,2014 年 1—10 月全国财政支出 113 549 亿元,比上年同期增加 11 510 亿元,增长 11.3%,完成预算的 74.2%。其中,中央财政本级支出 17 572 亿元,同比增长 9.2%,完成预算的 78.1%;地方财政支出 95 977 亿元,同比增长 11.7%,完成预算的 73.8%。

从以上数据也可看出,中央和地方的财政支出并没有减少的迹象。

"地方政府减税背后其实是减支,如果支出没有变化,那么减少的税收只能依靠增加赤字来弥补。"高培勇表示。

资料来源:杜丽娟.央地收支矛盾凸显 明年赤字欲增 5 000 亿元[N/OL].中国经营报,2014-12-01[2019-04-25]. http://dianzibao.cb.com.cn/html/2014/12/01/content_38836.htm? div =-1.

【关联理论】

简而言之,财政赤字是一国政府财政支出大于财政收入而形成的差额。财政政策是一国政府维持或刺激经济增长的一种常见工具和手段,因而通常情况下政府财政支出必然会呈增长趋势。在财政收入保持不变或持续减少的情况下,极易形成财政赤字。财政赤字是目前各国政府普遍存在的现象,也是政府对市场经济进行宏观调控的必然结果。

【新闻评析】

一国政府在对国内市场经济进行宏观调控的过程中必然会产生财政支出,比如兴建基础设施、进行大规模项目开发等。一般情况下,财政支出会产生政府债务,其债权则掌握在央企、私人单位甚至自然人手中。政府财政支出产生的债务需要由政府的财政收入进行偿还,由于政府的财政收入主要来源于税收,因此税收能力就成为一国政府还债能力的直接体现。

简单来说,政府的税收能力越强,其还债能力就越强,财政赤字就越不可能对长期的经济发展造成负面影响;政府的税收能力越弱,其还债能力就越弱,财政赤字就越可能对长期的经济发展造成负面影响。由于中国经济下行的压力较大,因此政府的税收能力下降,财政收入增加放缓。在财政支出规模保持不变的情况下,财政赤字的规模必然会越来越大。

上述新闻中的数据也显示出中国中央政府和地方政府的财政支出并未出现减少的迹象,因此在税收减少的情况下,为缩小财政赤字规模,则必须缩小财政支出的规模。但就目前来看,由于前期中央及地方政府的赤字规模基数较大,快速减少财政支出的做法并不现实,地方债务危机也初现端倪。政府赤字作为政府债务,应该被重视,而不能简单地用子孙后代的税收加以弥补,尤其是在财政赤字不断扩大的背景下。中国政府的财政赤字规模主要是由于经济下行压力过大,为了保证总体经济平稳增长而采取的应急措施。因此在"应急"之后,必须找到适当的办法消除债务,否则不仅无法缓解经济下行压力,而且很有可能会出现大规模的政府债务危机。

(三) 新闻透视 C

中国修改个人所得税法,个税起征点调至 5 000 元

新的个人所得税(以下简称"个税")起征点 2018 年 10 月 1 日起正式实施,今后发放的工资都能适用 5 000 元的起征点和新税率表,月收入 2 万元以下的人可减税 50% 以上。来看看你每月到手工资能增加多少钱。

5 000 元个税起征点今起正式实施

2018 年 8 月 31 日,十三届全国人大常委会第五次会议表决通过了《关于修改〈中华人民共和国个人所得税法〉的决定》,这是《中华人民共和国个人所得税法》自 1980 年出台以来第七次大修。

为了让纳税人尽早享受减税红利,2018 年 10 月 1 日至 2018 年 12 月 31 日,先执行新税法过渡期政策。在此期间,对纳税人实际取得的工资、薪金所得,按 5 000 元/月的基本减除费用进行扣除,并适用新税率表。

每月到手工资能增加多少钱?

大家都非常关心,个税起征点提高后,自己每月到手工资能增加多少钱?

财政部副部长程丽华表示,广大纳税人都能够不同程度地享受到减税的红利,特别是中

等以下收入群体获益更大。月收入在2万元以下的纳税人税负可降低50%以上。

让我们来算一笔账。假设扣除"三险一金"后的月收入额为1万元,不考虑专项附加扣除,那么:

起征点为3 500元的情况下,每月需缴纳745元个税;

起征点为5 000元的情况下,每月只需缴纳290元个税。

也就是说,每月到手工资可以增加455元。

需要说明的是,2019年1月1日起,子女教育、继续教育、大病医疗、住房贷款利息或者住房租金、赡养老人等专项附加扣除将实施,这些项目可以在税前扣除,届时减税将更多,到手工资也将会变得更多。

资料来源:个税起征点今起提至5 000元,一图看懂你到手工资能涨多少?[EB/OL].(2018-10-01)[2019-04-25]. https://baijiahao. baidu. com/s? id=1613078865810867886&wfr=spider&for=pc.

【关联理论】

税收是政府的重要财政收入来源,是政府行使权力的重要保障手段。同时,纳税是企业法人与自然人应尽的主要义务之一。税法是国家制定的用以调整国家与纳税人之间在纳税方面的权利及义务关系的法律规范的总称,对于一国法人和自然人具有重要的指引作用,因此修改税法会引起较大的经济和社会反应,并且持续时间较为长久。减税是政府扩大总需求的有效措施,也是政府扭转下行经济趋势的重要手段。

【新闻评析】

按照一般的解释,超额累进税率指将应税所得额按照税法规定分解为若干段,每一段按其对应的税率计算出该段应交的税额,然后再将计算出来的各段税额相加,即为应税所得额应交纳的个税。所以超额累进税率一般被认为是体现社会公平的一种税收制度。但从起征点的角度来看,如果起征点过低,则承担个税的主体将是低收入者。高收入者的税收绝对值虽然较高,但相对来说其税负仍比低收入者轻,因此个税起征点的高低关系到社会公平。

从历次个税起征点修改来看,本次修改是幅度最大的一次,之前确定的起征点分别为800元、1 600元、2 000元和3 500元。随着中国经济的快速发展,社会低收入群体的平均收入也出现了较快速的增长,很明显以800元、1 600元、2 000元、3 500元为个税起征点已经不能将低收入群体从个税征收主体中排除,自然也就无法体现税收公平。政府修改税法,提高个税起征点,一方面可以体现税收公平,维持低收入群体的生活水平和生活质量;另一方面可以提高个人可支配收入,增强居民的储蓄意愿,为市场经济发展提供较丰富的资金,并降低企业的融资成本。因此,中国政府提高个税起征点的做法不仅对个人来说是一件好事,而且对市场经济微观主体也具有较积极的影响;不仅在短期内可以收到成效,而且在长期中可以有效地促进经济发展。

三、案例研究

(一) 案例研究A

财政赤字对中国经济有什么影响?

财政赤字对中国经济有什么影响?由于财政赤字是一种客观存在的经济现象,因此关于财政赤字对经济的影响有许多不同的观点。亚当·斯密和萨伊等经济学家都反对财政赤字,直到凯恩斯主义的出现才彻底改变了人们对赤字的看法。人们不能单纯地认为赤字是好还是坏,而应该结合不同的时期、不同的经济制度,去分析财政赤字真正发挥的作用。

我们都知道,财政赤字发生作用的机制是由于财政收入小于财政支出,从而通过不同的弥补方式形成流通中货币量增加的机制和社会总需求扩大的机制。判断这种机制到底发挥的是积极还是消极的作用,必须结合当时所处的环境。财政赤字在一定条件下会表现出好的一面,可以促进经济的发展,但是在另一种条件下也许就会表现出坏的一面。

结合中国的具体国情和经济制度,改革开放三十多年来,财政赤字对中国国民经济的影响是积极的。改革开放以来,中国建立了社会主义市场经济体制,使中国的经济保持了相对稳定和高速的增长,这个过程中,我们不得不承认,财政政策和财政赤字起到了关键的作用。很多专家分析了中国这三十多年的发展历程,得出的结论是"如果没有财政赤字,那么中国的经济增长率将下降一定的百分点",这个结论不无根据。从中国的经济体制方面出发,改革开放之后中国由计划经济向市场经济转型,这无疑是个非常正确的决定,社会主义市场经济极大地促进了国民经济的发展,但是基于各种原因,中国市场经济并不完善,市场配置社会资源的功能没有充分发挥,这也就说明社会上存在一些资源并没有得到充分利用的情形。在这种情况下,财政赤字就起到了举足轻重的作用,财政赤字帮助政府有效地集中和动员了大量的社会资源,扩大了内需,促进了经济的快速发展。

由于发行公债只是部分社会资金使用权的暂时转移,不会引起通货膨胀,因此在1994年以后,中国一律通过发行公债来弥补财政赤字。发行公债在一定程度上促进了国民经济的发展。

我们都知道,公债最大的特点就是保障性强,所以购买公债的人群基本上是为了获取稳定的债券利息收入的人群,以老年人和社会保障比较低的人群为主,这类人最大的特点就是求稳,平时有钱不花,所以他们手中的资金大多数情况下是闲置资金,闲置资金越多就越说明社会资源没有得到充分利用,所以政府通过发行公债获取这部分闲置的资金,将这部分资金集中起来,运用到其他经济领域,使资源能够得到充分利用,促进经济又快又稳地发展。

除此之外,改革开放以来,财政赤字对中国经济的影响还有很多不同的形式,总体来说都是促进中国经济发展的。财政赤字在中国现阶段的经济运行中已经化为一种经济政策,即赤字财政政策,赤字财政政策成为中国现阶段经济运行中促进经济增长和抑制通货膨胀的政策工具。由此,财政赤字将会长期存在于中国现阶段社会主义市场经济的运行之中,并对中国经济产生长期的、积极的影响。

资料来源:财政赤字对中国经济有什么影响?[EB/OL].(2014-11-10)[2019-04-25]. http://forex.cngold.org/school/c2868957.html.

【关联理论】

财政赤字是一国政府财政支出大于财政收入时形成的差额,反映了一国政府的财政收支状况。在现阶段,财政赤字已经从被动的显示工具发展为政府调控经济的重要手段。各国政府在初期都或多或少地以减少财政赤字为目标,但在实际调控宏观经济的过程中则保持着一种弹性的空间,即将财政赤字稳定在一定的规模而不是彻底消除财政赤字,这是因为财政赤字对于一国经济的发展具有重要的意义。

【案例解析】

通俗地讲,财政赤字就是"今天花明天的钱,爷爷花孙子的钱"。从单独一代人的角度来看,财政赤字并不合理,因为它让后代人背负前代人的债务;但从国家长远发展的角度来看,只要能够维持政权稳定,这种财政赤字并不会带来太大的负面影响,前提是财政赤字要保持在一定的规模以内。财政赤字对于宏观经济有利也有弊。

财政赤字将现期货币转化为投资,缩减了国民储蓄规模,从而推高了实际利率水平并导致私人投资减少。投资减少又会导致实际生产过程中劳动生产率低下及社会总供给减少。同时,政府为了兑付远期的债务必然会增加远期的税收,所以财政赤字会使现期社会总消费处于较低的水平,使远期的税收处于较高的水平,这对于后代人是不公平的。

财政赤字体现了政府调控经济的能力。由于市场具有局限性,因此政府调控就成为稳定社会经济发展的重要手段。一般认为政府在公共物品领域必须作为供给方,这些公共产品不仅有助于提高当代人的生活水平,而且对于经济的长期稳定发展具有重要的促进作用。因此现期通过财政赤字提供公共物品的做法是符合国家整体经济发展的需求的,也在一定程度上符合国民提升生活水平的需求。

中国的财政赤字政策对于经济发展具有重要的推动作用,本案例中认为"如果没有财政赤字,那么中国的经济增长率将下降一定的百分点",这一点是大多数经济学者的共识。因此,鉴于财政赤字对于中国经济发展具有重要的促进作用,政府应将财政赤字维持在一定的规模内而不是追求财政预算平衡。

(二) 案例研究 B

"中国储蓄率世界第一"数据再引关注

最近,一项"中国储蓄率世界第一"的数据再次引发社会关注。国务院发展研究中心研究员吴敬琏日前表示,中国最近几年储蓄率在50%左右,居世界第一,但居民储蓄率只有20%左右。储蓄率高主要表现在政府和企业储蓄率高,而非居民储蓄率高。造成这个局面的根本原因在于市场体制存在缺陷。另有专家指出,企业储蓄率高暴露出在一次收入分配中企业回报多、劳动者回报少的痼疾,致使消费不振,加剧了经济结构失衡。将更多政府和企业收入转化为普通居民的收入成为当务之急。

居民储蓄率仅为20%

中国的高储蓄率世界闻名。2013年9月,中国居民储蓄连续3个月突破43万亿元,人均储蓄超过3万元,为全球储蓄金额最多的国家。

长期以来,舆论普遍认为高储蓄率源于中国百姓爱存钱的习惯。然而,事实证明这种认识有很大偏差。实际上,中国国民的高储蓄率中,有很大一部分是政府和企业储蓄高导致的。

吴敬琏指出,国民储蓄分三个部分,一般国家都以居民储蓄为首,然后是企业储蓄、政府储蓄,而中国的储蓄结构却刚好相反。"中国储蓄主要是政府储蓄和企业储蓄,而不是居民储蓄。"他说。

统计显示,从1992年到2012年,中国国民储蓄率从35%上升到59%,其中,政府储蓄率和企业储蓄率翻了一番,但居民储蓄率却没有变,1992年为20%,2012年依然是20%。

"根子"在投资分配体制

高储蓄率曾支撑了中国独特的经济增长模式——高投资、高进出口规模,该模式为中国经济发展做出了应有的贡献。但在以加大消费比重、调整投资和出口为导向的经济结构的今天,高储蓄率的弊端越来越明显。

"高储蓄率致使经济结构失衡。总储蓄大于总投资,多的部分只能靠出口消化,导致了出口导向型的经济模式;同时,高储蓄也抑制了消费,不利于扩大内需。"中国国际经济交流中心信息部部长徐洪才对记者说。

造成中国高储蓄率的原因有很多。专家指出,普通劳动者家庭收入增长缓慢、内需不足、社会保障不充分和预期不稳定等,都使居民非常看重储蓄。

此外,投资渠道少也是居民高储蓄率的原因之一。"从结构和数据来看,市场投资主体主要是政府和企业,民间的投资渠道则很窄。"吴敬琏指出。

吴敬琏说:"2009年4万亿元投资主要给了国企,而且主要是央企,10万亿元贷款主要给了谁呢?还是国企,尤其是央企,以至于有些央企感觉负担很重,拿到这么多钱怎么办呢?结果纷纷成立房地产公司。"

"所以,根本的问题还是在体制上。不同的所有制企业获取要素的能力是不一样的,要素中最重要的就是资本要素。另外一个问题,就是我们的资本市场很不正常,不是一个建立在规则上的真正市场,因此才出现这样的问题。根本的出路是改革。"吴敬琏强调。

提高国企分红比例

解决国民储蓄率高的问题,除拓宽投资渠道,加大对居民的社保、医疗卫生和教育领域的投入外,更重要的是提高居民收入。其中,扩大国有企业对全民的分红比例,能起到降低储蓄率和调整经济结构的双重作用。

"企业储蓄率高,很重要的原因是企业利润,特别是国有企业利润对全体公民分红过低,大部分企业利润'趴'在账上,俗话说'肉烂在了锅里'。"徐洪才指出。

徐洪才说,当前,在一次收入分配中,存在企业利润厚、劳动者收入薄的问题。有些国有企业"旱涝保收",利润丰厚,成为特殊利益集团,集团内部福利丰厚。这"一厚一薄"抑制了居民消费,使内需不足,造成产能过剩,导致经济结构以投资和出口为主,消费不振。

现在,要调整经济结构,提高消费比重,就要提高百姓收入。"提高百姓收入就要降低国企储蓄率,把更多的钱从银行拿出来给大家分红。"徐洪才认为,要改革国有资产管理体制,保障国有资产出资人——全体公民——的利益。

还有专家建议,政府要加大转移支付力度,增加在公共服务和民生领域的消费支出,人大和社会公众要加强对政府预算的监督,将更多政府收入转化为普通居民的收入。

资料来源:"中国储蓄率世界第一"数据再引关注[EB/OL].(2014-04-28)[2019-04-25].http://www.chinairn.com/news/20140428/102236208.shtml.

【关联理论】

个人储蓄率是指一定时期内居民个人新增存款和手持现金占个人货币收入的百分比。国民储蓄率是指国民储蓄(私人储蓄与公共储蓄之和)除以国内生产净值。储蓄率越高,说明用于国家经济发展和转型的资金越充裕,因此对于发展中国家及新兴经济体而言,较高的储蓄率说明经济发展的前景较好。

【案例解析】

储蓄率的高低对于国民经济的发展具有重要的影响,同时也是国民经济长期发展前景的风向标之一。中国储蓄率(约50%左右)近年来居世界第一,说明可以用于经济发展和投资的资金较为丰富,但储蓄率较高也说明现期的消费较少,对于长远的经济发展并不是好消息。因此把储蓄率的高低看作经济发展的重要甚至唯一的风向标是不正确的,我们必须对高储蓄率背后的原因进行深入分析,以确保高储蓄率可以成为中国长期经济发展的有利因素。

本案例认为,中国较高的储蓄率主要是由公共储蓄部门拉动的,作为消费主力的居民的储蓄率则较低。这种情况说明了两点:一是在国民财富的第一次分配中部门占据了更大的比例,从而使得部门储蓄率偏高;二是在国民财富的第二次分配中没有给予居民更多的转移,导致居民的储蓄率较低。针对这两个原因,本案例认为应当从两个方面进行调整:一是调整投资分配体制,在第一次分配过程中降低部门经济主体的分配比例,偏向于居民;二是提高国企的分红比例,用于居民的社会保障体系建设,以此减少居民储蓄的压力,使其转向增加消费,从而更长远地支撑国民经济的发展。

四、课外习题

(一) 术语解释

1. 逆风向行事
2. 不稳定政策
3. 政治性经济周期
4. 政策的前后不一致性
5. 相机抉择

(二) 单项选择

1. 当总需求不足以确保充分就业时,决策者不应(   )。
   A. 降低物价   B. 增加政府支出   C. 扩大货币供给   D. 减税
2. 传统的凯恩斯主义分析表明,(   )是一种比减税更有潜力的工具。
   A. 缩减政府采购规模   B. 提高所得税起征点
   C. 扩大政府采购规模   D. 降低所得税起征点
3. 在经济周期期间,(   )是 GDP 中最易变化的组成部分。
   A. 进口贸易   B. 投资支出   C. 消费支出   D. 出口贸易
4. 高收入家庭的储蓄占其收入的比例(   )低收入家庭的储蓄占其收入的比例。
   A. 不确定   B. 高于   C. 等于   D. 低于
5. 某政府增加了对老年人的社会保障补助,那么现在的年轻人可能(   )。
   A. 减少当期消费   B. 减少家庭消费   C. 增加私人储蓄   D. 减少私人储蓄
6. 政府对于一些资本收入(如股票分红等)实行(   )。
   A. 单次征税   B. 双重征税   C. 三重征税   D. 四重征税
7. 货币政策的一般性工具不包括(   )。
   A. 公开市场业务   B. 存款准备金率   C. 汇率   D. 再贴现率
8. 下列政策中,(   )是把老年人的收入再分配给年轻人。
   A. 增加预算赤字   B. 减少教育贷款补贴
   C. 增加高速公路投资   D. 增加社会保障补助
9. 在某种程度上,中央银行领导人与政治家结盟,相机抉择政策就会引起反映大选日程的经济波动,这种波动被称为(   )。

A. 紧缩性经济周期 B. 扩张性经济周期
C. 契约性经济周期 D. 政治性经济周期

10. 假设政府通过削减公共投资,例如教育支出来减少预算赤字,则当这一代年轻人成为劳动力时,(   )。
    A. 政府债务将减少 B. 税收负担将加重
    C. 生产效率将提高 D. 收入将提高

11. 在应对衰退的方法中,(   )的优点在于分散了支出决策。
    A. 增加政府采购 B. 减税 C. 增加基础投资 D. 增加企业补贴

12. 某国政府鼓励家庭进行储蓄,这对于宏观经济发展是(   );某国政府鼓励家庭进行消费,某家庭厉行节约,这对于该家庭是(   )。
    A. 有利的;不利的 B. 不利的;不利的 C. 有利的;有利的 D. 有利的;不利的

13. 对于真实的市场经济,(   )是最有利的。
    A. 通货紧缩 B. 零通货膨胀 C. 温和通货膨胀 D. 恶性通货膨胀

14. 生活水平取决于(   ),而不取决于货币政策。
    A. 税率水平 B. 生产率水平 C. 利率水平 D. 汇率水平

15. 国民储蓄包括(   )。
    A. 居民储蓄和政府储蓄 B. 私人储蓄和公共储蓄
    C. 居民储蓄和企业储蓄 D. 企业储蓄和政府储蓄

(三) 判断正误

1. 降低通货膨胀率是一项暂时成本较低、远期成本较高的政策。(   )
2. 当家庭和企业变得悲观时,它们就增加支出,从而增加了物品与服务的总需求。(   )
3. 若一国政府在增加基础教育投资时资金不足,则可以通过发行债券的方式筹集资金。(   )
4. 一个国家的政府储蓄越多,对于经济增长越有利。(   )
5. 货币政策和财政政策能够立即对经济产生影响,这也是政府频繁采用货币政策和财政政策干预经济的原因。(   )
6. 政府扩大财政支出可以缓解宏观经济衰退趋势。(   )
7. 市场经济具有自我修复的能力,因此所有的政府干预都会扭曲经济的发展,甚至使经济发展倒退。(   )
8. 对家庭而言,拥有的资产越多越好,因此储蓄越少越好。(   )
9. 零通货膨胀目标的一个优点是为决策者提供了一个比任何其他数字都更自然的聚焦点。(   )
10. 预算赤字代表了负的公共储蓄。(   )

(四) 简答题

1. 货币政策制定者在进行相机抉择的过程中可能存在哪些问题?请提出一个解决问题的对策。
2. (1) 通货膨胀如何使真实利率可能为负?
   (2) 请列举并解释通货膨胀带来的成本有哪些。

3. 如果用消费税取代所得税,并精心选择税率使普通人的税收负担不变。谁会受益? 谁会受损? 为什么?

4. 请阐述"货币政策不应该按规则制定"的支持者的理由。

5. "政府应该平衡其预算"的支持者认为在何种情况下预算赤字是合理的?

(五) 应用题

1. 你怎么理解相机抉择的财政政策? 它是如何发挥作用的?

2. 假设你今年年初25岁,有一份较为稳定的工作。为保证你在70岁退休后可以享受较为舒适的生活,你打算每年支出10 000元人民币购买年利率为5%的债券(按年复利计算)。

(1) 如果不对利息进行征税,在70岁时你的投资可以累积到多少元人民币?

(2) 如果对利息征收20%的税,在70岁时你的投资可以累积到多少元人民币?

3. (1) 2013年理财产品的一般年收益率为5.5%,通货膨胀率约为2.6%,假设你在年初购买了50 000元人民币的理财产品。在2013年年末你的实际收益率为多少? 在2013年年末你的收益的现值是多少?

(2) 如果一种结构性改变减少了对大学行政管理人员的需求,使他们的均衡工资降低了5%。如果想使实际工资降低5%,在通货膨胀率为0还是6%时会更容易? 为什么?

(六) 拓展思考题

1. 请解释"预算赤字的批评者有时断言,政府债务不能永远持续下去,但实际上它可以永远持续下去"。

2. 仔细阅读新闻报道,运用政府对待通货膨胀的相关理论回答以下两个问题:

英国国家统计局2014年12月16日发布的数据显示,由于油价暴跌使得交通运输成本大幅下降,英国的通货膨胀率从10月的1.3%降至11月的1.0%,创2002年以来的新低。英国国家统计局表示,导致当月通货膨胀率下降的主要原因是交通运输成本的下降,特别是汽车燃料、航空运输成本和二手汽车价格的下降。另外,休闲和娱乐商品价格的下跌也是当月通货膨胀率下降的主要原因。数据显示,当月剔除能源、食品、酒精和烟草等商品的核心消费物价指数同比上升1.2%,升幅低于前一个月的1.5%。

资料来源:吴丛司,吴心韬. 英国通胀率创12年来新低[EB/OL]. (2014-12-16)[2019-04-25]. http://finance.people.com.cn/n/2014/1216/c1004-26219970.html.

讨论题:

(1) 通货膨胀率较前期下降说明英国的经济发展前景是看好还是看衰? 请说明原因。

(2) 如果你是货币政策制定者,请问你会使用何种工具缓解新闻中出现的这种状况?

五、习题答案

(一) 术语解释

1. 逆风向行事:宏观经济学中对采用稳定总需求政策的比喻。

2. 不稳定政策:使产量背离长期自然产出水平的政策。

3. 政治性经济周期:由于决策者本人与参与竞选的政治家联盟而引起的经济波动。

4. 政策的前后不一致性:政策宣告与政策行动之间的不一致。

5. 相机抉择:决策者没有遵循某种规则而是依据具体情况做出选择的政策。

(二) 单项选择

1. A 2. C 3. B 4. B 5. D 6. B 7. C 8. C 9. D 10. A 11. B 12. D
13. C 14. B 15. B

(三) 判断正误

1. × 2. × 3. √ 4. × 5. × 6. √ 7. × 8. × 9. √ 10. √

(四) 简答题

1.【考查要点】 货币政策是否应该按规则制定。

【参考答案】 货币政策运用中的相机抉择存在两个问题:第一个问题是它对能力不足及权力滥用没有限制;第二个问题是它引起的通货膨胀会高于合意的水平。避免这两个问题的一种方法是中央银行的货币政策应遵循某种规则。

2.(1)【考查要点】 通货膨胀对真实利率的影响。

【参考答案】 名义利率不会为零,因为债权人可以一直持有自己的货币而不会以负利率贷出去,因此如果通货膨胀率为零,那么真实利率就永远不可能为负;如果通货膨胀率大于零,那么名义利率低于通货膨胀率时就会使真实利率为负。

(2)【考查要点】 通货膨胀的成本。

【参考答案】 经济学家认为通货膨胀有六种成本,分别是:与减少货币持有量相关的皮鞋成本、与频繁地调整价格相关的菜单成本、相对价格变动的加剧、由于税法非指数化引起的意想不到的税收负担变动、由于计价单位变动引起的混乱与不方便、债务人与债权人之间任意的财富再分配。

3.【考查要点】 税法修改与储蓄。

【参考答案】 高收入群体会将他们收入的更大比例用于储蓄,因此会从这种变动中受益;低收入群体几乎会把他们所有的收入都用于消费,因此会从这种变动中受损。

4.【考查要点】 货币政策不应该按规则制定的原因。

【参考答案】 虽然相机抉择具有一定的缺点,但其具有一个重要的优点,那就是灵活性。灵活性的特点使得政府在面对更复杂的实际经济环境时能够及时做出有效的决策,及时解决经济发展中存在的问题而不是把这些问题进行累积。

5.【考查要点】 预算赤字不得不使用的情况。

【参考答案】 预算平衡的支持者认为在一些情况下预算赤字是合理的,主要包括两种情况:战争期间和经济活动暂时下降时。但他们同时认为,并不是所有预算赤字都可以用战争或衰退来解释。

(五) 应用题

1.【考查要点】 相机抉择。

【参考答案】 相机抉择的财政政策是指政府根据一定时期的经济社会状况,机动地决定和选择不同类型的反经济周期的财政政策工具,干预经济运行和实现财政政策目标。相机抉择的财政政策的作用包括以下三点:第一,财政政策是政府实施宏观调控的重要政策工具和经济手段,对"熨平"经济周期具有重要影响,在宏观调控实践中发挥着重要作用。第二,相机抉择的财政政策属于一种反周期调节的短期措施,必须随着作用环境与对象的变化而适时适度进行调整,相机抉择是财政政策的关键所在。第三,相机抉择的财政政策以正确把握经济形势变化为前提,判断越准确,决策越果断,调控越及时,成效越显著。

2.【考查要点】 货币政策对储蓄意愿的影响。

【参考答案】 (1) $10\,000 \times (1 + 5\%)^{45} = 89\,850.08(元)$

(2) $10\,000 \times [1 + 5\% \times (1 - 20\%)]^{45} = 58\,411.76(元)$

3. (1)【考查要点】 通货膨胀率对货币实际购买力的影响。

【参考答案】 2013年实际收益率为:$5.5\% - 2.6\% = 2.9\%$;2013年年末你的收益的现值为:$5\,000 \times (1 + 5.5\%)/(1 + 2.9\%) = 5\,126.34(元)$

(2)【考查要点】 真实变量与名义变量。

【参考答案】 在通货膨胀率为0的条件下,大学行政管理人员需要接受名义工资下降5%;在通货膨胀率为6%的条件下,他们只需要接受名义工资上升1%。很显然,第二种情形更可行,因为很多人会有"货币幻觉",只关注名义变量,而非实际变量。

(六) 拓展思考题

1.【考查要点】 政府对预算赤字的态度。

【参考答案】 人口增长和技术进步使一国经济中的总收入一直在增长,因此政府支付债务利息的能力也一直在提高。只要政府债务的增长慢于国民收入的增长,政府债务就可以永远持续下去。

2.【考查要点】 政府应对通货膨胀下降的对策分析。

【参考答案】 (1) 看衰。通货膨胀率下降说明英国物价水平上涨的速度变慢,同时也说明英国的经济发展受到较大的负面影响,社会总需求减少,这对于英国远期的经济前景是不利的。

(2) 政府为应对通货膨胀率下降的趋势,可以实施积极的货币政策,如在公开市场上买入债券、降低法定存款准备金率和降低再贴现率等。